中國知青

半個世紀的（三）

血淚史

青春凋零
的悲愴

自由兄弟
編纂

Contents
目次

第一章
因利益衝突引發對知青的殺戮

第一節　一棵樹引發的南江知青大慘案

　　以人性關愛的視野再俯視當年知青一路行進的旅途，就會感歎這確實是一悲愴的群體。他們如同古往今來遷徙的流民一樣，其中不僅要面對惡劣自然環境的侵襲，還要受到其他群體的傷害。尤其是在有利益相爭衝突之時，這個缺少人際交往經驗和頑強生存能力的群體，就在所難免地要受到野蠻殺戮……

　　在當時貧窮又落後的農村，農民本身生活已苦不堪言，知識青年的到來，擠佔了他們賴以生存的土地和房屋，使他們本就貧困的生活雪上加霜，因此，知青與農民日常免不了因為利益衝突發生流血事件。下面這個可怕的慘案，就是因為知青迫於生活無奈，砍伐了一棵樹，而引發農民對知青大動干戈，最終釀成知青3死1傷的可怕命案。在已故知青楊二哥的〈南江知青大慘案〉一文中，我們痛心地看到了知青慘遭毆打殺戮的血淋淋場景：

　　大家還記得南江知青慘案嗎？還記得無辜慘死在當地政府、農民手中的萬啟超、吳行成、蕭潤澤嗎？還有死裡逃生，大難不死的王遠明嗎？可能很多的知哥知妹都不知道吧，他們幾位都是一九六四、一九六五年由重慶北碚區到南江縣團結公社社辦林場的老知青。

砍樹風波 一九六八年底，文化大革命中期，開始解散社辦林場，林場知青插隊落戶，幾人或一人到一個生產隊，這樣林場知青全分散了，多數知青被安置在當地農戶的空房或公戶（保管室）居住。在安置過程中出現很多不如人意的事情，很多知青家中一無所有，連最起碼的木凳，盛米的木桶，裝衣的木箱也沒有，更別談其他的東西。一個字難呀！就是在這安置過程中的不協調才引發出的這場血案。

記得大難不死的王遠明，外號「小伢狗」，當時已婚。與另一老知青鄭開忠，外號"大鼻子"，落戶於南江縣沙河區團結公社二大隊一隊。當時被安置一戶農戶的空房中，除了四壁一床，房中空空如也。當時王遠明，鄭開忠就找到隊上反應情況，請求隊長幫幫忙，求他們砍棵樹讓他們做點小家具。可時間一天拖一天，隊裡始終沒有回復，後他們又向公社革委會反映此事，也同樣杳無音信。當時的幹部正為那點小權成天勾心鬥角，根本就沒把知青的利益放在心上，誰管他們的死活。就這樣反復多次，王遠明、鄭開忠在萬般無奈之下就商議自已動手解決眼前的困難，反正沒人管——砍樹！

這天王遠明、鄭開忠在柴山看到棵較大的柏楊樹，滿心歡喜，這麼一來做點家具就不用愁了嘛。二人忙回家提來斧子就開工了，「叮咚、叮咚」的伐木聲敲醒了沉睡的山林，這充滿希望，充滿歡快的伐木聲卻引來了過路的一位農民。當樹砍到一半的時候，一農民趕了過來：「喂，幹嘛的？這樹也是你們能動的？知道這樹是誰家的嗎？」王，鄭二人當時就給問呆了：「誰的？」「生產隊會計吳騰祿家的。」「不可能吧，這明明是生產隊的嘛！」王鄭二人打量著對方：「你誰呀？」「我就是他屋頭的，這樹說是他家的就是他家的，就不許砍。」這下可把王、鄭

二人惹毛了，心想「媽嘞，比老子還橫。」「爬開點嘞，你說是他的就是他的，這明明是隊上的樹，我還說是我的呢，別理他，老鄭，砍！」那人一見苗頭不對轉身溜走了。後經調查，這樹確實屬生產隊的。

倆人累了大半天終於把樹給放倒了，接著請了好些社員把樹鋸開抬回了住地。三人（還有王妻）忙裡忙外的款待社員們，又忙著商議該先做啥後做啥的，心裡那個美嘞，特別是王妻劉坤珍當時已有身孕，那份開心就更別提了，家總算有點希望了呀！就在他們滿懷希望扎根農村的同時，誰也沒有想到，一場悲劇，一場震驚華夏的慘案也隨之而來！

當生產隊會計吳騰祿得知知青砍走了他看中的樹，心頭的火騰地竄了上來：我吳騰祿，隊上誰人不知誰人不曉，這倆膽大妄為的知青這不明擺著當著眾人搧我耳光嗎？大小我也是個幹部呀，你才來的知青就這麼橫，要以後再多來點知青那還得了，不行，我要讓他們知道我可不是好惹的，一定要好好教訓一番這幫知青。吳於是四處祕密找人商議，準備打王、鄭二人。

一九六九年七月上旬某日。這天王遠明家中熱鬧非凡，高朋滿座，知青、社員坐了一屋，談笑聲，鬥酒聲不絕餘耳。這可是王家公子滿百日的喜慶日子，再者好多知青自農場解散後還是首次團聚，那般情也只有我們才能體會。正當大家沉浸在這喜悅之中時，隊上一社員李某滿頭大汗跑了過來，李某是王非常要好的朋友，王正要埋怨他咱這時才來，他卻把王拉出門告訴他說「不好了，會計吳騰祿約了好多人帶著兇器要來修理你，他們把東西藏在秧田邊的，他們正在薅秧可能待會來找你。」「我又沒惹他？」王遠明感到不可思議。

「唉，還不是為了上次砍樹的事。」李某告訴了王。王可氣

壞了，又沒砍他的樹，還想修理我，知青怕過誰？轉身就把這事告訴了在場的知青們。這下可炸了鍋了，一下就激起知青們同仇敵愾的怒火：「走，打死這狗日的！」

當時，蕭潤澤、萬啟超、吳行成等幾個知青一下子衝出房門，王遠明，鄭開忠就帶著眾知青來到秧田邊，一群農民（全是男子）看到一幫子知青衝了過來全嚇傻了，呆呆地站著，眾知青上前就把他們手中，還有藏在田坎邊的兇器全繳了，有鐵劍、馬刀、棍棒等。

王遠明叫正在田裡的吳騰祿上來，吳這時心裡的怕喲，「咱搞的？一下冒出這麼多知青？王遠明，鄭開忠倆人都已不好對付了，怎麼又來……」他不知到今天是怎回事，只好戰戰兢兢地上了田坎，當王遠明見著那些兇器的時候，心中那個恨呀，這不明擺著要置人於死地嘛。見吳上了田坎忍不住衝過去一頓拳腳。「格老子，為了棵樹你還要整死老子嗦。」知青見狀忙拉開了王，其實也就打了幾下而已。

眾知青見吳已怕了，為了防備以後王、鄭遭到報復，就商議讓吳寫份保證書，保證再不與知青為敵，不與知青起衝突，限吳在下一趕場日將保證書貼到公社的黑板報上。吳見眾知青都是些不怕事的主兒，又怕被打當眾出醜，所以滿口好話一再承諾「行、行，回去就寫。」眾知青見吳如此識體就離開，回家繼續慶賀一個新生命的到來。

十五日這天正值當場，趕場的人擠滿了本就很小的大德鄉場。知哥知姐們當然也不會放棄這難得的熱鬧，聚會的日子，況且還要買些必需的日常用品，茶館，小飯店就成了知青們聚會的場所。王遠明這天也在場上，先後遇見了蕭莽子，吳行成，潘駝背，眾知青免不了一番的親熱打鬧場面，來到茶館閒聊了起來，

聊著聊著就扯到了王的事上了。「走，哥幾個，反正沒事，我們
去瞧瞧那小子的保證書去。」於是幾人直奔一河之隔的團結鄉而
去，幾人打打鬧鬧來到公社一看，啥也沒有。

　　「狗東西竟敢涮老子罈子嗦。」王遠明一時氣不打一處來，
轉身返回大德場上，在場口遇上一本村農民，王問他見到吳騰祿
沒有，那農民說在場上，剛還遇見的。王等人在場上找了幾個來
回在後街終於碰到了吳，王將吳拉到後街一僻靜處就問：「你寫
的保證呢？要我嗦？」吳見場上人來人往的，離公社也不遠，料
想知青也不敢把他怎樣，底氣足了說話也顯得從容了。「嘟個
嘛，忘了。」吳坦然的說。眾知青這個氣喲轉身就一人給了他一
巴掌，這幾巴掌把吳可給打蒙了。「我寫，我寫，行了吧！」吳
這時也被嚇壞了，好漢不吃眼前虧，連忙求饒：「我回去就寫，
下次趕場天我一定貼在公社，一定。」「那好吧，我們再相信你
一次，要是下場再看不到你的保證書，絕對就沒今天這麼好說了
喲。」眾知青轉身走了。

　　轉瞬間下一趕場日又到了。這天是七月二十日，這天我記得
特別清楚，因為我也在其中。當時公社正在召開三級擴幹會，在
場上我遇見了王遠明、鄭開忠、萬啟超、蕭潤澤、吳行成等人，
我問他們到哪去？他們就對我講了吳的事，我說待會我也去瞧
瞧。王等就先去了公社，在公社沒見到吳的保證書。正巧吳也在
公社開會，眾知青找到吳，就拉著他到公社社長那裡評理。到了
辦公室社長就問：「你們有啥事？」王就把砍樹的前前後後以及
吳帶人準備打他的事，詳細的反映給社長，同時也提到保證書一
事說：「我們今天就是要吳騰祿給我們個交待。」

　　吳心想現在公社，又是在社長辦公室，你幾個知青還敢造反
嗎？量你們也沒這個膽，況且大小我也是個幹部，這臉我可丟不

起，所以就硬著頭皮要起橫來：「不寫、不寫就是不寫，你們還敢怎樣嗎？告訴你們這裡可是公社社長辦公室，不是街上，不是你們耍橫的地兒。」

眾知青站在一旁，沒想到吳居然會說出這種話來，這可惹惱了一旁的知青萬啟超，這時的萬那真是怒從心頭起，惡從膽邊生，順手從身邊摸出一把小裁紙刀，順勢就紮在吳的大腿上，說：「狗日的，你還凶？」這時的吳才知到知青個個全不是善流之輩，更不是隨便惹得的。吳哭喪著一張老臉，用手捂著傷口連聲說：「我寫，我寫，你們饒了我吧，再給我一次機會吧。」

當時筆者正在公社與武裝部長安懷和談論二大隊王砍樹之事，商議如何善後，要是處理不當可能會引起械鬥，因吳已組織過人曾想毆打王遠明，知青中也有人想打吳，這事可得妥善處理。正商議時就聞樓上出事了，武裝部長與筆者也趕到社長辦公室，見公社書記何碧忠，社長艾永林都在現場，門外站滿看客。社長嚇得不知該如何是好，書記把筆者拉到一旁徵求意見：「怎麼辦，老楊？現正在開擴大會議，這影響……唉！」

「快，快把吳騰祿送鄉衛生院。」筆者建議。「那知青怎麼辦？」書記環顧四周群情激奮的知青問。「等大家情緒稍稍穩定下來，再坐下來談吧！」我說。可武裝部長卻非常激動：「談、談、談啥子，在公社都敢殺人這還了得。」書記則說：「就先按老楊說的辦，別把事態整大了，老楊你先把知青的情緒穩住，稍後談。」

午飯後，雙方的情緒都趨於平和，大家來到公社小會議室坐下，由書記主持會議商討解決方案。王就把為砍樹所引發的這些事詳細地告訴了在場的領導，書記總結了事件的根源，然後對眾知青致歉：「這是我們的失誤，這是安置過程中我們出現的漏

洞，今後的安置工作一定要落實到人到戶，保證知青們的住房，還有必備的日常用品。」又讓王與吳握手言和，雙方保證再不會起磨擦。眾知青聽了書記的一番話後，心裡感到特溫暖，臉上洋溢著歡笑，開心的揮手告別，回到各自的生產隊。

可年輕幼稚的知青哪裡曉得，幾天後一場巨大的災難正在等待著他們。

血腥鎮壓 一九六九年七月二十三日，公社財糧幹事鄧弟星急匆匆跑到公社辦公室，說有緊急事要向書記和武裝部長反映。書記同武裝部長在書記辦公室接見他，鄧說他剛從九大隊返回，在路過筒車壩鐵匠鋪時，親眼看見蕭潤澤，吳行成等一夥知青在裡面打刀，還聽見他們說下場要來搶信用社，揚言要殺書記，部長和其他的公社幹部。（全是謊言）這鄧弟星是幹啥的？是何許人也？為啥要陷害無辜的知青？與知青慘案又有何關聯呢？這位有娘生，沒人教的關鍵人物需重點介紹介紹，他就是這場悲劇的始作俑者，總導演。

鄧弟星，本地農民，為人奸滑，內向，處事不擇手段而且冷靜，初中畢業後在財會培訓班接受培訓，後提拔為公社財糧幹事。他不甘心屈人之下，總想找機會往上爬。當時公社成立革委會，他削尖了腦袋四處鑽營就想當選革委會成員，抓點實權，可由於既不是公社頭兒們的親信，又沒後臺，結果落選了，他把怨恨也就集中在了公社幾位頭頭身上，尋機報復。由於手中無權，照樣還是一個小幹事，於是還得時常下隊幹他的老本行苦差事，只盼東山再起之日。在他下隊的日子裡結識了一位好友，九大隊的重量級人物周登科，這人頭腦簡單，膽大，後來倆人結為了乾親家。周登科正好又是吳騰祿家親戚，所以鄧也時常出入吳家同吳家關係很是熱絡。

　　鄧弟星得知吳被知青扎傷後，就與周，吳聚在一起商議如何教訓教訓那幫子知青出出心中的惡氣。（這些都出自當時的交待材料，筆者閱過）當時鄧已得知本區另一公社，新店公社十七日武裝部長主使農民殘殺知青二人的事（這事件筆者以後再述）。鄧弟星覺得機會來了，苦思冥想後，又把前後所發生的這一切加以綜合加以分析，暗想，本公社革委會何主任，也就是公社書記斗大的字不識一蘿筐，頭腦簡單，大佬粗一個好糊弄。副主任（武裝部長）安懷和呢急躁，做事不計後果，更好辦。要是能在革委會與知青中挑起事端就好了，既能報吳的仇，又能把書記等人趕下臺去，這不是一舉兩得嗎？於是就出現了開始的一幕。

　　何書記、安部長聽了鄧的情報後坐不住了，當即召集公社各單位召開緊急會議，書記就把鄧彙報的情況在會上講了，然後商議該如何應付這起突發事件，眾人議論紛紛，在會上何書記也講了新店子打死知青的事，當時他就說：「這夥知青太狂妄了，特別是萬啟超，上次在辦公室用刀傷人的事還沒找他算帳呢，居然又敢聚眾打造兇器意圖不軌，既然新店子的群眾都敢與知青鬥，我們又何必怕呢？既然他們要打死我們，不如我們先下手，把他們最兇惡的頭頭萬啟超整死，其餘的都打他個半死不活，看他們還敢凶不？」

　　「不，要整就絕不能手軟，要整就多整死他們幾個，啥子王遠明，吳行成，蕭潤澤這幾個都可以整。」武裝部長起身說。大家接著又商議該如何下手，組織人手等等，其間還有人提議要打殘筆者與另一知青方明仲。當即決定組織了督戰隊，由公社治安員安興德、劉祥生、張子林、徐世太等人為督戰隊隊員，書記、武裝部部長統一指揮統一行動。

　　在整件事的過程中，其他革委會成員無一人表態，公社社

長也沒表態。還有一人低著頭默默的座在一旁悄無聲息，他就是鄧弟星，心懷鬼胎的他暗自高興。接著書記又召集二隊、三隊、四隊、五隊、八隊、九隊各大隊民兵連長火速到公社開會，讓他們回隊組織青壯年基幹民兵（多數是些二杆子貨），隨時聽候調遣，服從督戰隊的指揮。又派鄧弟星返回九大隊找來周登科，讓周找人去探萬啟超，吳行成，蕭潤澤的行蹤，仔細監視，有情況隨時彙報。一切安排妥當後，何書記同安部長就打電話將此事向區武裝部作了彙報，請示下一步行動？他的回復如下：「你們的手長來幹啥的，是用來端豆腐的嗎？」

善良的人們絕不會想到，堂堂一位掌握著槍桿子的區武裝部部長竟然那麼冷漠？那麼無知？僅僅因為他這信口雌黃的一句話，就釀成一大血案，白白斷送了三條無辜生命，而他自己也為這句話招來八年牢獄之災，斷送了一生的前程。真是可悲可歎呀⋯⋯

七月二十四日晚七時左右，各監視點相繼回報一切正常，這幾個知青都沒外出。當即書記，武裝部長就召集督戰隊，基幹民兵在公社集合，隨時待命。時間一分一秒的過去，「嘀噠、嘀噠」⋯⋯的鐘聲在死寂般的書記辦公室回蕩，門外候命的幾十人也悄無聲息，不時閃亮的煙頭如同鬼火，恐懼充斥著在場的所有人，好些人身體都在不由自主的哆嗦。他們知道要對付的可不是一般人，而是些在武鬥中忘命衝殺，久經沙場不要命的主兒，所以他們只能各個擊破，不能走漏半點風聲。九點整書記一聲令下「出發！」由督戰隊帶領的幾十名基幹民兵摸黑向八大隊三隊萬啟超家撲去。

當晚萬啟超在家閒著無事，就想起了他的牌友生產隊長岳星全，而後到岳家打起了長牌，全然不知死神正悄悄地向他逼近。

十時左右，督戰隊人馬根據眼線的情報聚集在了岳家大院外，在督戰隊的指示安排下，幾十人分成兩組，堵往前後門，又命住同一大院，岳星全的侄兒岳安德（民兵排長）先進屋下手。岳手持大馬刀，雙手藏在身後就進了隊長的家。

萬啟超背對門外，聽見有人進屋，轉頭一看是岳安德，就招呼：「你也來了呀，來、來大家一起打幾把。」岳一言不發，上前一步亮出身後的馬刀朝著萬的頭部就劈了下去，由於心慌意亂，這一刀卻砍錯了方向，把木桌的一角給砍下來，萬當時就楞了，忙起身閃在一旁，「搞啥子？我是萬啟超！」

「砍的就是你！」岳聲嘶力竭的大聲喊道，舉起馬刀再一次劈向毫無防備的萬啟超，一道寒光直奔萬的右肩，「噗」，萬的右手臂應聲而斷，鮮血像噴泉似的灑滿了這間土坯房，萬還沒來得急喊叫，門外的打手一湧而入，手裡的鋤把，木棒雨點般擊向已毫無抵抗之力的萬啟超，萬當場就癱在地上不知死活，眾人並未住手，繼續擊打不見一絲動彈的萬。

過了會兒，有人在喊：「別打了！人早死了！」眾人這才從慌亂中緩過勁來住了手。岳安德叫身邊一人拿燈去看看人死了沒有，那人拿燈照了照嘴裡直嚷：「死了，死了！」（事後這人告訴筆者，當時自己怕得要命，尿都撒在褲襠裡了，那裡還敢看喲！）岳見人已死，就說：「快去找塊板子來，把人抬出去扔掉，扔遠點！」

板子找來後，眾人你看看我，我瞅瞅你，誰也不願意幹這事兒。岳沒法只好在人群裡硬拽出位身強力壯的，過來把血肉模糊的萬搬上木板，抬出房門朝著離大院不遠的一處懸崖松林坡奔去，大概走了大約三、四百米的時候，木板上突然傳出萬的呻吟聲：「求…求求你們……救救我……快送我上醫院吧……求…」

話還沒完萬再次昏死過去。

這可把倆人嚇壞了，「糟啦，還沒死呢，這可怎麼辦？」同岳一起的那人嚇得都快哭了。「管他的，抬到松林坡再說。」岳強壓心中的恐懼，倆人抬著萬，膽顫心驚的來到松林坡，剛把萬放下，那人撒腿就跑，岳就喊：「跑、跑啥子，給我回來，要不有你好瞧的。」那人被岳的淫威所嚇回來了，邊走邊說：「是怕嘛，人都還沒死。」回到原處已不見板子上的血人了，原來岳已經把還沒死的萬推下了萬丈深淵。

正當倆人抬著板子準備回去時，懸崖下方再一次傳出了萬的呻吟聲，原來是可憐的萬被崖下的小樹給卡住了，倆人頭皮一陣發麻。「狗日的命還長也，快，快去搬石頭，砸！」倆人手忙腳亂的搬來石塊，一塊塊朝著那點微弱的呻吟砸去，一塊接著一塊，倆人不知砸下了多少石塊，「轟隆隆」的巨響在山谷中回蕩，驚飛了宿鳥，驚醒了周邊的山民。萬啟超就這樣被砸成了一灘肉泥，鮮活的生命就這樣被這群愚昧的村民給抹殺在了大巴山的土地上！

當晚，督戰隊確認萬啟超已死後，馬上帶領基幹民兵速疾轉赴八大隊二隊，準備趁勢除掉家住二隊的蕭潤澤。到二隊後，監視點的就迎了過去悄聲彙報蕭的情況說：「蕭潤澤家中今天來了好些知青，可能不好對付。」督戰隊員經過商議，怕打起來遭到眾知青的反抗，眾知青都是些亡命之徒，搞不好我們還得搭幾條人命進去，所以決定當晚先撤，不動蕭。派周登科負責，第二天在蕭趕場的路途中埋伏人手，見機除掉蕭。

夜幕更深了，陣陣寒意隨著山梁上一群黑影悄無聲息的移動，彌漫在山谷之中，連蛙鳴聲也帶著顫音。晚十二時左右，督戰隊率領基幹民兵潛入了八大隊一隊吳行成的住所，當時吳連自

己的安身之所都沒有，只好暫住在隊上的公房保管室裡，每晚隊裡都派一社員與吳一起照管保管室。當天值班的社員是岳雲輝，事後他回憶此事時，雙眼裡還不時透露出一絲恐懼。

當晚他們很早就睡了，一陣急促的打門聲把他們從睡夢驚醒，吳大聲問：「是哪個？」聽到屋外人聲嘈雜，吳頓感不妙，這時屋外就有人喊：「吳行成！快把你家的刀扔出來！」吳說：「我家只有菜刀，柴刀，哪裡還有其他啥子刀嘛？」「把你平時在院壩耍的那把刀丟出來。」屋外人接著叫嚷，其實吳玩的是把鐵劍，這把鐵劍就是從二大隊吳騰祿那夥人手中繳獲的。「喔，曉得了，是鐵劍嗦，等到，我找一下。」吳就下床找了起來。

再說門外有一隊員趙文清，在督戰隊的授意下，在門縫旁架上了火槍，當吳把鐵劍從門縫丟出的那一瞬間，趙文清的火槍也隨之閃出一團火光，而後一聲巨響回蕩在山谷中。筆者當晚像是預感到有事似的整晚沒睡好，這槍聲也曾聽到，當時以為是山民趕山放的槍。這一槍正打在吳的臉上，一群人踢開木門沖了進去，只見吳雙手捂臉，痛苦萬分地蹲在地上連聲叫疼。

這悲慘的叫疼聲怎能喚回這群麻木不仁的村民的心呀！他們的良心，他們的善良，他們的恐懼早已隨著兇殘而逝去。隨著一聲「打」字，無數的棍棒就落在了可憐的知青吳形成的身上，一陣「噗、噗、噗」的悶響伴著陣陣的慘叫聲，縈繞在公房上空。全身是傷，疼不可耐的吳一邊慘嚎著一邊從棍棒如雨點般的屋內掙扎著爬到屋外的曬壩，而等候在門外的打手們也一湧而上棍棒齊下，活活地將吳打死在曬壩場上，將血淋淋的屍身曝棄於曬壩上揚長而去。

許多熟悉吳行成的知青也許都不知道，當時吳已熱戀上本村漂亮的山姑岳希翠，已到了談婚淪嫁的地步，那時岳已有身孕。

岳經此巨變，她的生活遭受的痛苦可想而知，吳的遺腹子所受的一切，又是多麼的屈辱與悲涼。

其實七月二十四日晚，蕭潤澤家裡只來了一位客人，是從八廟鄉來的知青張大模，好友相見的激動當然不用提，可他們的歡快的談笑聲卻驚走了一群死神。事後的張大模很有些後怕，要是當晚督戰隊知道蕭家只有他們兩人的話，結果又會怎樣呢？也許他也難逃厄運！次日清晨，也就是七月二十五日趕場日，八點多鐘，蕭與張大模就準備去三隊邀約萬啟超同去趕場。剛走到萬啟超家對面的一個山坡時，突然從旁邊的樹林中竄出一大群村民，全是清一色兒男性，有拿火銃的，有拿鋤頭鋤把的，拿刀拿棒的。為首者正是九大隊的周登科與鄧弟星，周大叫：「蕭莽子，站住！」

蕭見幾十個村民殺氣騰騰的狠樣就知不妙，轉身撒腿就朝去區上的路一陣狂奔，村民隨急追趕，只留下驚魂未定的張大模。那知沒跑多遠，前面又出現一群手持兇器的村民，堵住了去路，這時為了保命的蕭慌不擇路，掉頭朝著一地名叫陰彎的山坳跑去。後面追趕的村民就如同一群發現獵物的獵犬，不停地大吠：「快，快追住他，不要讓他跑了，打死他，打死他！」

蕭本就跑不過常年走山路的那些山民，更何況在奔跑的途中，一雙破膠鞋早就不知影蹤，一雙腳上紮滿了草叢中的棘刺，血肉模糊，疼痛難忍。一群「獵犬」順著血跡很快就發現了癱在紅苔地旁的蕭潤澤。周登科帶人慢慢地圍了過來，見蕭手中有把三八式的爛刺刀，便停住腳步，厲聲叫喊：「把武器交出來！快點扔過來！」

蕭沒辦法只好順從地把刺刀扔了過去，周見蕭現在赤手空拳已無反抗的餘地了，這才囂張地大喝一聲：「給我打！給我往

死裡打！」帶頭撲向手無寸鐵的蕭，面對這群如狼似虎的村民，蕭雙手無力地護著頭部，哀求這群雙眼赤紅的村民別打了，轉眼間一陣刀棍雨就將他放到在地，渾身是血的他不停地在苔地裡翻滾，慘痛地哀叫聲更加巨刺激著這群喪盡人性的野獸。

蕭在生命已快走到盡頭之時，再次哀求在場的村民們：「叔……叔叔……伯伯……求求你們，求你們別打我了，我家就我一個孩子，我是家裡的獨子呀！……求求你們啦！」誰知這群打手中有一一字不識的文盲，八大隊三隊的社員張培和，因頭無幾根毛髮，被人戲稱「張禿子」，他把蕭哀求聲中的獨子誤解為了「禿子」，他的怒火騰地一下就竄了出來：「狗日的蕭莽子，死到臨頭還敢罵我，老子整死你！」說完舉起手中的鋤頭，反過來用「鋤老殼」對著肖的頭部惡狠狠地砸了下去，一連三下重擊，蕭的頭就如同捧爛的柿子，腦漿四溢，死於非命，又一條冤魂留在了南江的土地上！

見蕭已死，周登科，鄧弟星帶著四十余名打手直赴公社鄉場，準備殘殺知青王遠明和筆者，還有另一知青方民仲。後來才知道，就在二十四日當晚，督戰隊在打死吳行成之後就來到一大隊筆者住所，準備順帶幹掉我。八大隊與一大隊隔河相望，我家住在離河岸不遠的小山坡上，河對岸的小徑正是督戰隊回公社彙報戰績的必經之路。二十四日這天正值河裡漲水，水勢很大，泅水渡河得冒很大的風險，加上又是深夜，可督戰隊卻毫不顧忌，他們來到河邊住戶岳雲義（我現在乾女兒）家。

岳家人常在河邊打魚，水性很是不錯，他們就想讓岳雲義的父親帶著他們渡河，可老人家跟我關係特好，待我就像他孩兒一樣，他不但不願領路，還告戒這群打手，知青可不是那麼好惹的，說不一定筆者手中還有槍之類的傢伙呢？其實那時武器全都

上繳了，最後兩顆手榴彈也用來炸了魚，可他的兒子岳雲義年輕氣盛，不顧他爹的勸阻，帶著十幾個會水的打手冒險渡過了河，（後來被老爹一頓狠揍），悄悄摸到筆者住處。

當晚一、兩點鐘也不知怎麼我心裡特煩，難以入眠，後來乾脆搬來小凳在院壩裡拿著笛子胡亂地吹了一通，而後又進屋生火炒了幾個雞旦喝上了悶酒，結果把愛人給吵醒了還被罵了一通。一群打手的悄然逼近我卻絲毫沒有察覺，他們潛伏在我家四周聽著我與愛人對話，也許是他們太緊張了，聽見我說什麼炒雞蛋，居然聽出了什麼手榴彈，地雷，手槍之類的，嚇得這群人連滾帶爬地溜掉了。回去彙報講筆者家裡很是兇險，啥武器都有，別去招惹他，岳雲義也說前幾天還曾看見我用一枝小口徑步槍打過鳥呢？其實那是武裝部長安懷和讓我幫他修的，早就還給部長了。督戰隊的都給嚇壞了，連忙全撤了。死神就這樣與我擦肩而過！

二十四日中午，二大隊的王遠明，鄭開忠倆知青到家找我，想讓我送他倆過河，他們想去八大隊找萬啟超他們，聽說南江縣城有人搶了人武部的槍，就想約上他們上縣城去瞧瞧。當時我沒在家，因為公社要搞籃球比賽，我正在一小隊練球，愛人在家。愛人告訴他們說我在打球，他們在一隊找到我，一聽說送他們過河，我可不願了：「水漲得那麼大，我自已都過不去，我還敢送你們？不得行，不得行。」他們一見我也沒法，傻眼了：「那怎麼辦？」「下午看情況再說，水退點我再想想辦法，現在都已中午了，吃了飯再說。」由於一小隊離我家較遠，所以我就帶著他們到一戶同我很要好的村民家裡蹭了一頓飯。飯後我讓他們就在社員家中玩會兒，看下午河水退得了不，我再去打會兒球，一會一起回家。

正打得高興呢，鄭開忠跑過來說：「二哥，院壩裡來了個簽

匠，在做蒸籠，你隊上竹子又多不如叫篾匠到你那去，明天也做兩套，我要一套好嗎？」「行，說白了就是你想要嘛，要得！」回到院壩，等篾匠做完活兒後就請他上我家，到家後，篾匠在坡上砍來些竹子放在院壩上對我說：「今天太晚了，我到隊上我親戚家住去，明兒一早再來。」篾匠走後，王鄭二人看河水好像退了些，就過來讓我在門口瞧了瞧，河水是退了些，可我還是沒有把握，我說還是算了，這樣太危險，不如就在我家玩，等水小了再過去。這時太陽也快下山了，王鄭二人說家裡還有些事先回去，晚飯都沒吃他們就回去了。

第二天（當場日）一大早，篾匠就來了，一把篾刀在他手中上下翻飛，一會功夫竹子就被拉成了一條一條的，我蹲在一旁看匠人做蒸籠，與他聊天。今天匠人的神情與昨日的開朗判若兩人，象有啥心事似的，話也不多說一句，悶著頭做他的活兒。這時我愛人忽然叫我：「哎，快看對面的那群人好怪喲！」我朝河邊一看，平日裡趕場三三倆倆的人群不見了，只見著一群身著藍布衣的壯漢，空著雙手朝公社而去，不時地有人朝我這邊望。我納悶這些人是幹啥的呀？我仔細地數了數，共有四十七人之多，除了這群人路上再沒見著其他村民。

雖說感到怪異可也沒去多想，由於昨天練球的勞累加上昨晚的失眠，身體很不舒服，頭暈暈地，我就讓愛人做飯我躺會兒，等醒過來已是下午二點多了，我一看冷鍋冷灶就知道愛人又沒做飯。（這也不能怪她，直到現在她還是不會做飯）我連忙燒水下了一大鍋面，叫篾匠吃，篾匠吃完又去忙去了。大約過了半個多鐘頭，匠人就在屋外說：「蒸籠打好了，我把它放在院壩上了哦。」我大吃一驚，這速度也太快吧，別人一兩天的活兒他這麼快就完了呀？我帶著疑慮出門一看，咦，蒸籠放在板凳上人卻

沒了，四處望望，人都已走到我屋後的山梁上了，我大聲喊：
「喂！你工錢還沒拿呀！」篾匠身背工具頭也不回地說：「算
了，算了，我還有事，以後再說。」慌慌張張地走了。咦！今天
怎麼盡遇怪事。

漸漸太陽西沉，我滿心的疑慮更盛，怎麼今天沒見隊上的
社員趕場呢？河邊路上也不見趕場的回家？我家可是隊裡上公社
的必經之路呀，平日趕場天我家可熱鬧了，歇腳的村民，討水喝
的，還有打牌玩的，人可多了，今天是怎麼回事呀，一個人影也
不見呢！正在我思緒不寧的時候，門外路上閃過一道人影，出門
一看，原是一小隊的社員莆明珠，神情慌亂地疾步而行，我這就
納悶了，這小子平時最愛上家裡坐坐，討幾支煙抽，今兒怎麼跑
這麼快？

轉眼間他已到我家側旁的一道山梁上停下腳步，四面瞭
望，然後很是神祕地向我招手，讓我過去。「啥子事嘛，做得神
神祕祕，有啥子快點說。」我慢騰騰地走了過去。「楊二哥，不
得了啊，今天王遠明在趕場的時候遭砍了，不曉得活得過來不，
鄭開忠也遭打了，武裝部長安懷和讓我給你捎個信兒，讓你這幾
天提高警惕，注意自身的安全。」說完轉身匆忙離開。

這時我已感到不妙，知曉事態的嚴重性了，我忙與妻子商
議，準備出去避避風頭。我急忙出門找來一要好的社員安平德，
把被蓋與一些衣物交予他，寄放在他家中一段時間。辦妥這事
後，我夫妻二人心急火燎地去到隊長陳兆裕家裡，準備借點隊上
的公款返回重慶，當隊長瞭解了情況後，對我說：「別怕你又沒
幹壞事，怕啥，我看哪個龜孫子敢到老子隊上打人！老子隊上兩
百來號人又不是吃素的，要打，我們一起幹，怕個球呀！」為了
安全起見，隊長叫來副隊長陳琪富，讓他騰出房間，先把我們藏

在他家，當晚十點多鐘，我們就隨著副隊長翻山越嶺，神不知鬼不覺地就藏匿在了他家裡。

七月二十七日，躲藏了兩天的我的妻子就待不住了，她嚷著要過河去找萬啟超老婆玩，她們是很要好的姊妹，順便也打探一下情況，看看那邊有啥事沒有？當時我還不知萬他們出事了。我想這也對，就沒攔她，她一人就下山了，妻子走後我就一直琢磨王遠明的事，可始終也理不出個頭緒，估摸著是不是王他們在場上與他人產生了啥糾紛，可為啥武裝部長卻又派人來警示我呢？百思不得其解的我拿出我自製的兩顆手雷，這是準備炸魚用的，點燃導火索五秒鐘左右起爆，仔細作了一番檢查，以防萬一。

正在心慌意亂的時候，妻子滿頭大汗慌慌張張地跑了回來，驚魂未定地說：「遭了，遭了，快點跑！」「啥子事嘛，你說清楚噻。」我妻子帶著哭腔說：「別人講，萬啟超他們遭打死了！」「他們？還有誰呀？」「還有蕭莽子和吳行成！」「啊！」這時我如雷擊般楞住了。「快走吧！馮媽說那些人連我也要抓，說要逼你出來，各處埋伏了好些人！快點走吧！」這才知曉這比我所想像的更加嚴重危險。事態的嚴峻容不得多想，當即我倆決定馬上翻過後山到石礦公路，搭車離開南江。我手雷插在腰間，直奔生產隊會計家裡準備借錢出逃。

正在打借條的時候，隊長帶著六，七名公社幹部走了進來。「楊二，莫慌，公社幹部來給你保駕來了。」我抬頭一看，這幾位平日裡同我都玩兒得挺好，其中還有武裝部長的侄子安星德。「保駕？騙誰呀！是來抓我？還是來殺我嘛？說個清楚噻？」我怒氣衝衝地說著一邊警覺地拉著妻子緩緩退到門邊，看到門外曬壩場空上無一人，燥動的心緒慢慢地平息下來。「萬啟超他們真的遭打了？」我問。他們很難過地點了點頭接著說：「楊二，我

們平時的為人，你是曉得的，何況有些事我們想管也管不了哇，這次的事也不是要整所有的知青，也沒有針對你，今天我們就是代表革委會主任，副主任來的，主要就是讓你們生產隊保護你的……」

正在談話間我隱約聽到屋外傳來陣陣地吶喊聲，我急忙轉身出門來到院壩，因會計家正處半山腰，一到曬壩就能對四周上下的情形一覽無遺，站在曬壩上，吼叫聲更加清析地從山谷中傳來，見山下有許多農民手中提著東西，沿著河岸直撲我隊而來。「走喔！快點喔！聽說楊二在山兒岩（地名），快點去打喲，別讓他跑了呀！」這群農民直朝我的住所奔去。見著這一切我心裡一橫反而坦然了，心想：「這些農民沿河而上起碼也得走一兩個鐘頭，況且我腰上插的那倆叫人不吃飯的東西也不是吃素的，要是這是公社幾爺子搞的鬼，老子先炸翻他幾個再跑，整死一個夠本，整翻兩個賺一個！」

我轉身點了一支香煙，望著隨之而出的幾位幹部說：「聽到了嘛，狗日的，喊到我的名字打，這就是你們革委的決定？」安德星連忙說：「楊二，你不要衝動，這決對不是我們搞的，真的不是呀，你要是不信，我們就在這兒陪你，等到晚上一起回公社，這總行了吧！」我說：「那好嘛，我暫時就相信你幾爺子，要是扯拐嚐，老子是不得認黃的喲！喂！有煙沒得？給一包嚐。」「有，有。」區食品公司的老李摸出一包「朝陽橋」遞給了我。其實我是防備萬一呀！就這樣我夫妻二人就在惶恐中熬到了太陽落坡。

傍晚，趁著天空中的那絲微光，踏上了去往公社的小徑。前面三幹部領頭，後面是另四人，我夫妻二人居中，一路無語異常沉寂。天漸漸地黑了，清冷的月光灑滿山谷，盛夏的燥熱也被這

淒冷的月光所替代，雖說早已預備與死抗爭的我，還是感到一絲顫慄。當我們一行人下到山腳河邊，快踏出本生產隊時，我點燃了香煙，直至快到公社，生命之火始終不離手中，擔心在平壩中遇上埋伏。

快到公社，安星德就帶著我們去武裝部長二哥家吃飯，離公社也就一千多公尺，飯後才又奔公社而去。剛到公社醫院旁，一條黑影從路邊竄出，冷冷地喝道：「口令！」「消滅害人蟲！」走在前面的幹部答。聽到這口令我的手就悄悄地插入懷中，與我一起的幾個幹部當時也猜到我身上有東西，他們也是一樣的膽寒，後來知道了全都罵我。沒過多會兒，書記和部長全來了。

到公社後我同書記和部長展開長達三四個小時的詳談，在談話中提到知青打兇器，要殺公社幹部等等這些事，這時我才知事情的起因。我說：「糟糕，你們上當了，根本就不可能有這碼事！二十三，二十四號河裡漲這麼大的水，哪個知青敢不要命過河到筒車壩去耍，還說我也在，部長你敢不敢過河嘛？是那個狗日的說的，把他娃揪出問就曉得了！」這時書記和部長有點大夢初醒的感覺，苦喪著老臉相互望望，又搖了搖頭，看來他們也感到事情的棘手了。談話完後部長讓社長帶我在一社員家中休息，妻就留在公社，社長一夜一直陪著我，懸著的心這時下才稍稍安定下來。

就這夜裡，社長詳細地把整個事件全告訴了我，他說他對此事早就產生了懷疑，殺人償命，欠債還錢這道理誰不知誰不曉呀，所以他在這問題上，因無實權只好選擇沉默，這事將來誰也脫不倒爪爪。翌日，天還沒亮，部長就匆匆來到王家，單獨給我講述了案發時的經過，他懊喪說：「都怪我自已太衝動了，雖說請示了區武裝部長，可當事發後才感到事態的嚴重，後悔也晚

了，我只好極力地保護好你同方大哥，事已經錯了，不能再錯下去了！

「唉！」我冷冷地看著他那可憐樣兒一言不發。當天又是趕場的日子，他們怕發生意外，早早地書記也來了，而後就讓社長護送我夫妻到遠離公社的十大隊山中一社員家暫避直到八月二號。就在這幾日裡，公社領導不時來勸慰我，讓我留下，可我堅決要求離開。八月二日是我永遠難忘的日子，這天他們終於妥協了，我夫妻二人在治安員安星德等幾位公社幹部的護送下，安全地離開了團結公社，搭乘南江至廣元的班車，逃出了魔掌！

再說七月二十五日，王遠明與鄭開忠去公社趕場，剛走到公社小學旁，就見路邊廁所板縫中支出許多黑洞洞的槍管，廁所裡人影幢幢，慘白的夏日照在空無一人的操場上，可喧嘩聲卻無處不在「來了！來了！」兩人一見黑洞洞的槍口已知不妙，轉身就往回跑。「衝！別讓他們跑了，打死他們！」一聲吶喊，無數的農民從旮旯處湧了出來，手中的火槍，大刀片兒，木棒四處揮動著瘋狂的追趕王鄭二人，二人見四方八面全是氣勢洶洶的村民，來路也給堵上了，只好順著平壩狂奔到河邊。

河水雖退了些，可勢頭還是不小，二人不知在濕滑的石灘上摔了多少跟頭，鼻青臉腫的他們不顧一切地躍入河中撲河而過，後面兇殘的人群步步緊逼死命地追趕，隨河中水花的漸漸消逝，疲備不堪的二人被圍困在了屬旺蒼縣大德公社塔子山上，衝在最前面的幾個打手幾棒就將癱坐地上的鄭開忠打翻，而後圍著王就是一陣亂棒，人越集越多，棍如雨下，王遠明甚至連一聲哀嚎也沒來得急就被打暈死過去。

這時，四大隊社員馬萬發手持馬刀大喊聲：「閃開，看老子的！」照著王的脖子一連就是三刀，血流如注的王皮肉外翻，慘

白的骨頭都露了出來，據鄭開忠講，第三刀要不是被一根較粗的樹枝攔了一下，王遠明的頭很可能就被砍掉了。正在危急關頭，後面有人傳話過來：「死了沒得？莫要打了，書記和部長喊把王遠明，鄭開忠弄回去，開批判大會！」

這時眾人才住手叫鄭開忠背上王下山回公社，鄭背著血人樣的王回到公社球場放下，王已是毫無知覺奄奄一息，鄭全身衣物已被王的鮮血滲透，當天的天陽又凶又毒，王就這樣被曝曬在球場上，鄭束手無策地呆立一旁。球場上站滿黑壓壓的人群，許多善良的村民早就被這血腥一幕嚇得面無人色，更多的是在暗自落淚，當場也有一些知青，絕大部分是女知青，大家的悲憤早已替代了恐懼，眾人迅速集結在了王鄭身邊，一知青劉桂伍迅速找來急救包，同鄭一起給王包紮傷口。

批判大會開始，書記首先講話：」今天是一個大快人心的好日子，公社那些害人蟲被我們廣大的社員們降服了，公社往後也就太平了⋯⋯」接著部長發言：「今天，我們齊心協力把一貫橫行鄉裡的幾顆毒瘤給剷除了，這些反革命份子已經被我們鎮壓了⋯⋯」「什麼是害人蟲？啥又是反革命？」在場的所有知青憤怒了：「說清楚，這到底是人民內部矛盾？還是敵我矛盾？你們殘殺我們知青，破壞毛主席的上山下鄉運動！你們才是真正的反革命！」

這些響應黨的號召，到農村安家落戶的知青，無端被野蠻殘酷殺害，竟然被當政者宣佈為反革命分子，害人蟲，聲稱大快人心，這真是讓我們悲痛難忍，義憤填膺！

面對知青們咄咄逼人的氣勢，面對眾知青的責問，書記同部長楞在當場。「快去找醫生救人，我們不能眼睜睜看著我們的戰友死去！」迫於無奈，害怕激怒眾知青的公社頭頭們連忙清來大德醫院的郝醫生給王遠明縫合傷口，送往鄉衛生院治療，幾天

後傷情惡化，才被送往縣醫院，幾周後才從死神手中把王拉了回來，從此王落下全身病根，終日與藥罐為伍。

眾知青，特別是九大隊女知青，強烈要求公社，將死者萬啟超，吳行成，蕭潤澤的屍體用棺木埋葬，不能就此曝曬在光天化日之下。後革委會讓死者生產隊找來幾塊破木板就近掩埋了他們！兄弟們真的死不暝目哇！

後來革委會怕出逃的眾知青回來復仇，調集全公社各大隊的公積金，購買了許多鋼管，火藥，造了無數的土槍，土炮，日夜防守，一時間弄得全公社雞犬不寧，村民們惶惶不可終日，很多村民逃避外地，其實當時真有此事，如不是種種因素使這計畫流產的話，可能南江真的會死很多人，說血流成河也不為過！當時我夫妻二人逃到廣元，廣元已聚集了從南江縣各處逃出的知青七八十號人，人人都在商議如何打回去，這時已有人聯繫上了廣元鐵路兵團，鐵路有很多重慶籍職工，聽說我們慘況後，當即表態支持我們的行動，支援我們武器彈藥，雖說已是文革後期，可他們的武器都還沒上繳完，居然還有幾門迫擊炮……

當然最後，還是有文化有道德觀念的知青們，理智戰勝了憤怒，阻止了更大規模慘案的發生，否則這起知青與農民的衝突，將會演變為工人與農民的衝突，其結果會使數以百計的當地工農捲入爭鬥，後果不堪沒想。

南江縣打死六知青的慘案發生後，縣委、地區和省委都沒及時處理這起慘案，直到中央國務院下發文件，敦促省政府，省法院必須認真落實處理的批示後，才有以下宣判結果：

主犯：何碧忠，原團結公社革委會主任。死刑，已槍決。

主犯：安懷和，原團結公社革委會副主任。（因保了筆者與
　　　方大哥），死刑，緩期執行。

主犯：周登科，團結公社九大隊村民。死刑，已槍決。

主犯：殷仕華，團結公社二大隊村民，無期徒刑。

主犯：岳安德，團結公社八大隊村民，有期徒刑十五年。

主犯：安雲德，原沙河區武裝部部長，有期徒刑八年。

人渣：鄧弟星後另案處理，判有期徒刑七年。

第二節　慘死於農民棍棒刀槍下的知青

無獨有偶，與南江知青類似，一九六九年四川忠縣也發生了農民血腥殺戮知青的慘案。二○一一年十月二十七日知青陳仁德在〈長滿野草的知青墳〉記述這一殘暴的全過程：

1、荒山上的知青墳　在顯周小學的石牆上，我發現了一處標語，內容是「馬紹成烈士永垂不朽」。標語是用墨汁寫在石牆上的，經過風吹雨打已經有些模糊，但是稍稍辨認一下就能讀出來。與之相對應的是，在顯周場外的一片荒山上，有著一個長滿野草的墳塋，墳塋只是一個低矮的土堆，不足以引起任何人的關注，裡面埋葬的就是「馬紹成烈士」。

「馬紹成烈士」其實並非什麼烈士，他是一九六九年二月從重慶插隊到顯周公社老龍二隊的知識青年，外號「馬兒」，重慶11中初中六八屆學生，和我同齡同年級，已經死去了四十多年，死時剛滿十七歲。他慘死於一場有組織有預謀的圍攻。顯周的農民們把這個事件稱為「打馬兒」，每當提起就會眉飛色舞沾沾自喜，把打死馬兒作為功績來傳頌。這對於我，多少有些兔死狐悲的感傷，我和馬兒雖然素不相識，但都是初中六八屆學生，都是插隊知青，所以每當聽到有人高談打死馬兒的盛況，我就暗動惻隱之心。

　　我常站在顯周場外的山路上凝視馬兒的墳塋。在離路邊十余米的一個荒岩下，馬兒孤零零地長眠在那裡，芭茅草淩亂橫斜地從地底伸出來，搖曳在墳頭，山風吹過時，芭茅草長長的葉片發出沙沙的聲音，蘆花一樣的花絮隨風飛舞，飄飄灑灑地落到山岩間。如果不是墳頭有一個微微隆起的土堆和幾塊亂石，這裡就和其他荒坡沒有區別了。四年之間，可能從來沒有人來憑弔過，墳前看不出有人留下過什麼足跡。每天趕場的人來來往往，沒有一個人往那裡看過一眼。馬兒的孤魂就寂寞地棲止在那裡，一年又一年。小學石牆上的「馬紹成烈士永垂不朽」早已模糊不清，當時的淋漓鮮血早已淡化殆盡，歷史的悲劇已經湮滅在紛紛揚揚的塵埃之中。只有我這個與馬兒毫不相干的人還會時時記起那段往事，對馬兒之死充滿了關切，通過多方走訪，基本瞭解了事情的經過。

　　2、響起了陣陣「抓特務」的呼喊聲　那個悲慘的日子是一九六九年八月十一日，農曆六月二十九日。前一天，馬兒和外號叫猴兒的插隊天堡大隊的知青張華元一起來到大雲四隊，他們的同學外號「雞公」的萬啟富插隊在這裡。這是一個農家大院，地名叫「風埡口」。晚上馬兒和猴兒就住在雞公家，那是大院轉角處的一間老木屋，以前是一個寡婦的住處，寡婦出嫁後一直空著。

　　第二天是個大晴天，上午，三個知青忽然被一陣吹竹筒號和牛角的聲音驚醒，隨著雄渾的號角，又傳來了陣陣「捉特務」的呼喊聲。知青們都是聽著「捉特務」的故事長大的，他們從小受的教育就是要和美蔣特務作鬥爭，這時聽外面喊捉特務，不由得都來了精神，打開門就往外跑。在那一瞬間，他們腦子裡便閃過了許多電影上抓特務的鏡頭。

　　大雲四隊小地名叫大雲包，是一個獨立的山包，四面都是斜坡，坡上種滿了紅苕包穀之類的作物，綠油油一大片。靠東邊的山下是大雲五隊，通向安樂大隊等地。靠西邊的山下是大雲二隊，通向老龍大隊等地。現在的號角和呼喊聲，明顯是從東邊山下傳來的。

　　正在山坡上挖旱田的大雲四隊的黃新雲等人也聽見了從山下傳來的「捉特務」聲音，就跑去看。黃新雲剛走到路口上，就看見迎面衝上來一大群農民，至少有上百人吧，把長長的山路都塞滿了。這些人氣勢洶洶，手裡都操著傢伙，有的扛著扁擔鋤頭，有的提著釬擔打杵，七嘴八舌地高喊著「捉特務」往這邊衝。領頭的是大雲五隊黃天勇和黎順藍。黃天勇是五隊隊長，他手裡舉著一根帶長柄的鐵鑿子，鑿子尖閃閃發光。黎順藍提著一根兩頭裹著鐵皮的尖尖的釬擔。黃新雲問黃天勇：「特務在哪裡？」黃天勇說：「就在你們這裡！」黃新雲覺得好奇怪，特務怎麼在我們這裡？

　　原來特務就是這三個知青！馬兒他們站在一個坎子上，看見這個陣勢忽然覺得不對勁，農民們一個個掄著棍棒，眼中噴著怒火，哪裡是捉特務，分明是衝著他們來的。馬兒和雞公快步衝進隊長黃新全家各抓起一根釬擔跑出來。猴兒見勢不妙飛快地鑽進山坡上的玉米地抄小路跑掉了。

　　馬兒霍地從身上抽出一把匕首，他一手握匕首，一手握釬擔，與同樣握著釬擔的雞公背靠背站在高坎上準備迎戰。雞公大聲對一旁圍觀的四隊的社員們說：「四隊的人不要出手！」

　　四隊的人後來沒有一個出手，雞公是他們自己隊上的人。黃天勇帶領的人群看見馬兒和雞公氣勢洶洶地擺好了陣勢，就有些畏縮不前，站在原地揮舞著棍棒大聲喊：「打特務！打特務！……」

雙方緊握器械對峙著，氣氛緊張萬分。在明晃晃的太陽下，現場呈現出血戰之前的短暫僵持，天空中的雲朵彷彿也凝固在那裡一動不動。黃天勇一個突如其來的動作打破了這種可怕的對峙。他急中生智，彎腰從地上撿起一塊拳頭大的鵝卵石向馬兒和雞公猛擲過來。黎順藍和其他農民立即如法炮製，一時石頭如密雨橫飛。一大坨石頭端端地擊中了雞公的胸口，雞公哎呀一聲從坎子上沉重地跌落到近三米高的坎下。旁邊的農民一湧而上，棍棒齊下，雞公發出聲聲慘叫，左臂和右腿當即被打斷，全身是傷，血流遍地。

3、**亂棒從四面八方劈下** 馬兒見只剩自己孤身一人，拔腿就跑，沒跑出多遠，黃天勇已經追上來掄起長柄鏨子如同泰山壓頂一般劈頭打下。馬兒慌忙中丟掉匕首，雙手橫舉起釺擔去擋，只聽見哢嚓一聲，釺擔被打斷成兩截。黃天勇乘勢撲上去和馬兒扭打起來。黃天勇怒火萬丈，恨不得一下把馬兒打翻，但是馬兒身材高大年輕力壯反而占了上風，兩人抱成一團廝打得難分難解。

看見黃天勇一時難以取勝，旁邊的人便湧上去舞著棍棒助戰，趁黃天勇抱住了馬兒，便猛擊馬兒的小腿。馬兒疼痛難忍站立不穩，順勢抱著黃天勇跌下坎去，兩個人一起掉進下面的水田裡。

剛收割了稻穀的水田裡，深深的稀泥如同沼澤。黃天勇和馬兒陷在田裡繼續廝打，雙方身上都糊滿了稀泥。馬兒腿痛，雙腳陷住拔不出來，他正想奮力掙脫爬向田坎時，大隊人馬已經衝過來，一些人乾脆就跳進田裡來了。亂棒從四面八方劈下，只聽見一片憤怒的叫喊聲：「打死他！打死他！」馬兒頭頂霎時迸出鮮血，流過面頰，染紅了衣衫。他無法逃脫，也無力逃脫，一頭栽

倒在田裡，鮮紅的血汩汩地流進黑色的稀泥裡，染紅了一大片。讓農民們感到奇怪的是，馬兒腦袋被打得砰砰直響，直至倒下，都沒有叫一聲，一直咬牙強忍著。

打手們看見馬兒和雞公都已經動彈不得，稍稍解了氣，拉起隊伍走了。馬兒在田裡掙扎了一陣，竟然站了起來，滿身的鮮血和淤泥，模樣十分嚇人。有人聽見他輕輕說：「我要喝水……」

隊長黃新全的女人馬上端來了水。這個善良的女人沒有讓馬兒立即喝水，因為，根據世代相傳的經驗，受了重傷的人不能馬上喝水，喝了會有生命危險。黃新全的女人扶馬兒坐到地上，細心地用水給馬兒擦洗臉上的血污和淤泥。

這時遠遠地又傳來了「打特務」的吼聲，這次不是從五隊那邊，而是從二隊這邊傳來的吼聲。四隊的人們一邊派人火速去10里外的公社診所叫醫生，一邊趕緊設法把馬兒和雞公藏起來。生產隊在山坡上建有保管室，一溜三間土屋，中間大一些的是儲存糧食的倉庫，靠左一間做了豬圈，靠右一間做了加工麵條的麵房。當下就把馬兒藏進豬圈屋，把雞公藏進麵房。豬圈屋無鎖，馬兒進去後從裡面用東西抵著；麵房有鎖，就給鎖上了。一無鎖一有鎖，就決定了馬兒和雞公的生死存亡。

一會兒，另外一支人馬浩浩蕩蕩呼嘯而至，照樣是一個個手執器械殺氣騰騰。來人走攏就問：「雞公馬兒在哪裡？」，四隊的人都默不做聲。來人四處查看，發現了地下的血跡通向保管室，就嘩的一下沖到保管室門前。其中一個人質問四隊的人：「你們是叛徒！還把他們藏起來！」

這時生產隊長黃新全從外面回來了，家住這裡的公社完小老師黃天雪也正巧從外面打米回到家中。他們二人上前苦口勸說來人不要再打，再打要出人命了。但是他們的聲音太微弱，很快就

被淹沒在一片憤怒的吼叫聲中。

雞公藏身的麵房緊鎖著，加之雞公本身就是四隊的人，來人就放過了。而馬兒就沒有那麼幸運了，人們破門而入，將躺在地上血肉模糊的馬兒拖出來扔到保管室外的石壩上。來人中有人自稱是馬兒插隊的老龍二隊人，說：「他是我們隊的人，關你們大雲四隊什麼事。讓我們帶走！」拖著馬兒就走。

馬兒搖搖晃晃地拄著一根竹竿，走出幾步就往地下倒。來人怒喝：「你還要裝怪！」，又是一陣棍棒齊下。這下馬兒連掙扎的氣力都沒有了，只有任隨人們毒打，額頭和雙膝又往外面直冒鮮血。這一夥人看見馬兒已經奄奄一息了，就扛著棍棒逕自揚長而去。

黃新雲見馬兒已經很危險，走攏仔細看，眼睛都閉上了，忙對還待在一旁的黃天勇和黎順藍說：「糟了！糟了！」黃天勇和黎順藍走攏一看，也嚇壞了，他們此時也怕惹出人命了。這正是中午最熱的時候，石壩被太陽曬得發燙。黃新雲和黎順藍用一根扁擔從地下插過去把馬兒的腰抬起來，黃天勇在一旁捧著馬兒的頭，三人合力把馬兒抬到了路旁竹林陰涼處。

公社診所的所長丁明文和年輕的女醫生黃月蘭這時背著藥箱從顯周場匆匆趕來了，他們在竹林裡對馬兒做了簡單的檢查。丁明文醫生輕輕翻開馬兒的眼睛看了看，搖著頭說：「不行了，不行了，瞳孔都已經放大了！」

丁醫生還在現場的時候，第三支人馬又吹著號角舉著棍棒高喊著「打特務」從安樂大隊那邊衝過來了。

4、馬兒屍橫曠野魂斷異鄉　隊伍中有一個來自顯周公社安樂八隊的農民劉啞巴，手提著一根長長的鋼釺。這種鋼釺是用來打炮眼用的，重10餘斤，通體呈六棱，直徑約一寸，長數尺，尖

端處鋒利如劍，雖然不是正式兵器，但是作冷兵器使用，其殺傷力不可低估。劉啞巴臂力過人，天性野蠻，他不會說話，不像別人那樣高喊「打死他」，只會發出哇哇之聲，只見他走近前來，哇哇一陣怪叫，雙手高舉起鋼釺，凌空劈面砸下，端端打在馬兒頭上，鋼釺擊打頭顱時發出令人心悸的聲音，馬兒腦漿崩流當即斃命。

我們已經無法知道馬兒在最後的時刻是什麼心情，我想他一定有許許多多的思緒閃過腦際，但是充滿整個心靈的恐怕只有兩個字：絕望！他一定料到了他的生命會終結在這個極其恐怖的時刻，已經沒有任何力量可以挽救他的生命，他還很年輕，才十七歲。

太陽越來越火毒了，黑色的稀泥，紅色的鮮血，白色的腦漿，在炎光裡呈現出極為鮮明色彩對比，最後被一起烤乾，凝固在那裡。馬兒的青春軀體扭曲成一團，在陽光下如同一個巨大的問號。林子裡忽然飛來幾隻黑黑的老鴰，撲騰著翅膀在上空盤旋，發出嗚嗚的哀鳴。就在半年前，馬兒還是父母膝下的寶貝兒子，還是「毛主席的紅衛兵」，還是重慶大城市裡無憂無慮的少年，而此時他已經屍橫曠野魂斷異鄉。

一切歸於沉寂後，黃天雪老師找來擔架，把雞公火速抬往20里外的拔山區醫院。面對血肉模糊的雞公，他極度震撼，傷勢之重，遠遠超過設想，如果沒有血海深仇，是難以下此毒手的。把雞公從地上抬起來時，身子動了，一隻腳卻沒有跟著動，原來那只腳已經和大腿斷開了，只有皮肉牽掛著。

馬兒的屍體當天下午被大雲四隊的兩個地主抬到他插隊的老龍二隊。當時正在那裡勞動改造的「走資派」、拔山區區委書記周善國主動在隊上的三灣塘邊給馬兒洗去了血污，昔日威風八

面的區委書記此時成了低賤的擦屍人，他在給馬兒擦身時甚為動情，望著面目全非皮開肉綻的馬兒屍體說：「你年紀輕輕的，啷個不學好嘛？唉，我也是個走資派呀。」

晚上，馬兒的屍體被放在一塊紅苕地裡，用一個搧鬥（稻穀脫粒用的木制農具，闊約五尺見方，深約尺五，形狀如鬥）反扣著。第二天，馬兒的屍體被轉移到了顯周場上，放在卷洞月亮井旁的竹林裡，那裡稍稍涼爽一點，便於屍體保存。

5、周圍幾座山全站滿了憤怒的農民　噩耗傳出後，顯周公社的知青們悲憤不已，其中一些人堅決要為馬兒報仇，他們湧往顯周場，在牆頭書寫標語「馬紹成烈士永垂不朽」，這就是學校牆上殘留標語的來歷。前進大隊重慶知青楊秀維、黃關中兩人皆血性之人，他們離顯周場不遠，聽說大雲大隊出了事，就相約來到顯周場。

殊不知知青們要為馬兒報仇的消息傳出後，更加激怒了廣大農民，一傳十十傳百，當天下午，後鄉幾個公社成千上萬的農民組織起來手執器械從各個方向朝顯周場進發，小小的顯周場頓時被圍得水泄不通，周圍幾座山全站滿了螞蟻一樣密集的憤怒的農民，地裡的莊稼被踐踏得一塌糊塗。這就是多年後被顯周人引為自豪反復提起的「打馬兒那年」的盛況。

消息飛傳到忠縣城，縣上被震驚了，事態的嚴重惡化使執政者不安。為了避免更大的事件發生，縣裡派出一個工作組當天下午趕到顯周。縣公安局長沈明濤直接奔赴大雲四隊進行調查。當時在城裡十分威風的文攻武衛司令部大員紀會元也挎著手槍神情嚴峻地叉著腰站在顯周場上。拔山區武裝部長余成棟也率了一班人來到顯周。顯周場上一時戰雲密佈，空氣緊張得像要爆炸。

花橋公社光甯大隊知青、我母校初中六七屆同學王繼善等一

行數人聽說了顯周打死知青的慘案，相約到顯周來聲援。當進入顯周公社天井大隊時，王繼善不小心摔倒水田裡，衣服被浸濕，他便找來一根竹竿將衣服挑著。當他們繼續前進時，已經被放哨的農民發現，大叫「又來了一群知青，還打著旗幟！」滿山的農民得知後齊聲高喊：「打死！打死！」王繼善一行見勢不妙，慌忙掉頭跑了。此事是多年後王繼善親口對我言及。

楊秀維、黃關中剛走進顯周場時，各路農民隊伍尚未抵達顯周，他二人還在公社慷慨陳詞痛哭流涕。不一會，農民們就從各個方向怒濤般呼嘯而至。他二人一下陷入重圍。周圍山頭上數以萬計的人揮舞著棍棒發出有節奏的怒吼：「打死楊秀維！打死黃關中！」聲如雷霆驚天動地。兩位年輕的知青面面相覷，哪裡還談得上什麼報仇？余成棟部長見勢不妙，立即把他們推進公社會計范仁寶的寢室裡藏起來。這時從木耳寨方向已經有一支人馬舉著棍棒往公社沖來，口中高喊著：「打死楊秀維！打死黃關中！」只片刻工夫，洪流般的人群已經將公社包圍得蚊子都飛不出去，舉目四望，到處都是人頭，到處都是棍棒。

說時遲那時快，一群人已經殺氣騰騰衝進公社院裡來，要將楊秀維黃關中拖出去打死。公社院內的每一個空隙霎時就塞滿了人，舉起的棍棒像森林一樣，依然還喊著：「打死楊秀維！打死黃關中！」公社屋頂的瓦片被聲浪震得咯咯作響。人們很快就發現了楊秀維、黃關中藏身的寢室，憤怒地叫喊：「這兩個狗日的在這裡！打死他們！」

情況萬分緊急，余成棟部長緊張萬分，他挺身死死地堵住門口，苦口勸說農民兄弟們不要再打人了。已經打死一個了，不能再打。但是余部長孤單的身影哪裡抵擋得住迎面而來的滾滾人流，他漸漸支持不住，一步步後退。楊秀維黃關中已經完全暴露

在農民們面前，一道道目光像火焰一樣向他倆噴射過來，窗外的山頭上，仍然是一陣緊似一陣的吼聲：「打死楊秀維！打死黃關中！」

餘部長伸開雙臂攔住憤怒的農民們，把楊秀維、黃關中擋在身後。他聲音已經嘶啞了，還在繼續勸說農民們。形勢岌岌可危，楊秀維、黃關中的生命繫於一髮，余部長似乎自己也慢慢喪失了信心，眼淚從眼中緩緩流出。他忽然撲通一聲跪下去，給領頭的農民磕頭，說：「我給你們磕頭了，我給你們磕頭了！不要再打了呀！」

餘部長聲淚俱下悲哀不已下跪磕頭，使領頭的農民心軟了一下，他繼續磕頭，那些憤憤不平的農民終於慢慢地極不情願地退了出去。楊秀維、黃關中得救了，他們永遠都記得餘部長！當然也永遠記得那些兇狠的面孔和驚天動地的吼聲。

馬兒的屍體被白布裹起來，停放在月亮井旁，那裡比較涼爽，好等待馬兒的父親來後再下葬。漸漸的，裹屍布裡開始有屍水慢慢滲出來，屍體在炎熱的日子裡已經無法再保存。三天后，馬兒的父親從重慶趕來了。父親把裹著的白布打開一角，露出馬兒的臉。看著兒子難以辨認的臉，父親悽惶黯然，面部抽搐，強忍悲痛，一言不發。

無所謂葬禮，也無所謂追悼，馬兒被裝進一口薄棺，草草地掩埋在顯周場外的荒山上。下葬時現場只有二三十人。從縣裡趕來的幾個軍人在旁邊值勤，以防有人挑起事端。公社的幾位幹部也來到現場。一些大膽的知青趕來為馬兒送上最後一程。楊秀維、黃關中他們一直陪伴著馬兒的父親。一鏟鏟的黃土紛然落下，棺木慢慢被掩埋，馬兒的人生就此永遠定格在這裡，他留給人們的，是一張永遠年輕的十七歲的面孔。

與馬兒同時慘遭荼毒的雞公經拔山轉重慶搶救脫離危險，但是却留下了終生殘疾。

6、**墳前的樹已又粗又高**　一九八八年八月，我和楊秀維餘宏根重返顯周，順便去給馬兒上墳。我們撥開深深的草叢走到墳前，點燃鞭炮祭奠馬兒的亡靈。鞭炮飄出的硝煙彌漫在馬兒的墳頭，久久不散，像是在眷念著什麼，我想那就是馬兒漂泊在異鄉孤零零的遊魂。這時農村早已土地承包了，馬兒墳塋所在的土地屬於人和一社（生產隊改為社了）黃學楷的承包地。黃學楷比我年長二十多歲，是一個很厚道的老人，曾經是國民黨十五兵團羅廣文部的士兵，後來又轉投到解放軍隊伍中，我在顯周期間和我關係很好，是我的老朋友。我們給馬兒上墳時黃學楷老先生也一起到了墳前，我鄭重其事地拜託黃老先生看好馬兒的墳。他滿口答應。

我們又來到公社舊址前，當年那間差點要了楊秀維命的寢室還在。我們在窗外站立多時，默默地追憶逝去的歲月，追憶那些難忘的場面，秀維特地在窗前留影，說：「我差點在這裡被打死了，全靠余部長啊！」

據說馬兒是重慶建設廠的子弟，不知道他家中情況如何？世紀之交，我移居重慶，與同為重慶市詩詞學會副會長的李澤全先生交往頗多。李先生在建設廠（今建設集團）工作幾十年，退休前曾經長期擔任建設廠人事處長，瞭解那裡的許多情況。我迫切地想從他那裡打聽馬兒家庭的情況，可是他却一無所知，這可能是因為建設廠太大了，他無法認識每一個人。

二〇〇一年春節，我和楊秀維、曾先龍等再次來到馬兒墳前憑弔。32年過去了，馬兒墳前的樹已又粗又高，砌墳的亂石已風化成沙礫，蓬亂的野草在寒風中搖曳著。我們在墳前靜靜地肅

立，誰也沒有說話。秀維點燃了鞭炮，劈劈叭叭的聲音在空蕩蕩的山谷裡迴響，灰濛濛的硝煙久久地縈繞在馬兒荒涼的墳頭。我在墳頭再次拜託黃老先生看好墳墓，此時的黃老先生也已經是年過古稀的老人了。

二〇一〇年的一天，我忽然接到黃學楷老先生打來電話，說是由於修建公路之需，馬兒墳即將被毀，他受我之托看照多年，現在已經無力保護了，希望我接到電話後立即想辦法。我想，馬兒墳雖然不是什麼值得保護的東西，但卻是特殊時代的特殊產物，當年他死得那麼慘，難道三十多年後還要掘墓拋屍，讓他再受一次傷害。我立即給楊秀維去電話，我知道不久前一些重慶老知青剛成立了一個知青公會，創辦了《知青雜誌》，還打電話向我約稿，知青公會不是正好出面管這件事嗎。幾天後秀維回電話說，知青公會是一個很鬆散的組織，沒有實力，無法管這些事，沒有辦法，只有任之了。我不禁仰天長歎。此後馬兒墳到底如何，我就不得而知，也無能為力了。

7、全縣爆發了一場圍攻知青的運動戰　事後得知，「馬兒事件」其實是經過精心策劃的，頭一天，黃天勇等人就掌握了馬兒和猴兒到雞公家串門的情報，早已暗暗串聯了附近村社的農民，全部準備好器械，只等吹角為號，就一起高喊「捉特務」殺向大雲四隊。這一切唯獨瞞著四隊的人，是怕走漏消息跑了馬兒他們，所以當第二天黃天勇帶隊衝向四隊時，黃新雲還蒙在鼓裡發問「特務在哪裡？」黃天勇回答說：「就在你們這裡！」從黃天勇的回答可以推定，他們早就知道馬兒等人在這裡，一切都早就準備好了，只等下手。

黃天勇雖然對馬兒下手狠毒，可是那天他卻保護了自己隊上的知青王信年。那天早上，黃天勇特地找到王信年，告誡他今天

哪裡都不要去，就在家裡待著。要不是黃天勇的保護，王信年那天也很難逃厄運。這也從另外一個方面證明黃天勇等人的行動確是早有預謀的。

馬兒等人被群毆時，整個顯周乃至整個後鄉都發生了有計劃有組織的圍攻知青事件，到處都是吹牛角或者竹筒的聲音，到處高喊捉特務，到處都群毆知青。

重慶知青曾先龍插隊顯周公社安樂一隊，那裡離馬兒慘死的大雲四隊只有幾里路。八月十一日那天早上，曾先龍準備出門去趕場，一向很溫厚的生產隊長忽然很嚴肅地攔住曾先龍，就像黃天勇告誡王信年一樣，叫他今天哪裡也別去，就在家裡待著。曾先龍感到莫名其妙，堅持要去趕場。隊長一反常態，不由分說把曾先龍推進生產隊的保管室反鎖起來。曾先龍被關在保管室裡十分納悶，正百思不得其解時，忽聽見保管室後邊的大路上傳來一陣嘈雜的腳步聲，伴著激昂的喧嘩聲，其中一個聲音說：「這院子裡有個知青叫曾先龍，我們先去打死他！」說著一大群人就湧進院子來。

這時生產隊長迎上前去說：「曾先龍沒有在家，出去了。」那些人就拉著隊伍很失望地離開了。曾先龍躲在保管室裡嚇出一身冷汗，事後他說：「要是沒有隊長保護，我那天說不定和馬兒一樣下場。」事實上，那夥人離開安樂大隊後就殺到了大雲四隊。曾先龍後來任忠縣文物管理所所長，成了文物考古專家，與我關係甚篤，為幾十年間不可多得的朋友。這段經歷是他親口所述。

插隊顯周師聯五隊的知青劉作舟是重慶11中高中三年級的學生，酷愛物理，要是文革遲來幾天他就上大學了。他在知青群體中算最「高齡」的，比起初中一年級的馬兒，他高出五個年級，

下鄉時就已經二十一歲了，所以他絕不會像馬兒那樣不懂事。他
從不惹是生非，一直在村裡老老實實地勞動。

八月十一那天，他到11中校友、插隊師聯四隊的知青陳以其
那裡串門。那天天氣炎熱，他二人正在院子裡光著膀子乘涼，忽
然外面殺聲震天，衝進一群手執器械怒氣衝衝的農民，為首一個
高舉著亮閃閃明晃晃的「坡刀」。坡刀是用於鏟草的，有些像古
代的樸刀，四尺長的刀柄，一尺長四寸寬的刀鋒，刀背略彎，使
用時人站在田坎上居高臨下往下砍，把田坎背上的雜草連著泥土
像切豆腐似的削去，很是愜意，由於經常使用，刀鋒都很鋒利。

劉作舟戴著眼鏡，看不大清楚，等到看清楚時農民們已經衝
到眼前。為首那位高舉起坡刀劈頭砍下，劉作舟舉起右手去擋，
只聽見撲哧一聲，右手從虎口處砍下，大拇指和另外四個手指
裂為兩塊，半個手掌翻向一邊軟軟地耷拉下去，還剩一點皮肉
連著。

那個手執坡刀的人殺得興起，轉身又揮刀向陳以其砍去。
陳以其還沒有弄明白是怎麼回事，那把長長的坡刀已經嚓的一聲
砍進他的右手臂，骨頭馬上就露出來了，手臂上厚厚的肉全部翻
開。他倒到地上，坡刀又砍進他大腿，血直噴。這些都發生在一
瞬間，等到院子裡的社員們來勸解時，劉作舟陳以其已經滿身鮮
血淋漓。

劉作舟、陳以其都是在農村表現很好的安分守己的知青，
那些打手殺紅了眼，根本不分青紅皂白，只要是知青就不放過。
當天，劉作舟、陳以其二人被抬往拔山醫院，隨後又火速轉到重
慶治療。劉作舟經過搶救，右手留住了，但手指功能從此嚴重退
化，握合能力很差，好在經過長期恢復訓練後，右手能夠勉強握
住電烙鐵。劉作舟視無線電為生命，天天都要使用電烙鐵。他伸

出並不靈活的傷痕赫然的右手說：「只要還能夠拿住電烙鐵我就不怕」。知青返城後，劉作舟是重慶廣益中學的物理老師，二〇〇八年不幸死於癌症。雞公——萬啟福也於二〇〇八年死於癌症。

二〇〇五年七月三十日，我在重慶楊家坪見到了年已54歲的陳以其，他撩起衣袖和褲腿，38年前的累累傷痕如同指頭粗細，依然疙疙瘩瘩地凸起，清晰可見，觸目驚心。

師聯四隊離馬兒慘死的大雲四隊相距10餘里，可見當天的戰線之長，戰場之廣，而這僅僅是當時的區區一角而已。在那個時段，全縣都爆發了圍攻知青的運動戰。黃金公社、紹溪公社、黃欽公社等地，相繼發生了大規模的群毆知青事件。我的朋友、落戶紹溪太平大隊的謝崇華與同大隊的重慶知青譚思亮等八人被圍在一個地壩裡打得頭破血流，譚思亮的腦袋被一根尖利的鑿子刺穿。

與馬兒差不多同時慘死的還有黃欽公社知青陳斯倫。十七歲的英俊少年陳斯倫被潮水般的農民圍堵，不得已躲進公社診所的樓上，瘋狂的打手們爬上屋頂揭開屋瓦，把鳥槍伸進去朝著他開槍，他當即斃命。

聞訊趕來的知青們抬著他的屍體來到縣城遊行請願，要求嚴懲兇手，我正好從復興公社趕回縣城，目睹了這一感天動地的場面。知青們從全縣各地鄉下彙集到城裡，大約有千人之眾。陳斯倫的母親和姐姐也從重慶趕來了。知青們從印刷廠找來白色的邊角紙條，灑滿了大街小巷，又在大禮堂樓下佈置了靈堂。陳斯倫的遺體用冰磚冷凍著，供人們憑弔，他頭上的槍傷明顯，面部淤血青紫成斑慘不忍睹。

傍晚時分，數百個女知青在廣場上放聲痛哭，淚流成河，哭

聲淒婉撕心裂肺，匯在一起如同浪濤洶湧，真是「哭聲直上干雲霄」，面對此情此景，未有不動容者。在強大的壓力下，縣上同意在大禮堂召開了陳斯倫的追悼會，我作為知青的一員參加了追悼會。會上，陳斯倫年約40左右的母親泣不成聲，強烈要求懲辦兇手，同時也按照當時的語言習慣，要求廣大知青「把鬥爭的矛頭指向一小撮階級敵人」。

8、這一切到底是誰之過？　顯周乃至忠縣廣大農村所發生的痛打知青的運動，其實是縣上有意部署的一場所謂「打擊流氓阿飛」的運動，如果沒有統一部署，很難想像如同散沙的農民們會在同一時間高度的組織起來開展大規模的行動。縣上的初衷只是想「打擊」一下，完全沒想到會造成如此驚天血案。

馬兒案發生時，我還在復興公社插隊，復興公社也按照縣上的指示部署了「打擊流氓阿飛」的運動，並層層傳達到了生產隊。我所在的水坪六隊是由大隊革命委員會副主任、家住但家沖的劉宗信組織社員大會傳達的，我清楚記得劉宗信在會上講：「公社佈置了，家家戶戶都要準備好木棒，像這麼長的木棒。見到流氓阿飛就打！」他在說這麼長時還雙手比劃了一下。我們插隊那一帶知青惹是生非的不多，所以最終沒有釀成大規模的痛打知青悲劇。而在後鄉就不同了，知青惹禍的事時有傳聞。一些知青到處惹是生非偷雞摸狗甚至無惡不作，激怒了廣大農民群眾，最後矛盾激化，導致了悲劇的發生。

最著名的是發生在三匯公社的「六三事件」。一九六九年六月三日，一群知青在三匯場上撒野，出手打人行兇，擾亂市場。當時正值三匯趕場，趕場的農民人山人海，人們驚恐萬狀，相互踐踏，雞飛狗跳。這夥知青野性難馴，竟然衝進供銷社打破大酒缸。三匯場如同經歷匪患，凌亂不堪。知青們玩得興起，又趕往

20里外的金龍公社，搶走公社的火槍，一路胡作非為，農民望而掩門，避之唯恐不及。此事後來被嚴肅追究，為首者被判刑入獄。

那些知青為什麼會這樣呢？這得從文化大革命說起。從一九六六年夏天開始的文化大革命，中學生成了革命小將，他們共同的名字是毛主席的紅衛兵，簡稱紅衛兵。他們如同天兵天將，以橫掃一切的氣勢，把社會鬧了個底朝天。那時一個普通的中學生都可以任意地侮辱所有當權派以及所有的黑五類。正是由於他們過於瘋狂燃燒的激情，才使毛澤東順利地實現了打倒劉少奇以及一大批老幹部的政治目的。那時的中學生成了政治舞臺上衝鋒陷陣的主要群體，其社會地位顯赫不可動搖。誰知僅僅才紅火了兩年，所有中學生在一夜之間全部被拋棄到了中國社會最底層的農村，去接受那些他們從來看不起的農民的再教育。從相對條件優裕的城市一下到了荒涼貧窮的農村，從天兵天將一下變為農民，猶如突然從雲峰上跌落下來，其心理落差豈可言喻。

在此情況下，一些知青便自暴自棄，好逸惡勞，甚至為非作歹製造事端，而農民則是無辜的受害者。那時農村生活非常艱難，農民集體生產的糧食除了上繳國庫外，自留部分根本不能維持基本生存，對於那些只會分糧食卻不會幹農活的知青，農民當然心存不滿，只是迫於政治壓力不得不接受而已，而怨恨之情早在心中紮下了根，一旦有機會就要宣洩出來。在這種情況下，矛盾雙方都充滿了怨氣，怨氣越積越多，矛盾越來越尖銳，最後終於引爆。

馬兒到顯周時，並沒有因為環境和身分的改變而完成角色轉換，思想還停留在文革的打砸搶氛圍中，身上還保留著無法無天的紅衛兵習氣，說穿了就是痞子氣，因為紅衛兵運動的實質就是痞子運動。顯周不少老鄉向我講了一大堆馬兒的劣跡。

有一件流傳很廣的事是，一天晚上，月明星稀，馬兒和幾個知青在大雲水庫邊乘涼，大雲水庫位於大雲五隊，就在大雲包的山下。這時有十來個新立公社雙福大隊的農民扛著從幾十里外的精華山上砍回的樹子經過水庫，馬兒大喝一聲攔住他們，知青們一擁而上把樹子全搶了。夜色中農民們不知道四周有多少知青，嚇得魂飛魄散四處逃命。雙福七隊的農民蕭本全慌不擇路，跑到大雲包上，鑽進黃天雪老師家的豬圈裡躲了一晚上，第二天早上黃新雲看見他時，他還發抖。

農民手中的樹子是來自不易的。經過大煉鋼鐵後，樹木砍伐殆盡，農民用材非常困難。離顯周數十里的精華山上還保留著部分森林，但已經封山育林，由林場管理著不能砍伐，違者要受到嚴厲懲罰，這就逼著迫切需要木材的農民們小心翼翼地避開護林員進山盜伐。這是一件非常艱難風險極大的事。進山盜伐的農民必須在天亮前出門，翻山越嶺幾十里，進入密林裡藏起來，等到安全的時候才動手砍伐，然後在林子裡等到傍晚時才悄悄下山。一根樹子少說有百多斤，扛著樹子穿越深山密林走過懸崖峭壁，是很辛苦的事。經過一天擔驚受怕受凍受餓勞累已極，在就要回到家門口時，樹子卻被搶走，其憤怒的心情可想而知。由於自己知道盜伐是非法行為，所以當馬兒攔路搶奪時也不敢據理力爭，只有自認晦氣。

馬兒的本意其實也不一定就是搶奪，充其量就是惡作劇，鬧著好玩。他還有一個威脅人的理由，就是不准盜伐國家林木。他年幼無知瞧不起農民，沒有把農民放在眼裡，更不知道這樣會使人家受到傷害。人家辛辛苦苦扛回的樹子，馬兒像開玩笑一樣，轉手用一兩元錢的低價就出賣了，可見他真是鬧著玩，並不是以佔有財富為目的。

　　那時知青生活艱苦，營養極差，到處都有偷雞的事情發生。忠縣農村千百年來的養雞方式都是把雞圈修在室外，由於知青偷雞成風，農民們被逼著把雞圈搬進了室內，從此流傳千百年的養雞方式澈底消失。馬兒毫不例外，一定也有過多次偷雞的記錄，或者即使不是他，後來也算到了他頭上。馬兒和雞公更多的是欺負地主富農，他們把這當成階級鬥爭來搞。地主富農家的南瓜茄子還沒有長大，他們就摘來扔了。在大雲五隊，據說他們硬要國民黨舊人員黃正棟的閨女給他們洗澡。這一切，都使馬兒一步步地走向了地獄。當忍無可忍的農民組織起來後，真的形成了人民戰爭的汪洋大海，吞噬一個馬兒只是小菜一碟。

　　但是如果深究原因，就應該歸結到當時的政治制度上。如果沒有紅衛兵運動，馬兒就不會染上一身痞氣；如果沒有知青下鄉運動，馬兒就不會傷害農民的感情。反過來說，樸實本分的農民們如果不是感情被傷害，也不會變得那樣暴虐兇殘。

　　縣上後來處理了打死馬兒案，將黃天勇作為事件的主要責任人繩之以法，判處五年徒刑。黃天勇刑滿後回家成親，生了兩個兒子，不幸老婆身患癌症，因家庭貧困債臺高築，兩個兒子無法找對象，老婆在貧病中死去，黃天勇憂憤成疾，患精神病多年，今已70多歲，到我寫作此文時依然晚景淒涼。

　　（注：本文初稿完成後由當事人黃天雪、楊秀維認真審閱並提出修改意見，又請黃新雲重新講述了當時的詳細經過，我據以進行了全面修訂，庶幾接近事實真相。在此謹向黃天雪、楊秀維、黃新雲致謝。）

第三節　五個湖北知青命喪桃花源慘案

在江漢平原和大洪山餘脈的交界處的小鎮。這個小鎮以山為屏風，但可望不可及。又以水為血脈，環鎮而過的司馬河水伸手可掬，甘甜可口。古老的三孔石橋，像彩虹一樣橫跨在小河兩岸，給小鎮增添了幾分秀麗和神祕的色彩。

不知哪朝哪代，這裡開始以種桃樹出名，大柿餅一樣的蟠桃，鮮美可口，水蜜桃不用刀削，只要用手一撕，皮就掉了，果肉含在口裡，一含一口蜜，沁人肺腑。桃花源因此而得名。然而，誰也不會想到，在知識青年上山下鄉運動的歲月中，這個被稱之為桃花源的小鎮，竟發生了一起當地農民殘暴地打死武漢五名知青的慘案。

關於這起慘案的前因後果，當年在桃花源插隊落戶的知青「流浪者」，在他的新浪博客紀實連載之四〈血染桃花源〉中有詳細的講述：……在那生活艱難的年代裡，那些插隊落戶的知青們，卻度日如年的打發著日子。他們會唱很多外國老歌，如〈紅河谷〉，〈三套車〉，〈莫斯科郊外的晚上〉，但唱得最多的是〈拉茲之歌〉。高興的時候他們唱，痛苦的時候他們也唱。在桃花源的街上，經常看到他們一邊走，一邊唱著：

　　　　到處流浪，到處流浪，／命運叫我奔向遠方。
　　　　到處流浪。／我沒約會，也沒有人等我前往。
　　　　我的命運啊，我的星辰，／你為什麼要這樣殘苦的捉弄我？
　　　　我忍受心中的痛苦，放聲的來歌唱。／有誰能禁止我

來歌唱。

到處流浪……

淒婉的歌聲在小鎮的上空蕩漾。知青們覺得自己就是流浪者，但他們的流浪不是自由的，而是在豪言壯語的掩飾下，奔赴這貧困的農村，為最基本的生存而拼死勞作。青春的拋擲，父母的牽掛，情感的迷誤，成了他們的生命主題。

他們的浪漫和好奇，隨著日復一日的體力勞動，漸漸煙消雲散，隨之而來的是想家。他們想念城市那永無休止的噪動，雜亂無章的聲音和街上川流不息的人群。他們心中似乎沒有痛苦，可是又有說不出的痛苦，終日鬱鬱，無法排解。

有些知青開始變得懶散起來，成天在街上閒逛。沒有菜吃了，就到農民的自留地裡去偷蘿蔔，白菜。糧食吃完了，就拿著袋子去找書記，隊長。擺出一付天不怕地不怕的架子，理直氣壯地說：「毛主席說過，各地的同志應當歡迎他們去。你們是怎麼歡迎的？是不是想把我們餓死！」書記，隊長沒有辦法，只好借給每人50斤穀子。

這一帶地少人多，知青的到來，無疑是口中奪糧，給社員喝的本來就很稀的稀飯裡，又加了一瓢水。社員的心裡無形中產生一種怨恨的感覺。知青的不務正業和不勞而獲，使怨恨變成了仇恨，但又無可奈何。

知青中經常出頭露面的有四個人，王文強，湯玉，楊非，侯玉昆。這四個人都出身於工人家庭，根正苗紅。誰要是欺負弱小知青，他們便仗義執言，挺身而出。講文，毛主席語錄，他們背得滾瓜爛熟，不給對方一點可乘之機。講武，能拿起扁擔拼個你死我活，連公社領導都讓他們三分。而這四個人當中，要數侯玉

昆（外號猴子）年齡最小，個子最矮，他不但靈活，還有套絕技「釣雞」。

這一天，「猴子」披了件雨衣，把煮熟了的玉米粒，穿在尼龍線的魚鉤上，走到有雞群的地方，把魚鉤往地上一丟，雞看到玉米粒搶著吃，雞一吃就上鉤。他把尼龍線一收，雞叫都不叫一聲，就被拉到他雨衣裡面去了。

知青們看到雞，頓時歡呼起來。在那缺菜少油的日子，一個個大小夥子，成天饑腸餓肚，真可謂「三月不知肉味」，今天能一飽口福，誰還管它正道邪門。在雞肉的誘惑下，大家圍著鍋臺忙碌，一邊津津有味地聽「猴子」如何機智，敏捷的釣雞經過，他興奮的臉上，帶著一種得意和滿足。

雞燉熟後，大家圍在一起，幾口酒下肚，臉上都泛著紅光，知青的生活這時候才顯得痛快，熱烈。從此，幾個知青點上的知青，隔三差五的可以打個牙祭。

一天，侯玉昆又在釣雞，不巧被大隊的黎書記看見了，黎書記大怒說：「猴子膽大包天，竟敢偷我的雞！」喚出獵狗就咬，侯玉昆一邊跑，獵狗一邊追，最後還是把侯玉昆腿上的肉撕下來一塊。

由於這裡多次發生過偷雞事件，農民特別警覺，四周的人很快圍了過來，逮住了他。結果一陣好打，臉上，身上多處受傷。農民把丟雞的怒氣，都發洩到了「猴子」身上。最後把他關在了書記家的院子裡，準備派人押送到公社去。

王文強，湯玉，楊非等幾個知青，聽說此事，大家緊集磋商後，決定挺身搭救侯玉昆。說走就走，個子高大，平時敢說敢幹的王文強，順手拿了根扁擔，第一個跨出了門檻，湯玉，楊非等幾個人，也分別操起了扁擔，鐵鍬跟著向書記家跑去。

當他們離目標還有幾百公尺遠時，在前面探路的知青，急忙從旁邊的巷子跑了過來，低聲對他們幾個人說：「沒有人，只有猴子被綁在那裡。」

「好！上，動作要快！」王文強果斷地發出了命令。

他們衝進了院子，這正是書記的家，家裡的人不是趕集未歸，就是出工去了，只見「猴子」被綁在院子裡的一根柱子上。見了來救他的知青，他那被打得青一塊，紫一塊的臉上，露出了萬分感激的神情說：「快給我解開，老子這回挨慘了。」

兩個知青給他解繩子，其他幾個知青看見「猴子」被如此痛打，頭腦一發熱，一股想發洩的蠻勁就上來了。不知誰喊了聲「打啊」！只見院子裡扁擔，棍棒橫飛，把那些罈罈罐罐，打了個稀瀝嘩啦。

知青們回到宿舍，做好了和當地農民械鬥的準備，門後面放好了扁擔，棍棒。但是等了一下午，門外一點動靜也沒有，四周不見一個人影，就像是大戰前的寂靜。知青們一直等到天黑，看到外面沒有什麼動靜，就安心睡覺，進入了沉沉的夢鄉。

知青們哪裡想到，當時的大隊書記，就是一方的「土皇帝」，砸了書記的家，豈不是太歲頭上動土？果然，黎書記回家後，看到院子裡的慘象，頓時暴跳如雷，他立即彙報公社，要求對知青的流氓行為進行打擊。公社領導竟然於淩晨一點電話通知，全公社所有的民兵集中，打擊知青的囂張氣焰。

不知睡了多久，突然被外面嘈雜的喧囂聲驚醒，屋外面雪白耀眼的手電筒亂晃，有緊迫而沉重的腳步聲，有陌生而可怕的低喝聲。一束束的白光閃進屋子裡來，隨即是嚴厲可怕的聲音：「出來！出來」！

男知青打著赤腳，穿著短褲，女知青有的只穿著奶罩，一個

個被押了出來，在曬場裡站成一排……

　　突然，一個人怒聲吼道：「都把手舉起來！」知青們乖乖地舉起雙手，高舉過頭，就象電影裡國民黨殘兵敗卒，向解放軍舉手投降那樣。

　　許多人拿著棍子在周圍轉動，幾十個民兵在月光下佇立不動，每人端著一支長槍，刺刀在月光下，閃著冰冷的寒光。民兵連長開始訓話：「善有善報，惡有惡報，你們做了壞事，今天就要專你們的政！把他們都捆起來……」

　　一群民兵立即用繩子，把知青的雙手都捆綁起來，動作十分麻利。男知青耷拉著腦袋，一動都不敢動，任他們捆綁。女知青有的牙齒打顫，發出「得，得」的聲音，有的嚇得直哭，口裡發出「嬰嬰」的聲音。

　　「王文強，湯玉，楊非，侯玉昆出來！」隨著民兵連長的吼聲，立即有二十幾個拿著棍棒的人，一擁而上，把他們拖到旁邊，只聽那嚎叫聲，棍子打在人身上的「撲嗵」聲和女知青呼喊救命的哭聲，驚天動地，使人毛骨悚然。

　　王文強有個十四歲的弟弟，從武漢來看他哥哥，這時也和知青捆在一起，他看到民兵在打他哥，從知青這邊衝過去，一邊跑，一邊喊：「不准打我哥！不准打我哥！」還沒跑到他哥跟前，就被民兵一棍子把腿打斷了，倒在地上還在喊：「不准打我哥！」

　　棍棒聲停了，哭聲也停了，一個聲音說：「都死了。」知青們嚇得目瞪口呆，世界一片寂靜，只有王文強的弟弟在哭喊：「你們把我哥打死了，我跟你們拼了！」

　　民兵連長用他那粗野刺耳的聲音說：「打死算了，留著是一個禍害。」

只見一個人拿著棍子，朝王文強的弟弟頭上「撲嗤」一下，腦漿迸裂，就一動不動了。

轉瞬之間，五條年輕的生命慘遭屠戮，更令人痛心的是，一個年僅十四歲的無辜男孩，因為勇敢的想保護哥哥，居然被慘無人道的一棒打死……

這次公社民兵統一行動的惡果是：打死鬧事知青四人，打死鬧事知青家屬一人，打傷不服從教育的知青八人，其他知青都受到了一次恐懼的「再教育」。

清晨，幾個民兵趕來一輛牛車，準備把五具屍體拖到山裡埋掉，忽然看到湯玉的身子動了一下，一個民兵說：「這個狗日的命大，還沒死！」說完，他跑到廚房裡拿了把菜刀，在湯玉的脖子上象殺雞一樣，使勁勒了一刀，只見血流如注，在曬場上流了很遠，象一條殷紅的小溪。

天氣陰沉沉的，牛車在山道上艱難地走著，車上堆放著王文強他們五個人的屍體。湯玉的喉嚨斷裂處，不時「咕嚕，咕嚕」地冒著血泡。一群烏鴉在上空盤旋，上下翻飛。鳴叫聲中有恐懼，痛苦，也有說不出的悔恨和哀傷。路兩邊的映山紅，滿山遍野地開著，它的顏色，與牛車縫隙處滴下的血滴一樣鮮紅。

在山坡上，民兵挖了一個大坑，把幾具屍體像丟死狗一樣，丟進去埋了。這個墳比周圍的墳要大些。遠處傳來了「隆隆」的雷聲，像是在哀悼這幾個年輕的亡靈……

公社的其他知青，受了這場驚嚇，三天內全部落荒而逃，回了武漢，桃花源從此再沒有了他們的身影，隨處可見的是「群眾專政萬歲」的標語。

知青們回到了武漢，當他們從噩夢中清醒過來後，悲憤難過，詛咒自己的命運。他們生不逢時，上小學碰到了三年自然災

害，上中學又碰到文化大革命。他們狂熱地崇拜，虔誠地遠征，為捍衛無產階級的革命路線，浴血奮戰，奮鬥的結果是他們自己全部下鄉到了農村。在農村又受到如此殘害，倖免遇難的，回到城市後也無路可走，成了沒有戶籍的無業遊民。

悲痛之余，知青們聚在一起，決心為死者，為自己討個公道。他們向省高級人民法院提出申訴，並且白天不怕日曬雨淋，晚上不怕三更寒露，輪流在省高院的臺階上坐了三天三夜。圍觀的群眾聽了女知青的哭訴都無不動容，有的給他們送水送飯，有的替他們奔走呼號。

當時公檢法處於癱瘓狀態，無法受理，最後，由省革委會責成省高院成立了專案組，受理〈桃源公社殘害知青一案〉，經過調查，情況基本屬實。他們認為這是一宗全國罕見的迫害知青案，必須嚴肅查處。

三個月後，大隊黎書記和民兵連長，以及最後在湯玉的脖子上，勒了一刀的那個民兵被捕，並被判處死刑。而桃源公社的黨委書記卻因為打殺知青事件在縣裡威信大增，不久調升為糧食局局長。

知青們終於從迷茫的昨天走了出來，而王文強他們，卻永遠留在了那混沌的長夜之中。他們的墳上已長出了萋萋的青草，環繞他們的是深沉的惡夢和寧靜墳墓的寒冷。

看完這個故事，讓人內心悲憤壓抑得簡直喘不過氣來。就是因為偷了一隻雞，竟陪上了五條知青性命，這世界還有沒有比這更黑暗更荒唐的事情？而那個策劃組織民兵圍剿知青的公社書記還因此名聲大振，被提升到縣裡當了糧食局局長。真不知道天下還有沒有公理正義？試問，這樣的上山下鄉運動，哪裡還有什麼深遠的社會意義？

第四節　因偷幾個地瓜竟慘遭毆打致死

在一九六九年到福建武平縣上山下鄉，一九七六年招工回廈門，現在廈門大學任教的知青陳亞保所寫的〈心靈深處的墓碑〉一文中，本人讀到了一個更為催人淚下的故事：……每當冬夜降臨的時候，一陣陣寒風輕輕地吹拂著大地，落葉被刮的四臨飄散，人間彷彿又看到辛酸和惆悵，飄渺的星空沒有月光的照耀，只有閃閃的寒星伴隨著蒼天落下的雨花，洗刷著心靈深處的墓碑，此時此景不禁讓我勾起對往日的回憶。

還記得在那蹉跎歲月的年代，當時我才剛滿二十周歲，可已經有三年的務農經歷了。頭一年有「皇糧」吃，每月八元人民幣生活費和糧油供給，可是好景不長，第二年就得靠自食其力掙工分養活自己了，雖然身強力壯整天埋頭苦幹，可對於當時的再教育外鄉人，所得的工分卻是微不足道，每天辛勤的勞動所得只有五個工分，價值一毛多錢，根本無法維持基本的生活水準，只能靠家裡每月寄點物品和錢糧湊合著共度難關。

我們兄弟姐妹五人根據當時政策只能留城一人照顧父母，其他四人都在毛主席揮手的號召下接受了再教育，所以家裡的支持也是非常有限的，好在經過了三年磨練，也學會了吃苦耐勞的求生之道，那就是搞好副業，把自己的菜地耕耘好，節省了買菜的開支，再養幾隻雞鴨生蛋給自己調補身軀，這就是再教育的第一收穫「勤儉節約」。

誰知第三年情況更糟了，生產隊的糧食收成不景氣，我們的口糧每月只有十多斤穀子，也就是每天有二兩大米，這對正在長身體，每天起早摸黑的知青太不公道了，可又能怎辦，還有比我

們更困難的地方呢。那時候白天出工帶的糧食是地瓜，糠餅和酸菜，晚上回來才能喝上一碗稀粥。

有一天，我們到山裡施化肥，天黑了才收工回家，可是回到家卻發現自己養的2隻番鴨不見了，當時也顧不上做晚飯，便四處尋找起來，那可是我精心培養的希望，準備養大了孝敬自己的父母，這下丟失了可怎麼是好。小小的丟鴨事件很快就傳遍了村頭村尾，自然而然也就傳到了村支書的耳朵裡，第二天他根據群眾舉報，帶著二位民兵把我的鄰居「疤頭」抓到大隊部，因為在他家還發現有吃剩下的殘渣。

沒想到這小小風波卻使我徹夜難眠，大隊支書派了4位民兵幹部把「疤頭」捆綁起來，並戴上高帽，到各隊各村遊街示眾，當天晚上還在大隊部召開了村民批鬥大會，罪名是偷盜知青番鴨，破壞毛主席的上山下鄉政策。看到「疤頭」被吊在梁上，嘴裡不停著流出白沫，雙手全都被綁的發紫發青，我真是於心不忍。這情景在我年幼的心靈裡留下了深深的烙印，那都是餓慌了才作出無奈的選擇啊！

後來大隊領導決定要「疤頭」賠償我的損失，對於他這種窮的沒吃的農民哪來的錢賠啊，只好把他家中唯一值錢的水煙斗拿來抵債，現在這煙斗我一直保存著，留做那個年代的珍貴珍藏品保存著。

知青因為偷了一隻農民的雞，致使五名性命陪葬；而農民因為偷了知青的兩隻鴨而慘遭吊打，且用來賠償知青的全部家當居然只是一隻水煙斗！這一切說明瞭當時的農村實在是太窮了。農民因為窮而從內心抗拒知青的到來；知青也是因為飢餓不得不偷雞摸狗，最後導致雙方交惡，在不停的磨擦打鬥中兩敗俱傷，誰是挑起事端的元兇？我想，每個有頭腦有良知的國人都會在心裡

得出自己的結論……

在那艱難困苦的歲月裡，知識青年在饑寒交迫的生活中掙扎著，糧食沒了吃糠餅，沒有蔬菜配鹽巴，再加上年頭不好糧食減產，那真是叫天天不應，求地地不靈啊！許多知青都把身上僅有的糧票、布票拿到墟上換取生存的保障品。

還記得那是五月春寒的一個週末，家裡給我寄來了10元匯票，我興沖沖地趕往二十里地的公社郵局，正當我領取匯款時，就聽到遠處一片喧鬧聲，我趕緊抬頭望去，只見遠處一幫社員拖拉著一具物體緩緩走來，邊走邊高呼著口號，手裡還持有木棒和扁擔。

走到跟前我才看清楚原來是一個被五花大綁的年輕人，滿身的血跡和遍體鱗傷的青瘀，走走捽捽地被拖拉到公社門口，當我看到他的面孔時驚呆了，那不是五坊大隊的知青「黃龍」嗎？只見憤怒的社員依然操著黃膽木扁擔往他身上死捅，我趕緊衝進人群護著他的身體向大夥哀求道：「別打了、別打了」……

就在這危難時刻公社書記和知青辦幹部也趕到了，立即召集民兵維持現場，這時候「黃龍」已是奄奄一息了，口吐白沫雙眼盡力地掙扎著尋求希望，只聽到嘴裡微弱的呻吟和痛苦地呼喚著「阿姆啊、阿姆啊」。後來他被民兵用抬豬的竹簍扛到公社防保院搶救。我從社員口中得知原來他偷盜農民田裡的地瓜被逮住，那時候因為沒吃的時常有偷雞摸狗的事情發生，「黃龍」據說也是餓的睡不著覺才半夜三更跑到田裡偷地瓜吃，最終被社員發現才遭受毒打的，昨天已在大隊受難一夜了，今天才送交公社……

後來，我到防保院打聽情況，那裡有民兵把守不讓進去，我從一位赤腳醫生那裡瞭解到，「黃龍」已經永遠地告別了紅土地的懷抱，他走了，帶著饑寒交迫的眼神和風華正茂的青春，在九

泉之下尋求溫飽的恩惠。我頓時感到腦門兒猶如晴天霹靂一樣，半響子說不出話來，不知不覺地淚流滿面，失聲痛哭在這舉目無親的淒涼之地，望著四面環山的茫然山野，伴著暮色中寒冷的山風，拖著沉重的步伐向大山深處邁去。

含淚想著「黃龍」帶著饑寒交迫的眼神和風華正茂的青春，在九泉之下尋求溫飽的淒慘情景。讓我忍不住在心裡怒罵那人性扭曲的年代！一個知青因為偷吃了幾個地瓜就命喪黃泉。蒼天啊！是誰讓當時的人們變如此瘋狂殘忍？就是因為當時的農村實在是太窮了啊！

痛苦的蹉跎歲月損傷了一代知青的心靈，面對死亡的挑戰，許多知青選擇了返城度過難關，我也加入了「逃亡」的大軍。那時候回家不像現在這樣便利，到縣城買車票必須要大隊出證明，然後公社同意後蓋了章，才能到縣四面辦申請購買汽車票，這對於私自逃難的知青來說猶如雪上加霜，談何容易。但為了生存，為了擺脫困境，有些知青選擇了到公路上攔車回去，有些知青學會了塗改證明前往購票，而我和多數返城知青一樣選擇了步行回家⋯⋯

我永遠都會記得那個漆黑的夜晚，寒冷的山風吹得直打哆嗦，我匆忙地收拾好行裝，便偷偷地溜出了村莊，遠處還聽到村狗在不停地哀叫，當時真是歸心似箭，獨自在鄉間的小路上奔走，，猶如神行太保在黑暗的山道裡穿行，累了就吃塊地瓜乾，困了就喝點溪邊的山泉。也不知哪來的勇氣，只覺得心在流淚，第二天下午走到了武東的爐坑村，投宿我的好友阿土處，當時阿土也正準備回去，我們幾人準備了一些松明火把，連夜摸黑地往廈門方向挺進。當時我們明知穿著「虎皮」回家會遭受社會歧視，但是還是義無反顧地選擇了回家，因為那裡有媽媽⋯⋯

時光一晃過去了四十年，但在我心靈的墓碑上永遠銘刻著一代知青的墓銘誌：把青春奉獻給山川，讓血淚融入到江河，安息吧！我的知青兄弟……

第五節　為賒一碗米飯引發的血腥殺戮

在那個沒有法制的荒唐年代，生存者的地位決定身分，甚至決定一切。知青這個群體之所以在上山下鄉中總是處於悲愴的境地，主要還是源於其接受「再教育」的地位。而一旦日常言行超出了被管理和被教育的範疇，就會受到被稱之為教育管理者的言語打壓，甚至武力鎮壓。在《颶風刮過亞熱帶的叢林》一書中，本人看到了成都知青侯勇講述的一個極其痛心的〈月光下的殺戮〉故事：

……血案發生距今已33年了，這一經歷仍是我心中難以癒合的傷痛，每一次觸及都像是血淋淋的撕裂。

一九七二年五月，我們從成都來到雲南兵團十二團正好一年，而我則在剛滿十八歲，如願以償地成為三營三連割膠班的新膠工。儘管生存條件極其艱苦，「少年不識愁滋味」，我們仍舊是那樣單純地生活和希望著，平凡而寧靜地度過每一天。

五月二十四日傍晚，伙房前的喧鬧聲打破了連隊的沉靜。和我同一班的成都知青闞映華在打飯時，和炊事員、老工人李宜銀發生了爭執，其原因是闞沒有了飯票。連隊每月二十五日發定量飯票。在超強度的勞動下，我們女生還能勉強支撐，正是長身體的男生就慘了，大多是寅吃卯糧，終日為填飽肚子發愁。闞映華怕女生看見尷尬，在勞累了一天後餓著肚子等大夥打完了，才腆著臉皮到伙房賒飯。

「明天就發飯票了，我一定還上！」闞映華苦苦哀求著。誰知好說歹說，李宜銀毫不通融，堅決不賒。

又餓又氣的闞映華就衝進伙房要自己舀飯，李就用稱飯的秤桿朝闞頭上打去；闞就本能地用手臂去擋，李就大聲吼起來：「知青打老工人了！」這時還未離開伙房的司務長、知青稱之為「挨刀木」的付達孟衝到闞面前，惡狠狠地訓斥著：「你們敢打老工人，要造反了！」另一老工人「易佬佬」用大鐵勺朝闞打去，付達孟將闞死死抱住。闞映華頭上、身上不知挨了多少下，前來打飯的成都知青王久雲看不下去了，將手裡的搪瓷碗朝李宜銀摔去。這時，連長陳正培、指導員蔣如金聞聲趕到伙房，拉開了闞、李二人。

連隊緊鄰國道，房屋呈「凹」字型排列，三面是老工人和知青的住房，中間是貫穿連隊通往公路的馬車道。幾間男生寢室正對伙房，蹲在走廊上吃飯的知青將發生的一切看得清清楚楚。闞映華飯沒吃到還挨打，大家憤憤不平。聯想到司務長平時對知青總是橫挑鼻子豎挑眼的，好不容易盼到殺豬改善生活，從來都是先給老工人分好的；食堂幫廚的老工人給知青打飯總是少斤短兩……大家越想越氣，就相約著去找連長要求處理打人者，撤換司務長，妥善解決吃飯問題。誰知這就激怒了連隊首腦，陳正培厲聲喝退了知青，如臨大敵，通知指導員等人連夜開會商量對策。

陳正培和其他來兵團的現役軍人一樣，有一種強烈的離開部隊的失落感，這種失落感反過來又刺激了他身為一連之長，以「土皇帝」自居獨霸一方為所欲為的權勢慾。從湖南農村移民來的老工人大多無文化，對他臣服依順；昆明知青視他為「老大」一呼百應，頗受其關照信任；偏偏成都知青刺頭多不賣帳，難以調教，陳為他的權利受到侵犯而惱怒，早就伺機想給成都知青點

顏色看了。指導員蔣如金是地方幹部，雖然平時與連長有權利之爭的矛盾，但對陳彈壓知青，殺一儆百，強化長官意志並無異議，於是他們沆瀣一氣結成聯盟，將小小的「飯票風波」定罪為知青搞反革命暴動。

知青無故遭打，想通過正常管道向連隊領導反映，討個公道是人之常情，但卻被平時飛揚拔扈的連隊領導作為公報私仇的藉口，將這一小小的事件隨意定性為反革命暴動，為他們殘害知青找到合理藉口，可見知青的生命在他們眼裡，實在是無足輕重。

二十五日，陳正培匆匆來到營部向營長王成林彙報了昨晚發生的事。王何許人也？早就是知青眼中的一大惡魔！其專橫跋扈，暴虐兇惡，張口罵人是家常便飯，不少男知青挨過他的拳打腳踢；女知青攝於他的淫威，更是敢怒不敢言，唯恐避之不及。聽了陳的彙報，王頓時拍桌大罵：「他媽的這些小四川，早就該治治他們了！」隨即通知附近幾個連隊的領導馬上到營部開會。

王成林在會上惡意誹謗煽動說：「三連的四川知青要搞反革命暴動，要搶、要殺老工人，不服兵團領導管，這次一定要好好收拾他們！」陳正培等人還擬定了黑名單，將李作明、歐家琪、楊躍星、劉樹民等六人定為要鎮壓的反革命分子，並對行動做了具體周密的部署：第一梯隊以三連老工人為主，用砍刀棍棒打頭陣；配有槍支的三連和營部武裝班為第二梯隊，在連隊外面設伏，防止知青逃跑；並還通知地方聯防和弄西、弄島等傣族村寨，說兵團要鎮壓反革命，叫他們不要害怕，並協助在公路上設卡抓捕。陳正培為前線總指揮，以其槍聲為行動信號。一場對十八、九歲的無辜孩子的血腥殺戮的「人民戰爭」，就這樣部署發動了。

二十五日，知青們仍像往常一樣出工。他們發現連隊幹部

的臉上是異樣的嚴肅，昆明知青和老工人也不像平時那樣打招呼了，有的老工人還大聲武氣、指桑罵槐地罵知青。他們忐忑不安地議論著，看樣子這次老工人要來真的了；也有的認為老工人不敢把知青怎樣。李作明等人還是有一種要出事的直感，他們到一連、二連串隊，給其他知青講了「飯票風波」，要他們在必要時聲援。作為女生，我們強烈地感到了連隊的氣氛的壓抑沉悶。甚至雷打不動的每晚政治學習也取消了。

二十六日下午，連長陳正培在成都知青出工後，召集已經通知待命的老工人等開戰前動員會，通報了營長的部署和營黨委的指示；並強調「飯票風波」是四川知青的反革命暴動，必須絕不留情地堅決鎮壓；告誡到會的人要接受考驗，與四川知青劃清界線。對那些大字不識的老工人來說，戴領章帽徽的陳連長就是黨和解放軍的化身，連長的話就是黨的話。而被陳信任重用的某些知青，也是一腔「士為知己者死」熱血沸騰，他們知道向領導獻忠心表決心、追求上進的機會來了，積極為陳出謀劃策。「本是同根生，相煎何太急！」因可憐的一己私利，他們助紂為虐，扮演了極不光彩的角色。

的確，在那個月光如水的夜晚，這些涉世未深的十八、九歲的知青，看到的卻是人性的醜惡和殘忍，一顆顆赤子之心被烙上了難以癒合的傷痛，留下了深深的陰影。沉重的勞動之餘要碗飯吃，何理不容？訴諸領導求個公道何罪之有？打穀機、拖拉機、連隊飼養的牛馬，且被視為國家財產而得到保護，而知青的生存、生命卻被如此地看輕！可見當時農場的政治之黑暗殘忍，實在令人心冷齒寒。

陳適，作為當時全連唯一入團的成都女知青、連衛生員，也是與會的唯一的成都知青，感到了極大的震驚：小小的「飯票風

波」怎就成了反革命暴動?!這些都是來建設、保衛邊疆的十八、九歲的工人的後代，怎一夜之間就成了必須鎮壓的反革命分子?!她無法接受這樣殘酷的定罪。怕她走漏消息，連長、指導員、團支書（昆明知青）就輪流施壓威脅，要她認清形勢，劃清界線，並對她的一舉一動都安排了人嚴密盯梢。

二十六日下午，收工回來的成都知青都明顯地感到了氣氛的緊張，老工人各家都關門閉戶，連玩耍的小孩都沒了蹤影。一些成都知青也從一連、二連趕來打聽消息。大家無不氣憤地議論著：知青們遭受如此不公正的待遇，被任意迫害歧視，就是要找連長討個說法。有人提議帶著刀去以防萬一，但李作明等多數人認為我們是去講道理、求公道的，又不是去打架，帶「傢伙」反而給他們誣陷知青肇事的藉口。大家就決定一律不帶「武器」。顧不上吃飯，李作明、袁和平、歐家琪等人和一、二連來的知青，來到連長陳正培家。他們哪裡知道，一場蓄謀的血腥殺戮正等著他們。

此刻已是晚上八、九點鐘。那晚的月亮又大又亮，皎潔的月光照在地上，一片慘白。看見知青們找上門來，陳正培披著軍大衣走下臺階，大聲喝斥：「你們要幹啥？要聚眾造反啦！」李作明申辯說：「我們要你說清楚，該不該拿飯給知青吃？該不該隨便打知青？」別的知青也七嘴八舌地質問著。三連的成都女知青王世華也站在陳的面前，為男知青打抱不平：「打人就是不對嘛！勞動了一天要吃飯錯在哪裡了？你們也太霸道了！」那陣我們都還單純可笑地固守男女生不相往來的「三八線」，男女知青連話都不說。但悲苦的經歷同命運相憐，知青的心是相通的。

吵嚷喧鬧中，李作明等人都清楚地看到陳連長拔出手槍，朝天鳴放發出了屠殺的信號。剎那間，早已埋伏在兩邊的兇手們手

持棍棒、砍刀衝了過來，將知青們團團圍在場壩上，隨著「打反革命啊！」「殺反革命啊！」的吼聲乍起，砍刀棍棒蜂擁而上，開始了對赤手空拳的十八、九歲的知青瘋狂殺戮。

知青們驚呆了，做夢也沒想到等待著他們的是早已蓄謀的屠殺。求生的本能使他們拼命往外突圍。三連的知青仗著路熟，順機耕道向後山的橡膠林跑去，在山牆邊遇到埋伏在此的昆明知青，一把明晃晃的砍刀砍向沖在前面的三連知青葉成山的頭部，他一聲未吭就倒在了血泊中。練過武術的李作明不顧一切地往前沖，高大的身軀讓對方稍一遲疑，他趁機一腳踢去，衝過攔截，一行人飛奔在山道上。

此時，被圍地場壩中的外連知青，面對這突如其來的血腥屠殺完全不知所措了。死裡逃生的鄒國義事後回憶說：「……聽到瓦一陣亂響，我抬頭看見有人彎腰在屋頂上跑，他們架起兩挺蘇制衝鋒槍，槍管在噠噠噠地吐著腥紅的火舌。『殺啊！殺反革命啊！』揮舞著步槍、砍刀的兇手步步緊逼，手無寸鐵的知青節節後退，包圍圈越來越小……知青們這才意識到：我們面臨的是一場有組織、有計劃的蓄謀屠殺。」

一根木棍朝鄒國義打來，他側身一躲，看見一把刺刀刺向羅世貴，隨即聽到了羅「哎喲！哎喲！」的叫喚聲；隨後又看見有人用削竹子的短砍刀向羅砍去，羅直挺挺地倒下了。鄒國義被眼前的慘狀嚇壞了，條件反射地和郝友、小小娃等拼命向連隊外跑，不知什麼時候被刺傷了，小腿上鮮血淋漓。

羅世貴，營部的木工班的成都知青，因身材和三連的歐家琪差不多，被當成重點追殺的反革命頭目，在其已經倒下，甚至斷氣後，仍被不停地刀砍棒打。事後的屍檢報告中，羅身上有大小傷口30多處，脖子被砍得僅剩九公分的皮肉連著；手臂、腰身、

腿上處處血污，皮開肉綻，其狀慘不忍睹。衛生員陳適說：「當晚我被叫去搶救傷患，顧不上害怕，拿著聽診器走到院壩中間，看到地下躺著一個人，有人為我打著手電筒，我看見他第一眼就驚得倒抽了一口冷氣：他的頭和脖子已大幅度錯位，用手一摸，全是粘糊糊的血。人，早就死了。儘管我們是同學，但我當時根本沒有認出他來。」

羅世貴家境貧寒，為尋求出路而支邊，因表現好被從一連調到木工班，當時正忙著追求他喜歡的一連女知青徐妹。那晚，他將抽空做的小板凳、方桌給徐妹送去，聽說三連發生的事就和好友一起來聲援。好友勸他不要去，說你在營部，認識的老工人多，容易遭報復。但他知道不是去打架，而是去講道理的。他虔誠相信上山下鄉運動，認真地脫胎換骨地改造自己；相信組織，相信老工人，更相信兵團領導……他相信很多。那個晚上，他決沒有想到自己踏上的是一條不歸路。西元一九七二年五月二十六日夜，他那十九歲的青春之軀，倒在遮放壩慘白月光下的血泊中，他的已經與頸脖嚴重錯位的頭顱，大張著嘴，怒目圓睜仰問蒼天：「這就是我要接受的再教育嗎？」這一切是為什麼？為什麼？那晚所有的知青都看到並相信了在這塊紅土地上，自己的生命是如此的脆弱和不堪一擊。羅世貴的死成為知青心中永遠揮之不去的噩夢。

我的寢室就在血案現場，羅世貴就倒在我們門前。突發的慘案讓我們驚恐不已。雖然我們和男生不大往來，但共同的處境和命運，使我們本能地對他們充滿同情。暴行剛開始，我走出寢室站在房柱前，一邊流淚，一邊朝著院壩中瘋狂殺戮的人群拼命高喊：「要文鬥不要武鬥！不許打人！」但這聲音太微弱，太渺小了。這時，我看見家住三連的營部會計付達珍，高舉著明晃晃

的砍刀向我揮舞的手臂砍來，突然，一雙手抓住了他的手，我才倖免於難。回頭一看，是營部小學校的賀校長，之前我在學校當過代課老師。他的眼神裡充滿悲涼，對我低聲吼道：「快躲進屋去！」

我回到寢室，和同屋幾個女生嚇得擠在一張床上，相互安慰著。忽然聽到隔壁的老工人付發根「點水」：「侯勇她們屋裡有土匪！」接著木板門被「嘭」地一聲踢開，營部武裝班的人端著槍衝進來，打著手電筒從我和譚計、王麗華的床下搜出幾個男生。我們也不知道他們是什麼時候躲進來的。當時他們都失去了知覺，渾身是血，是被人架著拖出去的。事後，我們才知道這中間有我的中學同班同學蕭新元、繆昕等，因平時趕街要從我們連隊過，知道我們住在這，被殺傷後趁亂躲了進來。他們均是當晚的重傷者，送到芒市醫院的半個多月後才從昏迷中醒來。蕭新元被一刀從頭劈下，面部嚴重毀容，右手掌被砍傷後失去功能致殘；因此毀了一生，回城後進了一家街道小廠，收入微薄，很晚才和一農村姑娘結婚，安家城郊。

不知什麼時候，槍聲、慘叫聲、喊殺聲停了下來，老工人和昆明知青按事前的部署在各關卡設伏，那些後半夜從蘆葦地、橡膠山林潛回的知青，均被捉住押往營部，幾十個人關押在會議室。李作明等人躲在膠林工棚裡，待搜山的人走後，他們商議著不能回去送死，歐家琪等人逃回成都；有的人要逃往緬甸。為了打探消息，李作明剛潛回寢室就被捉住。有人不停地叫著：「殺死他！殺死他！」他被關在單間，營長王成林、教導員等親自審問。王成林指著他的鼻子罵道：「李作明，你家四代反革命，你是反革命頭目！這事鬧大了，不判你死刑也要判你無期！你唯一的機會是供出山上的同夥，他們藏在什麼地方?!老實交待你們是

怎麼策劃反革命暴動的！」血案的策劃者氣焰囂張至極。

　　女知青王世華因為勇敢站出來打抱不平，惹惱了陳連長，他叫營部武裝班的把王抓到營部，將其「鴨兒鳧水」吊打了一夜，被放下時頭部變形腫大，身上傷痕累累，師部工作組來後才被放出，王世華一天也不敢停留，連夜立即坐車逃回了成都，始終不敢再回農場；為了生存嫁給了一位大她十多歲的男人，生了兩個孩子，她因戶口不在城裡，沒有糧食關係領糧票，也沒有任何收入，三個黑人黑戶生計無著苦熬日子；直到農場知青返城風潮，她才一個人帶著兩個孩子回農場，其蒼老疲憊看著已如五十多歲的農婦，歷經種種波折終於以知青身分回到成都。

　　遭砍殺成重傷的蕭新元被武裝班的人從我們寢室拖走後，我們這才感到屋裡血腥味逼人。門外，橫陳著躺在血泊中的羅世貴的血肉模糊的屍體；屋內，我們幾個十八、九歲的女生，又害怕又難過，有如墜入了地獄，在濃烈的血腥味中相互擁抱著，不說一句話，只有默默地流淚，直到天亮。凶案第二天是星期天，食堂只開兩餐，九點多鐘，我們到食堂打了飯，但誰也吃不下去。羅世貴的屍體還擺在那，無人過問；血已凝固成紫黑色，他死不瞑目地張大著嘴怒睜雙眼的慘相，叫人不忍正視。老工人和昆明知青像立下了豐功偉績似的，仍舊挎著槍，神氣十足地走上走下，對我們橫眉豎眼，似乎在說：看吧，這就是反革命的下場！

　　我們直如掉進冰窖一樣透心的涼。慘白的月光下，血光刀影中的喊殺聲和慘叫聲，在我們眼前和心中揮之不去。我和譚計打掃著寢室，泥地上因被血水浸透而呈紫色，床下所有的膠鞋、雨靴和布鞋裡都灌滿了血，已經凝固成一塊塊的「血旺」。我們寢室裡的血腥氣數月、甚至半年之久都仍舊驅之不散。

　　中午十一點左右，一輛吉普車開進連隊，三師師部保衛處

的張參謀等人，帶著相機快步走到羅世貴屍體旁，陳連長等人陪在一旁。他們前後左右地拍攝著，小聲交談著。我看見張參謀站在條凳上拍照，一邊按快門一邊說：「把娃娃砍成這樣，太殘忍了！」見上邊來的人把羅世貴叫著「娃娃」，而不是反革命，連隊首腦們知道情況不妙，悄悄溜走了。當天夜裡，陳正培就帶著以昆明知青和老工人子弟為主的的三連武裝班，攜槍逃到了離連隊幾十里靠邊境的景頗山上。

團部、師部和兵團司令部很快組成了調查小組，進行調查處理。「5.26慘案」死亡一人，重傷致殘六人，輕傷數十人，為震驚中央的雲南建設兵團最為慘烈的迫害知青的案件之一。一個月後，三名直接殺人兇手被公捕。一年多後的初夏，在中央關於嚴肅查處雲建兵團摧殘迫害知青的（73）二十一、三十號文件下達後，慘案的真正元兇三連連長陳正培被逮捕，判刑三年開除軍籍；三營營長王成林被逮捕判刑二年，保留軍籍。

慘案發生的七年後，雲南農場十多萬知青終於以罷工、請願、絕食的非常之舉，勝利大逃亡般離開邊疆農場，回到夢牽魂繞的故鄉。但羅世貴和許多冤死的知青卻永遠長眠在那片紅土地下了；「5.26慘案」死裡逃生的六個受重傷致殘、數十個受輕傷、以及許多遭到捆綁吊打淩辱的男女知青，至今沒有得到雲南農墾和遮放農場方面的任何道歉與賠償。一些知青也曾在重返農場時，來到羅世貴的墳前憑弔，但人去物非，時過境遷，當年掩埋羅世貴的鐵刀木林早已被鏟平，成了傣族老鄉的橡膠林。歷史的血腥味已漸漸散去，不散的是無數知青的冤魂和銘刻在我們心中慘痛的記憶……

這篇〈月光下的殺戮〉，字字血！聲聲痛！真實地還原記錄了當年知青的悲慘人生。事因就為賒一碗米飯而起，知青們就慘

遭一場滅絕人性的屠殺。是窮鄉僻壤蠻橫的刁民天高皇帝遠無視法律的存在？還是窮凶極惡的兵痞失落變態的心理，獸性地瘋狂發洩造就的驚天血案？蒼天啊，那些曾經滄海、患難與共知青兄弟姐妹，你們這些後來的倖存者，可曾聽到這些冤死在雲南雨林中的亡靈者，在九泉之下的哭泣？40多年了，他們至今仍然找不到回城的大門，看不到秉燭守候在黑暗路旁的已經白髮蒼蒼的媽媽……

第二章

紅色恐怖手段管理的知青群體

第一節　黑五類出身知青所慘遭的欺凌

　　要說文革中最荒誕，最禍害百姓的，莫過於反動血統論的誕生，其迅速的在全國範圍內蔓延，不知殘害了多少無辜百姓家庭，也不知扼殺了多少知青的生命，其流毒之廣，貽害之深，恐怕上溯中國歷史五千年也無法找到與其類比、令人髮指的罪行。

　　據上山下鄉去到青海兵團的知青回憶：在「文革」大災難中，「專政對象」的青島知青最多。青島支邊青年進駐青海不足一年，「文化大革命」便急風驟雨般席捲而來。於是知青響應毛主席的號召，紛紛扯旗「造反」，先是整倒了師團營連各級領導，然後各派群眾組織互相鬥爭，「文攻武衛」，相互「串聯」。

　　秋天，地裡的麥子無人收；春季，耕種、開渠灌水無人問。還有部分青年直接「打回山東，家鄉鬧革命」去了。一九六八年，蘭州軍區對青海生產建設兵團實行了軍事管制，每個連隊都進駐了現役的軍代表。為了穩定「文革」局面，「清理階級隊伍」運動開始了。由於青海生產建設兵團各團駐地居民稀少，且大部分是蒙古、藏、哈薩克少數民族，所以，清理的「階級敵人」只能從內部挖。軍代表在每個連隊建立了由「根正苗紅」的

知青組成的「群眾專政小組」，日夜開會，研究鬥爭對象。那些出身不好的「地富反壞右」子女立即陷入了殘酷鬥爭的苦海。

當時，幾乎每個連隊都有一二十個知青被「專政」。在山東各地的知青中，青島知青的家庭出身最為複雜，「專政對象」也以青島知青為最多。他們被批判鬥爭、隔離反省，很多人遭受了毒打，致殘甚至被迫自殺。更多的人被迫說假話，作假證，靈魂在摧殘煎熬中扭曲。雖然這些老知青已經年近花甲，但當時的情景仍會不斷闖入夢境，揮之不去……

與青島知青一樣，全國各地上山下鄉的家庭出身不好的知青也陷入被迫害的災難之中，知青金桐玉女在〈痛楚的知青往事記憶碎片〉講述了一個可怕的細節：……這裡的冬天特別冷。夜裡，陰冷的風總是從屋頂上的活動陰陽瓦和門窗的縫隙鑽進屋子裡。

靠牆是一排用長凳架起的木板，這就是我們的睡床。小玲把裝化肥的塑膠袋子洗乾淨了當睡袋。她卷著被子把自己套在塑膠袋中以為會更暖和，可是睡夢中她每一次翻身都發出沙沙的聲音……

一個陰霾的下午，在修水利的工地，哥哥朱魯用普通話問我：「你帶鋤頭了嗎？」我無語地瞪著他的臉，心想：「為什麼不對我說潮汕話呢？」

後來才聽說，被批鬥的「反革命分子」不允許對任何人說家鄉話。

在昨天的生產隊批鬥大會上，每個革命群眾吃一個「憶苦餐饃饃」，為什麼跪在臺上挨批鬥的哥哥得吃兩個「憶苦餐饃饃」？

為什麼哥哥是「反革命分子」？為什麼！為什麼當年她們戳

著我的脊骨梁說我得上臺批判自己的哥哥？為什麼！為什麼現在她們又不高興我提起往事？為什麼？

這個細節很短，但想來卻很恐怖。因為古今中外，歷朝歷代，從來沒有對政敵作出過禁說方言的規定。然而在上山下鄉的運動中，當地的「教育者」卻獨創了這麼一條荒唐野蠻的規定，強迫一個可憐巴巴並無大錯的知青必須遵守。實在左得離奇可恨！而據我所知，這位知青最後被迫走上了逃亡香港的偷渡之旅，結果慘死在怒海波濤之中。

知青喬獻華在〈漂亮女知青是個「狗崽子」〉也有同樣不堪回首的記憶：

父親死在雪夜裡　一九五七年冬天，涪陵雪下得好大。這年，喬獻華僅三歲。小小年齡卻記住了那場漫天飛舞的大雪，記得那麼清楚讓她至今感到驚異。那天，一群男人衝進家裡，一邊叫喊著「把反革命分子喬俊承揪出來」，一邊將正在幹活的父親往門外拖。家裡沒有其他人，只有小獻華嚇得躲在牆角，瑟瑟發抖。

被拖到門口的爸爸突然掙脫出來，跑回屋將女兒緊摟在懷裡，臉緊緊貼在女兒滿是淚水的臉上，急切地說：「丫頭，不管發生什麼事，你要記住，爸爸不是反革命，是打日本鬼子的。」話沒說完，爸爸再次被拖走。

雪地裡，小獻華哭喊著一路追趕，一直追到當時的涪陵地區收容所。「我看見他們把爸爸反手吊起，用棍子打，爸爸發出一聲聲淒厲的叫喊。我不敢看下去，只能跑去找媽媽。」

爸爸回到家已是當天晚上，是被幾個人拖回來扔在地上的，渾身血肉模糊，凌亂的頭髮上還沾著雪花。爸爸一句「我不是……」沒說完，就斷了氣。走時，眼沒閉上。懂事後，媽媽周維

清悄悄告訴她，爸爸是黃埔軍校畢業的，是國民黨的軍官，上戰場打過日本鬼子。

「接下來的日子可以用暗無天日來形容，走到哪裡都有人追著我們喊『打死小反革命』，沒有娃兒願和我們玩。媽媽拉扯著我們兄妹三人，拼死拼活也吃不飽，還要常常被拉去開會。所謂開會就是批鬥，媽媽胸前掛著『反革命家屬』的黑牌，站在臺上，低著頭，台下不時有人向她吐口水、扔小石塊，她不敢躲避。我們在台下哭著不敢出聲。」每次開會回來，媽媽都要對她說：「記住，就算有人把口水吐在你們臉上，你們也不要說什麼，自己抹了就是。要在忍耐中學會堅強！」

三歲以後，喬獻華開始怕雪，怕下雪的日子。

少女知青「賽太平」 背著這口「反革命狗崽子」的黑鍋，喬獻華在忍耐中度過了屈辱的童年。一九六八年十二月二十二日，毛澤東發出重要指示：「知識青年到農村去，接受貧下中農再教育。」中國歷史上波瀾壯闊的知識青年「上山下鄉」運動正式啟動。正在體校上學的喬獻華沒等人來動員，就主動申請到條件艱苦的龍潭區，是那批知青中年齡最小的。

「那年，我才十五歲，按現在的說法，還是未成年人。我想趁機掙表現，表明我想與資產階級決裂的態度是多麼鮮明，希望別人會因此改變對我們的看法。」一九六九年二月八日，冬天即將過去，氣溫仍很低。喬獻華和其他知青一道在涪陵燈光球場集中出發，草綠色的軍裝上紮著皮帶，胸前佩戴毛主席像章，軍用掛挎包上印有「扎根農村幹革命」，她和知青戰友們手持「紅寶書」，高呼口號，向農村進發。喬獻華插隊落戶在龍潭區太平人民公社復興大隊第六生產隊（現涪陵區青羊鎮新元村六隊），那裡距涪陵城90公里，一眼望去，除了山還是山。

到達太平後，當地小學生敲鑼打鼓迎接他們，村民們對漂亮的喬獻華表現出特別的熱情。二○○六年十二月，當地村民李順珍對37年前喬獻華的印象依然深刻：「我們看她就像是看仙女一樣。當時還有個漂亮女知青外號叫『太平一枝花』，但公認喬獻華更漂亮，大家就叫她『賽太平』。」

因為能歌善舞，喬獻華很快成了宣傳隊的文藝骨幹。十五歲的她從沒享受過這種禮遇，她欣慰極了，感到這條知青路走對了，準備死心踏地接受貧下中農的再教育。好日子沒過一個月，就因為她「黑五類」身分的揭穿戛然而止。一天，喬獻華參加完勞動，興致勃勃往回走的路上，遇上了生產隊長，隊長說：「我本來以為你是龍是鳳，現在才曉得，你竟然是個混進革命隊伍裡的反革命狗崽子，我要讓貧下中農好好管教你。」

喬獻華這才知道最初的想法多麼幼稚：「家庭成分這東西，就像遺傳基因，抹也抹不掉，無論你怎樣追求進步，也是白費勁。」

舞蹈夢的破滅　喬獻華從小的夢想就是當歌舞演員，能夠穿上舞鞋在臺上翩翩起舞。好多次，她都看見自己穿著紅舞鞋在簡陋的臺上表演，唱著與紅舞鞋格格不入的〈紅軍不怕遠征難〉——不過，這僅僅是夢。

日出而作，日落而息，這就是喬獻華每天的生活。但夢想依舊在，每天早上六點，她起床後就偷偷到屋後的山坡上吊嗓子，輕輕地，不敢放開喉嚨。然後，做好一天的飯，帶著午飯下地幹活。

生產隊最遠的田地在山腳的煙敵溝，單路就要走近兩個小時，天黑才能回家。她幹活特賣力，所謂「裹一身泥巴，煉一顆紅心」，她深怕臉曬得不夠黑，深怕手上磨的老繭不夠厚，不能

顯示自己是多麼擁護「走工農相結合」道路的決心。

第一次上山砍柴，一刀下去，喬獻華突然感覺左手臂一陣涼意，抬手一看，一條綠蛇纏在手臂上，她不敢叫出聲，怕別人罵她是國民黨的千金小姐。第一次下地插秧，小腿上爬滿螞蝗。「有的正在往肉裡鑽，我怕得要命，但只能悄悄地扯出來。螞蝗一扯就斷，弄得滿腿是血，我忍住噁心不敢哭出聲。後來，還是好心村民教我，先用手拍，待螞蝗鬆口了再扯。」

辛苦勞作一天，喬獻華最多可以掙到7分，而其他知青幹一天有8分；其他知青一年可以分六七百斤糧食，她只有不到三百斤；別人偶爾還有肉吃，喬獻華沒有，她的肉票常常被其他知青「代領」；沒人敢公開和她說話……這一切，都因為她是「黑五類」的狗崽子。後來，長得漂亮也成了受指責的原因。一開始喬獻華衣著前衛，當別的女孩在穿寬鬆的花棉布上衣時，她卻穿著襯衣，還要將衣服紮在褲子裡，顯示動人的身材，這些都被當成「資產階級思想嚴重」的典型。

「別人都當我是去勞改的，誰都可以指著我的鼻子罵。這種生活比兒時受歧視更難受，以前，畢竟有媽媽在身邊，可以傾訴，不會孤獨。但我記著媽媽的話，要在忍耐中學會堅強。」

差一點她就圓了舞蹈夢。一九七○年冬天，黑龍江軍區歌舞團到太平慰問演出，作為宣傳隊骨幹的喬獻華在與他們合作時，表現出的歌舞才華折服了歌舞團領導。歌舞團有意召她入團，但因成分問題未能如願。她也沒有去爭取，她知道，像自己這樣的身分，是沒有資格去提要求的。

為證清白去自殺　一九七二年，「紅糖事件」讓喬獻華深切感到什麼叫生不如死。這年冬天，隊裡幾個男知青偷了附近代銷店一塊紅糖，有追求進步的社員舉報喬獻華是同謀。她再次成為

眾矢之的，不管她怎麼解釋，沒人相信這個反革命後代說的話。連續一周，她每天下班後都被叫到隊裡去接受貧下中農教育，等貧下中農們教育累了，她才能在深夜獨自返回到10里外的住處。

這天晚上，喬獻華接受教育回住處途中，經過一池塘，望著黑暗中的池水，抑制幾天的委屈噴湧而出，她呆呆坐在泥地上，沒有哭，任憑雪雨打在臉上。良久，她找了塊廢棄的磨盤捆在身上，慢慢走向池心。

想想看，一個年輕漂亮熱愛舞蹈又熱愛生活，僅僅十五六歲的女孩，如果不是生活過於殘酷，人生過於絕望，怎麼會輕易放棄生命，放棄生的權利，她是實在沒有活下去的勇氣了！

醒來時，喬獻華躺在一戶村民的床上，簡陋的土屋不能完全遮擋屋外呼嘯的寒風，但她感到特別溫暖。村民田孟池救了她，田家成分也不好，是地主。

「閨女啊，我們都是可憐人。你又沒人疼，以後你有親人了，就不要幹傻事了。」田孟池的母親胥春懷撫摸著喬獻華的臉，心疼地認她作乾女。想到父親臨終不甘心的話和乾媽的關愛，喬獻華再次鼓起生活的勇氣。

今年十二月六日，喬獻華重返太平，這是她返城二十多年後第一次重返故地。回到這個呆了8年的山鄉，喬獻華眼淚灑了一路：山還是那些山，可已物是人非。乾媽胥春懷去世17年，當時未能回來為老人家操辦葬禮，成為她一生的愧疚。她堅持要到乾媽墳上去看看。乾媽埋在塘堖口，喬獻華哭著在墳前一直跪到香燭燃盡。

乾媽的大兒叫田孟奎，見乾妹回來，他說的第一句話便是：「妹妹，我前幾年也入黨了。」聲音很激動，帶著一絲酸澀。這個當年宣傳隊的二胡手特意找出那把已蒙灰的二胡，拉起了一首

〈紅軍不怕遠征難〉，幾個宣傳隊的老同志，圍坐在一起，唱著一首首老歌……

相比之下，南充知青傅國才因為家庭問題慘遭九死一生的欺凌更是讓人酸楚。據記者李波在〈南充首批知青的激情歲月〉中講述：……傅國才當年下鄉的目的地，是遠離蒼溪縣城的龍王公社光明大隊。光明大隊第五生產隊有一處公房，隊裡將其作為知青點，把包括傅國才在內的五女二男全安排在這裡住下。開始時，傅國才還沒感覺出有什麼異樣。可不久，他就發現自己與眾不同：凡是生產隊理抹「地富反壞右」分子時，他都要「享受」同等待遇。他知道，這一切都緣於他父親的歷史問題。

傅國才的父母本是重慶人，解放前雙雙參加「地下民革」。新中國成立前，傅碧波擔任巴縣師範校教務長，新中國成立後，他被調到巴縣青木關中心校任校長。青木關是一個鎮，傅碧波到此任職後與當地政府官員少有往來。當時他受組織安排，打入當地反動組織，並將收集的情報直送某公安部門。一九五一年，該反動組織被摧毀，青木關地方政府及公安抓人時，將傅碧波也抓了進去，關了44天後才被放出。

無罪釋放的傅碧波對此事很有意見，他為此幾次找到當地政府，官員們都說是誤會。傅碧波認為此事有損他的個人榮譽，一氣之下請長假離開重慶，來到南充投奔傅國才的二姨。傅國才的二姨當時在南充開有相館和餐館，正缺人手，傅碧波的到來，正好解決了其缺人之急。公私合營後，傅碧波先後在市內幾家相館待過。時任南充市飲食服務公司的黨支部書記見他人能幹，又寫得一手好字，將他調入公司從事財會工作，並擔任財務主管。

此後，有人從傅碧波的個人檔案中發現，他建國前曾任過重慶市第八區民政主任，因此認定他為國民黨中統特務，並對其定

性為歷史反革命。傅碧波因此被判管制三年。對於傅碧波的此遭遇，不少人對其同情，但又沒有辦法。

幾十年後，傅碧波被落實政策平反，其「民革成員」的身分被重新認可，此後享受離休待遇。然而，他當年的歷史問題帶給包括傅國才在內的子女們的影響，已無法挽回。一九七二年，傅國才病退回家，離開他生產、生活8年多的蒼溪農村。由於不是因為工作調動回城，他註定逃脫不了為了生活四處找工作的命運。

傅國才下鄉的次年，他的大弟也下鄉來到蒼溪縣小新公社落戶。傅國才對他的這位弟弟這樣評價：聰明能幹，寫得一手好字。「在當年南充的大中專院校歌詠比賽上，他一曲〈哈瓦拉的孩子〉奪得一等獎。」6年後，傅國才的這位弟弟自殺身亡，在當地知青中引起震動。

至今，傅國才回想弟弟的死因認為，他不僅僅是因失戀才走上絕路的。原來，當年一些工廠已開始在知青中招工，他弟弟的一個知青女友與他一道，填了招工表，但在政審時，他弟弟被刷了下來。想不通的他當晚來到同在一個生產隊的這位女知青居住的知青點前，喝下「樂果」。事後屋裡的幾名女知青聽到外邊有響動，開門後叫來男知青們把他送到公社衛生院搶救，結果為時已晚。

傅國才下鄉第二年，當地發生了一件引起知青們氣憤的事件：一名女知青上山勞動時，被當地一名農民強姦。事後，這名女知青回到知青點痛哭，細問緣由後，女知青們十分氣憤，消息傳開，當地知青集體找到公社請願。後來，那個強姦犯被判刑。

也在這一年秋天，一姓姜的女知青收工後向生產隊會計送報工單，途經一山溝時，不慎失足掉入洪水。「當時正在下暴雨，

當地的山很大，暴雨積成的山洪很猛。姜被山洪沖走失蹤後，大家才知道。後來公社組織人尋找，哪還有屍體，只見山溝的灌木叢中，留下了一些衣服殘片。」傅國才說，知青們為建設新農村，一些人獻出了寶貴的生命。

「文革」開始次年，傅國才到該縣兩河公社與一造反派辯論時，因為激動，習慣性地舉起了手中的「紅寶書」，結果被人認為攻擊了偉大領袖。他因此被打成反革命分子。關了三天牛棚後，他被押到當地一批鬥現場接受群眾批鬥。在數百群眾面前，他為自己辯解，訴說知青的艱辛，終於打動了全場的人。縣公安局來人見狀，將當地公社書記拉到一邊說，這樣的人怎麼可能是反革命呢？一句話，把在場的人點醒。話畢，幾名公安人員拿著準備好的逮捕證走了。

事後，傅國才所在的公社不想放過他。一名知青打聽到消息，公社要來人抓傅國才等知青「頭頭」。「其實我哪是什麼頭頭，只不過大家有事找我出出主意而已。」傅國才得知此消息，當晚就約上本公社的20多名知青集會，「回城不准，要吃飯糧食也沒有了，又身無半文。」大家七嘴八舌，一時感到絕望。有人提議找省上反映，大家一拍即合。

此後，蒼溪縣知青赴成都告狀一事因此發生。當晚，傅國才等人走小新公社來到白水，再到廣元，途中匯合小新公社的10多名南充知青，一行幾十人分別混入前往成都的火車。到達成都後，一行人找到成都軍區，要見領導。後來，軍區出來的人聽取情況後表態，再難，也要保證知青們不餓飯。隨後，此人開了個條子，讓沿途接待。回到公社後，公社的人不相信傅國才們會到成都去告狀。聽說成都軍區發話保證知青們的生活時，公社決定保證知青每人每天一斤的原糧供應。

「文革」結束後，當地掀起學大寨的高潮，生產隊組織勞力上山採石用於修堰塘。傅國才雖然身高僅1.6米，但在農村的鍛鍊已使他成為當時隊裡的主勞。一天下午，他背石板時，腳下一滑，從4米高的岩上跌下，幸好石板先落地，他沒被砸著，卻昏死過去。幾名農民將他抬下山，放在一草堆上。隊長聞訊跑過來哭道：這如何是好，如果他死了，我只好把我的壽木獻出。一個小時後，傅國才蘇醒過來，令人稱奇的是，他毫髮無損。事後人們對他所背的那張石板過秤，重量為149公斤……

第二節　令知青膽戰心驚的現場批鬥會

在上海知青網上，我曾看到了知青李茂麟講述的一個讓人痛心不已的事例〈「文革」中的冤假錯案〉：……一場史無前例的文化大革命在全國各地轟轟烈烈地開展著，地處塔克拉瑪干大沙漠邊緣的新疆生產建設兵團農二師塔里木二場也未能倖免。

一九六八年以後，文革運動深入發展到「清理階級隊伍」階段，根據上級「革命委員會」的統一安排，各單位都在深挖細找階級異己分子、蛻化變質分子、反革命分子和各類壞分子，甚至挖掘出所謂「天山腳下救國軍」、「大同黨」等反革命組織，製造出一大批冤假錯案，無數無辜的人被揪鬥，被關押，有的人甚至被迫害致死。

一九六九年五月的一天，我在塔二場主幹渠「八下」節制閘值班，忽然接到渠管站站部電話通知，晚上召開全體職工大會。渠管站有史以來，職工大會都是白天開的，大家揣測，一定有重大事情發生。

當天晚上，會議在俱樂部準時召開，會議一開始就由指導

員陳緒直宣讀塔二場專案組決定：立即對本站職工周亞魯隔離審查。因他參加了反革命組織「大同黨」。當時大家都大吃一驚，幾乎不相信自己的耳朵，是否聽錯了。周亞魯很快被押出會場，關進一間早就準備好的空房子——禁閉室。

周亞魯是上海知青，一九六三年首批來到塔里木二場蠶桑一隊，高中生，戴副眼鏡，文質彬彬，一臉書生氣，身體結實，能寫一手好字，唱歌也很美。上學時，是個德智體全面發展的好學生。誰能想到進疆不到六年時間，竟變成了一個「反革命組織」裡的「反革命分子」。

在禁閉室關押五天，周亞魯實在想不通，產生了自殺念頭，他將床單撕成條狀，擰成繩子，準備結束人生。幸好被看管他的老職工發現並立即向領導彙報，周亞魯自殺未遂。專案組當天把周亞魯轉押到集中關押「反革命分子」的生產三連嚴加看管。

在生產三連關押不到十天，傳來周亞魯含冤上吊自殺的消息，也有人說周亞魯是遭批鬥毒打後搶救無效致死。周亞魯到底是怎麼死的，只有當時專案組成員最清楚。因是反革命分子，對外一律稱周屬於上吊自殺身亡。周亞魯死後，當天晚上用蓋房子的草席一捲，用牛車拉到三連某條田邊的沙包裡，挖一個坑，草草一埋了事。以至於後來周亞魯得以平反昭雪後，他母親專程從上海趕來，連屍骨都沒有找到，因埋屍體的具體位置沒有人記得了。可憐的母親只得心裡空蕩蕩地兩手空空回上海去了……

周亞魯是我們農場在「文革」中第一個遭到迫害致死的上海知青。這是歷史的悲哀，這是全體上海知青在新疆生產建設兵團農場遭受不公平待遇的一個典型例證。

周亞魯雖然被迫害致死，但塔二場清理階級隊伍仍在進一步深入開展。進入深挖階段後，搞得氣氛更加緊張，個個人心慌

慌。沒多久，我竟然也成了「周亞魯分子」。

在周亞魯被關押的第二天，我就從「八下」節制閘被保衛組傳喚到渠管站站部接受組織審查。白天參加婦女班勞動，晚上寫揭發周亞魯的材料。場保衛科幹部周自忠親自到渠管站提審我，向我宣傳黨的一貫政策：「坦白從寬，抗拒從嚴」，勒令我老實交待與周亞魯的關係和周亞魯的反革命言行，否則後果自負。我和周亞魯相識有三年多時間，在我的印象中，周亞魯確實是一個相當優秀的青年，幾乎找不出什麼缺點，讓我揭發什麼呢？他哪來什麼反革命言行？簡直是無稽之談！

場保衛科幾次審問我，我講不出周亞魯有什麼反動問題，保衛科的周自忠不耐煩了，對我說：「你的態度，我們很不滿意，再給你兩天時間好好考慮考慮！」幾天後，周自忠又來找我，一開始談話就給我定性：「你雖然沒有參加周亞魯他們的反革命組織，但是你肯定知道周亞魯他們都幹了什麼事！」天哪！憑什麼肯定我知道呢，我仍然堅持說，我不知道。保衛科的人一無所獲，氣急敗壞地走了……

從此，我一直在婦女班勞動，實際上是邊接受組織審查，邊監督勞動。到了十二月底，渠管站來了整黨建黨工作組，組長是翟樹林，他是我原蠶桑二隊老隊長，我找他詳細反映了情況，組織審查已有七個月之久，該下結論了吧。幾天後，翟樹林請示了上級，對我說：「你的問題基本上沒有什麼了，結束對你的組織審查。」當時，我提出一個最起碼的要求：在職工大會上宣佈，結束對我的組織審查，與周亞魯「大同黨」組織沒有關聯，不屬於「周亞魯分子」。但是，這一正當要求一直沒有得到滿足，就這樣不了了之。

在長達七個月的組織審查日子裡，我身邊的人都不敢跟我

說話，連我的一些好朋友，老戰友也不跟我來往了，生怕受到牽連，我能理解他們。那段時間，我心理壓力太大，整天情緒低落、鬱悶煩躁、悶悶不樂，嚴重摧殘了我的身心健康。現在回憶起來，實在是太可怕了，幸虧當時我挺過來了，否則又會多一個「冤死鬼」，又會多一樁人間悲劇。這段經歷，我永世難忘！

對此，同為知青的戈壁紅柳證實說：因為新疆兵團在文革期間不舉行四大，由中共中央、中央軍委、國務院、中央文革的十二條命令管著。所有的階級鬥爭都是在有組織有領導的基礎上進行的，請大家注意，李茂麟說的被打成反革命的過程，都是組織上在辦理，指導員開大會宣佈，看守所禁閉，團裡領導直接抓，最後要求平反，都是代表組織的，和全國其他地方不一樣的，有組織的階級鬥爭，比無政府的階級鬥爭更可怕、更恐怖，危害也就更大。

筆者在文革期間被抽調到師文革辦公室，所以有機會到各個團場去檢查工作，所到之處幾乎每一個連隊都有專政大隊，被監禁的幾乎清一色的是上海青年。那一天，因為我在連隊與被專政對象談過話，當天晚飯連隊食堂就不給我們吃了，餓著肚子回團機關的路上，天已經黑了，為了顯示無產階級專政的威力，農場組織了馬隊巡邏，在黑夜裡馬隊在農場的道路上飛奔，塵土飛揚，一片昏暗。馬隊追上了在農場路上步行的我們，和我同路的是一位女同志，看到那個場面有一點害怕了。幸好，他們查了我們的通行證放行了，沒有刁難，回到團部已經過了深夜十二點。回到師機關我們彙報了在農場遇到的情況，以後那個團的主持工作的團長被撤掉了，也算出了我們的一口氣。

在師機關匯總情況的時候，反映的問題幾乎是清一色的，各個團場發生的問題大同小異，好在由於兵團的領導在文革期間始

終沒有癱瘓，上面說了還是起作用的。但是在階級鬥爭為綱的年代，「貧下中農」「復員軍人」「共產黨員」的三塊金字招牌，為所欲為。上海知青一塊金子招牌也沒有，所以往往就成為了被專政的對象。

在粵海農墾知青網上〈關於對留守知青等情況調查〉中，我曾看到了一個讓人痛心不已的事例，現摘錄如下：張廣康，男，廣州市97中學生，一九六九年七月到南島農場十二連。一九七〇年上半年團部組織在樣板連開荒定植大會戰中，因為在伙房偷拿了食油給其他知青食用而被連隊領導批評，得知在第二天要被批鬥後連夜擅自離開連隊後失蹤，第二天連隊隨即派人多方尋找未果，幾個月後在二十三連附近的一塊大石頭上，被一位當地的黎族農民發現了他的屍骨後即報告給團部機關。

看完這則事例，我們心如刀絞，很難想像這位知青兄弟孤身一人逃亡莽莽熱帶雨林之時，面對近在咫尺，人聲鼎沸的大會戰場景，面對那香味誘人的飯菜，曾經忍受了多少飢餓的折磨？面對風吹雨打，無處棲身，野獸嚎叫的原始森林絕境，曾經忍受了多少恐怖的折磨？在他孤魂野鬼般地遊蕩在雨林中的日子裡，這位可憐的知青兄弟，一定渴望想念過父母親人，傷心欲絕。假如不是那位黎族村民發現，人們恐怕連他的一堆白骨也無從知曉？

為何當時的知青如此害怕批鬥，寧肯選擇死亡也不肯返回連隊？這其實與當年的一系列沒完沒了的政治運動，殘酷批鬥知青的手段有關。當時，知青所在的農場農村，尤其是知青集中的農場或連隊隔三差五地都有大小批鬥會，先是鬥老幹部、老軍工、老農工、後是將知青也揪上去被批鬥。甚至一百多人的連隊，有現行反革命，有歷史反革命，還有反黨集團，一些平時意氣相投，喜歡講些牢騷怪話的知青，也被內定為有反動組織。有的農

場甚至還派指導組對一些「運動不積極」的連隊，幫助定方案，下指標。搞得幾乎人人自危，不敢亂說亂笑的地步。而對於那些不願意出賣人格良心的知青，兵團有的領導則扣上「喪失階級立場」等帽子進行批鬥打擊。

海南兵團知青李凱揚在〈難忘海南知青生活那些事——批判會〉中回憶道：除每星期半天的常規政治學習外，我們還先後經歷了「一打三反」、「批林批孔」和「反右傾翻案風」三個運動。批判會就是主要的一種形式。

最觸目驚心的要算「一打三反」了。那時，團部經常集中開大會。當領導一宣佈大會開始，便有人高喊：「把某某某揪出來」！緊接著，幾個全副武裝的武裝連戰士衝進會場中把該人揪到臺上，隨即宣佈某人是藏在革命隊伍裡的反革命分子，接著由幾名準備好批判稿的人發言，進行批鬥。

有一次衝進的武裝人員距我不到5米，把我和周圍的人嚇得夠嗆。抓的是我們五連後勤班種菜的一個惠來人，其罪行是：散佈知青上山下鄉是變相勞改的反動言論。於是，每逢開這樣的大會，大家都戰戰兢兢，不知下回輪到誰……

知青歐某說，我當年只是對我團類似案件的人背後稍表同情，數月後，同生產班一被審查的知青為了戴罪立功，揭發出來，鬥到我生不如死，並波及無辜，十年前三師六團知青聚會，仍有人提起此事，涕淚直流，兵團將極左路線發揮到極至，執行者對待知青那叫心狠手辣。

同是海南兵團知青的johnnyhuang感歎道：提起當年往事，真是不堪回首。我們連隊的知青本無分你我出處（那裡來的），工作小休時也談笑甚歡，生活和諧。可是，一打三反運動開始後，從團部至連隊各個層面一定要抓出點典型來。這下子可

慘了！

我連有個汕頭知青和一個本地知青不幸成了團裡的樣板箭靶，團政治處專門派了軍人幹部蹲點，天天搞批鬥！大的在飯堂，小的到班務。兩種批鬥會輪番來。還叫知青們要相互揭發、劃清界線，搞到人人自危，猶如白色恐布，烏雲蓋頂！其實只不過是講了平常幾句非政治性的鬼神笑活，嘩！不得了地上綱上線，黨團幹部特批猛批……

剎那間，我連變成「黑點」！其實我們心中有數究竟是什麼回事？好好一班知青朋友，何罪之有？批鬥會上，因為一些有良心的知青沒有發言，也遭到一些不明內情的積極極分子輪番批鬥，結果，潮洲知青陳×斌，被扣上大帽，殘酷迫害下在看管房間上吊自殺。另一海南知青韓×奇則在極其艱苦的非人待遇的監管下，以求生存。當時的情景常常使人同情落淚！

更為可憐的是，有些知青兄弟姐妹因為實在忍受不了這種殘酷的批鬥和羞辱，走上了自殺的絕路。知青zhiying1952說：我們團有一汕頭知青在「一打三反」中，因再也忍受不了持續不斷的批鬥，打他的兩根扁擔都被打斷……最後只好用一根鞋帶結束了自己二十多歲年輕的生命！

知青葫蘆皇說：我們原兵團第四機械廠，也有一個海口女知青在小伙房上吊了，當時還組織全廠近千名職工對著屍體進行批判，說什麼背叛祖國、罪有應得……那女知青正值荳寇年華，不明不白地去上吊，現在想起來，不知為什麼?!回想起來實在太可憐了！

知青下某歎道：好可憐喲，催人淚下。我場七二和七三年間每年都有一二例知青自殺事件（那些自殺未遂的更多），有喝農藥的，有上吊的，原因亦不複雜。有極度想家而感到前途渺茫自

殺的，有被各種路線鬥爭上綱上線挨批鬥而含恨自殺的，有被冤枉為小偷自殺的，有被指責「亂搞男女關係」弄得抬不起頭蒙羞自殺的。連我們這些信奉「好死不如賴活」的人如今想來都覺得害怕，倘若再待個它五六七八年，還不知能否待下去，前幾天校慶見到幾個當年偷渡去香港的知青，他們都說，待不下去，又不想死，唯有頂著「叛國投敵」的罪名孤注一擲，好在香港也回歸祖國了……

雲南知青版納荒草講述這樣一個讓人驚駭的故事：……繼上海市區知青到雲南農場後，又來過一批上海郊縣的知青，屬於農家子弟，幹活利索，生活上動手能力強，但與市區知青相比，顯然有文化差異，其後發生的自殺死亡概率要遠遠高過市區知青。在七營九連的郊縣知青路任楚（音）與一起來雲南的上海女知青某人談戀愛分手了，但路顯然不肯輕易善罷甘休，提出最後談一次話，其間突然強行索吻，該女知青氣憤之余，最後報告了連隊領導。

這在當時是了不得的大事件，性質像現在的「強姦未遂」，而路任楚又是富農出身，於是乎開起了批鬥大會，更有人上綱上線，說成是「富農想要強姦貧下中農子女，」當場群情激憤，更有重慶知青趁勢施展拳腳，將路打得面部青腫。這路某雖然長得很高大，但一時衝動之後便開始後悔不及，眼見「階級鬥爭」炸到自個頭上，已經大受刺激；而連隊領導又順勢發起了「不忘階級苦，牢記血淚仇」運動，開始組織職工先吃起了「憶苦飯」，隨後召集人馬研究，準備進一步深入發展下去。

看到路任楚心神不定的樣子，有幾個知青都好言相勸，要路「想開些」，再多說也難免會有嫌疑，但在趁別人到食堂幫他打飯時，恐懼到極點的路竟用剪刀插進了自己的鎖骨深處。衛生員

王才明（音）聞訊趕到，情急之中用毛巾強壓止血，再等營部醫生陳光華趕到，發現路求死心切，剪刀插入深處之後，還狠剪了幾下，陳好不容易用止血鉗止住幾根大血管，不料路猛一使勁，推開拼命按住他的衛生員王才明，導致前功盡棄，鮮血爭先恐後地湧出，濺了兩人一身。陳醫生只得改用止血海綿壓住，一面果斷地組織人們抬起路任楚，然後拖拉機直奔團部醫院。

路始終頭腦清醒，拒絕救治，沿途不停地試圖掙扎，四五個知青拼命按住路，不敢有絲毫怠慢。一直到臨醫院公路下坡時，路任楚猛地掀開眾知青，挺身直坐起來，雙眼圓睜，隨後便轟然倒下。後經團部醫生診斷，因鮮血倒流，堵塞了氣管，導致路任楚不治身亡。

一車知青此時已經精疲力盡，又饑又渴，而團部醫院又催促他們儘快拖離屍體。後來聽說將路的遺體埋在離傣族人曼塌寨不遠的公路邊，一個老百姓挖山藥後留下的土坑內，卻因土坑過於狹小，便「呼、呼」幾下用鋤頭將屍身手關節打折，再用鋤頭按進土坑，草草掩埋完事。

奇怪的是路的家人始終沒來雲南農場辦理後事，還是不久後有到訪的上海慰問團提出，說人既然已死，總還是上海知青吧？請農場考慮立個碑位吧！但派出尋找的人說當天天色已晚，再也找不到了，可能給螞蟻啃完了吧？於是乎沒有了下文……

除了批鬥，還有一種心理恐嚇。知青chenyhang回憶道：講到連隊領導，我就想到那時的一次運動，準備批鬥會前，連隊指導員找我談話，這話的意思一直在我心頭留下深刻印象和陰影……

當時，指導員對我說：「偉大領袖教導我們，要相信領導和群眾95%是好的，就是說有5%要拿出來「照照相」。你們這

批廣州知青27人，要找出1.5人出來；『站球臺』。劉某、李某和你的家庭成分比較高，但你表現突出，拿出來『照相』影響不好，但你一定要站出來發言。你看，在劉某和李某拿誰出來好？（無回答）我點名，同意的你點點頭。（我無反應，其實我的心在震動、顫抖！我們這樣的開荒賣力，有什麼風吹草動，還拿我們來開刀?!就因為成分不好？）我再點名，你不出聲就是默認了。你準備好發言，看你表現了。」

當時，我是欲哭無淚，或者是不敢流淚。晚上躺在床上，難過得眼淚流了出來，卻只能悄然抽泣，不敢哭出聲。以後的工作我更加的賣力，生活中更加沉默寡言，思想上卻有更多的思考和想不通。鬱悶通過每天一早一晚後來只在早上的小廣播（讀報紙）中發洩……

看了以上兄弟姐妹痛苦的述說，我們基本明白了為何一些兵團人員和知青兄弟姐妹選擇自殺，因為他們實在忍受不了殘酷批鬥的羞辱和痛苦，以至於有的人聽到要批鬥自己就驚恐萬分，嚇破了膽，只好以死尋求解脫。悲呼哀哉！我可憐的知青兄弟姐妹和其他農友……

第三節　因捏造罪名而受到的刑法冤屈

在朱之泓所寫的〈反革命輪奸犯〉一文中，我們讀到了一個令人毛骨悚然的故事：一九六七年冬天的一天，十幾個北京知青乘坐一輛大卡車前往同心縣（寧夏）。在坑坑窪窪的河溝中顛簸行進時，遇見一個鄉下老頭帶著女兒徒步趕路。這對父女攔住這輛車，要他們捎帶一段路。本來這夥北京知青不願帶他們，但經不住父女倆人的纏磨，便讓他們上了車。走到馬家灣時，汽車

因故停了下來。有個知青便惡作劇地對那位姑娘開起了玩笑，大意是要她跟他走，給他當老婆之類。同車的其他知青也跟著瞎起鬨，當時那姑娘被嚇哭了。

回到連隊後，這夥青年又利用這次不同尋常的路遇各自吹牛，互相取笑，事情便因此傳了出去。誰知，過些日子，有人揭發說這十幾個北京知青輪姦了那姑娘，於是很快就成立了專案組。在長達一年多的時間裡，這個案子反反復復調查了多次，知青和姑娘都不承認發生輪姦的事。專案組對知青進行刑訊逼供，並做了大量「思想政治工作」，最後認定輪姦案證據確鑿，5個「主犯」中的4個被判處死刑。最先招供的那名「主犯」被判了死緩，其餘4個被處死的主犯都出身不好。「被輪姦」的女方是貧農出身，在當時的政治形勢下，黑五類出身的男子強姦了紅五類出身的女子，那就是「階級報復」。

記得這四個人被驗明正身押赴刑場時，大街上到處貼著被紅墨水勾了姓名的佈告。那些不明真相的老百姓站在佈告前都義憤填膺，人人皆曰這種無恥的「反革命輪姦犯」確實該殺。有人還罵罵咧咧地說：「這都是些什麼知識青年啊？北京怎麼淨打發這種出身於剝削階級家庭的社會垃圾來支援我們西北？」

當時我也挺納悶，來寧夏的知青中怎麼這麼多黑五類子女？數年後我才知道，他們當年正因為出身不好才在升學中落榜，落榜後報名參加邊疆建設兵團自然是他們走向革命道路的最好途徑了。

一段時間後，這一反革命輪姦案卻被平反了。原來那所謂的輪姦純粹是舉報人的推想或者杜撰。當時在「砸爛公、檢、法」的口號聲中，公安機構都癱瘓了，辦此案的人員大多是從各單位抽調來的外行。這一冤案最終能平反，主要是因為涉案的幾個事

主都是北京知青，他們的家長借住在黨中央所在地的便利條件，堅持不懈地申訴和上告，才促成了對案件的複查和平反。

我所在的生產隊有一個姓張的人，在林建三師一團工作。我曾就此案與張某詳談，當時他說：「那幾個輪奸犯很頑固，在專案組強大的攻勢下，終於承認了自己的罪行。但承認後又反復翻供。那個受害的女方剛開始有思想顧慮，不敢接受自己曾被輪奸的定案，後來組織上再三給她做『思想工作』才認可這個結論。」另一個曾在林建三師工作過的朋友對我說，當時對這幾個犯人還上了肩背銬，並加了楔子。有一個人熬不過去了，下了軟蛋（屈打成招），使得案子有了突破。

平反時，首犯王金洪的母親和妻子（案發時正懷孕在身）都來到了固原，住在當時的固原第一旅社。該旅社一個姓馬的女服務員告訴我，王金洪的母親和妻子也算堅強，平時出來進去都滿臉冷靜不聲不響。有一天，她娘倆照樣平靜地走進房間，關上門後卻從房間裡爆發出一陣痛徹心扉的嚎啕哭聲，那哭聲讓前臺上的服務員們聽得清清楚楚。唉！看樣子是在交涉王金洪平反問題時受了什麼刺激。我問小馬：「你怎麼不進去勸慰一下？」小馬邊說邊搖頭：「唉，可憐！可憐呀……我想進去勸解，又覺得不合適。」

這種事豈是安慰和勸解能解決的事情?!須知那是她們的兒子和丈夫啊！設身處地的替她們想想，因為開了句玩笑而蒙受巨大恥辱並丟掉生命，任何母親和妻子都無法接受這血淋淋的現實，何況還有個尚未誕生的小生命正在孕育中，迎接他的這個世界有多麼殘酷……

四個北京知青，因出身不好不能升學，才報名來邊疆以求生存，卻不料無辜丟掉了四條鮮活的生命，實在是比竇娥還冤枉，

生命都丟掉了，既便平反了又有什麼用?!不知這幾個飲彈而亡的年輕人的陰魂此時是否還在大西北的曠野中遊蕩？……

更有甚者，一些領導為了所謂自尊，故意捏造罪名將知青送入大牢。知青風雨麗人在〈下鄉農場的經歷〉講道：……一九六八年初農場內對立的兩派實現了聯合，成立了革命委員會。運動中挨過造反組織批鬥的場領導當上了革命委員會主任，只不過換個名稱而已。在文革運動中靠整人，撈到好處的人有的也升了官。當時雖然組織上是聯合了，但派性依然很是嚴重。

這年春天本市開展徵兵。我當時愛國心切，積極的報了名，經東郊醫院檢查身體完全合格。心中十分高興，心想可到部隊經歷鍛練，保衛祖國。美好的願望使我興奮不已，但到臨走時場裡負責徵兵的人不同意批准我去。（這名負責人叫『王醜海』後因仗勢姦污婦女被判刑）我申請多次，他只一句，就不批准。使我多年的當兵願望破滅了。當時我年輕氣盛爭吵起來，一個耳光抽下去，打得他滿屋轉。當時解氣痛快了，並沒有想到後果如此嚴重。

不久無緣無故的我也受到了批鬥，罪行是毆打領導，而他還是黨員，打他等於打了共產黨。在全場鬥過之後，他們並不饒恕。又羅列莫須有罪狀，將我送到東郊公安分局毛澤東思想學習班。到學習班進去先挨一頓拳打腳踢，每天失去了自由，終日被人監督看管。我在學習班整整關了半年多，一直到學習班解散只我一個人了，場裡沒辦法，只好接我回場上班了。回到場裡也是對我處處刁難，當時我從心底並不屈服，我自認為歷史清白，從小到大沒犯過錯誤。為了報效祖國報名當兵是正確的，打這種人是應該打的。這種人平日仗勢欺人，氣勢洶洶，靠運動中整人，批鬥人，抄家，爬到領導崗位上的，所以我不服這種淫威。

　　當時我想半年分局學習班奈何不了我，場裡能把我怎樣，所以回場後照樣抬頭挺胸，沒有向當權者示弱。使我萬萬沒有想到的是樹欲靜而風不止，當時的年代是沒有法治的，當權者可以主宰一切，經過一段之後又再次以莫須有罪名直接將我送到東郊公安分局。進入分局拘留所，關押在十幾個人同住的小屋裡。臭氣薰天，不多日身上長滿蝨子，每日受盡熬煎。在分局只提審我兩次，問題並沒搞清，也沒落實下來，多次出外陪鬥（批鬥別人，我陪著）。

　　兩月之後東郊開宣判大會。我萬萬沒有想到，我一腔熱血想報效祖國到頭來定性為（現行反革命）。腳上鐐，手載銬，脖上掛一大牌子押上臺去。當宣判我為反革命從嚴判處十五年時，兩人架我胳膊，後面有一人用繩子套我脖子。我不服呀，拼命的掙扎，鞋也掉台下去了。想喊打擊報復，後面人用繩套擰緊我脖子，出不了聲……

　　宣判大會結束之後，我被扔上了大卡車，由兩名員警架著我胳膊，站到卡車前邊，脖子上掛一二尺多大的牌子，上寫現形反革命犯某某某大紅的叉叉。迎著冬天的寒風汽車沿津塘公路朝天津監獄開去，前邊是三輛警用三輪掛斗摩托呈品字形開道，後邊是一輛實槍荷彈的軍人，好不威風啊！

　　汽車經過中山門新村口（我家住這裡），我看了又看，再見吧，不知何時才能歸來了。沿途圍觀人們大都停下觀看車上被押解的犯人，我想喊冤哪，無奈身後有人用繩子套我脖子使我不能出聲，稍一動就使勁擰繩子。汽車經海河上的北安橋朝天津監獄駛去，離很遠我就看到了一道高牆，兩扇漆黑的大門，門洞裡有持槍的軍人站崗。汽車開進大門又一道門，這才進入正式的監區。在車上員警去掉了我帶的腳鐐手銬，見車下已有幾十個先到

的各區剛剛判完的犯人。我們這些人被獄警集中訓話，我當時偷偷的抬頭一看，一面高高的影壁牆上寫著「壓迫這些人，只許他們規規矩矩。不許亂說亂動，如要亂說亂動立即取締，予以制裁」。心中感到不寒而慄。天津監獄是一座多年的老監獄，以前只是聽說過，這次真是身臨其境了。

進入監室必須脫鞋上床盤腿而坐，鐵窗，鐵門很是森嚴。當時心中很是淒涼，十五年哪！何時才能自由，獲得重生呀？夜裡躺在床上，仰望天際思緒萬千、整夜未眠，真想變成小鳥飛出牢籠。思慮著我怎麼會是現形反革命呢？而且還是重刑的呢？我並沒有反黨，反社會主義呀？我是一心想報效祖國，為了參軍實現自己的夢想的。難道為了打了那個阻止我參軍的領導。（此人後仗勢姦污婦女判刑）打了他就是反黨，反社會主義了？實在想不通……

許多天腦子裡始終恍恍乎乎，不知所以然。自到了監獄開始天天學習認罪服法，可我又怎樣認罪服法呢，沒有辦法，只好自己上綱上線了：我打了共產黨了，打了社會主義了，犯下滔天罪行了。在天津監獄整整學習了兩個月的認罪服法，稀裡糊塗的把我發配到楊柳青第二勞改隊，從此開始了勞改生涯。這一年我二十一歲，成為了隊裡最年輕的現刑反革命政治犯。

與風雨麗人相比，黑龍江兵團的知青楊玉田冤案更是一個悲劇，據知青佚名在〈用毛主席語錄當手紙，知青被打成反革命引發一場血案〉中講述：……發生這起慘案的起因是一個叫楊玉田的當地青年，在上公共廁所時忘了帶手紙，便把隨身攜帶的毛主席語錄撕下了幾張。因為是冬季語錄紙浮在便池上面，被人發現後，上報連隊領導，連裡馬上報到團裡。團裡將此事作為重大反革命案件進行偵破，沒過多久楊玉田被抓捕歸案，釀成了知青被

打成反革命的案件。在看押期間，連隊不僅對楊進行勞動改造，而且看管他的人員，變相對其進行體罰，從而引起了楊玉田的不滿和仇恨，一個蓄意殺人的陰謀在他的腦中形成。

當時負責看管的當地青年和他都住在宿舍裡面的同一個大通鋪上。在六八年十一月十四日早上四點多鐘，天還沒亮，楊玉田便從床鋪上爬起來，走到在牆角堆放勞動工具的地方，拿起一把鎬頭直奔平時打他最狠的那個青年，一鎬下去正在熟睡中的青年，頓時腦袋被砸得四分五裂，腦髓和鮮血四濺，鎬頭砸下去的聲音驚醒了睡在他旁邊的另一個青年，他大喊一聲不好，正要爬起來，也被一鎬頭砸到頭上，當時斃命。據說，當時在屋裡還有幾位正在取暖的車老闆，有的在抽煙，有的在打瞌睡，沒有睡的車老闆被突然發生的這一切，有的嚇得目瞪口呆，有的傻傻地站在那裡一動不動，有的大聲喊叫。其他看管的小青年被驚醒後，有的從門口、有的用腳踹碎櫥窗上的玻璃跑到房外，楊玉田拎著鎬頭追了出來，一直追到營部，進入到營部辦公的走廊，正在外面修車的司機看到後，倒車將楊玉田堵到裡面，趕到的人們將他抓住五花大綁。因為案情重大，楊玉田被公安局帶走，並在甘南縣監獄看押。

一九六九年的春天，甘南縣召開萬人公審大會，會場上人山人海，有不少是從很遠的地方趕來看熱鬧的老百姓。執法人員從大卡車上將胸前掛著「現行反革命楊玉田」牌子，打著紅勾的楊玉田從車上押了下來，當宣判判處楊玉田死刑立即執行時，就在現場對楊玉田執行槍決。執刑人員頭上戴著大口罩，手上戴著白色手套，舉起手槍一顆子彈打在楊玉田的太陽穴上，跪在地上的楊玉田立即撲倒在地上，那腦漿和鮮血混成粉紅色的鹵狀，從一公分多一點的彈孔中湧了出來。執刑人員又過來補了一槍，楊玉

田那無助的目光和那沒有閉上的眼睛，就這樣被結束了生命，他被執法人員一腳踹到事先挖好的坑裡。楊玉田就是因為幾張語錄紙，蒙受不白之冤，看押時矛盾激化不僅殺害了他人也使自己命喪九泉……

悲哉！三個風華正茂的年輕人，就因為這麼幾張的語錄紙過早地結束了自己的生命。這是在那個年代左傾思潮給人們帶來的悲劇，給社會和人們造成的災難。

知青夢雪在〈被誣告的知青高強〉中講述：高強在中學時就是有名的學生，學習、體育、工作都很出色，雖然他的父母只是一般工人，可培養出了優秀的高強，是學校的學生會主席，還打得一手好籃球，甚至在學校各班舉行籃球賽時高強還常替體育老師做裁判。

下鄉到步雲公社，高強因他的優秀而被農民選為生產隊的保管。高強愛說愛笑，整天樂呵呵的，誰有事高強都願意幫忙。大隊黨支部將高強定為第一個知青入黨培養對象。

一天夜裡，生產隊的糧倉起火了，夜黑風大，火勢兇猛，糧食是大家的命啊，大夥拼了命地滅火，而高強和隊長爬上了屋頂揭瓦掀梁提著水桶往糧倉裡潑水，希望能保住一點糧食，大火燒掉了他們的頭髮和眉毛，兩個火人滾下屋頂用水澆濕了自己不顧傷痛又往屋頂爬，在大家的努力下，火終於撲滅了。

高強的表現使他成為知青火線突擊入黨的第一人，大家都沒意見，熱烈鼓掌舉雙手贊成通過了。不料過了一個月，公安局來人了，說是接到舉報信，生產隊的糧倉起火是高強放的火，因高強本是保管，罪有兩條：一是監守自盜和保管失職。二是故意放火燒倉，偽裝積極救火騙取入黨。雖然文化大革命已經過了，但餘風還在，法律還非常不健全。高強在村裡人的一片反對聲中照

樣被戴上手銬拉上公安局的小車帶走了。

又過了一個月，高強被放回來了。是生產隊的二癲子一次喝酒時說出來的，火是他抽煙燒著了糧倉邊的稻草，他是想撲滅火的，可是風太大了，風將稻草和火刮向了糧倉，火越燒越旺，二癲子沒法了，只好自己逃了。二癲子被抓了進公安局，當然高強就被放了出來，可是出來的高強就像是換了個人，瘦得沒了人形，一條腿瘸了，再也沒有了笑容。

生產隊開大會宣佈恢復高強的黨員身分，沒有人高興，沒有人鼓掌，二癲子不識字也沒有人知道是誰寫信向公安局誣告高強的，當然更不可能還會有人站出來認這個誣告罪的。現在步雲公社的愛華小學有一個瘸著一條腿的老師，他從來不會笑，但他的眼睛是清澈的，總是充滿愛心地看著孩子們。

第四節　因莫須有的錯誤而受到的迫害

在那個瘋狂的年代，還有一種現象不可理喻。有的知青僅僅是因為偶然言行就受到殘酷迫害甚至失去生命，更為可悲的是，事隔多年也沒有人為他們說句公道話，他們的生命就如同蟻螻悄悄的消失而沒留一點痕跡，如果不是如今知青夥伴悲憤地回憶起他們冤屈，他們真的就是一群白白冤死的野鬼，連靈魂都無處安放了⋯⋯

陶龍庚在〈憶文革中屈死的知青胡仁衡〉可以佐證：⋯⋯在上山下鄉作知青的歲月裡，有許多事情值得回憶與反思。但最使人難以釋懷的是胡仁衡同學之死。一九六五年九月（八個月後「文革」爆發），胡仁衡從長沙市第11中學高中畢業後，儘管成績都很優秀，但因政審不過關，不能讀大學。他便響應上山下鄉

的號召，被學校安排帶隊去了江永縣國營桃川農場，擔任第十三生產隊（文革中被改為紅鷹生產隊）隊長。因工作積極，團結同志，勞動踏實肯幹，很快就被當時的駐場社教（「四清」）工作隊批准加入了共青團組織。在當時，這對於一個家庭出身不好的青年來說，是非常難得的，也足見胡仁衡在各方面表現都是很不錯的。因為他戴著一副黑框的近視眼鏡，大家都親切地叫他「框框」。

　　一九六六年五月，「文革」全面爆發。一九六七年夏胡仁衡原畢業的學校——長沙市第11中學的造反派組織，認為下放到江永縣農村的一九六五屆初、高中畢業生均是當時「極左」路線的受害者，應予平反改錯。根據當時的政策，平反冤假錯案必須「三到場」：即走資派到場，受迫害者到場，走資派撰寫的受迫害者的黑材料到場。於是，受學校軍代表的派遣，正在長沙參加運動的胡仁衡等三同學手持軍代表開出的介紹信來到農場，擬將學校下放到農場的53位初、高中畢業生檔案調回學校進行平反。介紹信要求將上述學生檔案通過郵局用保密件郵回長沙。

　　胡到農場後，場黨委書記李勁（一九六三年下放到此的長沙知青）批示同意將檔案郵回長沙，但人事幹部王達卿不同意。王的理由是：「軍代表的介紹信不行，必須是黨委的介紹信。」而胡的理由是：「黨委現在已經癱瘓，無人理事。現在學校已被軍管，軍代表就是最高領導。我是受軍代表派遣來農場調回黑材料回長沙進行平反的。」雙方爭執不下，急躁的胡受當時長沙紅衛兵運動的影響，解下腰上皮帶，在桌上重重地敲打了一下，以示威脅。最後王同意將檔案調回。當時在場的只有胡、王二人。事後，場黨委書記李勁和其他同學代表才趕到辦公室。雙方共同清點出53份檔案，辦好必要的移交簽字手續後，又一起將檔案交到

農場所在地的桃川鎮郵局，作機密件郵到長沙學校的軍代表收。

一九六八年夏農場進駐工人毛澤東思想宣傳隊。宣傳隊認為：農場500多名職工中絕大多數是從長沙市下去的一九六二～一九六五年的歷屆初、高中畢業生，場長陳際釗是長沙市去的下放幹部、大學畢業生，這正是所謂「知識份子成堆的地方」，必須解散，插隊到人民公社去，接受貧下中農的再教育，以利對這些知識份子的改造。在清理檔案時，發覺53位同學檔案已郵寄到長沙去了。經詢問人事幹部王達卿，得知整個事情經過。宣傳隊認為：這是一起嚴重的階級鬥爭事件，是胡仁衡用武力（皮帶）強行竊取國家機密的反革命事件。

於是胡仁衡被開除團籍，逮捕判刑，被押到縣城監獄關押。當時關押在縣城的犯人每天超人體負荷的繁重體力勞動，就是將河水挑到縣自來水公司的高高水塔上去，以供縣城關鎮機關、學校、企事業單位和居民家使用。這就是當時湘南偏僻小縣城的自來水供應狀況。

倍感冤屈的胡仁衡性格日益急躁，不幸在勞改隊的惡劣生存環境下患了絕症，滴水不進。監獄批准他保外就醫、投親靠友。從小就撫養胡仁衡長大的姨媽只是長沙市的一位小學教師，在當時的文革浪潮中亦受到衝擊，自身尚且難保，根本就不可能收養胡仁衡並提供治療。於是胡仁衡被轉到江西農村的外公家。不久便病逝於江西農村。年僅二十三歲。

黨的十一屆三中全會後，在撥亂反正的日子裡，按照黨的實事求是的政策，胡仁衡的冤案是理應得到平反的。但遺憾的是，因為胡仁衡沒有親人或後人過問此事，所以其具體情況如何就不得而知了。作為一位知情者，謹撰此短文，以還歷史的本來面目，並用以告慰胡仁衡的在天之靈。

　　雲南知青滴水湖畔在〈大返城的日子裡〉用第一人稱講述了知青王遠成受迫害的故事，也可以佐證這種迫害。現摘錄如下：我叫王遠成。是四川省重慶市知識青年。一九七一年七月，我來到西雙版納東風農場十五分場工作。

　　一九七二年三月，我調到十五分場一隊。剛剛安排好住宿，支部書記葛××就來催我上班。一天，我因為沒有工具，沒能完成任務，回到隊裡，被排長打了幾個耳光。當時，我一下子驚呆了。支書葛××知道後，下令不許我吃飯。我不知道自己犯了什麼罪？憑什麼不給飯吃，憑什麼可以隨便打人。我不敢說，眼淚只好往肚子裡淌。第二天，我沒完成任務，又遭到毒打和不給我吃飯。我想不通，橫下一條心：逃。於是，我就和同學曾××一起逃出生產隊。

　　我一直跑到景洪農場十分場，就被葛××抓住了。我被帶到連隊的文化室（即農場生產隊開會的會場）。裡面有十幾個人。問我：「你懂不懂黨的政策？」我點點頭。葛××說：「那你把寫反動標語的事交待一下。」我說：「我沒有寫！」葛××就說：「你不承認，以後就不要怪我了。」說完，他就離開了。他剛一走，那十幾個人就一擁而上，對著我一陣拳打腳踢。當場把我打倒在地，打得我遍體是傷，鼻口流血。這時，葛××又走了進來說：「只要你承認了，就沒事了。他們也不會再打你了。」我想，先承認了吧，躲過這場災難，以後再向上級反映。領導上總不會亂冤枉一個人的。於是我就說：「我寫了反動標語。」誰知，我一承認，葛××就下令把我捆起來，關在一間小房子裡。整整一夜啊，這是多麼難熬的一夜。思來想去，我下了狠心，還是要跑！跑回重慶去，回到爸爸媽媽的身邊去。第二天，我乘著看守的人不注意逃走了。還沒等我逃出農場，就又被他們抓住

了，便說我是企圖「叛國投敵」。

那時，我的罪名是「寫反動標語」，「叛國投敵」。我才十六歲啊，我從小長在紅旗下，出身在工人家庭，志願來農場，我為什麼要背叛自己的祖國、父母、兄妹而去做一個可恥的叛徒呢？他們為什麼要憑空捏造我寫什麼反動標語呢？

當我被抓回生產隊以後，葛××親手把我反綁起來，吊在籃球架上，腳下墊一些磚。然後，他使勁把磚一腳踢開，使我全身懸在空中。烈日無情地烤著我，汗珠子似雨點般地撒落在地上，手已麻木了……我絕望了，感到一切都完了，世界上的一切都是假的。我開始胡說八道了。我說：「我寫過反動標語，喊過反動口號。在學校的時候就寫過。九•一三事件後，我緊跟林彪……。」

葛××問：「你是什麼思想支配下寫反標的？」

我說：「我不知道。」

又是一記耳光，一陣拳頭。葛××說：「你幹反革命的事，就是反對毛主席關於知識青年上山下鄉的指示，從怕苦開始變為對社會主義不滿。」

葛××下令把我放下。這時我的雙手已經全麻木了。葛××用八號鐵絲做成一副「手銬」、「腳鐐」，把我的手和腳銬起來。然後他用鋼絲鉗用力擰這副土「手銬」。一個人擰不動，換一個人來擰。直到把鐵絲夾進我的皮肉裡，血一滴一滴地流下來為止。葛××打累了，便用電線擰成的皮鞭，交給他十歲的兒子。他兒子也揮起鞭子朝我狠心地打來……

從此，我成了一個沒進監獄的囚犯。每天從早上六點起床就上山勞動，一直要幹到晚上十點以後。每天只給吃八兩飯，每頓飯只給三分鐘時間吃。有時，在中午強烈的陽光下，他們把我捆

起來，吊起來打。我要喝一口水，他們不給。我實在受不了，就偷偷跑到廁所糞坑邊的小水塘裡喝幾口水。每天休息時，我的手腳全被綁起來，我要上廁所，他們也不鬆一下。我只好跳著走，跳到哪裡，腳上的血就流到哪裡。就說吃飯，他們不給碗，我只好用芭蕉葉當碗，草棍子當筷子。後來，有一個好心的同志偷偷地送了一隻碗給我。我每天勞動回來就要寫檢查，一天只能睡上三、四個小時。我的身後每天有兩名持槍荷彈的民兵。大大小小的批判會，連我自己也記不清了。

我決心跑！乘他們不注意，我又跑了。為了防止他們追捕，我先跑到深山裡住三天。這三天，我一粒米也沒吃。每天，到了天黑，才悄悄溜下山。吃幾口山泉水，找幾個野果子。從西雙版納到重慶，只需要一個星期，我卻整整走了一個月。沿途，見汽車就搭一段路，見到車上有什麼東西就吃什麼東西，餓得實在慌了，討一口飯吃吃。夜裡，在旅館門口躺一下。這樣，我懷著滿腔的仇和恨，懷著對故鄉，對父母的無限思念，懷著要伸冤、報仇的決心，歷經千辛萬苦，終於回到了山城。

我到家後才得知父親住院了。我急匆匆地趕到醫院。父親是那麼蒼老，也許這是思兒留下的痕跡；父親是那麼憔悴，也許這是盼兒留下的印記。他那雙佈滿老繭的大手緊緊地把我摟抱住了。這時我再也忍不住了，淚水奪眶而出……父親看見了我額頭上的傷痕，他掙扎著直起身子：「孩子，這是怎麼回事？你快說！你為什麼不說呀？」

我為什麼不說呢？爸爸，原諒我，我多麼想告訴你，把心中的苦水倒出來，可你的身體……在親人面前，我終於說出了自己的恨和冤。

這一切來得是這麼突然。父親哭了。從我懂事開始，我還是

第一次看見父親流淚，而且是那麼傷心。父親緊緊地抱住了我，似乎怕我逃走一樣。他用顫抖地聲音吼叫著：「孩子，你怎麼不早說呀！你為什麼不早點寫信來告訴我。」父子倆抱頭痛哭。父親說：「孩子，你受苦了。你不要再去農場了。沒有飯吃，全家吃稀飯也要養活你。」

可恨那個葛××，見找不到我，便寫了一封信到我父親的廠裡，說我是反革命分子。為此，使父親在政治上、經濟上都受到了壓力，病情一天天惡化。葛××不僅害了我，還要害我父親，這一切是為什麼？

一九七三年，黨中央發出二十一號文件，解決上山下鄉中的一些問題。葛××來信叫我回農場「抓革命、促生產」。我想，有中央文件，我不怕你葛××再來欺侮迫害我。我說服了父母親，又回到了農場。

但是，一切都出乎我的意料之外。我一回到生產隊，葛××就派人持槍把我看押起來。接著就是一頓毒打。我回隊以後，什麼都沒有了。葛××給了一條像從水裡撈起來的濕被子，我就在這濕被子裡睡了三個月。

我上當了。這是叫我「抓革命、促生產」嗎？這是在「落實黨的政策」嗎？我一個月勞動下來，只發給我一元錢，其餘都被扣除了。為什麼扣，我不敢問。我上山勞動，用力過猛，把鋤頭把挖斷了。回來後全隊開批判大會，罪名是「破壞生產。又比如，集體食堂分肉，其他同志兩斤，我只能拿一斤；分雞蛋，大家兩個，我一個。因為我是「反革命」。……在這種非人的折磨下，我先後逃跑過五次。每次抓回來，都被打得頭破血流……

在農場幾年，我總是個壞人。從七六年開始，我又成了什麼「社會基礎」。那時搞「批鄧」，葛××在全隊大會上說：「批

鄧要上掛下聯。鄧小平搞右傾翻案風，王遠成緊跟。他們是一條線上的，唱一個調。王遠成要翻案，翻不了的。我葛××在一天，哪個也別想從我手中把權奪去。」而到了今天，葛××又在全隊會上宣佈：「王遠成是『四人幫』的社會基礎。」然後，大會批，小會鬥。

七七年，我接到家裡發來的電報，說父親病重。我拿著電報找葛××請假，他百般刁難。一會兒說：「場部領導不批。」一會兒說：「你探親假期還沒到。」一會兒又說：「你只能請事假」。我苦苦哀求，他置之不理。我心急如火，他冷若冰霜。一天又一天，時間過去了，可我還不能回重慶。我只好找場部領導，得到批准後，急匆匆地踏上歸家的路途。這是我來農場六年的第一次探親假。這第一次，來得多麼不容易啊。

當我回到家，我驚呆了：父親去世了！我哭著叫著：「爸爸，我回來了。」可他老人家再也聽不見我的呼喊了。我恨啊！要是葛××及時批假，這與父親的最後一面，最寶貴的一面，我完全可以見的。可今天呢？望著爸爸的遺像，捧著爸爸的骨灰盒，我哭著，叫著。我的命啊為什麼這樣苦？

媽媽說：「爸爸一直在等你，可你……」

哥哥說：「爸爸的死和你的事有關。你們農場領導寫信給他廠裡，說你是反革命……」

我哭啊。我訴不盡心頭的冤和恨。我叫著：「爸爸，我對不起你！爸爸，你原諒我吧……」

哥哥告訴我：「爸爸臨終時說：我是等不到遠成回來了，我快死了。一定是他又碰到麻煩事了。我見不到他，死不閉眼。我死後，就是對他放心不下。為什麼黨的政策在農場得不到落實啊！唉，我死了，這孩子更苦了。」

　　類似這種對知青「非打即罵」的現象，在當時雲南兵團更是比比皆是：某團男知青某某因為和連長吵架了，便被扒光了衣服送進了馬棚。雲南亞熱帶地區蚊蟲成群，尤其是馬棚牛圈，更是蚊子、馬蠅的聚集點。馬有尾巴可以驅趕它們，而捆起雙手的知青很快被咬昏過去。第二天早晨，當那個男知青被抬出馬棚時，全身已腫得不像人樣了。某團有個男知青，因為身體不舒服，在開荒時多休息了一會兒，連長便讓他在烈日下毒曬，一直到他中暑休克。

　　還有個男知青，一個多月沒有吃過肉，實在太饞了，到連裡唯一一個魚塘偷捕了兩條魚拿水煮煮，灑點鹽，狼吞虎嚥下去。誰想到第二天便被正申請入黨的同伴告發。民兵排長派民兵捆起盜竊犯，用槍托和木棍打斷了他的腿，讓他這輩子再也不能下水游泳。

　　還有，綁捆吊打知識青年在不少連隊已成家常便飯，一些營和團部動不動就重刑折磨犯了點小錯誤的知識青年，幾乎每個連隊都開過知識青年的批判大會，進行人身侮辱。

　　知青阿蠻在〈紅土熱血人物〉中講述的「木匠」故事就證明了這一點：木匠姓劉，是營部武裝班的持槍戰士，專門看押那些打群架偷東西的調皮知青，強制他們勞動改過。有知青警告他，得罪了同學沒好處。他說，我可以得罪同學，但不可以得罪真理，我們是來接受再教育的，再苦再累也不能打架偷東西。知青都罵他是個「木匠」，意思是不開竅，心眼死。

　　十五連的知青頭兒周順生帶領一幫調皮青年與湖南籍青工打過幾場架。這傢伙有點小聰明，每次打架總占點理，辯起理來也一套一套的拿毛主席語錄反駁營幹部。保衛幹事李東山常常恨他恨得咬牙，卻又處罰不了他。終於有一次周順生犯了事。他偷

連隊菜地兩棵白菜招待遠道來訪的同學被抓住了。李幹事下令將他捆來營部處置。木匠領受任務負責看押。與他一道執勤的知青說，周順生的朋友會報復，不如晚上讓他逃跑算了。木匠說那怎行，三大紀律八項注意，一切行動聽指揮，我們怎可違反！那執勤知青只好看著他搖頭。

晚上，李幹事帶著武裝班長退伍兵朱紹華來提審周順生。未問之前先按他的頭，意思是要他低頭認罪。周順生個子高脖頸又硬，退伍兵朱紹華按了幾下沒按下去。李幹事抄起竹扁擔往周順生腿彎打，撲通一下便跪下了地。李幹事說，看看，還是扁擔管用，比毛澤東思想都厲害。周順生雙腿跪著，身子卻扭過來看住李幹事說，李幹事你說話有問題，毛澤東思想是世界革命的法寶勝過帝修反的原子彈，怎會沒有扁擔厲害？李幹事被說得心慌，大步上前扭了周順生衣領就是一陣拳腳。退伍兵朱紹華也撲上前照他頭部胸部一陣猛揍。周順生痛得叫起來，又舉起被麻繩捆著的手遮擋還擊，竟有一下將李幹事撞倒在地，手上繩索也掙鬆了。虧得木匠和那執勤知青聞聲衝進屋來，才把兩邊架開。

李幹事從地上爬起來，一邊怕打身上的灰，一邊咬牙說，好你小子，敢打革命幹部搞階級報復，看我今天不收拾你個服帖！便蹦出屋去，很快找了一根生著紅鏽的粗鐵絲來，恨恨然罵道，小狗崽子我看你反動！用鐵絲捆，總可以牢靠了！木匠一愣神，正不知該如何執行這殘酷的命令，卻又聽李幹事說，不捆手，拿鐵絲把銷骨穿起來，不然這傢伙晚上會跑掉！一語既出，三個知青都震驚得目瞪口呆，不約而同的啊出了聲。沒想到支邊走出了三千里，竟在兵團看到了重慶中美合作所用過的刑法。屋子裡頓時沉寂下來。

好一會兒，李幹才板下臉作出威嚴狀大聲說。劉木匠，執

行命令！便見木匠厚厚的嘴唇囁囁嚅嚅動幾下，卻沒發聲。眼睛直直的看定地上的鐵絲，毫無表情。很快，他搶上前去，一把抓起彎彎的鐵絲，一手從褲袋裡掏出一個專門記錄學習心得的小本子翻開，將鐵絲長長的攤到本子上，合攏，使勁將鐵絲來回拖兩次。鐵絲上的紅繡便蹭到本子裡。木匠把將本子塞進褲袋，然後轉過身莊嚴地走出屋去，奮力將鐵絲扔到河邊草叢裡。

第二天，木匠督著李幹事把周順山放回連隊，自己也交出了槍，然後請假探親回了城。其後，城裡革命委員會的知識青年慰問團到兵團，層層提出解決捆綁吊打知識青年的問題，多次展示了木匠那個夾著鐵繡的小本子……

通過這個故事我們可以看到當時一些管理幹部根本不將知青當人來看，還好看守的知青劉木匠有同情正義之心，否則那周順生逃不過劫難。但有的知青因受了迫害想不開卻走上了絕路。甘肅兵團知青伊美在〈兩件不為人知的真事〉中心酸地回憶道：

……第一件事大約發生在一九七六年，四人幫還沒有粉碎。一天，這個連隊的兩個戰士為了一點小事打了起來，某連隊指導員（此人是退伍軍人，當時團黨委委員，全團隊最優秀先進連隊的支部書記）事後就開全連大會把其中的一位蘭州知青叫到台前狠狠地批判了一頓。這位知青戰士又委屈又憤怒非常想不開，跑到了火車站東部的鐵道前徘徊……

這時一個天津的知青看到馬上跑回連隊報告了指導員，誰知指導員卻說：「讓他去死，我還真不信他有骨氣敢自殺！」幾位知青戰友聞訊費盡口舌把那位蘭州知青勸回了連隊。

可是誰也沒想到那位蘭州知青還是想不開跑到了火車站西部，正當一部火車開來，他趴在了火車道上，火車司機發現的時候立即緊急剎車，結果火車在他的面前停了下來，火車司機倒吸

了一口涼氣，這位蘭州知青沮喪著站了起來。於是火車繼續向前行駛，正當火車加速的時候，這位戰友又向火車下面撲了過去，這時由於風力太大風的阻力又把他擋了回來。喪失理智的他又瘋狂的脫掉了外套再一次撲向了火車，這一次他當場斃命。二十幾歲正是青春陽光、朝氣蓬勃的活生生的一位戰友，就這樣帶著滿腹的怨氣了卻了一生……

家屬知道了之後哭的寸斷肝腸、死去活來。他的姐夫是另外一個軍區的高官，很無奈的說：「人是自殺，我們也沒有辦法。可是我想不通你們做領導的思想工作怎麼會做到逼人去自殺？」這件事就這樣不了了之，連隊還是先進連隊，指導員還是優秀指導員……

另一件事的主人公是位部隊下來的「三不變幹部」（即：軍銜不變、職務不變、工資不變）。在原部隊因有男女作風問題而轉到了我們團某連。這個連隊有位女排長，一天夜裡放水，由於水太大了，無法控制，水淹沒了連隊的地窩子倉庫。女排長害怕指導員因為這事對她打擊報復，服藥自殺了。也是豆蔻年華，青春活力的年齡就這樣結束了……

後來這位指導員又調到了另外一個連隊，依然是一幅極左的面目出現在大家面前。他在連裡的大會上講：「你們這些出身不好的人不許亂說亂動！」他還在連幹部的會上說：「你們不學習毛主席的著作，就是打再多的糧食也沒有用！」可事實上，他在平時的生活中無惡不作。玩弄女性、拉幫結派、收受賄賂、欺壓群眾，卻沒有受到任何批評與處理……

誰不想活著，誰不想生存，如果不是現實生活太恐怖，實在讓人絕望的話，年紀輕輕就自己結束生命，那需要多大的勇氣和決心啊，特別是那個幾次臥軌自殺的蘭州青年，他是實在體會了

生不如死的滋味，才一次次撲向死神的懷抱，透過這些故事，我們不難想像，當時的知青是生活在一種怎樣極端恐懼壓抑，精神隨時會崩潰的狀態之中……

第五節　內蒙兵團二十團粗暴迫害知青

如果說個別知青遭打擊受迫害的事屢見不鮮，已讓麻木的人們見怪不怪的話，那麼對廣大知青集體迫害，隨意毆打，對姦污迫害女知青的人包庇縱容，以致使知青們在每天超強度的體力勞動之後，還要忍受肉體摧殘，時時刻刻生活在恐懼之中，就讓人對那個年代基層幹部的令人髮指的罪行無比憤慨無法饒恕了！如果不是知青中有人寫信給中央，這幕慘劇還不知要演繹到何時？下面是內蒙兵團知青世弘對二十團迫害知青事件的回憶：

一九七四年七月十四日，按中央領導同志批示內蒙自治區黨委組成的「知青問題調查組」，進駐內蒙兵團二師二十團。事情的緣起是：當時中央接待站陸續接到二十團戰士、幹部反映團領導包庇姦污女知青的壞人，組織毆打知青的情況後，整理出〈情況簡報〉，報送中央主管領導。……

那年代辦事雷厲風行。國務院知青辦蘭青處長等三人，帶著中央領導的批示，日夜兼程，趕到內蒙首府呼市。當天，就受到自治區領導尤太忠的高度重視和接見。尤太忠指出：「二十團的問題要提高到用什麼路線教育管理青年和建設兵團的高度去看待。特別嚴重的是打人問題，對知青不能實行專政，這樣搞就破壞了知識青年上山下鄉運動。對二十團的問題一定要在查清後，嚴肅處理」。並當即決定，儘快組成有內蒙軍區、內蒙兵團，二師和國務院知青辦人員參加的，由二十二人組成的自治區黨委調

查組赴二十團進行調查。

七月十四日，調查組到達二十團後，立即召開大會傳達情況，安排調查。組成若干小組分到連隊瞭解調查情況，廣泛聽取意見。期間，還對個別猥褻玩弄女知青，囂張活動的六連長高壽泉隔離審查，及時進行了嚴肅處理。他們在兩個多月的時間裡，認真進行了廣泛、深入的調查。

九月二十三日下午，調查組召集全團群眾大會。二十團楊迎華副政委主持會議，兵團李惠民副政委宣佈調查結果（原件存自治區和國務院知青辦檔案）。各連隊都組織人員參加了大會，並按要求回去後組織討論。以下是根據大會的記錄，按原筆記整理，紀錄的不夠完整，謹供研究兵團歷史時的參考。

〈關於二十團打擊迫害知青問題的調查報告〉──聽李惠民副政委的傳達講話紀錄稿：

由內蒙古自治區黨委主持，中央派人參加的調查組對二十團問題的調查，已經兩個月了。現在，關於二十團對於知青打擊迫害問題上的調查基本清楚了……（文中刪節號，表示未能記錄上的內容，以下同）

我們來之後，開了三次大會，組織二十團黨委召開多次會議。同時對二十團常委在具體問題的責任進行了核對和個別談話。分別到七、八、九、機運連等五個連隊調查，其他連隊一般瞭解。對於有些問題進行了多次調查。我們的調查比較廣泛，找幹部戰士談話次數多得無法統計。通過這一段時間的瞭解，明確了二十團主要路線問題是對待知識青年問題，是一個根本態度、感情問題。看到二十團存在鬥爭，也主要圍繞這個問題。經過兩個多月調查證明：群眾反映二十團迫害知青問題屬實，問題嚴重。

一、打擊迫害知青的嚴重情況

1、以法西斯手段殘酷毆打知青。該團組建第一年，就在「上掛下聯」的口號下，對一些有錯誤、缺點的青年進行批判，也有毆打犯錯誤的知青情況。到一九七三年這一段時間，曾一度打人成風。全團十一個連隊，八個連隊發生幹部打戰士，或鼓動戰士打戰士。不完全統計有五十三人之多。被打的戰士當中除個別有違法犯紀者外，大多是一般過失：私自回家、小偷小摸……。有的以玩撲克和女戰士耍笑，有的給扣上「反解放軍」、「想推翻黨支部」等帽子。毆打的方法「五花八門」：紅柳條抽、鐵鍬把打……，「聯合作戰」幾個女排打；有的「輪番作戰」；有的「蒙上眼睛」再打；多數是由女排吹滅燈打的。還有「飛機式」、「頭上澆煤油」、「剪褲子」……無奇不有。講幾個具體例子：

三連戰士宋品富被連裡蒙上眼睛抽打……九連戰士劉勝利頂撞連長，被連長陳世忠組織十幾個戰士，用擀麵杖毆打，渾身是血，不像人樣，半個月不能起床……

七連戰士于和平，無故扣上「落後頭目」，醫院開全休，仍然慘遭毒打。過去是不錯的戰士，學校鑒定很好，下面，讀學校鑒定書（略）……七一年挖渠時表現突出還受到「嘉獎」。主要過失是「逃跑」回家。第一次是父親亡故；第二次是想家，回來後挨了打，平時並不調皮。連裡說他是「幕後指揮」。

八連戰士孫萬平，據這次調查原本是生龍活虎的小青年。只是因放水澆地時，奮身下水堵渠凍傷，得了風濕病，有時發病不能出工，被以「泡病號」為名，連打三次。三月二日，指導員點了他的名，事先佈置在女排組織了毆打。九日，牛政委去了連

裡，十號宣讀了處理他的決定，在生產排又挨了打。他上告牛政委，牛說：「你要不調皮，不會打你！」

這些被打戰士，還被罰幹重活，不幹就不給飯吃，有的戰士被餓三天。這是一般情況，講幾個突出的……

這次調查二十團毆打知青問題，主要是政委牛福權、副政委李子英帶動起來的。

牛福權同志在八連煽動女戰士打男戰士。他利用男戰士耍笑女戰士的事情，挑動說：「舉手打他幾下，也不算犯法！」接著，他又把八連經驗介紹到七連。七連發生組織戰士打戰士的事情之後，牛又在團新聞工作會議上講：「整頓紀律，我有『兩顆炸彈』，一顆叫『姑奶奶運動』……」。而且還到二師黨委會上大肆宣傳「姑奶奶運動經驗」，雖經二師黨委書記三次制止，牛仍然講：「要打擊……，送女排批鬥，往頭上澆煤油……」

一九七一年二月，李子英在九連親自佈置打戰士于勝利。他說：「不要打得太狠了，教育教育就行了！」全團開始打人是這次，以後傳到三連。一九七一年八月，李子英到三連後，戰士劉亞平無故挨打。劉在學校是排長……，學校評價是……。八月二十八日劉到女排挨批鬥，不到5分鐘就被女排毆打……。一九七二年八月，李子英調三個排批鬥劉勝利，指使女戰士剪他的頭髮，他三次動員女戰士才動手剪了。事後，李子英在大會上公開批評女排沒有鬥爭性。

牛福權和李子英還公開支持打人。牛對挨打的戰士說：「連長打你，愛你才打你呢！」四連一個戰士被連長打了，找到牛評理。牛說：「打你，說明你也不怎麼樣！」李子英講：「對差一點的戰士，該鬥就鬥……，群眾運動打了沒事兒！」

從此，打人的受到重用，抵制的被叫作「右」，使得一些新

提拔的幹部受到影響。

2、**亂批、亂打、亂處分。**二十團組建三個月，就在九連抓住三個戰士犯群眾紀律的問題召開了全團批判現場會，李副政委在九連給三個戰士戴上「國民黨殘渣餘孽」的帽子。該連先後批鬥過22個戰士，一個女戰士，不願意參加公審大會，被關押三天……

3、**有的連批鬥過十幾個……**二十團生產排（團部直屬武裝排）先後關押過33個戰士，限制自由，打罵……七連一個戰士……

牛福全政委組織「批判出工不出力」，在四連，牛福全政委還組織批鬥戰士吳鎖鎖……。

副參謀長田永良在三連講話時，文書講了一小句話，馬上撤銷文書職務；一個戰士騎驢，被他罰跑三圈……

批林批孔以後，有些連隊不批林，不批孔，只批「無政府主義」。有時，明明知道處分不當，還說把帽子拿在群眾手裡，以觀後效。

4、**姦污女知識青年的壞人壞事受到包庇。**在二十團，群眾揭發的姦污女知青這類問題有十幾起，真正查了的只三起。僅一起得到解決。這說明團黨委有人縱容包庇壞人。如副參謀長田永良姦污女知青的問題查出後……，已經正式決定「留黨察看兩年，復員處理……。」兵團多次催促辦理，牛政委、李副政委都沒有向黨委彙報，遲遲不作處理。牛福全還把黨委內部討論紀錄底稿向田永良透露。田某因此寫了大字報攻擊某位團領導洩憤……

有一個連的指導員，群眾反映他有很多問題。牛福全政委為了證明他沒有問題，把揭發的問題洩漏給他本人。八連長高壽泉

有群眾多次反映他有問題（注：調查組進團後，採取措施，果斷查出問題，進行了嚴肅處理），牛政委一概壓下不查，還把他調到六連。他們把姦污知青問題說成「作風問題」。李子英說「摟摟抱抱不算事兒！」一些幹部要求查清×××問題時，反而被說成「打擊迫害工農幹部」。

由於二十團存在打擊迫害知青問題，完全背離了毛主席的革命路線，干擾了上山下鄉運動。（讀中央三十號文件）據不完全統計，近年來二十團戰士逃跑151人，悲觀失望自殺事件連續發生27起。僅九連就發生10起之多，其中一人自殺。七連一位戰士自殺身亡，結論竟是有「自殺習慣」、「心胸狹窄」。總之，二十團的問題是嚴重的。

二、打擊報復　堅持錯誤

二十團問題之所以嚴重，還表現為牛福全、李子英等打擊報復，壓制正確意見，並採取宗派活動。

1、打擊報復。對於二十團打擊迫害知青的問題，一開始就遭到了抵制，有的同志直接向黨委提出過意見。一九七二年，三連指導員趙合興同志寫信給黨委和牛福全同志，反對把戰士當成敵人，「上掛下聯」批鬥戰士。牛福全接到信後，跑到3連，指責趙合興同志「右傾」。還在全連會上批評說「這樣的黨代表該打屁股！」事後，調趙合興同志離開了三連。

牛福全在七、八連搞「整紀」運動，開始黨委其他同志不知道。他在二師黨委會議上介紹後，任德志在書記交心會上曾對牛作過批評，並向上級反映了真實情況。其後，任德志同志在一次學習〈古田會議決議〉談體會時，針對批鬥戰士問題進行了自我批評。牛福全指責任德志犯了「自由主義」。從此，牛、李對任

更加懷恨在心。今年一月，他們知道有人向中央反映二十團迫害知青問題後，就說成是團長任德志支持的。批林批孔以來，就捂這個蓋子，把鬥爭矛頭指向任德志和揭發人……

明顯的表現是：今年批林批孔書記聯席會議。本來的議題是研究批林批孔……卻把矛頭對向他們認為的向中央反映情況的同志，組織貼大字報……，整理材料，攻擊任德志同志，千方百計把這些同志搞臭。調查開始時，我們感到很奇怪：一些人反映問題千篇一律，一問具體事兒都不知道。團裡的事兒，連隊反映。最後我們把這個「東西」找到了。（注：這個「東西」指政治處劉健主任非法整理，祕密印發的〈關於任德志問題的材料〉）

2、堅持錯誤。我們召集二十團黨委成員談話時，倪政委親自與牛福全同志個別談話，我也找他談過。最後，他說「我們已經認識到錯誤了！」於是，我們讓他到七、八連去作檢查。他到八連去了，根本沒有做檢查，還在幹部裡散佈對任德志團長的不滿。問到他時，他說「犯犯自由主義，難免嘛！」對於今年二月二十六日，是誰以黨委名義決定「開門整風」（注：實際要借機整別人）的問題，經查已經清楚。這是劉健（主任）和牛福全同志背著黨委成員私自決定的。開始劉健不承認，最後在證據面前承認了。二十團為什麼會搞成這樣子，問題還不明顯嗎?!

我們到二十團後，牛、李提出對二十團所有「大是大非」都要調查清楚。還要召開全團黨委會進行辯論。在會議期間，他拒不認錯，多次講「自己是工農幹部！」最多講：「記不起來了！」一些人壓群眾，壓調查組。散佈「調查組來了，不要胡說，早晚得走！」「如果牛福全倒了，我們都不幹了！調查組走到那裡，我們就跟到那裡！」在九連，陳××說：「打人是支部決定的，反支部就是反黨！」……

我們認為；二十團問題嚴重，在於黨委中一些人至今不認識錯誤。因此，決定舉辦學習班，調黨委5位同志進學習班學習，進一步說明他們提高認識。同時，在二十團建立臨時黨委，由巴達瑪同志和……負責，把二十團存在的問題是非進一步搞清楚。……（略）

對於內蒙兵團知青世弘在網上翻出的這筆「舊賬」，有人表示質疑。對此，當年的內蒙兵團知青renguoqing勇敢地站出來證實道：本人就是這場事件的親歷者。但是本人在九連。團部的事情知道得不多。世弘所講的這個會議確實開過，但由於地域遙遠沒能參加。今天看到大會記錄非常驚喜。終於可以看到那場事件的「終結」了。

僅僅就我所知，世弘的記錄都是真實的，有依據的。例如牛政委講：「有兩顆炸彈……」就是我親耳聽過的。他還講過：「一個是「姑奶奶教育運動」，另一個是「紅柳條教育運動」，這是保持部隊戰鬥力百試百靈法寶。」再如：「打是疼，罵是愛，不打不罵是禍害。」更是牛政委掛在口頭的話。政委親自來到九連，把張長發，于永勝，等打成「國民黨殘渣餘孽」也是真事。當年牛政委講話的殺氣騰騰的場面和他高聲叫道：「張長發，你給我站起來！」的聲音今日還在耳邊迴響。

「上掛下連」在二十團搞得也非常普遍。七一年去沙拐子「擔壩」（實在是沒出息，提起「擔壩」這兩個字，心就顫抖，眼淚就止不住），每個連去一個排，40人。每個連都要帶一個「活靶子」。當時劉勝利剛挨過打後幾個月，九連的活靶子就是劉勝利。擔壩出發前的誓師大會，先把十個「活靶子」押上臺來，每連一個人上臺批判，口誅筆伐。然後就出發了。在擔壩期間，每當要進入新的戰役，要打硬仗之前，先把「活靶子」批鬥

一遍，作為鼓舞士氣的強心劑。在二十團的管理中，這種對待知青的態度是貫穿始終的……

二十團捆綁吊打知青的發生，是有其必然性的，有其歷史淵源的。因此，我們反思這段歷史，我並不認為是糾纏派性的舊帳。而是反思兵團的文化，反思黨文化。這對我們走出叢林，走向文明都會有好處。我同意雷霆的看法：知青「接受再教育」的基本定位，也是發生此類事件的重要原因之一……特別感謝世弘公佈這些真實的史料。讓我們有機會回過頭去，看看我們曾經是怎樣從那個歲月走過來的。

內蒙兵團知青世弘還在網上答覆了綠草的質疑：……對於二十團三連迫害知青戰士問題，其實你比我更有發言權。因為，你所在三連恰是重災區。記得據調查組報告中說：二十團三連女排野蠻批鬥男戰士活動發生在趙和興指導員上意見書後。他公開反對牛政委批鬥戰士，遭到牛當著全連批評，說他趙是「右傾」、「該打屁股」！因此將政策性強的趙調走。其後，調來八連呂××。呂介紹八連經驗什麼「女排戰士把男戰士打得鑽進床下叫姑奶奶饒命！

當時就被排長馬玉明抵制說「這是三連不是八連，不能把八連一套搬來」。後來，馬排長背了個處分，現在他是內蒙著名治沙教授和專家。三連「姑奶奶」運動始作俑者是牛政委和李副政委，他們先後組織女排無故批鬥男戰士劉亞平，打得劉落魄逃進男廁所……。張如軍（天津人）在三個女排進行批鬥，被慘打逃跑回家，成了神經病，其母親邊燒香，邊哭喊「如軍兒呀，魂兒回來吧！」犯錯誤的男戰士在下工時要扛所有鐵鍬，侮辱人格以為懲戒……

在二十團，你們三連女排批鬥毆打男戰士，好像就叫「紅

柳條運動」（八連叫「姑奶奶運動」）相當厲害。這段歷史你應該有所記憶，近年來，在和連首長歡聚的時候，也許酒杯裡會閃現這些「被侮辱傷害」戰友們的身影?!被你們連的三個女排連番批鬥過的劉亞平據說現已半殘疾了；那個張如軍被無情摧殘「人格」患了「精神疾病」，貽害了一個人的終生；我依稀記得殘遭三連女排批鬥的還應該有：張湘亭、佟自起、書同、張至強、李學志、耿學濱、宋品富、焦書法等十幾位戰友。

當年批鬥他們的也許入黨、提幹、上學，成為「工農兵學員」從此走上個人的陽關道。而那些挨打挨批侮辱人格的戰士，從此淪入人生厄境，他們受到的傷害也許會延續至今。他們現在還可能處在社會底層和逆境，他們可能不會上網，也沒有條件上網；他們一定在渴望著三連迫害當事者們能夠懺悔一次，並為遭遇迫害的男戰友們說上一句公道話，撫平一下數十年壓抑在心靈深處的創傷吧。我們感謝國慶，他是那段歷史的勇敢懺悔者和批判者！

關於二十團粗暴毆打知青的情形，任國慶在〈打人的故事〉有詳細的敘述：那是秋末冬初，那時我在兵團。一天晚上，記憶中那天外邊格外安靜。通訊員到宿舍說「指導員叫你」。來到連部門口，見到指導員早已等在那裡。指導員對我說：「你的入團申請書我看到了。積極向組織靠攏，這很好，但還不夠，還要經受住考驗。現在連裡就有一股歪風牙氣（他老是管歪風邪氣的「邪」字念「牙」），很猖狂。今天黨支部決定對他們進行反擊，第一戰役是教育劉勝利。對這種人就是要狠狠地打擊。這是對你的考驗，看你究竟是站在黨支部的一邊，還是站在歪風牙氣的一邊。這次教育運動後連裡要發展一批團員。」說完給了我一根一把粗的木棍，向「餐廳」那邊一努嘴說：「去吧。」

　　我提溜著木棍走進「餐廳」。所謂「餐廳」，其實是用「切坯」蓋起的簡易房。「餐廳」裡點著幾盞柴油燈，「突突」地冒著黑煙，照得滿牆都是人影。進來才知道我是最後一個，裡面早已站了十幾個人：一、三、四班，四個班長，一排長、二排長，還有各班的幾個戰士，他們不是寫了入黨申請書就是寫了入團申請書的。十幾個人手裡都提溜一根木棍，站到一處就覺得有了些殺氣。

　　一排長看差不多準備好了，把門推開一個縫，把手那麼一擺，說「進來吧」。劉勝利從門縫擠了進來。他瘦高的個子，略有點駝背，白淨的臉上，生著彎彎的眉毛和一對明亮的眼睛，如果不是嘴角掛著一絲野氣，是個很文靜的小夥。那年和我們一樣，十七八歲。接著一排長就把門關上，用木棍頂死。然後轉過頭說：「今天把大家召集到一塊，要對劉勝利進行特殊幫助。誰先發言？」

　　一班長說：「劉勝利是我們班的，還是我先說。」他的聲音很平靜，沒想到他突然提高了嗓門把我嚇了一跳：「劉勝利！讓我宣佈你的五大罪狀！第一，你反對偉大領袖毛主席，你承認不承認？」劉勝利說：「毛主席我崇拜還來不及呢，怎麼會反對他老人家？」一班長說：「可你說毛主席崇拜魯迅，魯迅是什麼東西？毛主席會崇拜他嗎？你這就是反對毛主席。」一班長哪容劉勝利辯解，接著說：「第二，你破壞兵團建設。」劉勝利說：「這也是沒有的事。」一班長冷笑一聲，說：「我這裡有鐵證，你是抵賴不了的。我們脫的坯標準是四十八斤一塊，你的坯我剛剛稱過，只有四十斤。」

　　劉勝利偷懶是全連有名的，脫坯為了省泥，他把團裡發下來的標準坯模子用鉋子刨低，他的坯看上去和別人的都一樣，只

是薄了很多。劉勝利知道抵賴不了，說：「我的坏只是薄了一點，也說不上破壞兵團建設呀。」一班長把牙咬得格格作響，說：「好樣的！敢承認就好。第三，你散步落後言論，渙散兵團鬥志。」劉勝利說：「這我可就聽不懂了，我從來沒有過。」一班長說：「你說『不入黨，不入團，一年能省兩塊錢。』這還不是落後言論嗎？」說著把棍子頂到劉勝利的鼻子尖上。劉勝利乾脆把頭迎了上去，頂住棍子。說：「哥幾個，我明白了，你們不就是想「鞭」我一頓嗎？想表現表現你們要求進步，直接說就行了，我給你們個機會。哥幾個仔細聽著，我姓劉的要是出一點聲，我不是好漢。可別忘了給我留口氣兒。好，來吧！」說著將身體一「疊」，咕嚕一聲側倒在地上。

劉勝利不愧是個老「玩兒鬧」，說得一口玩兒鬧言辭。這「鞭」就是痛打的意思。「疊」就是在被人打的時候保護自己的一種特殊姿勢。他這一「疊」也頗有講究：兩手把頭抱住，用小臂護住太陽穴，全身縮成一團，側倒在地，上面的一條腿緊緊壓住下面的一條腿，把「命根子」死死夾住，這樣，全身所有要害都被保護起來。

大家看到劉勝利這樣倒都愣住了。劉勝利說：「哥幾個，還等嘛，別不好意思了，來吧！」劉勝利的話把我激怒了。我把木棍丟在一邊，解下了武裝帶，就是兵團發的那種綠的，兩頭是鐵籤子。我把武裝帶對折，把鐵籤子攥在手裡，朝劉勝利的身上左右開弓猛抽起來。

打人真過癮！我從小生性懦弱，從來怕打架。別人只要一說「打你小子」，我這裡嘴和腿就都軟了。可這時，我才知道，打人竟是如此快樂的事！我從來沒有這麼興奮過，這不是一般的興奮，是一種令人顫慄的快感。我不知道我身上居然還潛藏這野

性，獸性，或是一種虐待欲。我也不知道我為什麼要打他，為什麼要搶在別人前第一個打他。我和劉勝利沒有一點仇恨，甚至說還是不錯的朋友。他是很落後，他是個地地道道的「玩兒鬧」，更確切的說他是個小流氓。難道這就是我打他的理由嗎？這就是所謂的「正義感」或「階級仇恨」嗎？我不知道。至少有一點是清楚的，就是我要表現自己和壞人壞事劃清界線的立場，為入團創造條件。毫無疑問這一點是有的，逃脫不掉！這時，我打得越狠，說明我表現越好。打得越狠，我身上的獸性、虐待狂越可得到淋漓盡致的發洩。沒有縱情打過人的人絕對體會不到那種刺激，那種快感！我抽得一下比一下猛，一下比一下快，武裝帶雨點一樣落在劉勝利身上。直到我精疲力竭，再已抬不起胳膊為止。劉勝利確實是賊骨頭，他居然一聲都沒吭。

這時一排長看我停下來，用蔑視的眼光瞥了一眼，說：「你這是幹什麼？給他撓癢癢嗎？躲開，看我怎麼教育他！」一句話說得我羞愧滿面。說著他掄起木棍朝劉勝利後背就是一棍。木棍一下折成兩節。他掄起手上的半截又一下，手裡的半截又折成兩截。只有一尺來長，不能用了。他撿起第一下折斷掉在地上的半截木棍，掄起又是一下，木棍又折成兩截。

劉勝利再也忍不住，打一下慘叫一聲：「哎呀媽呀！」「饒了我吧！」這時一班長二班長和那些入黨入團的積極分子也不甘示弱，掄起手中的木棍朝倒在地上縮成一團的劉勝利一頓猛打。所有的棍子都打斷了，斷成一尺長一截的，橫七豎八地掉在劉勝利周圍地上。於是就到隔壁伙房拿來擀麵杖繼續打。這時我才知道，人的身體遠比我想像的結實的多，酒瓶粗的擀麵杖，打在人身上一下竟會折成兩截！所有的擀麵杖又都打成一尺長一截。開始劉勝利還高聲求饒，慢慢就聽不清他嘴裡「嗚嚕嗚嚕」說什麼

了。再一會，雨點樣的棍棒落在他身上就像落在麻包上，只有「噗噗」的聲音。地上慢慢地洇出了血——像一條第一次灌水的小渠——從劉勝利身下慢慢地往前洇。接著兩條，三條，越洇越遠。

一排長說別讓他裝死，去拿涼水來。炊事班的女生端來一盆涼水。一排長劈頭澆在劉勝利頭上。沒有動靜。又端來一盆，又澆上去，慢慢地，地上的那攤肉顫抖了一下。「哎唷媽呀，我在哪呀！」劉勝利叫了一聲又昏死過去。

醫生搶救劉勝利的病例記載：某年，某月，某日，11：15，血壓：40/20，心跳：23/秒，體溫：42，全身95%皮膚受傷及皮下淤血，左臂小臂骨折，三處肋骨骨折⋯⋯

接下來，這個教育運動在全連鋪開，接連幾個星期。一到晚上，就會聽到從餐廳、從連部發出男生女生的慘叫。記得名字的被打的有青島的于永勝，女生有天津的康英華。教育康英華的是女生，可以看到指揮者尚存人性。女人有女人的教育方法，掐、扣、咬、揪是她們的絕招。康英華的頭髮幾乎被女生們揪光，只稀落落地剩下幾綹，讓人們辨認她是個女人。正常情況下被打的人現在應該健在，想必他們不會忘記這些事情吧？

不久，一排長入了黨，一班長、三班長和在這次運動中表現積極的戰士都入了團。一年以後，一排長被選送上了南開大學，記得是歷史系。他是我們連第一個被選送上大學的男生，也是最後一個被選送上大學的男生。後來上大學的都是女生，無一例外。他走的最便宜。正常情況下他也應該健在，想必他也不會忘記這些事情吧？

我因為這次立場不夠堅定，不僅沒能入團，險些也受了教育。與此同時，全團十個連幾乎都分別發生了同樣的事。這就

是有名的我們團的「教育運動」。政委在解釋這次運動時說：「打是疼，罵是愛。恨你是恨鐵不成鋼的恨。打你是教育你幫助你。」

三十多年了，我一直想找個機會向劉勝利賠禮道歉。道歉的話也反反復復地編了多少個版本。陰差陽錯，每次回到我和劉勝利共同的故鄉天津，總是找不到他。有一次聽說他在家，我決定去找他，但一個戰友說：「你最好不要提那件事，從那次以後，只要一提那件事，他褲子就濕了。」聽說他回天津後因賭錢被判五年徒刑。再後來我就遠離了那個城市。

現在，我只能在這篇文字的最後對他說：「對不起，當年，我為了入團，要求進步，把你打得皮開肉綻，險些丟了性命。我不請求你的原諒，因為這樣的事是不能原諒的。我也無法補償，因為那次對你造成的傷害是不可估量的，也許或者肯定，你後來對生活喪失信心，墮落成為賭徒，被判徒刑都是那次挨打造成的。而我能對你說的只有輕飄飄的『對不起』三個字！其實我說『對不起』，也是出於自私的目的：為了減輕一點我的負罪感。然而我也只能如此了。如果有能贖罪的辦法，我一定去做。」

聽到這字字血，聲聲淚的訴說，我們不由得又想到了當年全國其他兵團對知青的粗暴管理情形。真是莫名其妙的管理者和管理方式？只是可憐了廣大知青兄弟姐妹……

第三章
卑鄙而又殘暴
對知青人權的踐踏

第一節　橫蠻無理的阻撓知青自由戀愛

　　戀愛和婚姻是人生至關重要的階段。也是應當受法律保護的基本人權之一，可是在那個瘋狂的年代，無論是東北還是雲南海南兵團，管理者都違背人性地實行了一條不准男女知青談戀愛的政策和紀律。海南兵團有的連隊的領導甚至荒唐地要求知青男女夜間談話必須在籃球場，並且要保持一米五以上的距離……

　　這種「近在咫尺，卻遠在天邊」人為粗暴的隔離政策讓許多相愛的男女知青心中都十分痛苦。知青吳膺惠在〈知青年代的愛情〉感歎道：情感受難重生的人，如果回望，一定可以觸及人性的深度。經歷了上世紀六、七十年代知青運動的人們，一定不會忘記那段歷史給我們留下的苦難和創傷。我和我的知青朋友們最難以忘懷的是在那特殊時期的影響了我們的一生的愛情。

　　那時候，談戀愛常會被當作資產階級思想來批判。幾乎所有談戀愛的人都得偷偷摸摸，似乎有一種犯罪感。與我一起上山下鄉到海南島的一對戀人，在去海南島之前就志同道合，雙雙報名「屯墾戍邊，建設寶島」。孰料，在「廣闊天地」裡只有接受再教育的權利，沒有談戀愛的自由。他們的正常的戀愛被斥為「資產階級思想嚴重」而被批評，他們的戀愛只好進入「地下」。每

當被發現一次，就得挨批一回，又因為工作和生活條件的艱苦，這位女知青幾度痛不欲生。

一九七六年的路線教育工作隊在「反擊右傾翻案風」的同時，也整頓「歪風邪氣」，就連青年的談戀愛也不能放過。有的被開大會批評，有的被整夜的批判，錄了口供整成材料上報。搞得人心惶惶。我所在單位的一對廣州知青就被折騰了幾個通宵。往往善良的人，清純的人是最不善於自衛的。在當時的政治高壓之下，竟然沒有人拿起法律來捍衛自己的合法權利。

後來，兵團黨委號召廣大知青「扎根兵團，建設寶島」，稱願意在海南結婚安家的為「永久牌」，否則就是「飛鴿牌」。我當時在連隊表現很出色，被評為先進青年，學哲學的標兵。但是，當領導知道我外地有戀人時，立刻摘掉我頭上的「桂冠」，我的入黨討論也被取消了，考過試填了正表的上大學的資格也被剝奪了。指導員批評我給青年們帶了壞頭。在共青團整風中我被整哭了，我獨自哭倒在連隊那棵大槐樹下，哭命運的坎坷，哭自己失卻的人格和自尊，是工作隊的女隊員小楊找到那兒把我扶回去的……打擊讓我的精神跌到了崩潰的邊緣，讓我失去了一段風雨之戀……

類似對知青戀愛的阻撓，在海南農場知青leemiao自述的〈下鄉38周年祭——我的愛情故事〉中可以得到證明：……一九六八年十一月五日）是我赴海南下鄉的日子，九年多的艱苦勞作結果帶回了滿身的傷殘。農場前幾年的艱辛尚易度過，但後幾年當大量知青回城之後，精神上的痛苦卻是最難以言表的。所幸的是艱難的日子同時也給我帶來了我的真愛。

那是一九七四年初，下鄉已經第六年。由於農場連年突擊會戰，勞作異常艱苦，而又食不裹腹，身體嚴重透支，我終於不幸

染上了死亡率高達百分之九十以上的壞死性重型肝炎。我面如死灰，昏昏乎乎的，被人用擔架扔在大貨車上，拉到了師部醫院，看來已是凶多吉少。

　　結果，卻因醫療及自身等諸多因素，活了下來。其中的一個重要的因素，恐怕就是由於一位癡情姑娘（一九七二年本農場高中畢業參加工作）的無微不至的關懷與鼓勵。數月之後，我康復出院了，不久我們雙雙墮入了愛河。

　　後來，我們的戀情公開了。然而，卻一致不被看好，幾乎遭到了來自雙方所有親友的反對。理由十分簡單，那時知青回城已成大勢，中坤場的知青運用各種管道已走大半。反對我談的親友自然是怕我因此回不了城；反對她的親友則是一來擔心我的身體狀況，二來擔心我終歸要走，她會吃虧，家庭也給她施加了極大的壓力。

　　情況更糟的是，不知為何？這原本純屬我兩私人的問題，卻驚動了「組織」。我們不管是上南坤街或是去屯昌縣城，都有人跟蹤，並直接向農場政治處×主任彙報，×為此找了她多次談話，並明確要求她與我終止來往；本人私人往來的信件也遭到了檢查，憤怒之下我寫了兩封信到農墾法院，無奈都被退回了領導那裡，我反倒被訓了兩回。藉著反擊右傾翻案風，作業區書記竟指令工作組調查我們，並與「偷聽敵臺」、「看反動書籍」、「和北京勞改犯（指某北京知青）勾結」等嚇人的罪名相聯繫，還日夜監視我們。結果是，經培訓準備調去教小學的她被解除了調動；代理連隊部分管理工作的我也被調回了生產班。

　　在多方巨大的壓力之下，我們沒被嚇倒。也許是逆反心理使然，兩顆年輕的心反而貼得更近，變得更為堅強，我亦抱定了即使扎根也決不離棄的決心。這樣，我正式向遠在廣州的父母發出

了戀愛的通告。一時，父母親也慌了手腳，不知所措，乘著姐姐從四川回穗探親，急令大姐前來海南探聽虛實。實際上，姐姐那次的到來就是個欽差大臣的角色。

大家看到的那張照片，正是因姐姐的到來，我約了不避嫌的好友張良棟、區浩成作陪；慧玲也約了她的表姐作陪談話，過後在場部留影。所幸的是，三十年過去了，我們這對患難夫妻始終恩愛有加，配合默契，得到了所有的親友們的贊許……

另一則對知青戀愛橫加干涉的事例，在海南兵團知青古國柱編的〈定格往事情懷〉留影集提及的：……與此幾乎是同時發生的，十分相似的，同樣發生在中坤農場的故事。這就是文中曾提到的北京知青許龍駒與汕頭知青林莉華的愛情故事。已回城的許龍駒因「政治上的原因」被北京有關部門押送回中坤農場，放到了豐收隊「監督勞動」。在勞動生活中，他與林莉華相戀了。他們的戀情同樣受到了「階級鬥爭觀念」特別強，以整人為樂事的某農場領導的橫加干涉，甚至不惜動用「組織手段撤銷林莉華的豐收小學校長職務。乃至當許龍駒重新回城後，來函商調也被扣壓。欣慰的是，這對有情人後來終成眷屬……

知青陳慷在〈遺落鄉村的「孽債」〉中也講述了一個淒婉的故事：我們當年插隊的公社，有知青四百余。每個大隊幾十人不等，我們隊裡，有七人。戈簡，文革中，為了表示對偉大領袖的忠誠，表示自己的意志堅強如鋼，故更名戈簡。他生於四川自貢一個普通工人家庭。父親早世，生活艱辛。他下放到四川某縣，其弟弟插隊四川丹棱，家中僅一個年幼的妹妹和年邁的母親。家無權勢，也缺少社會關係。故他是全公社知青中最後離開農村的一個，也就是一九七八年底吧！

對知青招工，一九七二年就開始了，陸陸續續的是升學、頂

替，病退等等，八仙過海各顯神通，各人找關係想辦法回城。因為沒有任何社會關係可依靠，戈簡死了心，在隊裡拼命勞動。喂豬、養雞、種煙葉……積極表現，穿最破的衣服、幹最累的農活，為了生存，也是無奈。他不僅僅是為了在貧下中農前表現自己。

多數知青陸續離開農村後，公社為了樹立扎根典型，積極培養他入黨，於是戈簡任了大隊主任，公社黨委委員，出席了省知青代表大會……但是，他再怎樣苦幹，也是一個知青、一個不脫產的「農民」，也只是一個政治籌碼。

時間推移，文革結束，華國鋒堅持兩個凡是，知青回城仍然遙遙無期。戈簡拼命努力，回城的希望仍然渺茫。眼見同下鄉的同伴都走了，自己回城無望。那種失落，是仕途的光環不能填補的。年齡已近三旬，不免心灰意冷。此時，身為大隊主任，主管大隊茶場的「主任」，遇見了一個農村姑娘──王××。也許是愛情，也許是無奈，兩人走到了一起。既然作了這樣的選擇，意味著戈簡真正要實踐自己的諾言，「扎根農村幹革命了！」

決定一但作出，他就帶著自己未來的新娘子，去公社領取結婚證。結果，出乎意料，沒領到。回答是，你的婚事，要公社黨委決定。他耐心地等待。許久再次來到公社，回答是不能給你。理由？理由「莫須有」！作為年輕人，已經作了決定，姑娘家裡也同意了的，兩人實際已經同居茶場。這是公開的祕密。公社黨委不同意一個知青領取結婚證，今天看來是荒唐的。然而當年，行政、黨委干涉個人婚姻之類的事情，太尋常了。

王××的身子日益「豐滿」，結婚證遲遲領不到……深秋已至，定下的婚禮不能如期舉行。怎麼辦？這件事情對戈簡仕途和聲譽都是極大的負面影響。從公社的角度而言，一個知青典型，

搞大了一個女青年肚子，這事無論如何都不好向社會交代；另一面，他們要樹立的扎根的典型要扎根，就應該讓他扎根啊。為什麼不要他扎根？

其實，當時的公社有關領導的真實意思是，那個農村姑娘和戈簡不相配，另一面，主管知青工作的公社主任龍××也是出於好意，已經到了一九七八年，憑他對政治的直覺和生活的豐富閱歷，覺得所有的知青都要離開農村。尤其戈簡這樣已經混得了黨票，有了一定政治資本的年輕人，未來不應該「委屈」農村！

川南農村舊俗，一個姑娘是不能把孩子生在娘家的。這是風俗民情絕對不允許的。最後解決的辦法是，女孩的娘家匆匆找了一個40歲的光棍，把女孩打發了事。老光棍身處公社最偏遠的九子山下，家徒四壁。儘管女孩極不情願，但事已至此，還有什麼更好辦法呢！其過程的曲折，人情的傷感，百姓的議論，不用贅說，可以想見。

婚禮第二天就要進行。女孩即將成為他人婦。婚禮按照川南農村的風俗進行。隊長——婚禮的「主持人」，在安排第二天的婚嫁事宜，誰作陪伴，誰擔嫁奩，誰抬滑竿……也一直在女孩家的戈簡，突然開口說：「我抬滑竿！我要送她上路……」在場的人一下子楞了！大家害怕出現什麼意外。沉默中，戈簡要大家相信，自己很對不起王××，她本該是我的新娘，肚子裡懷著我的孩子。可以今天出現這樣的結局，實在不是我想看到的。自己沒別的意思，就是想盡盡心，再送她一程，也是自己的心願……隊長沉默了！大家一聲不吭。最後隊長滿足了戈簡的心願。

第二天，戈簡腳蹬半筒黑色水膠鞋，身著帆布工作服，把本該屬於自己的新娘子，抬到了深山裡另一個男人家……戈簡的心情可想而知。每一個人，遇到這樣的事情時，能平靜地對待嗎？

我不知道！自己心愛的女孩嫁人了！晚上，知青屋裡只剩下他一人。生產隊的知青走完了，公社的知青幾乎也走光了！茫茫夜色中，孤獨寂寞，只有屋後的竹林裡，傳來貓頭鷹呵……呵……呵……的淒慘叫聲！

「曾經擁有過，曾經失去過，曾經艱難地選擇……流著淚捨不得……」這是一九七八年的深秋。當年底，戈簡被省××建築公司招工，離開了他生活了八年的人民公社。

光陰荏苒，轉眼快三十年了。一九九八年，我遇見當年隊長的兒子——羅××。他在我們插隊的公社——現在的鄉任武裝部長。他告訴我，戈簡的兒子，到西藏當兵去了。從他口中，我知道戈簡留下的這個孩子當兵政審時的情況，可算這個〈孽債〉故事不是結尾的結尾。

他告訴我，這孩子在當兵政審表父親一欄中，填的是戈簡。羅××告訴他，你父親是我的朋友。你當兵的事情，我會盡力幫助的。但是你如果填寫你父親是戈簡，政審必須要到你父親就職的四川××市調查。你和你生身父親沒有過任何聯繫，也不知道他的情況和工作單位。如果找不到你父親和他的工作單位，政審完不成，是絕對當不兵了的。為保險，就填寫你的養父吧。你當兵後，要尋找你的生身父親，再說吧！

這個知青留下的孩子，後來是不是像〈孽債〉中的孩子們一樣到城裡尋找了自己的父親，我不知道。從一九七九年分手後，我再也沒見過戈簡。後來聽說他回城後，結婚生子，作了基層的一個什麼書記！我曾托一個朋友，也是××單位職工尋找過他，沒著落。聽一個老知青告訴我，戈簡已在多年前患肝癌去世。算來，他不過五十三、四吧！

第二節　粗暴干涉知青戀愛而逼死人命

在雲南兵團知青聶曉薇〈愛的誤區〉文章中有一則令人痛惜的事例：……東風農場有個北京知青小王，有一天突然吃老鼠藥自殺了。他的突然死亡驚動了上級領導，專門成立了調查組調查此事。結果大大出人意外，原來就因為他一直喜歡一個女知青，有一天他衝動想吻那女孩兒，女孩兒掙扎著拒絕，這情景恰好又被人撞見。於是他認為犯下了「流氓罪」，大家肯定不會饒恕他，跑到林子裡躲了三天，最後自己結束了年輕的生命。

這位知青為何如此懼怕要結束自己的生命呢？主要還是當時管理者對知青戀愛禁令和干涉的結果。雲南知青勝家在〈一個女知青因情慘死〉中就講述了因為領導的干涉而造成女知青慘死的悲劇：我們到連隊後，由於生活枯燥，勞作繁重，很少有集體娛樂活動，當時水利建設兵團是部隊編制，排長以上大都是當兵的，準備部隊提幹，先放到水利兵團工作，我們來到連隊後，就宣佈水利建設兵團規章制度，規定了「三不准」原則，1不准抽煙，2不准喝酒、3不准談戀愛，這是每個人必須嚴格遵守。

我們一起來到水利建設兵團，有同鄉川沙農村的，他們年齡偏大些，學藉掛在學校，實際也在外做學徒工，有的年令已經是二十幾歲的青年人，他們來到兵團，滿懷激情，奮鬥終身，為了邊疆農場事業大幹一場，在日常勞動中，他們經常幫助女知青，日復一日，這樣環境造成了，互相幫助，互相關心，互相依靠，在這遠離父母親情況下，他們把思念家鄉親人的情感，慢慢地轉移到自己日常生活中，他們這年齡段，渴望人生最幸福愛情生活的時候，一觸即發地步。

有那麼一對知青，他們在工作中認識後，互相就產生了好感，慢慢就發展到私下約會，談起朋友，俗稱「戀愛」可是在一次約會時，被別人看到後，就立即回報到連部，指導員就叫通訊員找來了他倆人，當面對證，因為二人相愛是真心，異口同聲說是的，於是連部彙報到團報，他倆是第一對觸犯了「三不准」的知青，故所，團部召開了大會，排以上幹部全部參加，抓這對知青為典型，通報處分，男的是團部木工班的，活很好，就繼續留用，以觀後效，可是，女知青就要調離，到相隔團部十幾裡外，真是牛郎織女生活，不准以後來往，這是什麼法規啊？真正抹殺了這對知青愛情！可悲?!

女知青來到我們三連，分在女子種菜班，她得體大方，很有中國女性美感，來到後，她孤募無言，情緒低落，沒有與人交往，通過一段時期生活，慢慢認識了很多人，她人緣很好，我們在接觸中她是大姐形象，很隨和、很有女人味，同時我們也尊重她，雖然她發配到我連隊，我們大家從心底裡很同情她，她看到我們飯吃不飽，硬是自己少吃些省下來，悄悄地將飯卡提過來，給我們男生去打飯。

戀愛是一種幸福，也是一種痛苦，算是甜蜜的痛苦吧！人在遇到挫折和感受到壓力時，身體素質就會下降。她病了，我們幾天沒看見她，聽說病得還不輕呢！是拉肚子，一般來說；吃了幾天藥後，就慢慢地好起來，可是她不一樣，缺少了一種精神支柱！那一半關愛吧？

連隊衛生醫療條件很差，她拉得人脫水，後來人也昏迷了，連長知道後，就叫我排派幾個戰友，來到女宿舍，用竹子做了一副擔架，當時她神志有些清醒，禮貌微笑了一下，我們把她抬出了宿舍，一路上，每個宿舍門口都擺了山花，突然間，天上飛來

一群烏鴉，還叫個不停，這難道是不良預兆？

抬到公路上，正巧出國兵部隊車子來了，我就不管三七二十一上去攔車，說明了用意後，解放軍戰士馬上答應，立刻驅車直送團部醫院，到了團部後，擔架做大了，門口太小，沒辦法我就背起她，剛踏進門口，就跌了一跤，爬起來再背她到病床，按理說；我體力是足夠能背她的，不知是什麼原因，心裡產生了疑慮？她在團部醫院住了三天後，還是沒有好轉跡象。

第四天，她就提出了二個要求；1、要見男朋友、2、要吃甘蔗、這下可是棘手問題，組織決定：不能破壞了團裡規章制度，故所不能見面！難道生與死別，見最後一面請求，都要剝奪嗎？？？只能滿足最後一個要求了，可是，這季節沒有甘蔗，我們來到寨子裡，與老鄉商量，買了幾根將要下種的來哄她，就這樣她含笑地離開了人間。

團部派我們到猛臘縣城買了一口上等棺材，團長親自送葬，安葬在勐臘六團三營向陽陂山上，那邊風水好吧！我們含淚默默送別了她。後來得知她的病是細菌性痢疾，由於衛生醫療條件很差，先是誤診吧？拖了幾天，引起嚴重脫水，再加上精神崩潰吧……

讓人扼腕長歎的還有家長對知青戀愛的干涉。記者林堅在〈她們長眠在這片土地上〉簡短地講述了一個事例：廈門知青林美玉，當年隨全家來到中山公社安家落戶。在農村幾年的共同勞動中，與當地一位年輕的赤腳醫生建立了戀愛關係。她父母得知後，死活不贊成，甚至把她關在屋子裡。結果，適得其反，林美玉服下了農藥，經搶救無效而死亡，葬在縣醫院後山。

由於文化的缺失，道德的淪喪，在當時極左管理者中，還有一個頗為流行的卑鄙無恥心理，就是特別喜歡對戀愛中的知青言行進行監視偷窺。一旦發現雙方有什麼親熱舉動，眾多民兵或骨

幹立即撲上前去擒拿，甚至批鬥示眾，令許多知青純潔的戀愛遭到褻瀆，人格受到污辱，更令大多數尚未涉獵初戀的知青心有餘悸，這不能不說是對人性的摧殘……

自然，這種羞辱的捉姦惡行，有時就會引發難以想像的悲劇。雲南知青版納荒草在〈留在那個年代中的靈魂〉一文中，就給我們講述了一個令人心痛因捉姦而逼死人命的故事，現摘錄如下：……預料中的事情終於來了，但畢竟還是來了。這就是知識青年常興亞被逼跳水而死的事件，這件悲慘的事重新浮出水面，是因為一則留言而引起舊事重提。新浪網友的留言：「我是一個重慶知青。你應該還記得死在你們三連的重慶知青常興亞吧。你能告訴我們她的死又是怎麼回事的嗎？」

這留言如鐵錘般敲打著我的心扉，我感覺到他的責問與怨氣。的確，原在七營六連的常興亞如果不來三連四班的話，不可能會有她被逼迫而跳水自盡的悲慘結局。前幾年原七營三連的上海知青作客重慶，原在三連四班工作過的重慶知青楊明慶熱情款待，曾提到是否邀請常興亞的生前好友時，我們的上海知青L女士說：「不用了，請你們轉告他，我們上海人沒臉見他……」

在當年嚴寒肅殺的「以階級鬥爭為綱」的年代，我與黃裕茂並列成為連隊家喻戶曉的「持不同政見者」，在時斷時續的兇猛打壓下，始終如荒草般地苟且而頑強地生存著。在三連四班不到一年的日子裡，我曾一度與常興亞及其男友鄧很熟，我至今還記得皮膚白淨、臉龐微胖，長著單眼皮的常興亞，在看我與另一知青用解鋸解木材時的四川話評論：「曹迪林是最文雅了！」還記得某天晚上看電影，原來自五連的昆明知青葉小虎答應用他的「五羊牌」自行車帶她，常興奮地大叫大跳的樣子；常的男友鄧則多在星期六晚上收工後遠遠地從六連趕來，四班當時房多人

少，幾乎人居一間磚瓦房，他就跟別的男知青擠著借宿，第二天再不辭辛勞趕回去，他還喜歡找我下象棋，輸多贏少，卻從不生氣，少有的好脾氣。

那年探親後回農場，可能腸胃已經不適應，喝了用長長的金屬水管接的山泉水，有一股很重的鐵銹味，我突然開始猛拉肚子。取出早已洗好的被面被單，是常興亞幫我縫好的，還調侃地輕聲說：「看你眼睛都病得變大了！」這也是我在農場九年生涯中唯一請人代勞縫被子。但沒多久我就被調離四班回連隊。走後還不到一個月，見到的竟是浮在哈尼族「紅堡」水庫中，面目全非的常興亞遺體……

常興亞當時是「重點培養」對象之一，還擔任團支部書記，而出身不好的我，很主動地躲避政治漩渦，更無從知道「核心機密」內幕。可以說，如果沒有見證人的勇氣與良知，近期欣然接受我的採訪，沒有鐵哥們黃裕茂的努力，不捨棄地追根究底，我不可能寫出今天的這篇回憶。

我在農場曾堅持著寫了近三年時間的日記，後來改為有感而發記筆記。回滬後遺失了一部分，但關於常興亞事件的筆記我找到了，下面是我對這一事件的回憶：……靜水中漂浮的死屍，人群中迴響的議論；一番令人無法理解的不負責任的作態。猶如在靜池中投下一大石頭，濺出水花後，即使平息，但波紋卻在心中漸漸擴大，也許永遠無法澈底拭去。

常興亞這一撥人馬很多是從各連隊精英抽調而來，我記得有一連的四川知青李菲嘉，五連的昆明知青葉小虎和上海知青翁海林等。我進四班時風頭已過，沒人來參觀了，報社、電視臺更是絕跡；但四班卻「培養」出了不少幹部，有點象美國的西點軍校，當然也產出了更多的如草民我一樣的西點軍校敗類。

　　我們在幹完勞動指標後，男知青照例幫常興亞女知青她們一齊幹完，一齊回家，後來不知怎麼閒著沒處發力，就開始業餘時間伐木，準備自做一些簡單的家具，當然引起某領導的不滿，大概認為我們搭在四班這個社會主義大車上，順路拉著個人資本主義的輕便小車。那年代，只要有人想奔不可能的「小日子」，就會有人跟你過不去的。

　　當時常興亞是團支部書記，四班班長，平時與我們大家關係十分融洽，但有時會對連隊某個領導的做法持有異議，不想因而得罪該領導，從而埋下禍根。四班大換血後，我記得李菲嘉換到三連，常興亞留在四班，其餘的各回各連隊，五連的葉小虎與翁海林也回了五連。新進四班的上海知青S被告知四班已經垮了，任命他進去負責「抓政治」。他在生產，生活上都是好手，這回是第三次進四班了，但顯然與常興亞很陌生。某天他偶然發現常的男友鄧休息日從女宿舍走出來，心想四班是全國一面紅旗，你們非法同居還了得！正好領導BLJ進來巡視，就做了彙報，當時另一上海男知青梅也在場；S生性耿直，說他做夢也想不到會由此引出事端。

　　但主管領導BLJ顯然是有備而來。一九七六年六月三十日夜，召集了連隊幹部周萍，董昭同及班幹部，在S不知曉的情況下，將只穿短褲的鄧堵在常興亞屋裡，常當時對B說，你這麼幹沒意思，我是正當談戀愛；但B代表組織宣佈三點，一：解除常的團支部書記職務，二：要批鬥常的資產階級思想，三：將情況寫信告訴常的父母。

　　常的父親是成都高院主管幹部，事後聽說對女兒管教極為嚴格，常興亞當時已異常冷靜，沒有做任何申辯，後證明在七月一日跳入水庫自盡，留下一簡短遺書，大意是對鄧說，我走了，你

要替我報仇！

常失蹤後，我們從連隊返回四班到處尋找，忽然見到李菲嘉飛奔而來，說常已在「紅堡」水庫浮起，我們急忙穿山路直插過去。原來是拖拉機手大雙途經水庫，發現有穿粉紅襯衣的浮屍，等我們趕到時，河邊已搭起一簡易窩棚，常興亞已經給黃裕茂推至岸邊，翻過身，是背朝上的。時間是一九七六年七月二日。

當時我腦子一片空白，後聽人說常用一根細繩紮住腰腹，她用最寶貴的生命來捍衛著自己的人格和尊嚴；我想，這肯定出乎大多數人的意料，包括唯我獨大、順風滿帆的該領導。

我清楚地聽到營幹部劉方正對連隊主管BLJ說：「你準備一下，下午就出發到大寨去參觀學習。」不愧為久經沙場的老將，沉著，冷靜。

我不想用文筆來描寫死者的慘狀，但味道奇臭無比，我怎麼也不能想像，眼前的這具屍體竟會是前不久我很熟悉的常興亞！不知是誰命令我去把遺體拉上來，我忽然大叫起來：「我有心臟病的！不要一死死兩個！！！」

這時公路上傳來撕心裂肺的哭聲，有人強拉扶著鄧，不讓他走近前來，疲勞過度的他似乎已經哭不出大聲了。寫到這裡，我的心在顫抖……

關於S做臥底，導致常興亞當場被捉並引發人命案的說法，在整個三連不脛而走，S清楚地記得他向領導B做彙報時，另一知青梅在場，有口難辯的他抄起一把刀子，瘋狂地漫山遍野追殺；驚恐萬狀的梅如劉翔一般跳躍著躲閃著拼命奔逃。營幹部一看，那邊水花四濺，眼前又刀光劍影，成了什麼形狀的全國典型了？於是來個腦筋急轉彎，讓S也跟著大隊人馬上大寨去，但是緊要關頭卻無人肯讓賢，於是改挖社會主義牆腳，指示S逃票，

大夥且戰且退交替著做掩護。

S也沒有閒著，火車上伙食不太好，他利用「民族政策」，冒稱回民，並將營長張家富等5人一併帶進吃特供飯，一路相安無事，不想在長沙卻東窗事發，給乘警逮個正著，只好孤身一人轉道回上海老家了。S至今還認為他給連隊幹部BLJ當槍使了，說捉常興亞時他在睡覺，根本不知道有人會下如此狠手……

後來常興亞算作工傷死亡，在葬禮上還發生了過激行動，六連、七連、八連等四川知青，提出要用楠木棺材並噴上香水，還要營幹部程載德、張家富跪下。但事後他們被全部改變了命運，先集體辦「學習班」，後按排幹起了重活苦活，真是天網恢恢，疏而不漏，聽說無一倖免，包括常的生前男友鄧。

還聽說在東風農場50周年場慶，集體參觀「龍泉公墓」時，有位老領導獨自一人向常興亞墓碑猛磕頭，口中還念念有詞，說當年自己年輕不懂事，請常興亞多多原諒。知青們說人都已經死了這麼多年，現在說還有啥用？她回答說，不說心裡不好受……

那個荒唐的年代，那個不該逝去的靈魂——今天能夠勇敢地反思，真誠地道歉，從而讓悲劇不再重演；雖然遲到，但畢竟還是來了，來了！

看完這個故事，心裡好不難受，管理者扼殺知青的情感欲望已夠殘酷，為什麼知青內部還會出現出賣靈魂乃至落井下石的敗類？這足以說明了那個瘋狂年代人性的泯滅……

第三節　慘無人道懲罰偷吃禁果的知青

除了對知青日常戀愛橫加干涉外，有的農場農村的管理者對一些墜入愛河，內心狂熱，不慎偷吃了禁果的知青，也實行了沒

有人性，甚至慘無人道的懲罰。這些知青輕則受到批鬥，重則打入大牢。

海南兵團知青抱不平說：講到知青未婚先孕，我在此講個真實事例。一個廣州女知青在兵團時期與一男子有了關係帶有身孕，被發現後簡直成了大逆不道，鋪天蓋地的指責簡直讓其無地自容，有一天，男的將她背到膠林深處，雙雙上吊而亡，幾天後才被人發現。入葬時，還不讓倆人並排，只能頭腳顛倒，過後團領導在大會上講到此事，也是以聲討的形式予以批判抨擊。此事絕對真實，紅田農場的人都知道。

知青李華生在〈知青典型偷吃禁果換來三年大牢〉一文中回憶道：……記得是一九七八年的臘月，在公社原本紅得發紫的知青典型仁傑告訴我：他鬼使神差地和回鄉知青秀兒幹了那種事，而且秀兒已經有了那個。仁傑哭喪著臉說：他完了，只有去蹲大牢了。

為了救仁傑，知青們苦苦地思考著對策，後來還是我說：仁傑，你他媽的和秀兒結婚，改姓去做招贅女婿，索性扎根農村一輩子。說不定還能像邢燕子一樣，上北京見到毛主席。大家一合計，也只有這樣了。仁傑搖了搖頭說：相親的彩禮從哪裡來？我們齊聲說：去偷！

於是我們連夜行動，到幾十里外的隔壁大隊偷來了兩擔穀，十幾隻雞。第二天又請來公社知青專幹做媒人，一起浩浩蕩蕩地去秀兒家相親。誰知秀兒娘不吃這一套，說：就兩擔穀，十隻幾隻雞，想娶我家秀兒？哼，連門都沒有！

我們個個傻了眼，正想幫仁傑求情。誰知仁傑一急，竟唱起了我們原本只能關著門唱的，名為〈我們心中的紅太陽〉，實際上是我們自己胡編的那首知青歌：「岳母娘吧／你就莫生氣喲，

／我的東西來得不容易，／糯米糍粑是血汗水換的，／老母雞是偷來的……」

歌未唱完，卻嚇跑了來做媒人的公社幹部，唱得秀兒娘索性關起門來，不再搭理我們。一個悲壯的「偷」字宣告了相親的失敗。後來事情敗露，仁傑因此坐了三年大牢。令人不解的是，秀兒硬是被人指著脊樑地生下了那個娃兒，現在算來也是二十多歲了吧？卻不知道相親了沒有。

在雲南橄欖壩農場，有個姓梁的知青與當地女青年談戀愛，偷吃禁果被人抓住，農場領導就發動群眾批鬥姓梁的知青。長達數月的批鬥羞辱，使那位知青感到戀愛無望，在農場又沒前途，回家沒出路（其母改嫁，對他不管），結果獨處走到橡膠林中上吊自殺身亡……

男大當婚，女大當嫁，這是自古以來的習俗，也是人性的本能和需要，偷吃禁果既使有天大的「罪過」，也是罪不容誅，可憐的是被剝奪了人權的知識青年，竟然因此被批被打被羞辱，甚至投入大牢，直至他們自殺或雙雙殉情而亡，真是讓人痛徹心脾呀！

類似干涉知青的案例在〈濮存昕的藝術人生〉也有述說：看姜文的電影〈太陽照常升起〉，我費解一些媒體在討論「黃秋生為什麼死」。他們不明白，一個人被昭雪了怎麼還去上吊。對我來說，這個疑問沒那麼難解答，因為當年我當知青時，就經歷過一件真實的自殺事件。說起來業餘宣傳隊的解散，也和這件事有關。

我們業餘宣傳隊的隊長比我大五六歲，當時也算老知青，大哥哥了。能演會寫，還能當導演。樣板戲〈沙家濱〉中，他是導演還兼演胡傳魁，生活中卻和阿慶嫂好上了。這在現在是多正常

一件事。二十四五歲的年齡正是談戀愛的時候，但那會兒就是生活作風問題。結果沒弄好，「阿慶嫂」懷孕了，事情露了餡。這在當年可是天大的事情。好傢伙，師裡派工作組，團裡也派工作組，排練演出一切停止，整風。背對背、面對面地揭發批判。自然「胡傳魁」也被看起來了，不許自由行動，不許串供。

有一天上午，天下起了小雨，等著開什麼會，大家就都待在宿舍打牌。「胡傳魁」說要上廁所，幾個人注意力在牌上呢，就說你自己去吧，快點兒回來。就沒跟著。結果半天不見他回來。再去廁所一找，咦，沒人。大家急了，挨個房間找。找到行李房，門從裡面鎖著，只聽有蹬凳子的聲音。大家心裡就毛了，一位上海知青一拳砸開了玻璃，果然「胡傳魁」把自己吊在行李架上了。

大家伸手掏著拉開門插銷，趕緊往裡衝，這時，只看吊在行李架上的他懸空轉了一個圈兒，頭一揚掉下來了，原來他不會上吊，只是把繩子轉一個圈套在脖子上，沒上死扣，懸空後一轉圈就摔下來。可是懸空那一下也夠狠的，他已經不上氣兒了。有一位天津知青懂點武功，上來用手指夾著喉結往下一捋，算是把他救活了。

這是大事兒，得趕緊向上級彙報，正這時，「阿慶嫂」知道了，她淒厲地一聲慘叫撲過來，把我們每個人的心都劃開了，有人就開始抹眼淚。上面的人很快也到了，板著臉，看看「胡傳魁」：「怎麼，要自絕於人民？」「胡傳魁」閉著眼躺著。我看到他的眼淚靜靜地流向耳窩子，積在耳朵裡。

命案未遂，團裡也不敢再批判了，聽說領導第二天晚上就請「胡傳魁」「阿慶嫂」到家裡吃餃子。安撫一通之後就讓他們儘快返城回家，宣傳隊也開始下放，一個連一個連地換，每年都輪

一次。要說一個團裡這麼多知青，怎麼都認識我，就是因為下連隊下的。

現在回頭想，「胡傳魁」與「阿慶嫂」何罪之有？二○○八年是知青上山下鄉四十周年紀念，我在想，我們該怎麼回首這段往事。集體語境往往要上升到社會歷史的偉大高度，說一大篇道理，我們甚至仍會不自覺地將之理想化，重溫那些「淋一身雨水，就讓我們用青春烈火烤乾衣裳」的詞句，但具體到個體的命運，就不可能是一句話、一個大道理所能概括的了。

黑龍江兵團七團知青姚科在〈嚴禁知青談戀愛　歐陽梅生成這一規定的殉葬者〉回憶：一九六八年的冬天特別的寒冷……自「飛鐃事件」發生後，我便被調到食堂工作，在這裡我和上海知青歐陽梅生成了十分要好的好朋友。

梅生屬於那種典型的知識份子的儒雅形象，一百八十四公分的個子，戴著一副深度的近視眼鏡，說起話來斯斯文文，白皙的臉上永遠都保持著一種神祕感。梅生比我大四歲。他出生在上海的一個高級知識份子的家庭，頗有文化教養，因而我們很能談得來。我們有著相同的家庭背景，有著相同的人生經歷，有著相似的潔癖，有著共同的文學愛好……

梅生有一個只有我們兩人才知道的祕密——他有一位女朋友，他們屬於青梅竹馬的那種愛情，很純潔，很高雅，很完美。當時的黑龍江生產建設兵團明令規定，嚴禁知青談戀愛，並且是作為一項鐵的紀律來約束我們的。直到今天，當我再次回味這一極度缺乏人性關懷的非常規定時，依然會痛恨如初。一方面，兵團當局極力鼓吹知青們扎根邊疆；另一方面卻又不允許知青們談情說愛，實在是有些自欺欺人、自相矛盾的味道。我的好朋友歐陽梅生和他的女友，正值豆蔻年華卻成為這一規定的殉葬者。

那一年耶誕節前夕的一個夜晚，梅生按規定的時間做完了夜班飯後，整理完食堂的炊具正準備回宿舍休息，正在此時，他的女友來食堂找他，於是便發生了一件驚天動地的事情。我是後來才聽說的。

那天晚上，梅生和女友商議完春節回上海探親的事情後，兩個人最終難耐愛情的烈火，就在食堂的麵案子上做愛了。而且非常巧的是，被巡邏的值班分隊的戰士們看到了，於是他們二人便被帶到了連部，受到了走馬燈般的反復審問。梅生為了保護自己的女友，便把一切責任都承擔了下來……

悲劇，便由此產生。當第二天的清晨，炊事班的早班知青來到水井邊準備打水時，卻意外地發現了水井裡梅生的屍體。一時間，消息傳遍了連隊的所有角落。當我披上棉衣匆匆地趕到水井邊，看到的只是梅生那更加蒼白的臉，無助的雙眼至死不肯閉上，慘兮兮的，讓我至今都難以忘懷！一位頗有才華、知書達禮的知青，就這樣走完了他年僅20歲的生命歷程。我的心都碎了，彷彿整個世界都塌下來了，上蒼於我們知青們不公啊！

我最後為梅生整理好遺容和衣服，因為他生前極愛整潔，且有潔癖，我知道，梅生的襯衣總是雪白的，衣褲總是非常的整潔。當我為梅生做完這一切以後，有一種如釋重負的感覺。那一夜，我帶著對於好友梅生的懷念整夜都難以入睡，梅生的被子還整整齊齊地擺在那裡，卻已是人去物空；梅生的音容笑貌還在我的腦海當中迴響，卻人駕鶴西去。那一夜，我的心一直在流血，我不知道去天堂的路會有多遠，是坎坷抑或平坦，但是我會衷心地祝願我的好友梅生一路走好！請梅生在天堂等我……

黑龍江兵團知青耶子在〈當年，那位兵團知青是這樣生下自己孩子的〉講述了一個極其冷酷可憐的故事：那是去兵團的第

二年的麥收之後，再怎麼以「一不怕苦二不怕死」的精神要求自己，也終於抗不過疾病對我的襲擊。我的關節炎到了非常嚴重的地步（但當時我並不清楚嚴重到了什麼程度），持續低燒，渾身關節疼痛，特別是心臟難受，連衛生員叫我一定得去團部醫院檢查。結果一查血沉在一百一十八（正常值是十幾），兩個醫生圍住我，問這問那，並堅決命令我住院。就這樣我住進了團部醫院。

我所在的病房連我六個病人，一個牛皮癬，三個闌尾炎、還有一個她說不清自己是什麼病，三個闌尾炎只要一拆線就走人，立馬又來個闌尾炎，闌尾炎當時是醫院最多的病人。那個得牛皮癬的是哈爾濱知青，看上去非常健康，那個說不清自己得的是什麼病的是上海知青非常虛弱，臉色很蒼白，加上我仨人是老病號。當時我非常奇怪，怎麼還有說不清自己得的是什麼病的？後來在我不停的追問下，並在避開那個嘻嘻哈哈的哈爾濱知青的情況下，我在這位上海知青斷斷續續的講敘中知道了發生在這位知青身上可怕和辛酸的一件事。

她是六八年去兵團的第一批上海知青，是六六屆高中畢業生。她原是學校的學生會負責人又是團支書，後是學校紅衛兵頭頭，六八年是去兵團上海知青的帶隊人，去兵團不久就入了黨。當時兵團不許戀愛，但她在來兵團前已經與上海家的隔壁鄰居，一位已經參加工作的男青年有了戀愛關係，並且在離開上海奔赴邊疆的前一夜有了性接觸，回到連隊四、五個月她才知道自己懷孕了，開始她瞞著，但這不是其他病可以瞞的，懷孕是要肚子大起來的。

終於瞞不住了，她向連隊指導員「交代」（因為這是屬於羞於啟齒的資產階級行為）了自己的「罪行」。這可是砸開鍋的

事。全連立馬開批判會，所有知青都對她聲色俱厲地聲討，當然包括上海知青，還有她的同班同學也是好朋友。她被開除黨籍，成了「偽君子」，從上海知青的先進代表一夜之間成了上海知青的恥辱，她被不容許住在原來的班隊宿舍，單獨住進了一間連隊放工具的倉庫。再也沒有知青願意與她有接觸，更不要說和她說話。只有上海的男朋友是她的唯一安慰，她和他都瞞著雙方的家庭父母。她說當時她無地自容，支撐她活下去的就是男朋友的書信。

在她臨產前她一直在和大家一起勞動，只是勞動時大家都離她遠遠的，好像她是臭狗屎。生孩子那天是晚上，她忍著疼痛生著了爐子，外面大雪紛飛，當羊水流出來後，她說她開始大叫「誰來幫幫我？」她說她其實知道不可能有人會來幫她，但她還是又哭又喊「來人啊，幫幫我——」後來孩子出來了，她說又害怕又好奇，雖然她還是又哭又喊，但不得不自己為自己接生了，她用從上海帶來的剪刀剪掉了孩子的臍帶（我當時頓感到毛骨悚然）……

孩子出生後她只喝了一碗熱開水，一直躺著直到第二天，有一位老職工家屬來看她（我當時想這個老職工怎麼知道她生下孩子了？現在分析她生孩子時的發出的求助聲，屋外其他人是聽見的，但沒有人去幫助她），看到是一個男孩子，非常高興，當即就要收養這個孩子，於是給她拿來了兩棵圓白菜、麵粉和玉米粉，這以後就再也沒拿東西來看她，不知是誰有一次給她往地上扔了幾棵圓白菜就走了。好在上海的男朋友給她寄來了包裹，有糖和一些魚、肉罐頭。月子裡她自己去老職工家拿柴火生爐子燒點吃的。

工具倉庫太大，小小的爐子燒不熱房間，房間非常冷（北

大荒的冬天夜裡都是零下四十多度的。記得一次零下四十八度我們照樣做夜班脫粒大豆），她和孩子蜷縮在被子裡，她說自己想哭，但哭不出來。他的上海男朋友堅決不同意把孩子送掉，但她還是決定把孩子送給了要收養孩子的那個老職工。孩子滿月那天這個老職工就把孩子抱走了，並且不許她以後去看孩子。她常常一個人躺在床上餓一天，因為實在沒有力氣做吃的。只有必須往爐子裡添柴火時她才勉強起身，因為爐子不能滅，房間太冷了，水都結冰的。她說自己月子裡一直在發燒。現在的病大概就是月子裡落下的。但她又說不清自己得的是什麼病，是醫生要求她住院的。

我問她，她的男朋友來兵團看過她嗎？她說他是想來看她，但被她拒絕了，因為她在這裡因為這件事名聲太不好了。我清楚地記得，說到這裡她突然沉默了好久，眼睛呆滯地看著窗外。我當時虛歲十八歲，還根本不懂這樣失去孩子做母親的感覺，也不懂男朋友在這樣一個淒苦女人心中的地位和無法見心愛之人的痛苦。當時我只是感覺這樣一個說話輕聲嚅嚅，身體消瘦虛弱，臉色蒼白眼無神采的人當年可曾經是紅衛兵和知青中叱吒風雲的人，真是不可思議。

還有，「是什麼把這樣一個朝氣蓬勃，意氣風發，並理想著指點江山，渴望大有作為的人變成了這個樣子？為什麼所有人都遠離她？」問題逐漸形成，但沒有答案，一切答案在當時我的心中是迷茫的，是遙遠的，但人性中的悲憫之情從此在逐漸吞噬著我的狂熱的革命激情，我那被渴望衝向巴士底監獄「解放全人類」的狂妄而培育的理想大廈出現了裂痕，出現了危機，只是我當時不清晰自己靈魂的變化而已。

但惡夢總有被清醒意識到的一天，特別是以後我也當了母

親，我深深地感到了這位上海女知青在兵團極左意識形態主宰歷史時遭受的悲慘境遇是對一個純真靈魂怎樣肆無忌憚的摧殘，它無疑將使我終身難忘和懂得了：當人性在邪惡政治意識形態中被刻意泯滅時，太多所謂的人是完全可以成為名符其實的禽獸。

正是因為當時農村農場管理者採取種種極端手段對偷吃禁果的知青進行迫害，有的知青事後只有用自殺來解脫自己的「罪過」，雲南兵團知青聶曉薇在〈愛的誤區〉痛惜地介紹說：……一位曾在雲南農墾總局青年科工作過的朋友告訴我，那時他們每年都要統計一種報表——知識青年死亡情況統計表。在「非正常死亡」一欄裡，排第一位的是自殺人數，而在自殺人數中排第一位的，則是因未婚同居和戀愛糾葛而自殺身亡的。

孟定農場的成都女知青小謝，和一男知青偷偷戀愛並同居。不久她覺得身體有些不適，猜想大概是懷孕了，又急又怕。那時候，上級領導還不允許這批知青戀愛結婚，因此很多知青戀愛都屬於「地下活動」。如有人想偷嘗禁果，一旦事發，處分是在劫難逃的。於是小謝和男友商量，決定自行打胎。一天，她吞下了十五片氯奎，不久便人事不省。男友見事不妙，背著她就往醫院跑，行至半路，小謝就一命嗚乎了。可憐的小謝臨死前懇求男友做她媽媽的兒子，但是她不知道，在她死後男友也進了監獄，更可悲的是，她死後醫生檢查發覺她並沒有懷孕……

這一切悲劇產生的根源應當歸咎於那個荒唐年代，那個時候的愛情是生活的禁區，過多渲染的政治色彩，又使人性變得壓抑和扭曲。由此才導致了一齣齣無知心酸的悲劇。而雲南知青金師爺二〇〇五年八月三十一日講述因女知青未婚懷孕，害怕追究批鬥，結果引發的悲劇〈食孩〉更是讓人慘不忍睹：

……一九七四年底雲南生產建設兵團水利兵團，五團四營北

京知青老剌蝟燉食三隻母雞和死胎孩一事恐怕已被人們淡忘，我在與當年知情的老知青在見面會上回憶並落實了此事。本人將此事講給下一代，讓年輕人知道在毛時代什麼事都可能發生，這事發生在知青頭上實屬罕見，具體情況聽我講來。

北京的知青有些被分配到橄欖壩水利兵團，從兵團的名稱人們就知道該師團是以修建水利設施為主。橄欖壩地處景洪市下方是瀾滄江必經之地，由於周邊是崇山峻嶺橄欖壩地勢地低窪常鬧水患，所以雲南生產建設兵團為解決水患問題就用一個師的兵力來修建水庫和舒通河道。橄欖壩水利兵團主要由北京和上海知青組成，知青們除了興修水利，自己也養些豬狗牛等，還可以種些蔬菜自給自足。兵團戰士們也可讓餵些雞鴨等家禽，也使得生活到了一些改善。

水利兵團不像農墾兵團還有些由社會「盲流」類型的人組成的老職工隊伍，這裡清一水的全是知青，但是連以上的幹部都是正規軍人。這個非正規的軍事單位不同於正規部隊，這是在毛主席的戰略思想指導下部署的「屯墾戍邊，保家衛國」的准軍事部隊，所以男女各半有意讓知青們成立家庭永守邊關。

一天的勞累後知青們常三三兩兩圍成一團，除了時常搞「精神會餐」說些家鄉的名菜名吃外，就是談些各地見聞解除煩悶。上海知青常談論城皇廟小吃，小籠蒸包、生煎包子、白切雞、鹵鴨、醬鵝、糟魚引起知青們口水直流浮想聯翩。北京知青也不甘示弱擺出北京牛街的切糕、炸糕、豆汁、炸焦圈、烤鴨、爆肚等大吃和小吃不時引發雙方的爭論好不熱鬧，隨後大家從「精神會餐」的「享受」中回到現實才知是一時的精神快樂解悶罷了。

上海知青常講些上海的高樓大廈、黃浦江、外灘、大世界把人的心情帶回到現代化大都會中去。北京古都風貌也是北京知青

吹噓的本錢，歷史典故政治政策，各種小道消息，政治新聞常是知青們最愛傳和關心的事。每當這時知青們最想聽北京知青大佐講的故事，這也是除早請示晚會報後必有的聚會，常常使知青們聽傻了眼。

大佐文質彬彬學究派頭，一看就是個才高八斗滿腹經綸飽讀詩書的文化人。大佐講故事時的派頭很大，知青們事先要給他沏上茶倒上水點上煙，還要多點幾盞油燈把草房照的亮亮的，不然講到恐懼之處常驚嚇著各位聽眾。大佐端起茶杯輕輕吹上兩下小飲一口，瞇上眼睛沉思良久，這些拿勁的舉動弄的急性的知青催促起來，也會引起一時的噪動。一隻繡花鞋，三國、封神演義、聊齋、基督山伯爵等都是大佐的好故事，一時間讓知青們聽的入神也忘記了堅苦的生活。

男女知青在這種環境中不時蹦出愛情的火花，有的悄悄的離開大佐的書場，回到宿舍或走到魚溏邊，膠林旁你你我我，恩恩愛愛的表達愛情的宿願。二十來歲的孩子有時很難控制住感情，常弄出點越軌行動導致在那個時代危險和可怕的後果。

上海女知青林素麗與北京知青李國寶在不經意時不小心懷上了孩子，當李國寶得知此事時不祥的陰雲立即籠罩在他們的頭上。林素麗懷上孩子的事情一旦敗露就是非同小可的事。未婚先孕在那時被視為「流氓罪」輕者批鬥遊街，重則入獄勞教。這可是現代憤青難以想像的事，不過那時人們已被毛主席教導變成了馴服的野獸，男女相愛也成了不是隨隨便便的事。雖然人們脫離了父母包辦婚姻，但是卻變成了單位領導包辦的婚姻，單位領導人不同意就別想結婚和生兒育女。

李國寶二人心急如焚惶惶不可終日，他倆一時像毛了爪的雞不知所措，萬般無奈李國寶只好把此事跟衛生所的北京知青外號

叫老刺蝟衛生員講了，這事也使老刺蝟大吃一驚。老刺蝟是個非常聰明能幹的傢伙，他多才多藝琴棋書畫樣樣精通，也是四營有名的小諸葛。如果不是這次事件他可能調到昆明去搞寫作去了。老刺蝟得知此事後就想方設法尋找墜胎的辦法。讓林素麗喝用雞血藤、桃仁、穿山甲泡的墜胎酒，喝用紅花和七葉一枝花熬的草藥湯。中藥、草藥、偏方一起上，恨不得給林素麗混身都貼滿麝香止痛膏！但是林素麗的肚子還是一天比一天大了起來。眼看就快八個月了，連隊領導人也有所感覺，只是怕這事敗露影響連長的進升，連長睜一隻眼閉一隻眼等待這對倒楣鬼自己處理。

大家愁眉苦臉無計可施，老刺蝟見狀跑到四營的老醫生那學到了束腰蹦跳的墜胎方法。他就讓林素麗採用「束腰蹦跳之術」，每天找個無人的地方從一米多高的高處向下跳，一天跳上幾十次，之痛苦難於言表。不知是蹦跳的結果還是麝香泡酒的結果，功夫不負有心人，一天胎兒終於沒有了心音，雖然胎兒已死去但是這只是萬里長征第一步。為了使死胎趕緊生出，老刺蝟又為林素麗打了麥角促產素。在某天的黃昏時分林素麗終於產生了宮縮，陣陣的巨痛使林素麗在床上翻滾，怕事情敗露的恐懼讓她不敢出聲，被領導發現的危險隨時都可能降臨，一旦東窗事發在場者將在劫難逃。政治恐怖戰勝了人生第一次分娩的痛苦，林素麗在老刺蝟和幾位女知青的幫助下生下了一個死胎。林素麗非常的堅強，她怕別人知道，她沒有痛的嚎叫，她滿頭是汗混身青紫的生下了這個令人擔憂又關係到兩人前途的死胎。

林素麗望著可憐已死去的男嬰，眼中串串的淚水不斷的淌下，這孩子在娘胎中就受盡了煎熬，一個活生生的生命就在政治原因的影響下胎死腹中。雖然這個胎兒來到了人間，但是他永遠睜不開雙眼，這個世界不屬於他，他沒有生的權利，但是他避開

了這個苦難的世界。可憐的胎兒噩運並沒因出生而結束，他將給其他活在人間的人帶來不盡的苦難和死亡……

雖然胎兒被生下讓在場的人們鬆了口氣，但是如何處理這可憐的死胎卻成了問題，當大家冷靜下來考慮這事的後果時不盡讓在場的人冒出了冷汗。這事一旦被領導發現，李國寶、林素麗及在場的知情者都不會有好果子吃。他們也無法說的清這個胎兒的死因，他們將會有口難辯，跳到黃河也洗不清！除了他們二人會被定為「流氓」要抱著死胎遊街批鬥外，更可能會被定為殺人罪。知情不舉者也會跟著陪鬥遊街，也會定為「流氓團夥」免不了牢獄之災。

在場的人們你望著我，我望著你一時不知所措。在沉默中有人提議將死胎埋藏在後山的水溝邊，又有人建議用石頭綁好丟到魚溏裡，可是所有的建議都存著問題。這樣處理死胎都不是最妥善的方法，被發現後很可能被定為殺死胎兒毀屍滅跡的證據，那大家就全都死定了。這時老刺蝟鎮定的說：「這死胎我去處理，知情者要發誓保守這個祕密，這關係到人們的生命和個人安危」，大家都同意並發誓後，由老刺蝟用布包好死胎走了出去。林素麗望著老刺蝟的身影淚水不停的流著，她想放聲大哭，但是她不敢；她用虛弱感激的目光目送著老刺蝟走出了門，心裡充滿了恐懼和悲傷，她不解作為一個女人，甚至不如一隻貓狗能產下自己的孩子……

老刺蝟回到了宿舍，同室的上海知青崔祥知道老刺蝟去幫林素麗接生的事，看老刺蝟回來就問：「林素麗生了嗎」？老刺蝟靜靜的指了指門後的布包，崔祥放下手中的書跑道門後打開了布包，當死胎展現在崔祥的眼前時，崔祥驚叫的跳了起來，老刺蝟迅速的用手指在嘴前吹了一聲，噓……「你別喊呀」！崔祥定了

定神對老刺蝟說：「你怎敢把這東西弄到這來」？老刺蝟鐵青著臉說道：「這死胎不好好處理大家都要出事，我真不知怎麼處理為好」。崔祥看著老刺蝟焦慮的臉冷冷的說道：「聽說這死胎與雞燉了吃能十全大補，這樣不是連骨頭都找不到了嗎」？老刺蝟點了點頭，說：「也只能這麼辦了，我去處理死胎」，崔祥說：「我貢獻三隻母雞，我去殺雞」，而後他們就分頭去辦各自的事了。

一時間連隊中殺雞的慘叫聲傳遍了全連，也傳到了正在開黨員代表大會的會議室中，連長奇怪的問：「這麼晚了還有人殺雞」？副連長說：「我去看看」，副連長順著雞的叫聲來到了連隊的伙房，他看見崔祥正燒開水準備燙雞毛。副連長問道：「今天什麼日子怎麼要殺雞」？崔祥道：「副連長來的正好，今天有知青過生日，我貢獻三隻母雞，想做好了再請幾位領導過來喝酒，不想副連長聞雞而來正好」，副連長說道：「好小子等我們散了會好好喝喝」然後離去。

老刺蝟在醫務室用燒開的水澆到死胎身上，頓時死胎渾身緊繃四肢突然收縮抽動著，就像復活了似的，兩隻眼睛突然的睜眼，向是對人類的抗議！但是在開水的作用下眼球很快混濁變白。他輕輕的搓去了皮上的胎毛，又將薄皮撕淨。胎兒是那麼的無助，任憑兇惡的大人將他的頭和手腳斬掉，他們還用剪刀剖開了腹腔。老刺蝟沉著沒有一點恐懼的處理著死胎，他剪去腸胃，那腸胃裡面空空如也，但是還有溫度，顯然外界食物還沒有光顧這套腸胃。腹腔中的器官非常的柔嫩，甚至用手一碰就會破裂。腹內中的血並不多，這可能是胎死在腹內的原因。心臟是那麼的小，肝臟是那麼的嫩，人類卻是那麼的狠⋯⋯

老刺蝟將死胎的心和肝輕輕的掏了出來放在碗中，他捨不得

把這些大補的東西丟掉。他用水洗淨體內外的血污，並將胎兒切成了小塊；骨頭和肉非常的鮮嫩，不用多大的力就切斷。經過處理後誰也不會再發現這是人肉。老刺蝟將切下的死胎的頭和手腳偷偷的埋在大佐的窗下，然後拿著切好的胎塊來到連隊的火房。

崔祥看老刺蝟的到來就開始往大炒鍋中倒油，當油達八成熱時，崔祥把辣椒、花椒、蔥、薑、蒜等倒入鍋中，炒出香味後再將雞塊放入鍋中煸炒。頓時空氣中已充滿蔥薑蒜炒雞的香味，隨手老刺蝟將胎兒肉混入鍋中發出嘶嘶的炒菜聲，鍋中的「雞肉」的肉色很快變白。崔祥隨手掰了幾塊上海產的醬油膏放入鍋中，又加入砂糖、辣椒、八角，一時鍋中的肉塊成了棕紅發亮的顏色。當米酒和白酒點入鍋中時，一時間連隊的上空飄蕩著這誘人的蔥薑蒜炒「雞」的香氣。香味使黨員大會草草收場，黨員們趕快跑到火房準備品嘗這香味撲鼻的薑仔炒「雞塊」。

幾位領導和黨員們當看到大鍋中色香味俱全的「雞塊」時，大家已經口水橫流垂涎三尺了。顯然這「雞」炒的不同於連隊的大鍋菜，滑嫩可口鮮嫩無比。連長迫不及待的用手從鍋中捏起一塊「雞肉」放在口中，極為鮮嫩的美味觸動了他的味蕾，連聲說：「好吃，好吃」。從沒有吃過的這種炒「雞」使他食欲大發，端起包穀酒與大家開懷暢飲。他特別對薑仔炒「雞」之嫩讚不絕口，這雞肉入嘴嫩滑，風味妙不可言，大家也驚歎崔祥的炒菜手藝。黨員們津津有味的吃著「雞肉」同時相互劃拳來解除在邊疆無聊和煩惱。

四喜財！哥倆好！五魁手的劃拳聲，在夜色的山林中顯的非常富有穿透力，使其他知青們都在議論崔祥和老刺蝟不知是抽什麼瘋，如此拍連長和黨員們的馬屁。黨員們在劃拳的嚎叫聲中顯出了朦朧的醉意，夜深時分酒席散去。這時老刺蝟臉上才顯出了

一絲平靜，哪知道災難就快降臨到大家的頭上，後果不堪設想。那個時代無罪都可能被羅列罪名，何況這「兇殺案」了。

那時的人們思想複雜，大家互不信任，差不多都為了自己的處境出賣朋友保全自己。連隊中早就分為派系和死黨，老毛狡猾的制定了軍隊的編制，連長與指導員相互制約，造成矛盾後魚翁得利，毛把軍隊玩弄於手掌之中。這件事給指導員整連長埋下了伏筆，使參與和知情者深受其害。

遠處林素麗此時雖感覺到連隊中雜亂的躁動，也隱隱約約的聽到酒令聲。她認為這是老刺蝟為了自己而在轉移擾亂連隊領導們的視線，在請領導們喝酒。在極度虛弱中她昏沉沉的睡去，睡夢中那血淋淋一動不動的胎兒，那緊閉住眼睛可憐的樣子，總是揮之不去浮現在眼前。一個快要成熟出生的寶寶，就因為思想政治導致他在娘胎中就遭到被整死的厄運，這使她心酸。腹中的飢餓感使她驚醒，遠處酒肉的香氣隱隱的飄來，林素麗這才意識到今天還沒好好的吃東西。她有氣無力的叫李國寶為她沖杯上海知青送來的奶粉，當熱乎乎的紅糖沖奶喝下後身子出了些汗，也增加點力氣。

李國寶用熱水為她擦拭著身體，內心的愧疚使他心情不能平靜，他內心自問：「世道怎會是這樣」？「人怎麼沒有自己的權利」？人愛、母愛、人性都被歪曲變形，人的思想受到人為的控制，人已經沒有了自己的思想，人變成了政治生物。李國寶思考著諸多問題，雖然偉大領袖教導人們要「為人民服務」，而實際所有的中國人只為領袖一個人服務。中國人好像只為了毛主席活著，主席讓你今天死你就別想活過三更！就連人的生兒育女權也屬於我們偉大導師的。主席叫人們多生，全國的育齡婦女就好像雞下蛋似的拼命的生，他一句話要搞計劃生育人們就會被弄去結

絮。人們已經成了毛主席的精神奴隸，主席在人們的生活中佔有絕對的統治地位。現實生活中的政治、鬥爭、飢餓等苦難遭遇把人改造成為毛主席的工具，如果需要就是腹中的嬰寶也要獻給偉大的「恩人大救星」。

李國寶將上海知青們送來的豬肉罐頭跟洋白菜一起炒了個菜，又蒸了個紅糖雞蛋羹給林素麗補養身體。林素麗驚恐的心情略有點平靜，她不時的思索著懷孕的前前後後，一切就像是一場夢困擾大家幾個月。政治厄運隨時的降臨，抱著死胎遊街的恐懼使她擔驚受怕，這讓她被迫緊勒腹部想避過此劫。她緊咬牙冠忍受著人間的痛苦從近一米高的土臺上不知跳了多少次，終於讓胎兒死去又生了出來。雖然暫時讓她鬆了口氣，但是今後會怎樣？她一臉盲然不知所措。懷孕期間她幾次想到了死，她想離開這可怕的世道，但是堅強戰勝了恐懼。因為知青們從私下傳來的小道消息和美國之聲的評論證明，主席年邁體衰和加重的病情給人們帶來生的希望，大家相信他的死會給中國人民帶來新生。每當想到一人的死能換來人民的新生時，這個消息就堅定了林素麗活下去的信心……

李國寶看到林素麗臉色和體力有些恢復，心中的不安和預感使他產生了害怕，他擔心事情的敗露，他想找老剌蝟問問是如何處理死胎的，但是他沒有這個膽量，死胎那紫紅的樣子使他恐懼。今後怎麼辦的問題擺在他的面前，他必須從實際思考，他思考死胎能否被人發現？一旦死胎被發現後又怎麼辦？今後還會發生什麼事情？忐忑不安的心情伴隨著他們，等待著厄運的到來。

俗話說世間沒有不透風的牆，崔祥宴請黨員們吃薑仔炒雞孜的事不脛而走，傳到了指導員的耳朵中。指導員認為這是整連長和副連長的大好時機，原本傳說營長要想讓他轉業回家，可怕的

信陽老家的貧困景象歷歷在目。當年信陽地區在60年餓死的人事是全國之首，他想盡辦法才參軍入伍脫離了窮鄉僻壤。他已知道連長在背後，早就給他在營長那裡經常的上眼藥，他這樣的背後捅刀子不外乎讓自己轉業回來好保住他自己的位子。這是因為能留在軍隊怎麼也比老家好，回家前途未卜想起老家的慘樣他心頭就像一股陰雲揮之不去，何況又當了連級幹部那。留在部隊的名額有限，所以為了能留在部隊，他們連級幹部就快成了你死我活的鬥爭了；不是你走就是我走，在文化大革命期間回到地方會是什麼情況？讓人想起就後怕。雖然水利兵團不是正規軍，可是能當連級幹部總比回鄉受罪好的多，在這裡還管著不少城裡娃。再說能領導這些從大城市來的青年，怎麼也能從知青那裡瞭解不少外界大城市的資訊，特別是大上海的宏偉和北京的古都風貌是多麼的令人神往，聽大佐講故事也算變相的開了眼使自己產生去過大城市的幻想。

指導員好像感到連長的勢力不小，就是自己在營部的靠山馬教導員一時也說不上話，常眼睜睜的聽著營長在背後罵他而幫不上忙。馬教導員已多次警告他讓他小心做事不要被抓住小辮子，他已感覺危險的來臨。指導員發現這次事件是整連長們的大好機會，他找來連裡的鐵桿們，讓大家再進一步摸清情況，因為他知道連長和副連長加起來可興風作浪勢力太大，一旦鬥不過他們，回鄉的命運就在劫難逃了。確鑿的證據是非常必要的，林素麗曾大過的肚子是不爭的事實。那時指導員也曾想到營裡報告林素麗懷孕的「流氓」行為，再一想自己才是連裡主抓思想工作的，上級追究責任只能先抓自己。他最怕連裡有人偷偷向營長打小報告引來營部調查。

正在此關鍵時刻有想入黨的積極分子，偷偷的向他報告林素

麗已經生了孩子的事，並且可能以經毀屍滅跡！更可能在那個奇怪的夜晚，崔祥宴請連長和黨員，更是可疑的焦點。又聽說人們從來沒有吃過如此鮮嫩的薑仔炒雞，疑雲重重使指導員和幫派們興奮不已。要整連長的衝動，讓指導員的幫派摩拳擦掌，他們分頭去調查瞭解更多的情況。調查先從找死胎開始，因為這才是最有力的證據。不整倒連長和他的同夥，他們就不能留在水利兵團，就不能吃軍餉，就要會回到田間地頭永遠的修理地球種莊稼。

崔祥顯然不如老剌蝟老練，他沉不住氣了，他感覺到事情快要敗露，恐怖的陰雲已籠罩在知情者的身上，大家自覺不自覺的找老剌蝟商量，接觸的次數更加頻繁。這一切都被一些惡毒的眼睛死死的盯住，他們的活動被指導員的耳目隨時的監視。

李國寶也有所察覺，他晚上找到了老剌蝟想瞭解死胎的處理情況，老剌蝟陰沉的臉對李國寶說：「你越知道的少越好，跟你講過了死胎我處理就是我的事，一切責任由我負責，你們按所發誓去作就好了，多事和沉不住氣只能壞菜」！李國寶默默不語帶著無奈而落魄的心情離去。

當崔祥感覺到有人在監視他時，他慌了神，他滿腦子空白，他只能無奈的等待事情暴露和值勤連戰士的到來。他想到了逃跑，他想逃回上海，他也想到跑過邊界去金三角，他不知所措……

崔祥慌張的神色使指導員的奸細們警覺並堅定了信心，他們將目標鎖定崔祥，如果崔祥沒事為什麼如此心事重重慌張不安？他們知道只要攻下崔祥這小子就可打開缺口，就可討好指導員和營教導員，就有可能使自己早回家探親，甚至能多在家中玩幾天。如果能使指導員滿意說不定還能當衛生員、炊事員、文書或會計。經指導員同意後有的人開始跟崔祥套近乎，他們想通過跟

崔祥閒聊來找出蛛絲馬跡。老刺蝟也察覺有些人近來向崔祥套近乎，他感到問題的嚴重，如何逃脫此劫成了他的一塊心病，他更加關注崔祥的一舉一動，他還注意其他知情者的情況。在此同時指導員的爪牙們也在觀察老刺蝟的神情和活動，他們知道老刺蝟可能是幕後重要成員，但是他們知道老刺蝟聰明狡猾很難對付……

　　一天，指導員叫崔祥到他那談話，問道：「崔祥，上次你請連長吃雞喝酒怎麼沒給我留點？我第二天開會回來聽說你炒的雞好吃的很」？指導員問時，他將「好吃的很」這一句話有意拉長音。這可讓崔祥心裡一驚，頓時臉色發白背後直冒冷汗，他用眼睛斜看了指導員一眼，這一看不要緊正好跟指導員的眼睛對上，他慌忙低下頭。這一眼讓指導員更堅定了信心，認定崔祥必有鬼，也斷定崔祥心裡防線很脆弱，用不了幾詐唬就能讓崔祥吐出真情。如果把整個事件弄清楚，彙報教導員定會整倒營長，到那時我就是頭功了。

　　崔祥心中自問，怎麼指導員這樣單刀直入的問那？難道他已經知道了真相？他定了定神低頭說道：「我還以為你開三天會第二天不回來那，我明天再給你殺隻雞將功贖罪行了吧」。指導員冷冷的說道：「你辦的好事你知道，別不見棺材不落淚，不到黃河不死心，我什麼不知道」！指導員的詐唬可把崔祥嚇的靈魂出竅，他說話已經開始結巴了。他說：「指導員你別嚇唬我，我可沒得罪過你」，指導員說道：「我要救你，你小子可別不聽勸，不說出實情我也管不了你，有什麼事就到值勤連去說吧」……

　　指導員讓崔祥先回去，一是看看崔祥跟誰聯繫以便廣大戰果，二是必須先跟馬教導員商量，聽聽教導員的指示。指導員目送崔祥憂慮重重的身影走出了門口遠去，他心中暗喜。他很快叫

來了死黨進一步交待了任務之後就急匆匆的向營部走去。

第二天兩名全副武裝的值勤連戰士已到了指導員辦公室，指導員派人去叫崔祥。當有人找到崔祥，崔祥心中一沉，他感到這下完了。他看了正在房中的老刺蝟一眼，老刺蝟用堅定的眼神看著他，他靜了靜心跟著通信員來到了指導員的辦公室。

指導員親手給崔祥倒了杯茶，問到：「你小子想好了嗎」？崔祥此時看到了兩名全副武裝的值勤連戰士，但是他沉著的端起了茶杯吹了吹杯面的浮茶，低著頭說：「你讓我說什麼」？指導員瞪著眼睛說：「我讓你說出吃炒雞的事」。

崔祥抬起了頭望著指導員，「你幹嘛跟我過不去？以後什麼事我都聽你的行嗎」？「你要是聽我的那就把什麼事都說出來」？指導員斜眼看了一眼值勤連戰士，兩個戰士一個立正發出整齊的聲音：「說！」他對指導員說：「讓我回宿舍拿被褥和衣服行嗎？」指導員點了點頭，就讓那兩個戰士押著向宿舍走去。

短短的幾十米路的兩旁已經站了很多知青，大家看到值勤連戰士就知道崔祥這次被抓，肯定犯了大事，人們為崔祥捏了把汗，大家交頭接耳猜測崔祥犯了什麼事。遠處老刺蝟也看著崔祥，知道大事不好，看崔祥的樣子不可能堅持的住，自己難逃被抓的命運。想到這裡老刺蝟反到是平靜了些，他想倒不如逃到金三角去當「緬共」，可是又一想這會給他的北京家人帶來株連，搞不好被說成叛國罪，那可是大罪，家人不可能承受不了這樣大的罪名。老刺蝟把心一橫心想「是福不是禍，是禍躲不過，就看天意吧」，他希望崔祥能頂的住，希望他有骨氣，就像對天發誓時的那樣承受住嚴刑考打，不然將把知情者全都害了……

押解崔祥的二一二消失在塵土中，知情的幾個知青懷著慌恐不安的心情等待著事態的發展。誰都想到了跑，可是誰又能跑出

領袖的手心？就連中國的國家主席不是也逃不掉被整的命運？更何況普通百姓這個弱勢群體了，誰又敢對抗那？

　　崔祥被押解到值勤連的裡院。值勤連是由日字形房子組成的套院，外院是辦公室、戰士宿舍、伙房、醫務室、連長和指導員的宿舍；裡院有十幾間牢房和兩個刑訊室組成。值勤連座落在一個小山沖中，四面環山和原始森林，一條小道通向營部，營部在一條山溝的中央，全營各連分佈在正個的山溝間。

　　當崔祥被押進到刑訊室後，看到被知青稱為「李鬼」的一排長和書記員坐在桌後。「李鬼」第一句話就說：「崔祥你到這裡來有什麼想法嗎」？崔祥說：「我沒犯什麼罪憑什麼抓我」？書記員做著記錄。「李鬼」弩了下嘴兩個戰士過來扒光了崔祥的上衣，七手八腳的用繩子將他吊在房梁上。「李鬼」最後問道：「坦白從寬，抗拒從嚴這是我黨政策！是你說出事來還是讓我撬開你的嘴」?!此時的崔祥汗水已經流下，但是他把牙一咬不再出一聲。兩根泡了水的藤條雨點般的抽打在崔祥的身上，一鞭子下去崔祥就發出一聲慘叫。鞭打過後崔祥並沒招供，「李鬼」頓時暴怒親自提著軍用皮帶沖了上來。他沒頭沒臉的向崔祥抽去，當皮帶上的「八一鐵扣環」抽到崔祥的身上後，皮膚馬上就抽印上帶「八一」二字的紫塊。營部後山上在黃昏時分不時的傳來鞭打和淒慘叫聲，讓人感到陰森可怕彷彿進了地獄。

　　「李鬼」並沒能用鞭打撬開崔祥的嘴，「李鬼」怒吼到：「你小子還真是個硬骨頭，來人呀，叫他坐土飛機」！兩名戰士過來把崔祥裝進了麻袋，用繩子拉到房梁上猛一鬆手讓麻袋重重的摔到地面上，只聽崔祥撕心裂肺的一聲慘叫。李鬼問道：「你說不說？再來」！麻袋又被高高的吊起，然後又重重的摔下，崔祥的慘叫的聲一聲比一聲小，他昏死了過去。

崔祥被冰冷的涼水澆醒過來，「李鬼」惡狠狠的問道：「如果你不說我就磨碎你的骨頭」，崔祥咬著牙難難的說道：「我沒罪，你叫我承認什麼」？李鬼說道：「我這裡的刑具超過渣子洞，來人！給我往他身上搓鹽巴」！兩個戰士馬上將鹽巴撒在崔祥皮開肉綻的身上，頓時像觸電似的殺痛使崔祥蹦跳起來。然後他一頭栽倒在地上混身抽動，兩個戰士馬上又用水沖洗崔祥身上的鹽巴。就這樣的反復用刑每天近十多個小時，讓崔祥死去活來。這樣的折磨持續了三天之久，崔祥終於垮了，向「李鬼」交代了吃死胎的全過程。

教導員聽到「李鬼」的彙報大驚失色又非常興奮，覺得吃人的事是非常嚴重的大罪。一方面向團部報告，又速命值勤連派人去將老刺蝟、李國寶、林素麗和知情者等抓到營部。

第二天的上午，這幫案犯都被五花大綁的押到三輛拖拉機上，老刺蝟的胸前掛了個大牌子，上面寫著「反革命吃人犯」，李國寶和林素麗等則掛著「流氓團夥」，其他人掛上「流氓團夥犯某某」。他們被戰士抓住頭髮向後扯著，為的是讓他們仰起頭，讓人們能看清他們的臉，然後開使了遊街。在他們的前面是輛裝著廣播喇叭的宣傳車，大喇叭不停的播放主席語錄，播一段就喊一陣子口號。「堅決嚴懲反革命吃人犯」，「堅決鎮壓流氓集團」，「堅決打擊流氓行為」，「緊跟偉大領袖指引的道路向前進」等等。遊街從一個連到另一個連，一直游遍了全營所有的連隊。第二天一大早就到別的營去遊街，用的方法基本一樣，他們被充分的進行了精神恥辱和肉體折磨……

老刺蝟等人最後被押到值勤連的牢房，「李鬼」拿出了他所有的刑訊手段，對這幫「流氓」刑訊逼供。他們對這些人犯使用了包括用三台手搖電話機改裝的「電刑儀」等刑具，除了向老刺

蝟鞭打的傷口上撒鹽外還撒辣椒麵，還用了老虎凳和辣椒水。一時間營部值勤連的山沖中傳出人犯被毒打的嚎叫聲，淒慘的男女嚎叫聲劃破了夜空，紅色恐怖的氣氛迷漫在整個營部。在嚴刑逼供下老刺蝟垮了，他希望趕快結束這慘無人道的痛苦，結束這短暫的生命。

連夜遍體鱗傷的老刺蝟被武裝押到了離大佐窗前不遠的地方，指認埋屍地點尋找證據，人們挖出了已成白骨的胎頭和手腳作為罪證包好。在這期間還有個知青在一旁忙碌著，他用手中的海鷗牌一二○照像機拍攝著證據，同時也把案犯指認的經過拍了下來。連隊的知青們遠遠的看著，暗暗的為他們擔著心……

老刺蝟被判「反革命吃人罪」五年徒刑，崔祥判「反革命吃人協同罪」本應5年徒刑，他因有揭發檢舉有立功表現，所以從輕發落被判兩年徒刑。李國寶和林素麗因流氓罪被各判兩年勞教。其他知情不報的知青都判一年勞教，正副連長勒令被退伍轉業回家務農。

事情到此並沒完，由於此事鬧的很大，「美國之音」對此事多次報導宣傳中國出現吃人現象。接連幾天的「美國之音」的宣傳報導，終於觸怒了當時的當局。當時的公安部部長聽到「美國之音」常利用此事大做文章進行宣傳的彙報後，就命令將該案重新判決，因此老刺蝟被改判「反革命吃人罪」被判處死刑立即執行，崔祥被改判五年徒刑。

槍斃老刺蝟是在團部廣場，在廣場的旁邊挖了三個坑，上午九時各營的知青都來參加公判大會，同時也有不少老鄉，參加者達幾千人之多。臨時修建的舞臺上坐滿了團部和各營部的官員，同時還有知青代表和戰士代表。陪判的還有一個販毒分子和國民黨特務，他們都被判處死刑。崔祥、李國寶和林素麗嚇的發抖，

也被五花大綁的站在死刑犯的旁邊，當然他們不知道將再判什麼罪。當團長講完話和知青代表發言後，團部臨時組建的「法庭」的「法官」宣佈了他們的罪狀並進行宣判，之後就將三位死刑犯拉到三個坑邊，槍響之後老刺蝟栽倒到坑中，過一會兒一個「驗屍官」走近屍體再用手槍給每人補一槍。老刺蝟永遠的解脫了，槍彈使他離開了這可怕的人間。那位拿一二○照相機的知青還在上竄下跳的忙碌著拍照，他將宣判的情況和罪犯都拍下來……

三十五年過去了，我對這鮮為人知的吃人案件，跟當事連隊的兩位知青深入聊起，瞭解到案件過程，並結合雲南知青的廣泛遭遇寫成此文，本文中除老刺蝟是真人真外號之外，其他人名都是化名。其他還活著的人的命運並不太清楚，可以想像應該是非常的悲慘。請本案還活著的當事人，原諒我將該事件編寫成文公佈於眾，我想，我們這些過來人應讓我們的孩子們瞭解文革，瞭解那個時代，瞭解知青苦難……

第四節　魂歸探家黃泉路上的可憐知青

探親，回家看望爸爸媽媽，看望自己的家鄉親人，那時是知青最渴望的大事，也是知青最耽心的大事，因為那些掌管審批探家權的領導常常故意刁難或借機勒索。為了能夠探親假得以審批，有的知青只好求情送禮，甚至不惜自殘身體，以命相搏。海南兵團知青aige在〈他要回家〉一中講述了一個知青為了探家，不惜以死抗爭的故事：

……對於現在的人來說，回家是輕而易舉極其平常的事。老年人回家有天倫的樂趣，青年人回家可薰陶家庭的溫暖，孩兒回家是無比迫切的願望，享受父母的呵護是人生中最難忘的幸福。

然而，在我們青春的一段記憶中；「回家」卻是彌漫了多少的煩惱，苦澀，無奈，甚至掙扎在死亡線上。

六八年十一月，作為「老三屆」的某校首批，我下到了海南國營農場，長在紅旗下的傳統教育，我童真還未過渡到反叛期就直接進入國度編制的思維頭腦。那時，我對「國營」是滿腦子的信賴與矜持。「每年一次探親假」我由深信不疑到切底失望。頭年申請；上頭告訴我：「是轉正後每年一次探親假」（徒工一年轉正）。「一年一次」被忽悠成「兩年一次」。

其實兩年能有一次對於我們這些要看長官臉色的兵也算是僥倖的事。兵團組建，棄農轉兵，回家的折騰幾乎傷透每個年輕人的心。諸如「大會戰」、「割膠期」，甚至「批林批孔」等等的政治運動都會導致探親假的流產。「回家」竟成了「早日結束洋膠進口日子」的累贅。在「爹親娘親不如……」的主旋律下，淘洗思家戀親的靈魂也是接受「再教育」的必修課。當時最時髦的話是；「靈魂深處鬧革命，狠鬥私心一閃念。」

團裡，回家的極端心癮時有爆發，一條麻繩懸掛了一生，一包炸藥告別了親人。毀滅性的抗爭也能「回家」？回家的便是靈魂罷了！依稀記得一個「回家」的倖存者；一聲「我要回家！」之後，他一百多天顆粒不進，瘦得皮包骨，骨架挑著頭顱，形態不覺血肉，確實是個有血有肉的硬漢。開始他不為罐頭，大肉，米飯所動。此後的強行灌食他以拳腳反抗。最後只能奄奄一息怒吐乾枯的唾液來抵制醫護們的葡萄糖注射。

儘管「革命紅旗兩邊掛」的頭兒在大會上宣佈他是「對黨對社會主義不滿」，但同胞們理解他僅是對「不能回家不滿」。許多同胞都慕名來到他的床前給予敬仰的貌容，接受道謝的目光。那情那景不遜色於〈紅岩〉絕食鬥爭的描述。「上山下鄉」的年

代，任何個人的抗爭都會被視為對黨，對國家的挑釁，無人懂得「權益」為何物，對待一切事物的標準都是革命與反革命。

為了不擴大事態及其擴散影響，對一個臥床不起，在死亡威脅邊緣掙扎的病弱青年，竟然要警通班戰士挎著衝鋒槍每天嚴守24小時，拒絕草根來訪。或許這是虛張聲勢對「要回家」思潮鎮壓的示威與尊嚴。拒絕進食的他，固執的堅持終等來了「不能餓死知青」的上級指示。上頭對團首長「政治思想工作做不好！」的訓詞使得他有了生存的轉機。後來，「吃了飯，能回家」的勉強承諾化解了一場對生命的糟蹋。

整整一代人的青春危機，在他身上只是一個縮影。他回到城裡，城裡正肆無忌憚地進行「知青回流」大清查，胳膊怎能擰過大腿，他逃脫不了被譴送回來的命運。這回他沒把自己再擺上死亡線，連隊裡從此多了個「傻漢」。有人說他精神失常了，有人說他學「華子良」。基層領導無奈於他，人們躲著他。無論他有多少惡作劇，做出多少神經質的事情，但從來不傷害草根階層的知青同胞。知青回城的政策逐漸落實後，他獲得首個「病退」名額，離開了曾在死亡線上掙扎過的地方。爾後，在城裡出現的他再不是人們揣測的「華子良」了。

熟悉此事的知青「小子」對此證實道：路過衛生隊時，我去看過這位絕食的知青，那時的他奄奄一息，連吐口水的力氣都沒有，從他的眼神中我看到他對我們的鄙視，我也感到自愧不如。你無論如何也不會相信，七四年我從二十二連逃跑過一次，因為太想媽媽了，如果要等領導批，我真不知要等到何年何月。

更為可憐的是有的知青以命相博，也依然換不來當權者的同情，他們的冤魂就只有永遠行走在探家的黃泉路上。知青成真在看了aige在〈他要回家〉的文章感慨地說：我那最後瘋了跳河死

了的室友，就是天天寫探親報告，寫了撕，撕了寫，你不批我回家，我就天天寫，直到瘋了，住進六院，一出院回到連隊她就半夜三更跳了河。我下鄉五年只探過一次家，我大哥死了要奔喪也不批我走。這哥們敢於以死來爭取做人的權利！可真叫人佩服！

知青ny友頗有同感道：「我要回家！」這本是一個人（非罪犯）最最普通的權力而又容易解決的小事。但當年竟是我們一件多麼渴望而難得的大事啊！我們團有個廣州女知青葉××，下到連隊約一年，家中老父病重托人來電報，求女兒回家看看，當時那女知青打了探家申請就被退回，說是上邊規定要轉正後一年才有資格探家。

過了十多天，廣州再來一封父親病危電報，女知青請求連隊批准請無薪水的事假回去看望，也遭連隊領導拒絕，並懷疑是女知青假報父親病情。女知青心急如焚，情緒更加失落。最後父親單位打來第三封電報——父親已病逝。恍若晴天霹靂！使那女知青頓時精神崩潰。

因那女知青的母親父親早已離異，如今唯一的親人又離別人世，今後便更無探親的可能了。女知青整天不語，暗然下淚，令人同情。那時也缺少熱心人關愛問候慰藉，結果，她身穿一身黑衣服，在連隊小路旁的橡膠樹上吊了結自己的一生……

我們看見了她的慘狀後，一位高中男知青和連隊衛生員合力將她從樹上解下來，儘管輪番搶救，但可惜太遲了。最後，她被埋在場部旁的小山丘，永遠也實現不了這個回家的願望！

今年知青上山下鄉40年回農場之際，我問及此事，人們說，她的墓還在山坡上，沒有人再去看她了，可能也沒任何親人有能力料理這事了。我聽了，心中有一種難以形容的感覺。如今，我還保存有她和大家的當年合影的相片，如果大家看了會更難受，

為了尊重死者我不刊登了，希望她在天國安好，與父親重聚，完了回家的心願……

試問，誰沒有父母親人，誰沒有兄弟姐妹，小小年紀的知青，為了能在長年的辛苦勞作之後，回家看望一下父母，為了能在親人病重病逝前趕回家見上一面，不惜以死相拼，而管理者竟然連這一點點屬於孩子們的權利都剝奪了，可以說是冷漠殘忍到了喪失人性。

雲南農場知青「白色孔雀」在〈真實的慘劇〉中也講述了一個讓人淚水盈眶的故事：……三十七年的前春天，美麗的版納，陽光格外明媚，萬物生機盎然。白雲在藍天上悠然的閒蕩，群山在雲霧的洗滌下翠綠萬分。在離勐遮壩五公里遠的地方，有一個叫曼老的寨子。那寨子旁邊，有一個團的知青在這裡開山、築壩、修水庫。他們從天當被地當床，到砍樹、割矛草，造矛草房。經歷了血與汗的洗禮！吃的是苦菜，喝得是玻璃湯。幹得卻是最繁重的、最累的、最苦的體力活。

兩年了，他們來到著即美麗又荒蕪的地方，就像從天堂掉到了地獄。在那麼艱苦的歲月裡，在失去方向，沒有前途，又遠離父母親人的痛苦折磨下，使不少人迷失了方向。許多人都想逃離！但是，那是不現實的。因為，從那裡回鄉一路都有邊防檢查站，要查邊防通行證的。為此，許多人敢想也不敢做。可是，也有人想方設法的偽造假的通行證，而且，也真的蒙混過關了！當時想回家的人是越來越多，管理知青的解放軍幹部也防範的更緊，當時解放軍幹部是配槍的。

那天清晨，曙光剛剛透過薄霧漂向山巒，營房裡一片寂靜。人們還在熟睡著。突然，傳來了幾聲槍響。頓時，營房裡炸窩了！許多人衝出房間，大聲喊道：「怎麼了？怎麼了？」大家相

互間打聽。可是，誰也不知道。慢慢得，人們由於得不到結果，也就平靜了下來。過了兩個小時，有許多北京的知青，奔相走告。那是一個惡訊！

原來是有一個北京知青因為母親病危，他向領導請假回家，沒有被批准，而私自出逃。為此，他們連隊的解放軍領導就帶了幾個知青去抓他。沒有跑多久就看見了這個知青。當時，解放軍就拔出手槍，鳴槍警告。可是，那個知青嚇壞了。一個勁得飛跑，只聽得幾聲槍響，遠處一個人倒了下去！

一個鮮活的生命，一棵青春勃發的小樹夭折了！那罪惡的一槍，正打中他的頭部。人們把他背回了連隊，放在們板上。他的朋友給他擦乾了血，換上乾淨的衣服。整個團的知青，無論是認識的還是不認識的，有膽量的都去看望了他。三天過去了，他的頭和身體都腫了起來。知青們的情緒不斷的失控。由於西雙版納的天氣炎熱，知青們作了讓步，屍體當地火化了。他的父母親人都沒有見到最後一面。三個月後，那個開槍的解放軍，被軍事法庭判了八年監禁。而他的「犧牲」換來了從此每兩年我們可以回家探親一次。至今，我們無從知曉，那位解放軍為何要開那一槍？至今回憶起這悲慘的一幕，我都無法控制自己的情緒！……

因為要回家探望病危的媽媽，因為不被批准探家才挺而走險，小小年紀的知青居然被「親人解放軍」一槍打死，如果不是死者戰友的親自敘述，有誰能夠相信這是真事？而這僅是雲南兵團管理者草菅人命的迫害知青無數慘痛的事件中的一件，儘管過去了許多年，但想起此事讓人仍會止不住心痛落淚，為當年知青兄弟姐妹的境遇，更為那個喪失人性的時代……

第五節　拒開通行證而致知青病患終生

這是一個悲憤而感人的故事。悲憤的是，一名粗暴的沒有人性的某團參謀長，驕橫拔扈，濫用職權，非但拒絕給當事人開回大陸看病的通行證，還無理扣押這個知青達一月之久，致使這個知青的妹妹病情耽誤，終生成為精神病患者。動人的是，幾年之後這個知青超越仇恨，以德報怨，成全了已從兵團回城的參謀長一家的骨肉團聚。人性的善惡美醜，我們可從海南兵團知青三更羅的〈我可以超越仇恨，但無法忘卻歷史〉一文的敘述中得知詳情：

當年一起下鄉的一位香港同學近日回廣州來休假，我陪了她幾天。一天，她說要去羅浮山見原下鄉時的一位參謀長，我猶豫了一下，對她說，我有事，無法陪她去了。

三十多年前，我回國後沒幾年，在全國知識青年上山下鄉的高潮中，我帶著兩個妹妹隨同一大批歸僑知青下到在海南島的廣州軍區生產建設兵團。當地農場改為兵團後，來了一大批現役軍人。農場生活習慣和工作作風發生了翻天覆地的變化，到處呈現出軍事化的味道。下鄉沒多久，我被抽調到師部寫報導，接著又借調到《兵團戰士報》工作。

那時，原來的團參謀長因小資作風嚴重，被調到師部學習班思過，從另一個團調來了一位參謀長頂替，是一名東北人，據說以脾氣兇暴遠近聞名。有一次團部放電影，附近公社的插社青年也來看（當時除了知青大批下鄉以外，一些城鎮也將無業社會青年動員到海南島插隊插社），其中有一位潮汕插社青年因沒買票企圖混入電影場而與守門的發生爭執，被警衛班的戰士拉到辦公

室審問，這位新調來的參謀長過來對這個青年就一個巴掌，這個青年畢竟是大陸來海南的，多少也算是見過世面的人，於是大聲抗議：「解放軍打人！」「不錯！解放軍打壞人，不打好人！」參謀長也一邊應答，一邊又第二個巴掌打了過去。嚇到這青年不敢再還嘴了。

有一次也是團部放電影，參謀長站在司令部樓上看到武裝連進場稀稀拉拉的不成隊形，氣到他發抖，跑到擴音機前把指導員喊來，命令他們排好隊伍跑步七公里多回到連部，再從連部跑步回來看電影，中間要翻過幾座山，累到大家個個哭喪著臉，那還有心情看電影了。

很快參謀長性格兇暴而且動不動就打人的消息傳到連小孩都知道了。團部小孩哭鬧的時候，大人如果勸不止時，只要大喊一聲：「再哭！參謀長來了！」於是小孩會驚嚇得立即止哭。

我與這位參謀長的遭遇是在一九七〇年的夏天，當時我接受《兵團戰士報》的任務到二師另一個團採訪知青接受再教育的事蹟。突然有一天，我原來的團部打電話找到我，叫我火速回家，說我小妹妹有事。我遠在二百公里外偏僻的連隊裡，來不及細問就動身回團裡。到家一看，才知道是我妹妹在開荒大會戰的工地上無法適應那種生活，思想不通，精神錯亂，一見到我，立即指向遠方天上說：「哥哥，你看輪船從雲裡開來了，來接我們出國……。」對她這個樣子，我沒有任何思想準備，呆在那裡不知如何是好。

老工人在一旁紛紛勸說我趕緊帶她回父母身邊，抓緊時間醫治。我一聽，晚飯都沒吃，立即跑到團部找司令部開通行證（那個年代沒有通行證是過不了海的）。

司令部的張參謀是地方幹部，知道知青的底細，本來如果單

獨遇到他的話，什麼事都不會發生，可那晚偏偏遇上參謀長坐在一邊，他看到我要辦〈兵團戰士通行證〉過海回大陸，要我說明原因，我說了，他又問我是那個單位的，單位意見呢？我說我是借調到《兵團戰士報》的，出差在外，中途聽到妹妹出事才緊急趕回來，無法再回到兩百公里外的報社寫證明，希望特殊問題特殊處理。

「不批！」他一聽，來火了。

「不批？請講道理！」我看到他竟不講理，也火了。

接下來雙方開始發生激烈的爭吵，他大聲地訓我，說我不要以為知識青年肚裡有幾滴墨水就可以目中無人，等等，我記得當時心裡只為妹妹的事著急，別的一概置之度外，我也回敬他說不要以為自己當一個小官就可以不講理，不顧群眾死活。這下他更火暴了，我知道他此時此刻是強忍住不出手打人的。那晚，辦公室週邊了一大圈的人在看熱鬧。因為他們沒有看過敢與參謀長頂嘴的人。當時我雖在兵團報社上班，但關係仍是在團政治處，我看到主管政治處的楊副政委從外地回來，經過門口，我真希望他能幫一下我這下屬解圍，令我失望的是，他只探頭望了一下，看到參謀長在厲聲訓斥，不敢進來，趕緊避開了。

晚上九點三十分下班，參謀長怒氣未消，還不斷地大聲訓斥我，機關的人也不敢先下班走。十點三十分電廠停電了，張參謀只好點起蠟燭讓參謀長繼續訓我。晚上十一點了，他看我不出聲了，就說：「明天團黨委開會，讓黨委來處理你！」

通行證開不到，在參謀長面前我強忍住不讓一滴淚流出。回到宿舍，我抱著神智不清的小妹妹的頭大哭一場，小妹妹卻大聲獰笑……看到這情景，老工人們在一旁歡息，有的婦女流出了眼淚。第二天中午，組織科的鄭幹事從黨委會議室出來找我談話，

告訴我參謀長在黨委會上講述我如何頂撞領導，目無紀律，要我留在團裡寫檢討。我很不服氣，說：「這不是連辯解的機會也不給我了麼？」

鄭幹事是現役軍人，他不出聲，只是苦笑了一下。

於是，我只好將妹妹送去團部醫院，天天陪著她，哄她服用「冬眠靈」，就這樣過了將近一個月。

兵團戰士報社發現我失蹤好長時間，向師政治部查問，師又向團部查問，才知道我在團裡發生的事情，使我得於結束這種變相隔離反省的狀態，讓我帶妹妹回廣州看病。但已無濟於事了，妹妹精神分裂的症狀已十分嚴重了，有時脫光衣服滿山跑。我媽媽看著好好一個花季少女變得人不像人，鬼不像鬼，悲痛欲絕，邊哭邊跟我說：「媽不放心你們兄妹呀，乾脆也搬到海南照顧你妹妹吧。」在當時，作為歸僑知青，用今天的話說，是弱勢一群和無助者，遇到問題只能自己設法去面對了。父母親就這樣從大陸遷到了海南。

這以後的幾年裡，我一直帶著妹妹輾轉各地醫院求醫，但始終未能治好。當年與參謀長爭執的一幕，也成了一個惡夢深深地銘刻在我心裡。僅僅是為了一張通行證，為了帶妹妹回大陸治病的通行證。

這真是秀才遇見兵，有理說不清，幾千名城市知識青年交付到這樣一位殘暴的管理者手裡，他們的命運可想而知有多悲慘。更讓人痛心的是，三更羅同是知青的妹妹被逼瘋，又被人為耽誤醫治，卻沒有說理討公道的地方，以至於其父母為了照顧可憐的瘋女兒，不得不全家從城市遷至海南兵團。區區一個小小團參謀長，就可以掌控甚至改變多少知青及家庭的命運，可見在那個瘋狂的年代，知識青年的地位有多卑微，真是如螞蟻一般，任人踐踏！

一九七四年，兵團改制，農場劃歸農墾系統，現役軍人全部從海南撤退回大陸。組建兵團時這些現役軍人都是帶家眷來的，但撤退時只能讓未成年的子女和一個成年子女隨遷。參謀長已參加工作的有兩個女兒，大女兒隨遷後，二女兒的調動就成了一個很棘手的問題。當時已有知青通過招工、病退、困退和招生等回城的政策，對兵團現役軍人的子女而言，只有招生的政策比較好套用。但在那個年頭，由於政治運動不斷，辦事比較正規，還沒有形成明目張膽搞關係走後門的風氣。當時我已在場政治處任副主任主管文教工作，招生問題歸我管理。於是參謀長的太太來找到我，要求讓她二姑娘能通過招生回城。還說到她老頭脾氣不好，得罪了許多人，現在大人走了，讓小女兒獨自留在海南，她放心不下。

當時我沒明確答覆她，我一個晚上睡不著覺，我想到這幾年來，為了瘋去的妹妹我承受了多大的壓力和痛苦，想到那年如果參謀長不刁難我，我能及時送妹妹回大陸，或許有可能不至於今天這樣悲慘結局。現在，也輪到他為了自己女兒的命運找我來了。幾年來的仇恨像一股怒火從心底升起。

當時，要報這個仇、解這個恨是不用費氣力的，招生的規則程序很清楚：一是要有指標；二是要有基層群眾推薦簽名和生產隊黨支部批准；三是要過農場審查放人的關；最後才送招生工作組。那時的招生，實際上也是讓廣州知青多一條管道回城。所以只要農場能通過，送到招生工作組的名單，只要是知青，基本上都是錄取的。況且一些有背景的知青家庭已通過各種關係帶名單來做農場的工作。

後來，城裡為了不引起農場的反感，也放一些機動名額讓非知青的農場職工子弟報名，於是到後期就出現了各種後門交易的

現象。這種現象的嚴重程度是根據各地主管這項工作者修養和具體單位的風氣決定的。當時我所在的農場由於主持工作的場長是比較正直的地方幹部，加上負責具體工作的我又是一個知青，沒有地方上的利益背景，所以受到的干擾還算比較小。

但場長還是專門為參謀長女兒的事找我商量，要我從情理角度多一些考慮，也由於全場都知道我同參謀長的關係惡劣，所以如果由我出面處理他女兒的事，恐怕是最好不過的了。憑良心話，參謀長的二姑娘是一個品性很好的孩子，首先是她將隨遷的名額主動讓給了姐姐，說自己年齡還小，機會相對較多。她在連隊工作踏實，沒有優越感，工人對她評價都很好。因家庭親人的不幸造成的痛苦，我是正在切身經歷和體驗著的。現在又可能因骨肉的分離造成另一個家庭的痛苦，甚至影響一個女孩子、一個比我妹妹還小的女孩一生命運！

我立即打電話叫姑娘所在的三八隊指導員到我的辦公室來，多分配一個機動名額給她那連隊，要她在黨支部討論一下，看能否取得工人的推薦簽名，讓參謀長的二姑娘報名中專。

三八隊指導員是退伍軍人家屬，內心非常理解和同情兵團軍人的遭遇，回去召開支部會和群眾大會後，果然把一個廣州知青和參謀長的二姑娘推薦上來了。整個過程由於是嚴格按照推薦程序，就連姑娘本身也不知背後有人關心她的命運，直到她離開海南赴廣州上學，我甚至一句話也沒有同她以及她父母交談過。農場知道這個過程和背景的人不多，估計後來也不會有人告訴過她。一幌三十多年的時間過去了，現在參謀長的二姑娘早在廣州落戶安家，先生是廣州軍區的幹部，自己則在軍區某賓館當部門經理，家庭美滿，生活安定。

我想起了還關閉在海南島精神病院的妹妹，當年發病時還是

十六歲不到的青春少女，三十多年來在精神病院裡關到現在，已是快五十多歲的瘋女人時，心裡一陣陣地絞痛。我也因此經常常陷入矛盾和痛苦的深淵，為那荒唐年代感到悲哀。

三十幾年的時間是在艱難痛楚中熬過去的。這次朋友見了參謀長，回來告訴我：參謀長老了，講話也沒有氣力了，耳朵聽力也不好，但他還是問起我現在怎麼了？我那小妹妹情況怎樣了？

我聽了後默然無語，突然覺得這幾十年的經歷，在宇宙時空中，僅僅是一個零的近似值，但就這個微小的歷史過程，卻還那麼痛苦地烙印在我的心裡。其實是我不願去見這位過去下鄉時的團參謀長的，是因為我無法承受又去撕裂那荒唐年代給我留下的、已經淡去而又無法忘卻的歷史傷痕的痛楚。

儘管我最終超越了仇恨，但我還是無法忘卻歷史……

看了「三更羅」的這篇淚作，讓我心如刀絞、格外沉痛，為三更羅，為他同是知青的妹妹，也為無數共命運的海南知青兄弟姐妹，一個惡夢，竟如此深深地銘刻在作者和許多知青的心裡。這是因為，他們至今也不明白，是什麼將這很容易開的一張通行證，變成了害人變瘋的兇器？那些當年知青的管理者們，良心何在？人性何在？公理何在？

第四章
慘遭蹂躪欺凌的女知青群體

第一節　暴戾恣睢的黑龍江兵團色魔

　　在上山下鄉的日子裡，知青們要遭受精神和肉體的雙重痛苦，女知青的生活更是難上加難。她們不僅要在每月來例假時和男知青幹一樣的活兒，還要擔驚受怕遭到色狼的騷擾。那一段歲月，曾給知青這個群體留下的最大羞辱和心靈創傷，莫過於是一些權勢者對女知青的欺凌和姦污。在知青金雞報曉的〈北大荒往事二（真實案例）文革歲月：魔鬼軍人〉的章節中，筆者讀到了這樣一則故事：

　　從六八年開始在全國各大城市知青中掀起了一場轟轟烈烈地上山下鄉運動。許多知青到農村插隊，約有五十多萬知青幸運的來到了黑龍江生產建設兵團。當時這些到兵團的知青多來自北京、上海、天津、杭州、哈爾濱等大城市。

　　黑龍江生產兵團各級主要領導，都由瀋陽軍區和黑龍江省軍區現役軍人掌握大權。原農墾總局上百個農場被劃分成六個師，每個師有十多個團。幾十萬知青被分到各師、團的連隊參加勞動，成為了兵團戰士。當時從兵團到各師、各團及團以下各股級單位主要領導都是現役軍人。而五八年轉業的老幹部有的結合進班子，在師、團、股各級領導中擔任副職。

雖然兵團的知青比下鄉插隊的知青要好得多，每月能開工資三十五點二元，但工作也很累，春播跟車作業，夏鋤人手一把鋤頭，地壟溝長，半天鋤不到頭。麥收和秋收，人手一鐮割麥子、大豆，掰苞米每人分配任務，一幹就是十幾個小時。艱苦的勞動，使知青們開始想找門路調到團部機關或招待所等工作輕的單位。有的裝病號開假證明，辦理病退回城手續⋯⋯

再說這現役軍人，有的雖然來自大城市，可那時是在部隊裡與年輕的戰士打交道，部隊即使有女兵也很少。再說又在眾目睽睽之下，有些幹部不敢產生邪念，而到了兵團，他們見到這麼多來自北京、上海、天津、杭州、哈爾濱等地的女青年。當時雖然兵團戰士身穿綠軍裝，不像現在城裡的女青年穿的花花綠綠，但漂亮的臉蛋，一身綠軍裝也不失美女的風采。所以有些現役軍人便動起了邪念，打起了女知青的主意。

在兵團二師十六團，有個黃團長和李參謀長，按說都是參加過解放戰爭、抗美援朝的領導幹部，受黨和軍隊培養教育多年，他們不該幹那傷天害理的事。然而欲火燒身，他們終於走上了犯罪道路。他們利用手中的權利，以封官、入黨，許願給女知青調動好工作、返城等當誘餌，欺騙凌辱了多名女知青。李參謀長還和一女青年保持長期關係，用現在話說就是「包二奶」養「小三」。

有一次黃團長膽大包天，侮辱了一位將軍的女兒，將軍的女兒將自己的不幸遭遇寫信告訴了在北京的父親。當時林彪已死在溫都爾汗。葉劍英元帥擔任國防部長，主抓軍隊工作。老將軍生氣地將女兒的信遞到了葉帥手中，葉帥看後勃然大怒：「此等敗類不殺不足平民憤也」。於是葉帥去見周總理，最終由葉帥批示，情況屬實「當斬立決」。在葉帥的過問下，瀋陽軍區派出調

查組，到二師十六團進行調查，很快有許多女知青向調查組反映了自己的遭遇。最終中央軍委決定，對黃、李二人實行槍斃，以平民憤。

那是在一九七三年，槍斃地點選在一個日本鬼子佔領東北時期的一個飛機場。當時這廢舊的飛機場除了水泥跑道，到處荒草叢生。那天，二師各團派出了很多人到現場接受教育，我們師物資站、商業批發站的幹部職工，也坐車到現場觀看這場槍斃黃、李的現場會。快到中午，只見黃、李二人被撕去軍章、帽徽，戴著手銬被推上法場，兩名解放軍戰士，手托步槍，只聽兩聲震耳的槍響，黃、李二人便倒在地上。

自槍決黃、李二人，在兵團內部又查出某團趙團長，我師商業科長現役軍人洪科長等色魔。在內蒙古兵團也揪出了軍人魔鬼，在黑龍江省各知青插隊鄉村，逮捕了幾名村支書和革委會主任。這些殘害女知青的魔鬼，終於被判死刑或徒刑。這些殘害女知青的案件，在當時並未在各大報紙公開刊登。據說可能考慮文革的特殊時期，才未公開。槍斃黃、李起到了「殺一儆百」的效果，使廣大軍人和農村幹部受到了震撼和教育⋯⋯

另外，有一篇「當年知青」所寫的〈中央21號文件是真的〉的博文，也詳細地講述這一事件，現也摘錄如下：在北大荒下鄉的知青們都是正當青春年華，人生最美好的階段，他們懷揣革命理想，勇敢地戰鬥在祖國最北端，他們屯墾戍邊，修建了青春的萬里長城，一旦中蘇開戰，就會用血肉之軀築起的鋼鐵長城。這些青年們思想單純，想進步、想入團、想入黨、想上大學⋯⋯他們都積極地靠近組織、靠近領導，只要領導要求做的事，沒有完不成的任務。

領導們看這些小青年們也從心裡喜歡，男青年長得壯，女青

年長得美，人生最美好的時期都在知青中體現出來了。領導找青年談談話，哪個不願意？還主動接近領導呢！尤其是現役軍人，「一顆紅星頭上戴，革命的紅旗掛兩邊」，更是讓青年們崇拜死了。他們就是青年心目中的明星。

但是兵團二師十六團的團長和參謀長利用這樣的有利條件，姦污女知青一百多名，他倆越幹膽量越大，最後連幹部家庭的女孩子也不放過……此事最後反映到中央領導那裡，農林部部長沙風領命，帶領隨行人員坐火車直奔佳木斯兵團司令部。

兵團司令帶隊，火車站迎接，佳木斯領導緊隨其後，沙部長一下火車，兵團司令迎面鼓掌歡迎，但沙部長一臉難看，當面第一句話就問：「十六團的團長、參謀長處理了嗎？」司令真有點不知所措，急忙改口說：「我們正在處理！正在處理！」沙部長走到佳木斯市委書記跟前，一邊談工作，一邊往車站外面走。

司令上前向沙部長請示，車已備好，請到我們兵團招待所休息吧！部長連頭都不歪一下，說：「我到佳木斯賓館休息。」隨後上了市委的車直奔賓館。下車後，看見兵團的車隊緊隨其後，部長讓人通知司令，先與市委領導談工作，兵團的領導先回去！

晚飯時，沙部長開完了市委工作的會議，兵團已經在賓館準備好了豐盛的晚餐，都是兵團特意準備好的山珍海味，鹿唇、熊掌、馬哈魚、猴頭、野山參燉烏雞等等。但是沙部長更是沒有好氣地說：我按部長待遇，四菜一湯。你們把這些都拿回去吧！

當晚兵團司令部會議室內座無虛席，司令面色難看、嚴肅。專門討論十六團團長和參謀長之事，在座的各位首長沒有一個敢說：「有功勞的老同志了，改了錯就行了。」大家都是久經考驗的老幹部，對十六團之事處理輕了，沙部長不會答應的。兵團最後決定：槍斃！

　　當晚整個兵團司令部以及二師師部、十六團團部，整夜未眠，所有的任務都壓在了十六團政委的身上，師領導坐鎮十六團，政委要派人去連隊盯住團長和參謀長的動靜，還要派人佈置刑場，還要派武裝戰士把守刑場、街道。用多少車，派多少人，團政委忙了一整夜。第二天早八點三十吉普車到達團長勞動的連隊，團長的領章帽徽已被摘掉，但行動還是自由的，他正在場院與小青年一起打撲克呢！

　　當吉普車下來人，向老團長敬了禮，說政委要他去團部，有重要的會議。團長連想都不想，牌一摔：我有事，以後再玩。隨後跟著上了吉普車，他到團部從車窗往外看，有許多武裝戰士正忙呢！他問有重大軍事行動吧？看來我這團長打仗時，還要用我的！參謀長也從另一個吉普車下來了，兩位老領導心照不宣，直接進團司令部。但今天的情況夠緊張的，因為司令部裡有很多不認識的現役軍人，他們的眼神不大對勁，團長和參謀長都沒有多想，因為戰備緊張，不可能都是笑臉。但是，當他們走進屋內一看，什麼都明白了。

　　屋子中央擺了一大桌菜，三把椅子，三大碗的酒，屋裡的四周全是現役軍人。政委從椅子上站起來，平淡地說：吃吧，坐下吃吧。你我共事一回，吃完，我送你們。團長一看這場面就急了，他知道這是臨死的酒菜，哪有九點鐘吃這樣的飯菜的？

　　他見過這種場合，聽政委這麼一說，立即從心底裡迸發出了吶喊，他眼睛瞪得大大的，衝著政委狠狠地問道：毛主席他老人家知道嗎？這是團長人生的最後一道擋箭牌，他是抗美援朝的戰鬥英雄，在中南海與毛主席一起照過相，還握過手，這是他一生中最大的榮耀，也是他自豪的本錢，他向青年們說起這事時，眼睛閃爍著晶瑩的淚花。在青年的心目中，能與毛主席照相的戰鬥

英雄，更是崇拜得五體投地了。就在這時，他瞪著眼等著政委的表態，沒想到，政委無可奈何地衝他點了點頭，就低下頭不再看團長了。

團長砰的一下坐在了椅子上，參謀長也被後面的現役軍人壓著肩膀坐下了。政委坐下端起了酒碗，一直看著他們倆，這時屋裡安靜極了，喘氣的聲音都聽得到，這樣足足有幾分鐘的時間，突然團長端起酒碗，一個勁兒地喝起來，直到喝完滿滿的一大碗酒，往桌上一扔，拿起筷子，大口地吃起了菜。政委看到團長這樣，也仰起脖子，深深地喝了幾大口，放下了酒碗，政委已經淚流滿面了。

參謀長一直不動地坐著，勸他喝，勸他吃，他已經聽不見了，只兩眼直直瞪著桌子，一動也不動，整個人麻木了。也就幾分鐘時間，團長就吃好了，他把筷子往桌上一放，眼睛也直了，他哪裡是吃飯啊！他就是往嘴裡塞，嚼不了幾下就咽進肚裡了，實際上他也麻木了。

政委看到這些情景，慢慢地扶著桌子站了起來，說了句甚至連自己都聽不見的話：「我還有事。」然後一步一步地慢慢地出門了，門隨後被關上了，穿軍裝的一個人拿出了針頭要給他們倆脖子上打針，團長一動也不動，針打完了，要給參謀長打針時，他一下子好像明白了什麼，突然擺出了反抗的架勢，他身後的現役軍人立即動手把他按在桌上，強行打了針，然後又把他綁了起來，兩個人將他架了起來。團長自己也自動地站了起來。門打開了，前面有人帶路，團長出了門，參謀長被兩個現役軍人架著也隨其後，樓道裡兩邊站滿了人，街上站滿了人，武裝戰士留出了道路，看熱鬧的人們也不擁擠，人們的神色都是那麼的嚴肅。

刑場那邊早已安排好了，武裝戰士輕重機槍全架好了，拿槍

的也都是端著槍擺出了拼刺刀的樣子。卡車到了，團長和參謀長被人扶下車，團長就向行刑的地方走去，參謀長仍然被兩個人架著，他的兩條腿一點也直不起來，完全是在地上拖著走，他的腦袋全都耷拉下來，面如土色，雖然還活著，但思想已經死了。他們兩個走到土坑前，團長後面的人手一扶肩膀，團長一下就跪下了，參謀長讓架他的人擺了一陣子才跪好，因為他快灘成軟泥了。

一輛吉普車急速開到離執刑幾十米的地方停下，下來兩位戴墨鏡帶白手套手握槍的現役軍人，走到團長參謀長身後，舉槍就打。砰！砰！兩槍！軍人扭頭就往吉普車那兒走，吉普車又下來一個戴口罩帶白手套的現役軍人，手裡還拿了什麼東西，走到屍體前，彎下腰翻了翻這個眼皮，再翻翻那個眼皮，然後揮了一下手，扭頭也回吉普車，車迅速加油走了。剩下的事，就由團醫院帶著武裝戰士負責埋屍體了。

在兵團司令部會議室，沙部長正在向兵團領導講知青上山下鄉的偉大意義，全場的各級領導都態度嚴肅，生怕聽漏掉一句話，每個人都在本子上記錄著。這時一位軍人進屋，小聲向司令說了一二句話，司令又扭過身向沙部長耳邊小聲說了幾句話，沙部長聽完，又向身後的秘書小聲說了幾句，秘書起身走了。隨後沙部長提高了嗓音，更加總結性地向與會者表示了中央的態度，並檢查自己對上山下鄉的工作做的不夠，在場的軍人全都低下了頭。

沒過幾天的工夫，中央頒發了二十一號文件。整個黑龍江省生產建設兵團乃至全國的農墾系統，展開了打擊迫害女知青的工作。那些受委屈的女知青們，心裡得到了一點安慰，但上海有一個女知青懷孕，無臉見人，思想一時激動，從高樓跳下，落在了

大街上，引起了重大影響，她不會再聽到傳達中央二十一號文件的聲音了。

某師的師醫院政委被抓了，他平時以自己同師長一樣的級別而自豪，雖然他也是老革命的待遇，可是他看到知青這麼要求進步、這麼崇拜自己，她們長得又是那麼的漂亮，手中的權力成了他玩弄女性的資本，哪個女青年漂亮就調師醫院當護士，這是在兵團勞動時期，多麼讓人羨慕的職業呀！抓他以後，從他辦公桌裡發現有大量的避孕工具。

某師偵察科科長，雙手打槍非常的準，身手不凡，還會武功。他長期霸佔一個天津十幾歲的小姑娘，大白天也往家裡領，他的妻子還要笑臉相迎。有一次他妻子氣不過，說了一些不滿的話，沒想到，這位科長拿出匕首照著妻子胸口就是一刀，妻子見狀，啊的一聲，暈死過去，這位科長拔出刀，輕輕一樂，原來刀刃縮進刀把裡去了，這是演練用的。

妻子暈過去了，他接著幹他的事。這位科長神通廣大，身上帶有各種證件，邊境地區更是來去自如，到哪都有招待，因為他的工作性質就應該這樣，哪兒都擋不住他。那時戰備緊張，偵察科長可風光了，天津女青年回津探親，他也神出鬼沒地跟到了天津家裡，嚇得那個女青年拿他沒有辦法。師裡要抓他，還真沒有辦法，萬一洩露消息，他的兩把槍誰不害怕！他都可以跑出邊境，那事不就大了嗎！最後師裡沒有辦法，只好求助原來的部隊首長。

這一天師長跟他說，部隊首長要找你聊聊，肯定是想你了，你今天回部隊吧！他哪裡知道這是計呀！帶上他心愛的兩把手槍美滋滋、高高興興地回部隊了。到了部隊有人通知他，先住招待所，首長開完會再找他，他沒有絲毫地懷疑住進了招待所。當他

剛脫下衣服要休息時，服務員急促地叫他：「趕快到一樓傳達室接首長電話。」事不遲疑，他披上衣服就下樓，跑進傳達室一看傻了眼，八個身材魁梧的軍人一下把他圍起來，他下意識一摸槍，咳！沒帶！沒等他反抗，就把他拿下，手銬子一銬，領章、帽徽一撕，他徹底老實了。

二師九團政治處主任，宣傳股股長都被開除了黨籍，他們都是玩弄女知青的敗類！

我所寫的很多事，是聽說的，但中央二十一號文件是真的，槍斃兩個現役團級軍人是真的。我們實在不願意聽到這些噁心人的事，但是在兵團確實有這種人、這種事，他們把我們女知青天真浪漫的想法變成了自己淫樂的天堂，多少女知青深夜以淚洗面，誰又知道呢！他們根本不會關心知青、愛護知青，他們把知青當成了傻子，當成了隨意宰割的羔羊……

十六團的團長和參謀長利用職權姦污女知青上百人，如果不是色膽包天，太歲頭上動土，居然連軍隊高幹的女兒也不放過的話，那麼就不會有二十一號文件的下發，也就不會有之後的在全兵團範圍內的清查，那麼這些軍隊色魔仍會逍遙法外，殘害女知青，其後果將不堪設想。為此，真得感謝那個寫信給父親的受害女孩，感激那個年代的二十一號令。

網名政協鶴崗市委員會的知青在〈山坡上，那一座座墳丘，凝固的苦難年華〉中講述：江濱農場有個姓胡的知青連長，五十多歲，人高馬大，花白頭髮，驢型長臉。最精彩的是他那雙眼睛是對眼，越激動眼球對的越厲害，幾乎看不見黑眼球，背後人稱其「胡對眼」。

胡連長其人，不但眼睛不正，心術也不正。他那雙對眼總是在年輕漂亮的女知青身上掃來掃去。據當地人講，此人搞女人

是很有手段的，只要他那雙對眼看上的女人，早晚都會被他弄到手。沒過幾天，胡連長那雙對眼果然瞄準了下鄉知青中最漂亮的胡靜。她開始單獨找胡靜談話。沒多長時間，他就把胡靜派到場部衛生隊學習去了。三個月後，胡靜學習回來，當上了連隊的衛生員，獨自住進了連隊衛生所。一個漆黑的夜晚，胡連長以肚子疼為名闖進了衛生所，把漂亮的女知青胡靜姦污了。為了達到長期霸佔的目的，胡連長對胡靜進行威脅、恫嚇，三天兩頭的到衛生所與胡靜幽會。

沒有不透風的牆。又是一個漆黑的夜晚，指導員和幾名知青撞開了衛生所的房門，黑暗中將胡連長從胡靜的床上拽了下來，把事先準備好的麻袋套在他的頭上，上去就是一頓毒打。直打得胡連長鬼哭狼嚎，跪在地上不斷地磕頭求饒。拳打腳踢之後，胡連長被知青拖到連部，撥通了場部的電話，讓他自己向場長交代。胡連長面如土色，擦了擦嘴角流出的鮮血，揉了揉被打青的對眼，當著大家的面，吞吞吐吐地說出了實情。

第二天早晨，場部來了幾個人把胡連長押到了場部。也就在當天的早晨，胡靜在衛生所的房梁上吊自殺了。知青們含淚把胡靜安葬在一片白樺樹林裡。一朵鮮花就這樣凋落了。

第二節　忍辱偷生的雲南兵團女知青

與黑龍江兵團類似的姦污女知青案件，在雲南兵團更是屢見不鮮，甚至於成了有的膽大妄為現役軍人家常便飯。知青滴水湖畔在〈這就是上山下鄉嗎？〉講述了槍斃幾個色魔的經過：……一九七四年七月六日，一個很普通的日子。在雲南西雙版納自治州的州府景洪縣，一個公審大會引起了幾萬知青的注意。我們無

法知道賈小山、張國良、龐真權三個人在七月二日得知被執行死刑判決後的心情。

三個雲南農場裡出現的罪犯：一師獨立營營長賈小山、一師二團四營某連現役軍人連長張國良、一師二團四營教導員（地方幹部）龐真權。四天後的上午11時，他們在瀾滄江大橋西北江畔被執行槍決。

二〇一〇年四月，我在北京與曾經親眼目睹當時情景的北京知青陳韶華見面，聽到她是這樣講述的：那日，我仍在現場。這是我第一次看見賈小山，一身的國防綠滌卡軍裝，個子不高，白胖白胖的。張國良身著一身國防綠的確涼軍裝，身高過一米七，黑瘦黑瘦的，龐真權印象不深，好像也是一身毛藍色的新中山服吧。

押上刑車的瞬間，他們除五花大綁外，脖頸處還被勒上了一道繩索。兩個軍人死刑犯臉漲得通紅，張著嘴似乎想喊些什麼。龐真權就有些失態了，猶如死狗般的被戰士們拖著。

刑場上擺有三口漆黑的棺材，這是他們最後的歸宿。他們在人生的最後一刻，面對自己的最後歸宿時會想些什麼呢？來不及想了，四聲槍響後（賈小山被驗屍官補了一槍）罪惡的靈魂就此泯滅，而那些受到他們迫害的知青今後的人生將會怎樣度過呢？

還是要感謝李慶霖。他的一封信，揭開了知青上山下鄉所遭受的苦難，讓最高層的領導們開始重視這個已經很尖銳的問題。據現在公佈的消息稱：在那年全國知青上山下鄉工作會議召開期間，新華社的內參〈情況反映〉曝出了各地迫害、捆綁吊打知青致死的重大案件，更聳人聽聞的是大批女知青遭到部隊幹部的凌辱和強姦。這裡記載了這樣一些事情：

雲南生產建設兵團一師獨立營營長賈小山強姦女知青20余

人；一師二團某營連長張國良強姦女知青二十余人；黑龍江生產建設兵團二師十六團團長黃硯田、參謀長李躍東強姦女知青五十多人；內蒙古生產建設兵團女知青被姦污二百九十九人……而這些罪犯中共有解放軍現役幹部兩百〇九人。

據說周總理看了這一〈情況反映〉後，怒不可遏：「公安部要速派人去，不要手軟！」

李先念副總理看了〈情況反映〉後更是憤怒滿腔地說：「這些人不是共產黨，是國民黨！至少是國民黨行為，這種行為不知為什麼得不到糾正？省委和軍區難道也說不知道嗎？」

葉劍英也拍案而起：「要殺一儆百，殺一儆千！」

為什麼要斃了這些人？賈小山副團職軍人，全國一級戰鬥英雄。在淮海戰役的一次攻堅戰中，為炸掉敵人的一座碉堡，全班戰友都犧牲了，眼看大部隊衝鋒在即，他隻身上前，最終炸掉了那個碉堡。他身負重傷並獲得了全國一級戰鬥英模勳章。

賈小山的妻子曾經向當時的領導們講過這樣一段話：「自從他被抓後，我就反復思考這樣一個問題，他為什麼從一個戰鬥英雄蛻化變質為一個敵人？一個不殺不足以平民憤的壞蛋？我終於明白了！這不僅僅是他個人的品質問題；問題在於，他的身邊突然出現了那麼多來自大城市的年輕美麗的姑娘，又明顯地與他處於一種極不平等的地位。英雄可以管理好男人，但把英雄放到姑娘中去，又高居在她們頭上發號施令，作威作福，悲劇的發生只是個遲早的問題！」

是啊，一下子來了這麼多的美麗漂亮的城市姑娘，對於一些從未見過「市面」的「戰鬥英雄」來說，已經無法自控了。他一定會高呼：「上山下鄉萬歲！」是這場上山下鄉給他們帶來了這麼多的「花姑娘」。

據事後人們的回憶，這位戰鬥英雄在擔任雲南生產建設兵團一師獨立營營長時，經常獨自駕駛北京吉普到各個連隊視察，不停地尋找「獵物」。他長期霸佔玩弄著女知青。

還有那個張國良，連級現役軍人，利用職權引誘和強迫了多名女知青。最為惡劣的是他經常在知青們勞累一天收工回到連隊，女知青在宿舍內脫光剛剛準備洗澡時突然鳴哨緊急集合軍訓。此時女知青們根本來不及更衣，於是，他便堂而皇之地將女知青宿舍的房門一一踹開……

這些人在當時就像餓瘋了的公狼，只要是看見女知青就會肆無忌憚地撲上去，發洩著他們罪惡的本能。是上山下鄉惹的禍？是這些罪犯造的孽？

陳韶華還告訴我們這樣一件事情：原雲南東風農場十一分場四連指導員是個地方幹部，名叫孫興榮，外號「魯大漢」。他的媳婦在營部醫院生孩子時因胎盤沒有脫落造成大出血而死。此後，有關他侮辱女知青的事兒便不脛而走。

賈小山、張國良等人事發後，工作組準備找他談話。他得知消息後手持「五零」式衝鋒槍，攜帶二十八發子彈失蹤了，有人看見他徑直往原始雨林方向走去。那天整個十一分場的人都很緊張，依照「魯大漢」的性格，他非常可能在晚上孤獨一擲、破釜沉舟用手中的衝鋒槍和二十八發子彈向手無寸鐵的知青大開殺戒。十一分場籠罩在極度的恐怖中！

最終的結果是：「魯大漢」自殺了！原來，這個「魯大漢」自知罪責難逃後並沒有繼續禍害無辜的人們，而是帶著他的兩個孩子來到了東風電站的壓力前池旁，他用池邊撈雜草的大鐵耙子先後把兩個孩子打入水中，隨後他便攜槍跳水自殺了。落到水中的二兒子在水中甦醒後掙扎游到岸上，這樁有驚無險的事件才得

以告終。得到他的二兒子的報告後，關閉壩頭閘門，壓力前池洩水停電。在壓力前池的水排淨後，發現了兩具屍體。孩子的頭部被釘耙打了幾個窟窿，死得很慘⋯⋯

　　知青作家鄧賢在《中國知青夢》詳細地敘說了張國良犯罪的經過：張國良，黑龍江省佳木斯市人，原在瀋陽軍區某部「雷鋒團」任排長。該部隊赴中老邊境執行戰備任務，給當地建設兵團留下一批骨幹，張國良就是骨幹之一並由此擢升連長。張國良是城市兵，初中文化，從感情上與城市來的知識青年具有某種天然聯繫。

　　張連長的最大特點是注重軍容風紀和個人衛生，平時鬍子總是刮得乾乾淨淨，頭髮一絲不亂，襯衣領子一塵不染。他隨身帶著小鏡子和小梳子，哪怕上山勞動也決不肯邋裡邋遢，這就給那些愛清潔的小知識份子留下一個講文明的好印象。注重個人衛生決不意味著懼怕勞動。相反，在一些關鍵性的生產勞動中，比如大開荒，大會戰，攔河築壩，等等，張連長常常以身作則，帶領知識青年捲起袖子大幹。這種身先士卒和身體力行的精神在當時兵團的現役軍人中是不多見的，因此他多次獲得上級嘉獎，並榮立個人三等功一次。

　　張連長還善於做過細的思想工作。他特別擅長個別談心，不僅同女知青談，也同男知青談，和風細雨，深入人心，使受教育的知青都很感動，連長窗口的燈光也因此常常亮到深夜。這個連隊的生產指標月月超額完成任務，連隊也被評為「再教育」先進單位。

　　師、團領導提起張國良，都免不了要豎起拇指誇獎：「這個小張，硬是真有兩下子。」如果領導的眼光沒有弄錯的話，張國良的確「真有兩下子」。我們很難斷定張國良連長身上是否具有

某種兩面性，抑或說某種複雜性更為恰當。因為他確實做過許多有益的工作，包括大刀闊斧指揮生產，一心撲在工作上，跳下激流救人等等。

但是他決不是個英雄。因為英雄的產生決不僅僅取決於願望，更取決於時代本身。當時代把他放在一個權力造就的扭曲的兵團社會，個人權力無限膨脹和知青群體絕對的人身依附形成反差鮮明的兩極狀態的時候，作為意志薄弱的個人能夠抵抗得了這種權力的巨大誘惑和侵蝕麼？張國良開始利用職權侵犯沒有反抗能力的女知青，以滿足自己的性欲。

我們不否認每個人內心都潛藏種種道德或不道德的個人欲望和動物本能。人類文明的目標之一，就是不斷增強理性和完善自我。然而當文明遭受踐踏的時候，權力便無限地放縱了欲望。一九七一年，張國良借談心之機強姦了第一位女知青。女知青含羞忍辱，未敢聲張。此後張國良膽子愈發大起來，頻頻得手。

據材料揭發，張國良任連長三年，幾乎不動聲色地強姦了幾十名女知青，其中數人多次墮胎。以至於後來才有李先念副總理指出的那樣：女知青聽見喊一聲「連長來了」，就會嚇得簌簌發抖。

這僅僅是問題的一個方面。據美國《讀者文摘》報導，美國東部佛羅里達州，一個名叫珍妮特的年輕姑娘不幸被三名白人青年輪姦。珍妮特為了替自己伸張正義，將自己的遭遇陳述街頭達數月之久，終於激起新聞界和市民的義憤，三名歹徒受到法律制裁。此事發生於一九七五年，中國《讀者文摘》一九八八年轉載。

發人深省的問題是，同是二十世紀七十年代的知識女性，我們知青姐妹的表現則相當令人失望。該連數十名遭受凌辱強姦的

女知青，竟然無一人敢於挺身而出，與罪犯的暴行鬥爭。如果說她們先前的緘默和忍辱負重是對連長權勢和種種社會壓力利害得失有所顧忌，那麼直到張國良罪行敗露，上級工作組進駐調查，她們中許多人仍然矢口否認，拒絕作證。她們寧願用沉默的外殼把自己內心的創傷和被踐踏的人格緊緊包裹起來，永不為人所知，而不願意因此受到更大的傷害。

更大的傷害來自社會。來自植根於我們古老民族的根深蒂固的傳統文化和道德觀念。一個男人強姦了一個姑娘，不管這個姑娘多麼清白無辜，但是她立刻如同一堆被人扔掉的破磚頭一樣一錢不值。如果你要保持女人的價值和尊嚴，你就必須緊緊閉上你的嘴巴，把你的貞操同你的祕密一同供奉在至高無上的道德神龕上。與其說權力強姦她們，不如說傳統道德使她們被強姦。有位詩人悲觀地唱道：「女人啊，你的名字叫弱者……」

我以為軟弱不僅僅是人性的缺陷，更是一種源遠流長的文化戕害。這就是我們的婦女姐妹乃至我們古老的民族為什麼始終生存得如此艱難沉重步履蹣跚的原因之一。

自以為萬無一失的張國良終於栽了跟頭，他栽在一個原先並不起眼的北京女知青手中。女知青是黑幫子女，先前家庭落難，子女出來當知青，個個忍辱負重，夾著尾巴做人。林彪爆炸後父親復出，子女旋即調離兵團、農村遠走高飛。女知青臨行前將一份厚厚的揭發材料留在了昆明軍區。幾經周折，後來直到李先念副總理親自點了名，張國良才身敗名裂。

邪惡終於沒能逃脫正義的懲罰。對於多數暗藏的受害者來說，這個結局最終使她們圓滿完成伸張正義和保全名聲的兩難選擇，人人皆大歡喜，從此不提。

為何雲南兵團的軍人如此有持無恐地侵害知青，鄧賢在〈女

知青險被退伍兵強姦，反而最後知青判刑〉講述了其中原由：時值五月，地處滇南山區中越邊境的雲南省金平縣，雨季即將來臨，空氣溽熱難耐，天邊不時有一道道閃電劃破夜空。勞累一天的人們紛紛上床就寢，雲南生產建設兵團第四師十八團一營十八連駐地很快呈現一片深沉寧靜。這是二十世紀七十年代無數季節交替中一個普普通通的夏夜，大批重慶知青來到連隊已經整整十天。

　　這些來自遙遠山城的小知識份子經過一天艱苦勞動，終於放鬆僵硬的四肢，然後迫不及待沉入香甜的睡夢中。這是一個容易放鬆戒備和沒有警惕的時刻。因為在地老天荒的南國崇山峻嶺中，男女知青分別居住在一排排簡陋的茅屋裡，沒有門，也沒有鎖，人們無須設防也無法設防。他們一心指望獲得充足的睡眠和休息來補充自己消耗殆盡的體力。

　　深夜，一聲驚恐的尖叫打破連隊的寧靜，有人聽見從女知青茅屋裡傳來一陣掙扎、廝打和急促的呼救聲。連隊被驚醒了，男知青紛紛衝出屋來，一條黑影竄出女寢室，被知青當場擒獲。流氓叫陸發雲，十九連退伍兵。他的職責本來是站崗，但是他卻趁人們熟睡之際悄悄摸進十八連女寢室，企圖強行施暴。不料受侵犯的女知青拼死反抗，遂人「贓」俱獲。

　　憤怒的男知青將流氓痛打一頓，扭送營部。流氓事件發生第三天，也就是西元一九七一年五月十三日下午三時左右，一大群頭戴戰鬥帽，佩戴領章帽徽的軍人氣勢洶洶闖進十八連駐地。他們見人便抓，便打，對知識青年拳打腳踢，皮帶呼呼亂響，連女知青也不放過。這群「戰鬥帽」為首的就是流氓陸發雲。他們其實並不是真正的現役軍人，而是陸發雲糾集的本團第五、六、十八、十九連的退伍兵。

　　這些早先的士兵自恃出身貧下中農，有過當兵入伍的光榮歷史，根本不把黨紀國法和接受再教育的知識青年放在眼裡。因此一時間十八連大亂，到處雞飛狗跳，知青們猝不及防，被「戰鬥帽」打得頭破血流，有的被迫跪在地下磕頭求饒，還有的流氓趁機對女知青進行肆意猥褻侮辱。但是這群目無法紀的流氓歹徒還是大大低估了他們的對手。

　　與年紀稍長的北京、上海、昆明知青相比，四川知青（含成都、重慶）尤以性格蠻勇和好打架鬥狠著稱。「文化大革命」全國武鬥，成都、重慶造反派曾經創造出陸、海、空三軍立體戰爭的壯觀局面，遙遙領先於全國武鬥水準。後來四川知青支邊途經昆明，有小流氓自恃當地一霸，對女知青動手動腳，雙方發生衝突。結果四川知青個個勇不可擋，直打得半個昆明城關門閉戶，行人絕跡。小流氓談虎色變，作鳥獸散。四川知青「好打架」的惡名從此遠揚。

　　就在這幫惡棍得意忘形，揚言「踏平十八連」的時候，一個名叫黃勇的小個子男知青突然從廚房裡竄出來，勇猛地進行自衛反擊。黃勇在知青中素以講義氣和大膽亡命著稱，他原本在廚房當炊事員，聽見外面人聲鼎沸鬧翻天，這才急急忙忙拎起一根木棒參戰。小個子黃勇掄圓那根大棒，也不虛張聲勢，就像那種悄悄齜出牙齒的狼狗，使足力氣逢人便掄。只聽見撲通撲通幾聲悶響，轉眼工夫已掄翻四五個「戰鬥帽」。躲在屋子裡的知青們信心陡增，發一聲喊，紛紛揮舞鐵鏟、鋤頭、扁擔打將出來。

　　惡棍沒有料到這些十六七歲的城裡學生如此奮勇，不怕死，不由得亂了陣腳，許多人先做了膿包。惡鬥一場，「戰鬥帽」丟盔卸甲，潰不成軍，知青大獲全勝，還打翻一二十個惡棍捆起來做了俘虜。就在這時候，領導出面干涉了。第十九連指導員呂仕

貴帶領一個武裝班跑步趕到鬥毆現場。呂指導員的責任本來是制止械鬥，處理和懲辦肇事者，但是當他看到本連退伍兵被知青打得頭破血流狼狽不堪時，不由得心頭大為惱火。本來，這並不是一場普通意義上的打架鬥毆，事件起因就已經超出一般民事糾紛的範疇，因此陸發雲們不僅應該受到黨紀處分，還應追究其法律責任。

但是在西元一九七一年的中國，指導員就是連隊裡一切公理的化身，指導員的話就是原則，指導員的意志就是至高無上的權威。現在，當呂指導員看到許多戴領章帽徽的退伍兵慘遭知青圍攻痛打的時候，一種惺惺惜惺惺和恨鐵不成鋼的感情油然而生。退伍兵的行為是他默許的，他同退伍兵是戰友，是同鄉，是上下級，同志加兄弟。知識青年是什麼呢？是接受再教育的對象，就是改造思想的「二勞改」。

二勞改怎麼能把前革命軍人打得頭破血流而不受到懲罰呢？客觀地說，呂指導員也來自農村，內心深處對城裡人的優越感一向耿耿於懷。他堅持認為鄉下人生在鄉下和貧窮落後並不是鄉下人的過錯，誰叫你不生在城市而是在鄉下投胎呢？這種潛藏的仇恨很像二十世紀九十年代人們對那些趾高氣揚的暴發戶和華僑大亨的階級感情。因此呂指導員打心眼裡由衷擁護和歡迎知識青年上山下鄉的政策。「三十年河東，三十年河西」，把城裡人趕到鄉下去，讓狂風和烈日把他們的臉磨得跟土疙瘩一樣粗糙，讓鄉下人輪流到城裡去住洋樓點電燈，「樓上樓下，電燈電話」，他認為只有這樣，世界上的事情才公平合理。

後來他果然在本營（半年後榮升營教導員）娶了一位上海女知青做老婆，從心理到生理都滿足了對城市人的佔領欲和報復欲，同時也初步完成從農村進軍城市的偉大轉折。由於呂指導員

　　親眼目睹知識青年窮追猛打退伍兵的囂張情景，不由得怒火中燒。他不是主持公道制止武鬥而是拔出手槍來對空鳴槍後，命令將所有打架鬧事的知青統統抓起來。

　　面對黑洞洞的槍口和領導的權威，知青一下子被鎮住了，膽小的悄悄往後退。退伍兵有了後臺，有恃無恐，衝上前來抓人。這個結局是如此不公平，小個子黃勇臉色煞白，繼而鐵青，他劈面奪過一個武裝戰士手中的衝鋒槍，嘩啦頂上子彈，大聲喝道：「誰要敢上前一步，老子開槍了！」有知青拖出連隊站崗的老式步槍，與指導員形成對峙。空氣中頓時充滿一觸即發的火藥味。第十八團司令部接到緊急報告後，立即派一名副團長帶領團部警衛連趕到十八連駐地，包圍並繳了知青們的槍，當場抓獲了參與械鬥的五十名知青。

　　經連夜審訊，本著「打擊一小撮，教育一大片」的原則，副團長宣佈，拘留黃勇等十五名壞分子，其餘犯錯誤的知青交本連批鬥教育，以觀後效。六天以後，雲南生產建設兵團第四師黨委召開緊急會議，將十八連搶槍事件定性為「五一三反革命暴動案」。首犯黃勇，予以正式逮捕，從犯十余人在各團營單位巡迴批鬥，然後管制兩年，監督勞動。陸發雲等批評教育，未受任何處分。這只是一九七〇年至一九七三年間兵團記錄在案的數以百計的知青案件中極為普通的一個案例。

　　據筆者搜索，雲南省知青工作會議簡報：雲南省生產建設兵團司令員江洪洲同志講話（摘要）……據不完全統計，前一段時間，兵團各單位捆綁吊打知青一千余人，被姦污女知青兩百多人，案件還在清查中。

　　一師一團，捆綁吊打知青三百一十四人，有的知青被關押一二年之久，被關押知青，每天強迫頂著烈日幹十多個小時重活，

每人吃一餐，每餐二兩，其中遭毒打和非法用刑五十餘人，甚至強迫被關押的知青互相毒打……

十營十連，百分之八十的知青被批鬥，有個知青，因為在開大會時放個屁，被當場批鬥，罪名是；「污染空氣」。

六營三連指導員左國生，長期姦污一上海女知青，另一名男知青唐潔新企圖揭發，被扣上「反黨亂軍」帽子，瘋狂報復。

四師十八團一百四十一個連以上單位，捆綁吊打過知青的單位達一百二十多個，占百分之八十五，受摧殘迫害知青達兩百四十多人，被姦污女知青達一百多人。

這是一種失望的積累，多了就會產生一種逆反的效應。這也能夠很好地解釋為什麼會在四年以後，雲南的知青會同時罷工、請願、絕食：我們要回家！

第三節　慘遭姦污的海南兵團女知青

與黑龍江、雲南等兵團一樣，我在海南兵團時，也曾看到過一次海南兵團軍事法院的佈告，與以往內容不同的是，這次是對一些現役軍人和農場幹部的刑事宣判。佈告上官最大的好像是一個團的參謀長，佈告上說其曾姦污過多名女知青。雖然兵團的大多數軍人都能自律，但是也有少數這樣的軍人敗類，利用手中職權，肆意污辱女知青，其中有的「獸行」簡直令人髮指，觸目驚心。

知青馬名偉曾在〈兵團女知青慘遭姦污〉中痛心的回憶道：從一九六八年底開始，海南島農場突然來了一大批如花似玉的女知青，那些心懷鬼胎的領導早已對這些十八、二十歲的女知青虎視眈眈。兵團早期那些上大學、提幹、入黨的女知青們，不管她

們如何清白，也會被人聯想到是付出代價換來的，尤其比較漂亮的女知青。

女知青們大多是在孤立無援的情況下被這些幹部利用職權威逼、引誘、要脅等手段而失身的，而且長期利用這些被告人失身後的忍辱心理狀態，進行獸行發洩。這些行為在客觀上是對婦女身心的摧殘，是絕對違背婦女意志的。一切都成為歷史了，歷史更有必要為後人所知。當時女知青們為了出路絕大多數都沒有反抗，因而不能給那些幹部定罪。

我記憶最深刻的是我們同連隊的廣卅知青陳阿娟到海南才半年就受不了兵團下田幹活的艱苦勞動，想在連隊幼稚園做保育員一職，又經不起連長威逼引誘，最後與連長長期通姦，在知青裡影響很壞，直到被前來探親的連長老婆發現揭發事情才真相大白。在指導員召開的批鬥大會上和從連長，陳阿娟的交侍材料中，我們才瞭解到真實的過程。

那天深夜陳阿娟麻木地推開連長家的門，一步一步、沉重萬分地走了進去。連長的桌上擺著半瓶番薯酒和一小盤花生米，閃閃爍爍的油燈照著長相粗魯的連長臉龐，他一把扯開陳阿娟的衣衫，無恥地揉摸那還未完全發育成熟的乳房，然後把她推倒在充滿汗味和臊味的木板床上。陳阿娟雙目無神，象一個被送上祭台的羔羊。她沒有喊叫，怕人聽到，只是心和下體一同疼痛著。當從床上站起來，滯重地穿著衣服時，連長看著床單上幾塊處女的鮮紅血痕，對自己輕易得到的豔福淫笑了，爾後洋洋得意的對陳阿娟說明天就換工種。

還有二連割膠班汕頭女知青張麗是割膠新手，副連長幾乎天天出現在各個林段中，檢查生產情況或說明生手、慢手割膠。那天副連長幫她割膠，她比平時快一個小時割完了膠，便和副連

長來到山頂處的一小塊空地上。副連長一上山就把掛在腰上的雨布鋪開，自己坐下後，讓小張坐在他的身邊，小張驅趕了一下蚊子，又尋找著有無小蟲爬上來，一隻有力的手爬上她的脊背，似乎在幫她驅趕什麼，她很感謝，側臉衝付連長笑笑。副連長也在笑，眼中燃燒著一股小張從未見到過的欲火。她不太明白副連長為什麼會這樣笑，以至於副連長的手挪到她胸前，解開全部襯衣扣時，她才開始恍然大悟。

當副連長看到隨著衣襟敞開而彈射出來的雪團一樣的白乳房和櫻桃一般鮮嫩的乳頭，他便用全力傾壓下來，一隻手熟練地揭開了小張的褲帶，並把手伸進她雙腿之間。小張頓時嚇呆了。她不知道副連長要幹什麼，或者說由於意識到副連長要幹什麼，而目瞪口呆，束手無策。副連長飛快地脫下自己的衣褲，像猛獸吞食小動物一樣瘋狂地佔有了小張，小張大概本能地抵抗了幾下，但那樣無力，幾乎是眼睜睜地忍受著第一次被男人侵入肉體時的痛苦和傷痛……

完事之後，副連長撫摸著她向她許了不少願，入團、入黨、提幹等等。小張本來可高聲呼叫，但她不敢。副連長心滿意足地站起來，收起了雨布，用樹葉擦去留在上面的處女血痕和汙物，哼著毛主席語錄歌，揚長而去……

那些女知青們，來自廣州、汕頭、湛江、中山等城市她們一個個青春年少比副連長在海南見到過的那些農村姑娘確實白嫩、誘人。副連長像一隻餓狼一樣開始物色獵物並選擇撲食方式。橡膠林中是最好的地點，那裡僻靜偏遠，很難碰到別人，而且在黎明前的黑暗時刻，女知青們都會有恐懼感。第一個女知青在他的懷抱中連掙扎一下都沒有。於是，他帶上一塊雨布，每天都和勤勞的膠工們一同走進山林之中。先從最漂亮的女知青下手，後來

長相平平也不放過，當副連長被揭露出來押赴刑場執行槍決時，在橡膠林中有十幾個女知青在他的獸欲中失去了貞操。

廣州女知青劉萍，在新婚之夜被丈夫毒打，以至趕出家門，因為她不是處女，她的處女貞操在海南兵團時就被團長給破壞了。她的丈夫並不因她當時為了招工回廣州而原諒她，最後她含冤懸樑自盡時，我還參加了她的追悼會。

湛江女知青關東紅，長得豐滿誘人，她拒絕了連長的調戲，便被發配到二十裡外的水渠口去開關閘門，每天在四十度的酷暑中來回一次，一個月後她屈服了，給了連長一個暗示。連長陪她看了一天水閘，第二天她就被調回連隊駐地的食堂工作。而那最後一天，她少女的貞操與流水一同東去了……

到知青回城爭上大學，上中專，招工指標時，這種「獸行」演變得更為可怕，有些女知青為了獲得一個名額，要被幾個領導姦污後才能辦好回城手續……

像陳阿娟、張麗等女知青被姦污這種現象，在兵團百分之二十的連隊都普遍存在，如事件暴露也不處分只是開批評會就算沒事了。按照中國的傳統觀念，無論是被姦污還是與人亂搞，吃虧的都是女知青！當時為了使那些已經被眾人知道的被姦污過的女知青們不因屈辱而難以生活，上面又下了一道命令：可以讓她們在全師範圍內自由調動。

但是，調動的結果也並不佳，因為凡是單位新來一個女知青，大家立刻就明白她為什麼會來到這裡。被姦污的女知青身心受到嚴重傷害，有的留下婦女病，有的終身不育，有的成了色情狂，有的成了性冷淡……所有被姦污過的女知青心靈上都會一輩子有一塊無法痊癒的傷痕。

後來，兵團女知青所遭受的災難，被中央領導知道後，下達

了打擊殘害知青分子的文件，兵團對一些罪大惡極的幹部進行了判決，女知青人身才有了保障。（為保護受害人文章裡是用化名）

知青馬名偉的這一揭露海南兵團「陰暗面」的文章在博客上發表後，一些人提出了許多質疑。有的說他誇大其詞；有的說他胡編亂造；還有的說他渲染色情等等。對此，一些良知未泯、正氣凜然的知青則用所聞所見的事實給予了嚴厲的反駁。

知青吳膺惠曾在〈知青年代的愛情〉感歎道：我團的一位女知青，戀人不在同一個單位，兩人情深意厚。女的被一個有婦之夫的「知青的教育者」誘姦懷孕。領導對這件迫害知青的嚴重事件的處理是把女知青調走，名曰「低調處理」，他們就是如此的姑息養奸！從時間上推算，這事發生在中央發出保護知青權益的文件之後。

知青白沙紅衛66說：請不要說作者寫得噁心，寫得露骨。當年那些還只有十七八歲的花樣年華的女知青是多麼的悲慘無援！我們要去憎恨那些把自己的歡樂建立在別人的痛苦之上的畜生！在芙蓉田農場、邦溪農場都有這樣的事發生，當年負責搞政工的人便可證實。譴責那荒唐的年代吧！但更要同情及理解當年那些很無奈的女知青！！！

知青康師傅說：馬名偉所寫的都是事實，並非虛構的小說，我所在的十師一團的團長和政治部主任（都是現役軍人）就是典型的代表，團長一人就侮辱了五十多名女孩子，裡面包括女知青、女青年、農場的女孩子等。大概是一九七四年的某一天，我接到上級通知，要我作為知青代表到師部去開宣判大會，但等了幾個小時也沒車來接我們去開宣判大會。後傳來宣判大會被取消的通知，經過打聽宣判大會本來是要槍斃那個團長的，後因他是

解放海南島的戰鬥英雄，有人保他，讓他逃過了一劫，開宣判大會只不過是個幌子罷了。

知青aige說：我團的團長「老咸景」侵犯了七個女知青，事發後調龍江場當副團長，就憑師部×師長也有「這一口」兼老首長。

大嶺老知青對馬名偉說：你的〈兵團女知青慘遭姦污〉我剛看了，這是事實，四師十三團就有這種事。當年團政治處的幹事韋××，是現役軍人，就是這種禽獸，後被判刑。當然還有很多女知青「瘖啞底」（吃啞巴虧），不是個別現象……

然而，知青aige在〈詭辯〉一文中也講述了一個欲蓋彌彰、倒打一耙的故事：素來都不怎麼熱鬧的團部，那天，團長住宅門前上演了一幕「罵街」鬧劇。主角是誰？除了團長老婆大人誰還夠膽在團長門前動土。事出有因，傳說我們敬畏的團長「犯了什麼男女錯誤……」

到團部飯堂必經團首長的住宅，團長的房剛好在路邊。「小道消息」所產生的好奇心幾乎使每一個人經過那裡都有意無意地往團長家瞄上幾眼，這可惹怒了團長夫人。平常都是拿腔拿架，活像山西老醋的長臉女人，搭上那有「驢眼」面相的×團長，同時出現時很容易使人聯想到北方農村騎著毛驢趕集的媒婆。

本來，誰都沒得罪她，她卻噴薄欲出般的罵開了：「都往俺房子盯啥？俺老×不就讓一堆刀殺的知青婊子勾昏啦！伥沒打死他，卻給婊子坑了」。如此詭辯陣詞，令人肅然起敬。丈夫給她頭上戴上「綠帽子」，她還是威嚴依舊。其實，團長「犯錯」的事大家都只是道聽塗說，這回之後，真相也讓人猜中一半有餘。

瞧，自己老公利用手中權勢，威逼利誘姦污了一堆女知青，本該好好教育自己的丈夫，反而卻怪罪說是那些女知青是刀殺的

知青婊子，勾引了她的男人！真是滑天下之大稽，這樣沒有文化，蠻不講理的「潑婦嘴臉」真是讓人不恥！這樣的詭辯邏輯更讓人瞠目結舌……

對此，知青成真一針見血地指出：我們一團政委有點書生氣，目不斜視的。後來也守不住寂寞和女知青鬧出了風流韻事。儘管這事掩得嚴嚴實實，到底還是讓團部政治處和司令部的知青們傳了出來。這是一群披著黃皮的禽獸！不需要對這些人頂禮膜拜，或用一句什麼時候什麼地方都會發生這樣的事，來拍打乾淨他們的惡行，不是上山下鄉，我們的女知青決不可能有那麼多的人落入虎口被糟蹋！中央也不會下令法辦這些姦污女知青的「黃世仁」。

是的，成真說得對！如果不是上山下鄉成立兵團，使他們有幸掌管農場領導權，如果不是極左路線給他們為非作歹撐腰壯膽，我們也不會有那麼多男女知青遭受污辱迫害？據一九七三年國務院知青辦第十一期〈簡報〉，海南兵團公開查處的姦污女知青案件就達一百九十三起。其中師級幹部二人，團級幹部三十八人……在當時全國十五個生產建設兵團（農墾師）中，名列第三。僅次於黑龍江兵團（三百六十五起）和內蒙兵團（兩百四十七起），比雲南兵團還多。

事實上，在這些數字背後，應該還有許多當事人或難以啟齒或經人勸說後「轉化」了的案例，這些傢伙給許多知青姐妹造成的身心傷害是不可估量的。有的知青姐妹甚至因為他們粗暴蹂躪付出了終生的代價，乃至有的姐妹只要提到上山下鄉歲月就會憤恨不已。

第四節　農村權勢者對女知青的凌辱

　　知青群體，在那個年代是一個僅僅比勞改犯強一點的弱勢群體，因為他們被定性為上山下鄉去「接受貧下中農再教育」，處在這樣一個被改造的特殊地位，那些插隊落戶去到農村的女知青，更容易成為農村中稍有權勢，掌握知青命運的好色之徒欺淩姦污的對象。

　　在蒙啟明的〈南江知青歲月記事七：五個窩棚一鍋端〉講述了農村幹部利用飢餓誘姦女知青的行為：……刀耕火播、廣種薄收是二十世紀六十年代山區的主要生產方式，在「向荒山要糧食」的鼓噪聲中，人們寒冬臘月背著紅薯和被蓋上山了。手持砍刀剃頭似的把一個個山頭的樹木全砍倒，春天再沿山腳放一把火，今年燒這幾匹山，明年燒那幾匹山，謂之輪種。燒山後開始點包穀，每人背個笆簍，裡面裝著拌有桐油柴灰的包穀籽，為了在陡坡上站住腳，左手抓住尚未燒焦的草根，右手緊握點鋤，啄個洞丟幾顆包穀。一個山頭通常只能收大半背篼七長八短的包穀，且要在齊腰的荒草中去尋找，但是當年這點糧食可是比命還金貴。

　　為了不讓野獸糟蹋這寶貴的收成，人們隔幾個山頭便用茅草搭個窩棚護秋。於是到窩棚去敲鑼、趕野獸、看糧食成了人人都嚮往的輕鬆工作，一來可以偷偷弄幾個包穀燒熟充饑，二來可以白天晚上算雙工分。但是，轉業軍人生產隊長宣佈：這份美差男知青莫要想，要照顧女知青，一人看一個窩棚。五個少女立刻歡呼雀躍，收拾行李背著鑼鼓上了山頭。

　　晚上，這傢伙就提著馬燈也上山了。山上夜裡伸手不見五

指，女孩們沒有想到鑼鼓可以轟走偷糧食的四隻腳野獸，卻轟不走糟踏人的兩隻腳禽獸。在那人人都餓得肚子打偏打偏的年代裡，身穿黃軍裝的轉軍隊長卻吃得滾瓜肚圓，精力特好，一晚上連續端掉五個窩棚。黑燈瞎火的夜晚，女孩們叫天天不應，叫地地不靈。事後，也只能終日以淚洗面，神色癡呆。隊長的輝煌戰果被他自己暗地裡在鄉間到處吹噓，講得繪聲繪色，聽故事的當地無賴甚至好奇地打聽城裡來的女娃下面是不是「雙舷」。

文化大革命開始了，男知青呼嘯而散。沒有地方吃飯，五個未成年少女被迫嫁給了當地條件最差的農民，消失在大巴山的群峰深處。

一九六八年武鬥日盛。為混口飯吃，不少林場知青受雇於當地造反組織充當武鬥前鋒，因作戰英勇，名聲大振。一日打恩陽戰鬥結束，打死、打傷對方組織戰鬥員若干。大卡車上架上機關槍，忘命少年吊在車門兩廂，一路高歌抬頭望見什麼星，心中想念什麼神，凱旋至巴中縣棗林公社附近，只見前方一農婦蓬頭垢面，負重扶棍而行。任憑汽車喇叭叫，農婦充耳不聞，仍然各自在公路中間輾轉慢行。「你聾了哇？」盛氣淩人的武鬥少年火爆爆地跳下車來，掄起皮帶準備一陣猛抽。「羅華溪」農婦嘴裡分明清楚地叫出少年的名字來。少年睜大眼睛，實在不敢相信，當年嘻嘻哈哈，走到哪裡都扔下一串銀鈴般笑聲的同窗、街坊吳朝玉，就是眼前這個傴僂骯髒，滿臉滄桑的農婦。

尚未成年的花季少女因守窩棚而加速了「再教育」進程，轉業軍人生產隊長在廣闊天地裡提前為她們完成了「再教育」科目。四十年彈指一揮間，老知青回憶起當年重慶菜園壩火車站依依惜別時，女知青家長「出門要互相照顧哈！」的一再囑咐，大多感到心悸。當年在農村，聽到農民傳言「林場的五個女娃

兒，都被某某搞了」時，沒有憤怒，沒有心痛，沒有想到怎樣保護好自己患難子妹，反而覺得女的都是賤貨，竟為了那麼點吃的，甚至有知青提議把五個女娃兒趕出林場。當我們也為人夫，為人父時，已經沒有為自己十五、六歲時不懂事行為懺悔的資格了。

作者名為「金礦」寫的〈一位女知青的懺悔〉一文中，也講述了一個女知青不幸的遭遇，，她在長達多年遭受生產隊長揉躪後，一生還在懺悔，飽受自己良心的折磨：上世紀六十年代初，農業社還沒有知識青年下放來，我隔壁村屬國營白馬湖農場，那裡就有很多從江南城市來的中學生，這些人後來都相繼回了城。歲月過去了幾十年，那代人基本被新一代農場人忘卻了。今年一個偶然的網路邂逅，我竟相識一位當年農場的女知青，視頻上已看不出她曾經青春美麗的影子，同我娓娓敘述那段農場歲月，一種莫名無奈的懺悔，讓人感到悲倉淒涼。征得她同意，我決定把這悲劇故事寫出來，為那荒唐時代留下一點永遠抹不掉的印記。

她告訴我剛到農場時只有十五歲，是朦朧地隨大同學來的。父母不同意，自己很任性地飛到這廣闊天地。到了這裡並沒有讓同學們集體生活，多是安排住在房東家裡，她的房東是一個霸王生產隊長。在一天半夜裡，這傢伙手裡拿著廚刀把她強姦了。她叫天天不應叫地地不靈，那生產隊長還狂言說我把你殺了就像殺死一隻小雞的，她幾天癱睡在床上像一隻受傷的小鳥。

那種蹂躪曾連續多次，越是軟弱越是倒楣，沒想到時間不長就懷孕了，自己還小，青春知識很是茫然，直到肚子大了都沒有引產。結果生下一個私生子，隊長根本不問，可憐的我只好把那個孩子用布裹著，在一個黑夜裡，送往滿是墳墓的亂地，臨走還聽到那嬰兒的哭聲。儘管她當時是一種血腥的麻木，但仍有一種

揪心之痛。

以後的日子，那種非人的性虐待並沒有了結，每每在遭受暴虐以後也會狠心地把那嬰兒予以忘懷和憎恨，認為那是孽種，不值得讓他（孩子）留在世界。這件丟人的事情她並沒有對父母和兄弟姐妹講，只是把自己釀造的苦酒往肚裡嚥，向家裡寫信時都是報著快樂和平安。

那種「牢籠」生活讓她忍受了好幾年，直到大齡後才離開這值得詛咒的地方。牢記著那難以忘懷的恥辱，一直單身著，沒有戀愛沒有依戀。慶倖的是，那霸王隊長後來東窗事發，以破壞上山下鄉和強姦罪繩之以法，被判十五年徒刑，也算是為她出了口氣。進城臨走那天，她噙著眼淚到那已經沒有一點痕跡的墳地，一種難以言表的悲愴襲上心頭，她用紙包了一小撮土，帶回了城市，就這樣一走幾十年。

我想起來，其實她說的這件事情不是個性，當年村裡有人夜裡到旁邊農場的秧田及小河邊用燈照長魚，就曾聽說幾次在墳地撿到活小孩，撿回多是被光棍抱養。但這些事情都沒有公開，原來還是知青的私生子呢。我在想這位網友朋友的孩子如果被人抱走就好了，那也是一條命，生還著就是幸運的。

這位知青網友回城後生活仍然很艱難，畢竟過了黃花閨女期，加之霜打雪奪，身體一直不好，和一個男子婚後一直沒有生育，用農村俗語說叫單不過身，其實是其身體受過嚴重摧殘，難以再孕。沒有孩子生活能幸福快樂嗎？十多年後，婚姻破裂失敗。分道揚鑣後，這位網友就一直單身一人。直到去年紀念知青下放四十年，她才想起那悲慘的日月。才想起那算不上懺悔的懺悔。

她告訴我，現在想來遺棄嬰兒是對社會有罪，對人生有罪，

更對生命犯下不可饒恕的罪行。那個小生命是無辜的，她是殘害孩子的劊子手。小生命來到世界是想見到陽光的，有權利與所有的人共同公平地生活，他沒有選擇父母的權利，更沒有一點點人生的污點，她說迄今無兒無女地單身就是上帝的懲罰。

一個人面獸心的生產隊長犯下的罪孽，毀了一個女青年的一生，使她一生都生活在心的牢籠和人為的地獄中，這難道不是時代的悲劇嗎？

幾十年過去了，當年的女知青已走進老年，人生的坎坷已經在她思維中形成太深的烙印，應該說是曲曲彎彎，很值得同情。我在想如果那小生命還健在，知道這層關係以後還會相認自己的生母嗎？這歷史的傷疤還會撫平嗎？

類似的農村權勢者對女知青的霸佔和姦污的事例在知青滕王高閣的〈一個上海女知青的悲慘命運〉中也有敘述：⋯⋯記得我剛到林場，分配在向陽林場場部。有一次，我發現一個約二十出頭女知青，經常來我們林場場部，只見她臉色蒼白，兩眼呆滯無神，反應遲鈍，梳洗得卻很整潔，上身穿紅色小碎花的上衣，下身穿一條淡藍色的褲子，腳下穿一雙黑色的布鞋，一雙潔白的襪子特別顯眼，走起路來緩慢而無力，一副病態之容。她不停的說著一句上海話「阿拉是上海銀」。

但是，我們林場的人總是不太達理她，她老是孤零零一個人站在林場的上坡路口，不停的用那纖纖細手輕輕地撥弄著路邊的衫樹皮，嘴裡總是喃喃地說著什麼，我不知她是何人。看著她我就想起了《紅樓夢》中的林黛玉，認為她是在多愁善感，一種同情之心油然而生。我望了她許久，她沒有任何反應。於是，我就好奇地問場的同事，她們說不要問，這個上海女知青的命太苦了，真是一言難盡。

　　原來，這位上海女知青是一九六八年下放到梅嶺的某某公社（現在為鄉鎮），據說上海有規定，下到江西的學生屬照顧的對象，分配離城市近更是照顧之照顧。也該她們家倒楣，將兩個如花似玉的女兒全下放在江西南昌插隊落戶，認為兩姐妹在一起，相互好有個照應。偏偏在這個公社就有一個好色如命的喀頭（頭上生瘡也）李書記，他就想盡辦法，利用職權以照顧之名，將二姐妹調到他的身邊工作，再採取威逼、恐嚇，引誘上大學等各種手段對姐妹進行了強姦，倆個如花似玉的上海姐妹雙雙被這喀頭書記強行霸佔了。

　　這個書記是個土改幹部，沒有文化、沒有道德、沒有教養，沒有人性，還不講衛生。頭上的瘡總是散發著一陣陣的令人厭惡的腥臭味，臭不可聞，大家敢怒不敢言，開起會來人們都離他遠遠的。

　　有一天，公社來了二個工農兵大學生的指標，指名是招收上山下鄉的知青的，天真而幼稚的姐妹倆認為總算熬到了一個出頭之日，喀頭書記對她們的承諾一定會對現，她們那知道這位該死的喀頭書記不知是忘了對她們承諾，還是出於長期霸佔她們的目的，將上大學的指標一個給了他兒子，一個給了他的侄子。可憐的倆姐妹怎麼也接受不了這個現實，在這種情況下，喀頭書記還不放過這倆個苦命的姐妹，還要強姦她們，她們的精神再也接受不了這種殘酷的打擊，她們雙雙精神澈底崩潰，整日哭笑無常，進入了一個無任何苦惱的精神世界。

　　法網恢恢，疏而不漏。紙是包不住火的，畢竟還是有正義的人。一封告狀信告到了中央，立即引起了上級領導的重視，很快派人來調查，據說還有領導批示，要求嚴查嚴辦。結果一查到底，事實清楚、證據確鑿，在事實面前喀頭書記不得不承認了。

立即從快地判處了有期徒刑十五年。

一個農村的喀頭書記，因為道德淪喪，毀滅了兩個如花似玉的上海女青年的青春直至一生，判刑十五年又能挽回什麼？除了顯示了法律的尊嚴外，對於受害者來說，一切都完了！

此時這倆個可憐的女孩，已經身心憔悴，整天瘋瘋癲癲、哭笑無常。不知什麼原因，在這樣的情況下，她們還不能回到那日思夜想的上海。在沒有辦法的情下，也不知是那位好事者作主，將姐姐找一個當地的農民結婚成家；妹妹就嫁到了鄰鄉的一個村子，也與一個農民成了家，這個村離我們林場很近。

我講述的上海女知青，就是那個妹妹。這個農民丈夫並不將這個女上海知青當人看，只將她當著一個會生孩子的工具。嫁過來一年，她真生了一個兒子。

有一次，她發瘋病，抱著不滿月的兒子在雨裡跑，大笑大喊。「下雨了！」她丈夫趕來立即奪過孩子，操起扁擔狠狠地向這個可憐的還未滿月子的上海知青劈頭蓋臉地打去。可憐的上海女知青，從小在爸爸媽媽的溫暖如春的懷抱裡長大，細皮嫩肉的那經得起這山村野夫的蠻勁死力地拷打，沒兩下子就被打昏死過去，躺在雨地裡，整個村子竟無人過問，原因是她是瘋子，瘋子就不是人，真可惡！

我們林場的女職工得知此消息後，冒雨前去調解，這樣才緩和下來，上海女知青才有一個安身之處。此後，她就經常來我們林場，因為這裡有很多的知青，再加上我們林場還有一位上海男知青，自然她會有親切和安慰之感，她可能認為這裡是「暖巢可棲孤零雁」，是大樹，是靠山，是港灣。

然而，事情並非她想像的那麼的美，那麼如意，就是這個上海男知青卻幹下了一件更慘無人道的事。有一天，這上海男知青

突然來了一個奇思妙想，不知是從哪裡聽來的，說瘋子的血是黑色的，有的知青不信，就想在這位上海女知青身上做起了試驗。

不久她來到林場，上海男知表就糾集二、三個知青（其實是無知的青年）要在這位可憐瘋女人身上來證明瘋子的血是黑色的，就用杉樹枝（杉樹葉頭似鋼針一樣尖銳）去抽打可憐的上海女知青，上海男知青見到這位上海女知青纖細的白而嫩滋的手被刺出那黑紅的鮮血時，他興奮地高叫著：「瘋子的血是黑的，不是紅色的，我贏了！」

我們幾個知青聽到此事趕緊跑去制止，當我們趕到現場時，只見我們那位上海男知青，發出了禽獸般的狂笑，上海女知青同樣也在狂笑，林場上空迴響著兩個上海知青的狂笑聲。

此時，遠處傳來了隆隆的雷聲。下雨了，上海女知青站在林場的禾場上一動不動。林場的女職工們都在勸她回去，她卻不聽別人勸，有人就去她們村叫人。

她仍站在雨中禾場上，繼續在狂笑著，接著她將臉朝著天空，伸出雙手托向天空，迎接紛紛揚揚而下雨水。突然，她又由大笑轉為大哭，哭聲是那樣的傷心，那樣的淒慘，那樣的令人不安。我們沒有打擾她，因為她可能認為，此時才是她向蒼天對話與哭訴時候，雨水就是蒼天對她的回復，她哭訴蒼天，對她的命運如此不公，人間如此慘酷，人間如此無情……

這可真是瘋狂年代培養了沒有人性的瘋狂的人，這些助紂為虐，欺凌弱者的男知青也是一群喪失人性的狼，也應判刑才足以平我們心頭之恨！

第五節　農村無賴者對女知青的蹂躪

農村的當權者利用手中職權霸佔姦污女知青，已經讓人義憤填膺，一些農村的無賴和敗類也趁機強暴污辱下鄉女知青，更是讓人忍無可忍！在《中國知青史》書中，我曾看到了這麼一段記述：北京市延慶農場女工李×，是一九六三年高中畢業生，共青團員。她響應黨的號召，不顧家庭阻攔，毅然到農場參加勞動，表現很好。一九六三年十月十五日，因偶感風寒，頭暈發燒。農場會計吳成祿、炊事員劉寶庭藉口說她得了「邪病」，糾合本場工人王從正、孫全然，在十五日淩晨兩時闖進女宿舍，把李×從床上拽起，強行給她「辟邪」。

吳成祿、孫全然把她的兩臂擰在背後，王從正摟著她的腰，劉寶庭揮舞尖刀，大吼大叫，逼她承認是「鬼神附體」，還用三、四釐米的鋼針在她的頭、頸、手指尖等處亂紮，有的指尖被紮了四五針，有的針紮上去十幾分鐘才拔出。在這樣橫暴的折磨面前，李×嚴厲斥責吳成祿：「我是共青團員，根本不相信鬼神，決不向你們妥協。你是共青團幹部（小組長），為什麼搞迷信活動？」

吳成祿竟又指使劉寶庭脫李×的衣服、乳罩、褲子，並亂摸亂抓她的乳房，腋窩和大腿陰部。李×當時曾哀告他們不要這樣污辱她，說：「我是個姑娘，你們這樣污辱我，以後叫我怎麼見人？」但他們依然不聽，一直胡鬧到淩晨四點多鐘。他們走後，李×立即昏倒，以後十幾天下不了床，經醫生診斷，已患「反應性神經症」。

與李×同住一宿舍的其他五名女知識青年，目睹此事，曾出

面制止，但劉寶庭竟威脅說：「以後也這樣整治你們。」此事在全場職工中，造成了很壞的影響。北京市委很重視這個情況，指示有關部門認真處理。吳成祿、劉寶庭兩犯已被逮捕起來。

真正的強盜邏輯！不過是幾個流氓無賴污辱女知青的藉口罷了，可見當時下鄉女孩的人身安全是一點保障也沒有的……

在寧波知青曉笛的〈一九七三，轟動湯原的一個強姦女知青大案〉中，我也讀到了一個心酸疼痛的故事：這是一件有案可查真實的大案，這是一件發生在我們身邊無不義憤填膺的大案，這是一件令知青心靈淌血、不堪回首的大案，這是一件發生在三十四年前轟動湯原縣乃至合江地區典型的強姦女知青大案。

讓時光倒流至一九七二年那個風雪交加的寒冬臘月。在松花江下游，一個遠離縣城一百多公里，天高皇帝遠偏僻的小屯子裡，一間結滿白花花冰霜的女知青土屋內，這裡沒有生氣，沒有溫暖，就像走進冰窖一樣。

冰冷的土炕上，躺著一位蓬頭散髮，口吐白唾，說著胡話的女知青，她叫秀雲（化名），一個十八周歲花季少女。因患重感冒，身體虛弱得已有二天沒有起床吃飯了，為了禦寒，把被子和所有衣物都重重蓋在身上，痛苦的呻吟聲不斷傳來，室內的一隻痰盂，尿屎滿溢，積了薄冰，發出陣陣的臭氣，一堆賴以維持生命的紅皮蘿蔔，橫七豎八地狼藉滿地，目睹此情此景，無不令人心如刀割。同宿舍的女知青因不堪忍受饑寒交迫的窘境，都紛紛提前回寧波走了。因為家庭生活困難，就剩下她一個人遠離故鄉和親人，孤苦伶仃地留在宿舍裡苦熬著。

這時，我們到北大荒下鄉插隊已進入了第三個年頭，國家下撥的安置費早已用光，集體伙食也難以為繼，散夥了，知青們的生活已陷入無人管理、饑寒交迫的最困難時期。為了生存，都

千方百計自找門路，有的主動要求出民工去修水庫，有的隨副業隊到鶴立林業局去抬木頭，扛枕木裝車皮，有的搭夥在老鄉家吃飯，有的逃回寧波老家避難去了。

「惺惺惜惺惺」，泥菩薩過河、自身難保的我們留守知青，看到秀雲姑娘悲慘痛苦狀況，心急如焚，於是找來屯裡的大夫馬上給秀雲打針吃藥，並好言安慰了她一番。接著，又和翟大爺一起找到大隊支書老高家，通報了病情，老高皺著眉頭，很不情願地買了一包餅乾，隨著我們到女宿舍轉了一趟，當他看到秀雲姑娘餓得眼睛直冒金花，不顧一切大口大口吃著餅乾時，他不屑地對我們說：「沒事。」然後就拍拍屁股轉身走了，他正為自己的一包餅乾而心疼不已呢。此後，老高作為一屯之長，就再也不聞不問知青的生活了。

正當秀雲姑娘生活陷入叫天天不應，喊地地不靈的絕境時，我們也頂不住艱難生活的折磨，紛紛打道回府到了寧波。此時，村裡的色狼們一雙雙罪惡的眼睛把獵物瞄上了孤立無援的可憐的秀雲姑娘了。

一個狂風暴雪的傍晚，屯裡一名中年男子，來自山東的盲流李某，他陰險狡詐，像個不速之客，滿臉堆笑，冒雪踏進女知青宿舍，找到秀雲姑娘，假惺惺地表示對她處境的同情，熱情地邀請她去吃飯。大病初愈的秀雲姑娘思想單純，身體虛弱，聽信了他的花言巧語，穿上棉襖隨他來到屯裡東頭一間土屋內，李某和另一個盲流劉某以滿桌的餃子招待，秀雲姑娘餓得正慌，狼吞虎嚥吃了一盆餃子後，李、劉輪番以「大哥」自居，勸不會喝酒的秀雲姑娘喝下65度的「北大荒」白酒，不知是計的秀雲姑娘被他倆灌醉後，倒在熱乎乎的炕上，和衣昏睡過去……

兩個色狼面對皮嫩肉細的江南姑娘，在酒精刺激下，頓時

獸性大發，李某這個教唆犯不顧秀雲姑娘又咬又踢又罵的強烈反抗，狠心地將姑娘衣褲一件件剝去，看到潔白如玉的姑娘裸體，劉某這個從未嘗過女人滋味的老光棍眼睛一亮，像餓狼一樣不顧一切撲向秀雲姑娘，重重地壓在她身上，飄飄欲仙。完事後，帶著滿意的獰笑，摟著秀雲姑娘的胴體，像私有財產一樣，還不放她回宿舍，那個對秀雲姑娘來說是個惡夢般恐怖之夜，劉某這條惡狼盡情地在秀雲姑娘身上淋漓盡致地發洩多次獸欲。直到次日中午，秀雲姑娘才拖著虛弱的病體得以脫身回到宿舍。

劉某還到處散佈，說秀雲姑娘神精不正常等流言蜚語。富有正義感的翟大爺等村民對此惡行頗有怨言，老高支書卻慫恿罪犯，以他們在找對象為藉口，壓制群眾的議論和不滿。

此後幾天，幾個色膽包天的惡棍，看到風平浪靜，以如此小的代價，換得江南美女的胴體，不惜以身試法，紛紛如法炮製，同樣以邀請吃飯為名，誘騙秀雲姑娘上勾，有的還是醜陋不堪、矮小如「武大郎」般的有婦之夫和半老頭、老光棍等。在當時暗無天日的情況下，秀雲姑娘身心受到了極大的摧殘，一朵鮮豔的花朵，就這樣凋謝了，真是可悲又可惜。

此事傳到寧波，我們紛紛氣得咬牙切齒，秀雲姑娘的父親更是按捺不住滿腔的怒火，提筆給湯原縣知青辦等領導寫了控告信。在縣知青辦的重視下，經派人下鄉調查，案情屬實，被列為湯原縣強姦女知青的一件大案、要案和典型案件，縣裡迅速組成了一支由公檢法、知青辦組成的聯合調查組，立案偵查。

一九七三年春節後，縣知青辦呂紀山同志和縣法院戚院長等人趕到寧波，下榻在孝聞街市府招待所。當時，我們正在寧波探親，他們馬上召集我大隊知青開會，通報了黑龍江省甘南縣某生產隊長強姦上海女知青被槍斃兩人的案情，我大隊多名惡魔強

姦女知青案情，類似甘南案件，已引起縣裡和合江地區的充分重視，要求我們迅速回湯原，協助偵破此案，回去路費全部由縣知青辦報銷。

三月初，我大隊全體知青回到湯原，在縣林業局招待所住了一個多月，就大隊存在的問題進行了揭發檢舉，因秀雲被強姦一案，全屯逮捕了五個人，分別有大隊支書老高（犯生活腐化失職罪）、強姦教唆犯李某、強姦犯劉某、欒某、張某等人。合江地區趙專員親自坐小車到我屯找知青開座談會表示慰問，黑龍江省高級法院兩名法官也來過我大隊。

此案經審理，當時判決：老高二十年徒刑，李某無期徒刑，劉某十二年徒刑，欒某六年徒刑、張某四年徒刑。此後，我大隊寧波知青五月份全部調往縣城附近的向陽公社景春大隊，受害者秀雲姑娘被照顧戶口遷回寧波。

惡夢雖醒，但秀雲姑娘的一生都毀了，她會永遠活在恐懼中，活在罪惡感中，一生也無法面對自己的遭遇，實在是太淒慘了……

更有的農場農村無賴，利用女知青年少無知，施以小恩小惠，或是幫助幹活等手段，對其姦污。知青我很較真在〈看看知青一代北京的六九屆〉講述了一個故事：……也是一九七四年，我所在的連隊一個六九屆女同學在四月的一個夜裡忽然在菜窖裡生了個足月的嬰兒。她是門頭溝井下礦工的女兒，身材瘦小，十月懷胎竟瞞住了大家的眼睛。她是伙房的炊事員，懷孕期間仍抬得起六層的籠屜，沉默寡言，勞動非常出力。生產是在夜間，沒有人發覺。

天濛濛亮時，她照常通開了食堂的爐火幹活。不過天亮時，我們看見了滿地鮮血和她回宿舍後才娩出的胎盤，那血乎乎的東

西放在臉盆裡，用枕巾蓋著。更讓人難以相信的是，嬰孩之父竟是在磚窯燒火的那個勞改就業職工，一個幽靈般的七十歲老頭。

這個同學在集體宿舍過了「月子」，後來安排在磚廠幹碼濕坯的活兒，開除了團籍。再後來，她以「病退」名義回到北京門頭溝，據說一直沒有正式工作，靠給單身礦工洗衣為生。

當年，最令女知青心悸的，恐怕還不是生活條件的艱苦，體力勞動的繁重，而是人生安全沒有保障。據查：僅就吉林的九台一個縣，一九七三年前的調查就發現迫害知識青年案件七十三起。其中，強姦、姦污下鄉女知青案件六十三起，占百分之八十六。受害人八十三人。其中，自殺一人，自殺未遂三人，懷孕打胎五人，生孩子六人，身心遭受摧殘嚴重疾病的十二人。一九六八年至一九七三年初，湖北省天門縣先後安置下鄉知青一萬三千餘人，共發生姦污、迫害女知青案件兩百零三起。女知青的受害率比九台還高。

農村基層幹部多數是利用職權，借招生、招工、上學、發展黨員之機，對女知青進行姦污的。九台某生產隊長齊殿發，先後強姦、姦污、猥褻婦女二十三名，公開宣揚「好漢霸九妻」把女知青騙到他家住宿。一九七一年春，在其妻子的助力下，將女知青蔡某強姦，蔡右眼被齊犯擊傷。蔡受傷後痛不欲生，忍辱投河，被人救回。齊對蔡軟硬兼施，一方面哄騙說：「你放心，小隊有我，大隊有我哥哥，公社、縣裡我有人，將來招工一定叫你走。」另一方面又恐嚇道：「這是我們齊家的天下，你要告發，我頂多半年不當隊長，我叫你骨頭渣子爛到這裡，也別想走！」齊對蔡某多次姦污。蔡某忍無可忍向上告發，公社辦案人員竟將此案當作「通姦」問題處理。黨支部只給齊犯留黨察看兩年處分。

蔡看投訴無門悲憤交集，一九七二年十二月寫下遺書，服毒自殺，經搶救脫險。但胃膜燒壞，精神失常。遺書寫的摧人淚下，書中說：我被齊殿發害得太苦，只想和他拼了。囑咐母親保重身體，把自己忘掉。勸告妹妹「不要讀書了，不能再下鄉走向姐姐的地步。」遺書最後絕望地寫道：「現在公社這樣處理問題，證明了齊殿發說的話，是他們的天下，沒人給我們辦事，這是他們逼的。」

許多受害的女知青都與蔡某一樣，她們處在孤立無援的境地，面對的則是由親族關係、地域關係、權利關係盤根錯節編織在一起的邪惡勢力。不甘心忍辱含垢地苟活曝光當年女知青在農村被強姦、姦污、蹂躪的吉林科右前旗察爾森公社一名女知青被強姦後服安眠藥自殺。在遺書中寫道：毛主席指引的與工農相結合的道路完全正確，應該好好接受貧下中農的再教育。但是，這裡的階級鬥爭太複雜，我鬥不了，希望你們知識青年趕快離開，我惹不了他們，只好走這條路。

不管這些自殺者的動機是什麼，單憑正值荳蔻年華而自尋短見這一事實，就足以轟動輿論，引起人們的廣泛同情和上級領導的重視。事情發展到這般地步，肇事者當然難逃法外，但女知青所付出的青春甚至生命的代價，卻是無法彌補的。據網上搜索資料，一九七四至一九七九各年度全國迫害上山下鄉知識青年案件統計：

一九七四年案件合計8435件。其中：處理案件數5909件，處理案件占發案數70.1％；

一九七五年案件合計9983件。其中：處理案件數6831件，處理案件占發案數68.4％；

一九七六年案件合計9921件。其中：處理案件數6536件，處

理案件占發案數65.9%；

　　一九七七年案件合計7667件。其中：處理案件數5148件，處理案件占發案數67.1%；

　　一九七八年案件合計4274件。其中：處理案件數2984件，處理案件占發案數69.8%；

　　一九七九年案件合計992件。其中：處理案件數724件，處理案件占發案數73.0%；

　　六年案件總計41272件。其中：處理案件數28132件，處理案件占發案數68.2%。

　　編制說明：

　　一、單位：均為「案」，其中多數是一人一案，少數為一案涉及多人，個別為一人涉及多案。

　　二、迫害上山下鄉知識青年案件：主要為對女知青的性侵犯案件、在民事或刑事案件審查過程中對無辜知青的嚴刑逼供，以及當地居民針對下鄉知青的大規模械鬥；不包括在政治運動中對知青的暴力行為和拘禁，以及在工種、工分、分紅等方面對知青的歧視。

　　三、處理：對多數造成迫害上山下鄉知識青年案件者採用黨內處分（由警告至開除黨籍）或行政處分（由調離原職至開除公職就地安置），對少數造成迫害致死或強姦多人等嚴重案件者追究刑事責任。

　　而在這些迫害上山下鄉知青案件中，主要多為對女知青的性侵犯案件、在民事或刑事案件審查過程中對無辜知青的嚴刑逼供，以及當地居民針對下鄉知青的大規模械鬥；不包括在政治運動中對知青的暴力行為和拘禁，以及在工種、工分、分紅等方面對知青的歧視。對多數造成迫害上山下鄉知青案件者採用黨內處

分（由警告至開除黨籍）或行政處分（由調離原職至開除公職就地安置），對少數造成迫害致死或強姦多人等嚴重案件者則追究了刑事責任。

對此，我們在網上還搜索到了以下資料可以為證：

全國知識青年上山下鄉工作會議簡報第八期（摘錄）

1：遼寧省一九六八～一九七三年，共發生摧殘知青和姦污女知青案件三千四百多起。

2：四川省一九六八～一九七三年，共發生摧殘知青和姦污女知青案件三千兩百九十六起。

在所有的摧殘知青的案件中，姦污女知青的案件比例重大，占60~70％以上，有的達90％以上。比如河北省，僅一九七二年就迫害知青一百二十六起，姦污案一百一十九起，占94％。而江蘇，吉林兩省，都在80％以上。

河北省涿鹿縣，某生產隊會計，利用職權強姦女知青，判刑十五年，一九七二年落實政策，改判八年，地區保衛部又將強姦改為通姦，撤銷原判，無罪釋放。

四川省南充軍分區副參謀長袁候新，在地區革委會任生產組長時，以安排知青工作為名，姦污女知青達九十余人。

國務院知青辦簡報（第十一期）：……二、姦污女知青（不完全統計）黑龍江生產建設兵團；三百六十五起，內蒙古兵團；兩百四十七起，雲南兵團；一百三十九起起，廣州兵團一百九十三起，其中師級幹部兩人，團級幹部三十八人。

國務院知青辦〈情況反映〉：一九七五年四月二十八日轉發浙江省革委「關於處理祝江就姦污迫害女知青案件的通報」祝江就，浙江省江土縣豐足公社黨委書記，革委會主任，四十四歲，一九五○年入伍，一九五四年入黨，用各種手段姦污女知青

八人，猥褻八人，還姦污其他婦女八人。甚至強姦病婦。判處死刑，立即執行。

透過這些被濃縮為成千上萬的阿拉伯數字背後，我卻看到了一個龐大的受蹂躪受迫害的知青姐妹群體，好不讓人憤怒和痛惜啊……

第五章
無奈苦海中的青春靈肉出賣

第一節　權力幕後的靈肉與利益交換

　　艱苦的生活，艱難的處境會扭曲人的靈魂，會軟化人的脊樑骨，為了早日脫離農場農村的艱苦環境，一些上山下鄉的知青，甚至她們父母不得不放下自尊甚至丟棄羞恥之心，違心的與掌握知青上學、招工、入黨、提幹的權勢者們進行無奈的幕後靈肉與利益交換。在〈不該忘記的故事〉中，我曾讀到了這樣一段文字：

　　一個女知青麻木地推開生產隊長家的門，一步一步、沉重萬分地走了進去。生產隊長的桌上擺著半瓶二鍋頭和一小盤花生米，還有一張招工表格和生產隊革委會的大印。

　　女知青站住了，雙目無神，象一個被送上祭台的羔羊。

　　生產隊長甚至連門都不關，閃閃爍爍的油燈都不吹，就粗魯地笑著，一把扯開女知青的衣衫，無恥地揉摸那還未完全發育成熟的乳房，然後把她推倒在充滿汗味和臊味的木板床上。女知青沒有喊叫，怕人聽到，只是心和下體一同疼痛著。

　　當女知青從床上站起來，滯重地穿著衣服時，生產隊長將血紅的大印蓋在了招工表上。和那大印一樣鮮紅的還有床單上幾塊處女的血痕。

假如這僅僅是故事，是小說，那麼，本文就沒有任何存在的價值和意義了。

一九七二年，安徽某縣首次由貧下中農推薦上大學，全縣數萬知青展開大規模競爭，最終有七十餘人獲得這天大的幸運。在進行上學前體檢時，婦科檢查的醫生驚訝地發現，七十名女知青沒有一名是處女，而且幾乎全都不是陳腐性裂痕。她們都是在招生通知發下以後失去貞操的。實在讓人難以相信，這些女知青們是以肉體為代價換得一張離開農村的通行證的，你不敢相信嗎？但這確實是真的，是千真萬確的……

從一九六六年到一九八零年，全國上山下鄉知識青年（包括所謂回鄉知青）達數千萬之眾，其中有一半是女知青。在這上千萬女知青中，遭受色狼姦污的其實無法統計。大部分被侮辱過的女知青都不願暴露真實情況，因為中國的倫理道德將使失去貞操的年輕女性受到巨大的心理和社會壓力。

另有一些被姦污後而上大學、入黨、提幹的女知青更不會將內情暴露。如雲南生產建設兵團某團助理保衛幹事，被一名當權者姦污後送到四川去上大學，後來此當權者又姦污其他女知青被揭發出來，坦白罪行時交代出與她有過關係。當外調人員到四川找到她詢問情況時，她卻矢口否認。外調人員失望而歸，那當權者因此而被少判一年徒刑。

按當時的說法，這些色狼統統被稱為破壞上山下鄉分子。這些色狼罪有應得，遺憾的是大部分姦污過女知青的人並沒有被揭露，他們到死都會為自己的豔福而洋洋得意。

最終倒楣的還是那些弱者，他們心靈的創傷不但終生難忘，就是在現實生活中也屢屢因直接碰撞而再次流血。

上海一個普通女工，在新婚之夜被丈夫毒打，以至趕出家

門，因為她不是處女，她的處女貞操在插隊時被公社黨委書記給破壞了，她的丈夫並不因她當時若反抗就會被打成反革命縱火犯而原諒她。當時她看麥場，無意中燒了一百多斤麥子。

更有甚者，一些在插隊時入了黨的回城女知青幾乎百分之百地被懷疑是被大隊黨書記姦污後而發給黨票的，因而，這些人連找對象都成了問題。

可現實確有這樣的現象，手裡握有黨票、團票，招工、調動、提幹權，以及病退、困退權的色狼們，以這些特權為誘餌，姦污了不少女知青。

新疆生產建設兵團的一個上海女知青，長得豐滿誘人，她拒絕了連長的調戲，便被發配到二十裡外的水渠口去開關閘門，每天在四十度的酷暑中來回一次，半個月後她屈服了，給了連長一個暗示。連長陪她看了一天水閘，第二天她就被調回連隊駐地的食堂工作。而那最後一天，她少女的貞操與流水一同東去了。

本文沒有使用強姦一詞，一九七四年打擊這些色狼時也沒有使用強姦一詞，因為絕大部分女知青被侮辱時，侮辱者確實沒有使用暴力，他們使用的只是權力，人民給他們的權力。悲劇在於人民的女兒正在被這些掌權者姦污！

知青張美音在〈永遠難忘那個夜晚，讓我膽戰心驚！〉講述：應該是一九七三年吧，我們那裡家庭條件好的知青開始選調，我們大隊的一部分去了呼鋼軋鋼廠，一部分去了呼市電信局。剩下的知青合組並灶，來了我們隊，我們屋又住滿了。其中有一個知青LX，這幾年經常不在村裡幹農活，我們春天就回來開始參加種地，她夏天了才回來。回來也不下地。她睡炕頭，我睡炕尾，加上我們都是些傻姑娘，竟然沒發現她日漸發胖的身體後面隱藏的問題。

　　進入初冬後，我清楚地記得有一天夜裡，我們被她叫醒。她坐在地上的凳子上，呻吟著說她肚子疼。我被叫醒，迷迷糊糊地說：肚子疼叫我幹啥，窗臺上盒子裡有止疼藥。（此話被後來老鄉傳為笑話）她說止疼藥沒用，是有麻煩了。我們屋有一個同學有些明白了，她見過姐姐生小孩前後的情況，就哆嗦著問：是不是跟生孩子有關？她承認後我可害怕了，我馬上說給你找一個老娘娘來吧，我們可幫不了你。她連連哀求，說別，千萬別。我知道她跟我們不一樣，雖沒結過婚，卻有很多男朋友，而且以前有做過流產的傳聞。但是那要是出什麼問題我們也嚇死了。

　　正說著，她那裡不成了，坐在了土地上，稀瀝嘩啦的，估計孩子就出來了。我們屋是那種一排炕的設置，大家面朝牆睡覺。誰都沒敢起來，也沒看見過程。孩子發出了一聲類似哭聲的動靜，就唧唧哇哇的一陣響動後，沒動靜了。事後得知，是她自己掐死了孩子。我們幾個誰都沒睡著，嚇得我上牙打下牙，直個勁的哆嗦。後來想，肯定是自己搞斷臍帶，胎盤也排出後，她自己爬起來，把孩子放尿盆裡，穿上棉衣，戴上皮帽，把盆端出去倒在大隊後面的溝裡了。那天夜裡，我們徹夜未眠，煤油燈亮了一宿。她也知道我們想啥，馬上表態：我不連累你們，天一亮就搭車去烏蘭不浪，然後回北京。我原計劃要去縣裡開知青先代會，她說要跟我一起走。

　　第二天一大早，開門一看，地上覆蓋著薄薄的一層積雪。難為她了，生完孩子就踏著雪去處理死嬰，唉！我們後山屋子裡是土地，滿地的血污，腥氣撲鼻，我們讓她蒙上被子，拿著鐵鍬把地鏟了一層，又撒上了六六粉。還把入冬前封上的窗戶全部打開來，換空氣。老鄉看我們奇怪，大冬天的幹什麼？我們只好說大掃除搞衛生。

收拾好房子，吃過早飯，我要出發了，問她，能跟我走麼？看她那個樣子也爬不起來，就自己去了武川縣城。晚上燈一亮，頭天晚上的情景浮現在我的眼前，上牙打下牙的勁又來了，害怕呀！我忍不住跟東後河華僑補校的代表伍碧英說了。她是老高中的，畢竟大我幾年，知道問題的嚴重性，立刻報給了縣安辦的幹部。他們連夜電話打到我們公社，佈置到我們大隊，要他們安排照顧產婦。

我回來後才知道，我走了，在家的同學天一黑嚇得不敢挨著她睡覺，想想都嚇人，親手掐死孩子呀。她們的哭聲驚動了老鄉，發現了這件事，就安排了一個老娘娘睡到了她身邊，之後還負責伺候她坐月子。

那年冬天我回北京了，村裡發生了什麼，我一點兒都不知道。但是春天我返回來後發現了異常。這個生完孩子的LX，跟我們大隊的書記談起了婚嫁，還一起恨上了我，說我到縣裡告狀，影響了他們的結合，我驚得目瞪口呆。不錯，我在縣裡確實告訴了伍碧英，可真沒有告狀的意思啊，其結果是公社安排派人、提供紅糖、小米，挽救她於水火之中。假如真的不管不顧強行帶她離開村子，倒是很危險，路上大出血，會出人命的。想想都後怕。

此事件之後，我們之間由此結下的矛盾，讓我付出了代價，搞的縣裡領導都來過問。那是後話，我將另外找機會介紹。三十多年了，永遠難忘那個夜晚，讓我膽戰心驚！

（後記：這個當年的室友，真的嫁給了大隊支書，留在了當地，當上了民辦小學教師，現在退休，生活在武川縣城。聽說生了三個女兒，現在已經當了外婆。當年那個雪夜，留給了她什麼樣的記憶，無從瞭解。我再也沒見過她。我無意暴露人家的隱

私，但是這件事實在是帶給了我恐懼的回憶。後來在烏蘭不浪醫院學醫，堅決不學婦科，也是心有餘悸。）

在作者名為阿弋講述的〈知青為返城的「潛規則」情感故事〉中，我們更看到了這一無奈：……知青的時代已經過去了，但是知青的甜酸苦辣依舊在心裡。大返城的時候，推薦上工農兵大學的時候，就有「潛規則」出現過。

小張是上海青年，十七歲就來到了東北，上山下鄉運動的一開始就來了，冰天雪地裡奉獻著熱情和青春。但是，出身知識份子家庭的小張沒有忘記父母的囑咐，業餘時間裡苦讀各類書籍，那時候東北的書籍很少，有時候要走很遠的路去縣城圖書館借書，或聽說哪裡有書不遠幾百里去借，借不來就手抄。小張長相清秀，一表人才，很是受當地農村少女的喜歡。不知道妝點過多少少女的夢。

農村大隊建立學校，一年級到五年級總是十二個學生，準備找兩個老師，於是小張就是其中之一，另外的一個是浙江的女知青小玉。兩人負責十二個學生的教育，很快在學生和家長中建立了深厚的友情和師生情分。用東北話說人緣好，東家請完西家請，特別是逢年過節，兩位老師都是座上賓。村裡的人都認為小張和小玉是天生一對，有時候就起鬨，取笑他們兩個，慢慢地兩人也產生了感情。戀愛了。

推薦工農兵大學開始了，小玉認為小張最適合，於是推薦小張，大隊長沉思著沒說話，沒說答應不答應。等了很久，沒有消息，其實還有很多上海和浙江青年在爭取唯一的指標。最後，大隊部開會研究公開投票，畫正負號差額選舉，小張以優勢獲得通過。通過票數的時候，大隊長的女兒哭著走了。大隊長也沉重死爹的臉默默走出會場。

　　當晚，大隊長把小張找到家裡，桌子上擺設了幾道好菜，席間大隊長攤牌，要小張臨走前娶自己的女兒。小張愣神了，一聲不出。他心裡在想一件事情，前年一個女孩被推薦了，結果沒走成，大家都說隊長要和那女孩在玉米地做那事，那女孩沒有答應，還到公社告了大隊長，結果是大隊長沒有告下去，自己反倒沒有了顏面，一年多沒抬起頭。去年，不知道怎麼就走了，走的時候那女孩是挺著大肚子走的，去上海一家大學學習去了。

　　小張傻傻地喝悶酒，隊長的女兒在外屋一個勁地用焦急的目光望著裡屋。小張想起自己心愛的小玉，心裡很不是滋味，答應不是，不答應也不是。其實，大隊長的女兒小方也是不錯的女孩，不少知青還追求她呢。

　　小張想來個緩兵之計，終於點頭答應，但是要求畢業結婚。大隊長不幹，說什麼要在走之前舉辦婚禮。小張說結婚了就走不成了，別的知青會不服氣，會告狀的。大隊長眼睛一楞「誰說的，誰告狀老子就叫他永遠在農村，別想當兵、上學、返城，永遠做農民。等我在婚禮上說說，看誰敢。老子在朝鮮戰場上連美國佬都不怕，害怕幾個毛孩子？」

　　小張一聽傻眼了。他和小玉怎麼交代啊！

　　小玉得知消息是第二天，因為小張沒有去學校上課。她來到小張的住處，喝醉酒的小張正哭泣呢，小張原原本本地把話說出來。小玉也傻眼了。權衡利弊後，小玉一咬牙走了。

　　七天後，婚禮如期舉行。小張如期上學了。畢業後，小張來接走了大隊長的女兒小方。大家都說小方有福氣。小方眉開眼笑。小玉只是默默地遠遠地看著小張。

　　大返城的時候，大隊長先找到小玉，愧疚地說，讓你受委屈了，你還是第一批返城吧。小玉哇的一聲就哭了，足足哭了一夜。

　　李海英就沒有那麼幸運了，大隊會計的兒子看上了李海英，返城的時候就是不讓走，最後只剩下三個浙江女孩沒走了，另外兩個是因為家裡沒有能力找到接收單位，李海英是大隊不給蓋章，走不了。

　　李海英沒有辦法真就和大隊會計的兒子結婚了，生完孩子的第二年，李海英還是提出走，帶著孩子先走，沒有想到浙江那邊不要已婚的青年，只好撒謊說未婚，一人回到了杭州。畢竟已經是人妻人母的李海英，惦記著孩子和老公。那個東北老公實際是個不錯的老實人，很疼自己的妻子，開始李海英心存一種恨，慢慢的被夫妻情分打動了，為在山裡救李海英一條命，還被狼咬壞了一條腿，成了殘疾人。走路一瘸一瘸的不是很屬害，但是畢竟不是健康完整人。李海英心存感恩之情。

　　回到杭州介紹對象的人很多，李海英都沒有答應。實際上，有很多青年在東北留有子女，回來又結婚了。李海英也想過再結婚，但是一想到孩子和那瘸腿的丈夫實在是不忍心。兩人過起牛郎織女的生活。

　　改革開放後，李海英才回東北一次，看見長大的女兒喜歡的不得了，過了一個月回杭州了，又過了半年，李海英又回來了，把老公和女兒接走了。女兒上學，老公開計程車。

　　這兩個故事結局雖不太淒慘，但也讓人唏噓，畢竟人是有感情的，愛情和婚姻不是買賣，因為畏懼權勢而與自己不愛的人結婚，甚至違心的拋棄自己的心上人，這樣的婚姻能幸福嗎？這樣的人生能完美嗎？

第二節　被迫嫁給農民的悲慘女知青

　　知青與農民結合本無可非議，但前提應當是雙方自由戀愛，自願結合。而在上山下鄉運動中，知青由於種種客觀原因，卻是被迫與當地農民結合。其中釀成的苦果也難以描述。這種婚姻類型又包括男知青娶女農民，女知青嫁男農民兩種形式。一些資料顯示，女知青嫁給農民的人數明顯超過了男知青娶女農民的人數。

　　河北省保定地區知青辦當年對已婚知青情況的考察顯示：該地區與農民結婚的2042名知青中，屬男知青與女農民結婚的有六百五十八人（占32.2％），屬女知青與男農民結婚的有1384人（67.8％）。另據黑龍江省知青辦《上山下鄉簡報》一九七九年第一期：呼蘭縣與農民結婚的290名知青中，屬男知青與女農民結婚的有98人（33.8％），屬女知青與男農民結婚的有192人（66.2％）。因此，考察女知青嫁農民的現象，應作為透視知識青年婚姻問題的一個重點。

　　就多數知青來說，她們走上這條道路都是出於被動的選擇。究其原因，首先是女知青難堪農村艱苦勞作的重負。當年確有不少女知青，正是在這種心態下走上了一條陌生的人生道路。男知青有強健的體格，較強的群體意識，與艱苦環境抗爭的能力，在這些方面，女知青都遜色一籌。一些地方知青集體戶的破裂直接強化了女知青的困境，處在孤立無援的境地，更需要別人的愛撫、友情、關心、幫助。尤其是當初下鄉的熱情冷卻，幻想破滅，她們很容易為農村青年的慷慨幫助所打動，成為婚姻的俘虜。當她們結婚做了當地農民的媳婦後，最起碼免去了農田的沉重勞作。

促使女知青走上這條道路的另一個原因是「血統論」的壓力。最早一批與農民結婚的女青年，很多是對前途喪失信心的所謂「黑五類」（地、富、反、壞、右分子）和「走資派」的子女。不少知識青年因家庭出身問題受到百般歧視。「出身不由己，配偶可選擇」，在廣闊天地裡，他們毅然選擇貧農子女為配偶，以期改換門庭實質。因為在農村的階級成分始終具有世襲的性質：貧農的子女就是貧農，地富的子女就是地富，清濁分明，不容混淆。與此同時，農村又是一個父權觀念牢不可破的社會，社會關係一向依男性血胤擴展延伸，並為判斷每個人出身的高低貴賤提供了基本的依據。

再者，文革中的上山下鄉運動，是在「接受再教育」的口號下大張旗鼓進行的。而所謂接受再教育，就應該與貧下中農「相結合」，也就是要和農民結婚，一些農村基層幹部和青年就是這樣發揮他們的理解力的。丘引在〈聖妓〉（下放知青的感情悲劇）一文中回憶：一九六八年九月十日，北京某中學30個十八歲的女學生在內蒙古烏蘭察布盟一個村子落戶。4個月後，旗委書記參加一個女知青與當地農民的婚禮時，熱情地宣佈：知青與農民結合，表明瞭知青聽毛主席的話，扎根農村的決心，旗委支持這一新生事物。半年後，這30個北京姑娘中有10人嫁給了農民。

對此，有些偏遠地區的農村基層幹部，關於知識青年上山下鄉也有他們實用主義的解釋。內蒙古哲盟（「文革」中劃歸吉林省）科左中旗西伯花公社的大隊幹部，當得知北京知青來到時便興高采烈地奔相走告說：「毛主席給我們送大姑娘來了，知道我們這個地方缺姑娘的苦處，沒有毛主席送來的大姑娘，我們就結不了婚。」說著說著就喊起「毛主席萬歲」來了。

此外，一些地方蔓延的對下鄉女青年進行誘婚、逼婚的風

氣，也促使她們淪為畸形婚姻的俘虜。大批知青下到農村社隊後沒有房住，只好分散插住到農戶家中，更助長了誘婚、逼婚的現象。哲盟巨流河公社興隆地大隊集體戶的9名北京女知青，在隊長的誘逼下，兩年時間就有8名結婚出戶。奈曼旗東明大隊某女知青因拒婚被逼得沒飯吃，一度跑回家去，歸隊後照樣不給口糧，最後只好與人同居。開魯縣大榆樹公社某大隊黨支部書記利用職權誘逼了3名女知青在當地結婚，其中一個給自己做了兒媳婦。

以上事件是一九七一年北京市革委會下鄉知識青年工作學習團走訪哲盟北京下鄉知青點時瞭解到的，在全國同類事件中無異於九牛一毛。一九七〇年五月十二日中發二十六號文件及一九七三年中發三十號文件這兩個有關知青政策的綱領性文件中均強調了嚴禁對女青年誘婚、逼婚，恰恰說明這種現象屢禁不止，且帶有普遍性。

其實這種誘婚、騙婚、逼婚現象，在文革前期上山下鄉時就已經存在。一九六三年六月，天津市有12名女青年到柏各莊農場參加農業生產勞動。翌年春節時，其中有3名回津，堅決表示不願再回農場。市團委和市婦聯的幹部訪問了她們。她們說，主要是嫌那裡男職工逼婚、騙婚；勞動定額高，工資收入低；幹部不民主，作風很生硬；勞動保護差。下面是她們被逼婚、騙婚的經過：

女知青李淑蓮，十九歲，一九六三年六月到七分場三隊落戶後，表現很好，擔任小組長。十二月，該隊四班長李成忠（黨員）對她說：「小李，你看人家都結婚了，你不眼紅嗎？我給你介紹我的乾弟弟李全祥，今年二十五歲，在十分場工作，家中只有一老母，你進門就當家。」李淑蓮不同意，兩天後又有幾個人

給她「介紹」對象。李淑蓮被糾纏得沒法，勉強同意和李全祥結婚。婚後，男方要她把戶口遷到十分場，並說：「十分場有活你就去做臨時工，沒活就去家侍候我母親，工資不能給娘家寄。」李淑蓮不同意，說：「我是來支援農業的，不是當家庭婦女的。」不久她要求離婚，並要求調到別的分場。

女知青王麗珠，年方十六歲，在七分場二隊隊長丁樹春的包攬下，和班長崔鳳友結了婚。婚後兩人不和，男方對王麗珠說，「女人就是男人的玩意兒，就得聽男人的擺佈。」並把她捆起來，鎖在屋裡。她也堅決要求離婚。

女知青郭偉燕，十六歲，也是由於該場男青工用各種方法圍攻她，逼她結婚，嚇得她不願再回場。郭偉燕的母親說：「我女兒是去支援農業，不是去那兒找對象的，他們這樣污辱婦女，我們的孩子不能去啦。」她們反映，這個隊給女青年介紹對象成風，有時一介紹就是四五個，不同意就進行「談話」，形成變相逼婚。

結果到一九六三年十月底，來農場的這批知青中，經批准或自動返回城市的已達961人，占總數的68.5％。留下的青年中，也有許多人不安心在農場勞動。

即使是到了文革期間，這種誘婚、騙婚、逼婚現象，依然如故地存在，只是換了一個與農民相結合的革命名目。不信，請看記者寫的〈白啟嫻：一個女大學生嫁農民的悲劇〉：一九六八年，白啟嫻從河北師範大學畢業後，和四個同學一起來到河北滄州相國莊大隊接受貧下中農的再教育。寫字、做事都有點兒男子氣派的白啟嫻愛唱歌，會吹口琴，還能為宣傳隊排節目，很受鄉親們的歡迎。誰也沒想到，一樁奇異的婚事，竟在一場玩笑中派生出來了。

「啟嫻，你給俺們讀報，帶大夥兒唱革命歌曲，下地幹活兒，喝山藥粥，吃摻菜餅子都不在乎，還挺進步的嘛！」「當然，響應毛主席號召，和貧下中農結合在一起嘛！」

「俺們看你耍嘴，光口頭上結合。」「為什麼？」白啟嫻不解地問道。

「嫁個農民，你行嗎？那才是真正的結合呢！」白啟嫻不當回事兒，順口應道：「行啊。」

「嫁畢振遠行嗎？」人們故意套她的話。「行啊。」白啟嫻仍在打哈哈。

原來，畢振遠是白啟嫻所在生產隊的記工員，他比白啟嫻小四歲，平素少言寡語，在莊稼人眼裡，屬於老實但不精明能幹的那種人。因為家裡經濟條件差，又長得瘦小，一直沒說上媳婦。

「呵，啟嫻同意了！要嫁畢振遠了。」一幫子起鬨的村民慫恿白啟嫻、畢振遠去公社登記。在一陣鬧騰中，直到血紅大印蓋在紙上，白啟嫻才如夢初醒。一切都顯得匆匆忙忙，從提親到結婚還不到十天工夫。

一九七〇年二月二日，大學生白啟嫻和農民畢振遠結婚了。新婚之夜，白啟嫻哭著問畢振遠：「這個世界上誰最醜，誰最傻？」見對方答不上來，她便自己說道：「世界上沒有比你畢振遠更醜的，世界上也沒有比我白啟嫻更傻的了。」

對於一個文化不高，並不精明能幹的青年農民來說，身邊突然睡下一個受過高等教育、白白淨淨、大大方方的新媳婦，不免感到局促不安，手足無措。

白啟嫻卻充滿信心。婚後第六天，她就在眾目睽睽下帶著丈夫到集市上買了兩棵桃樹苗，在院子裡栽下，將它們命名為「扎根樹」，以表示自己一輩子扎根農村的信念。

可是不久，現實生活就將兩人的思想差距暴露無疑，矛盾也逐步升級。挨打的侮辱終於使白啟嫻忍無可忍，她拉著畢振遠去法院離婚，可畢振遠的痛苦哀求又打消了她離婚的念頭。

那個大大咧咧、愛說愛笑的白啟嫻開始變得憂心忡忡。和畢振遠結婚後，她被很多人誤解過，譏笑過，不少人把她看成「缺心眼兒」；因為這樁婚事，父親斷絕了和她的往來；在當上教師後，她也少不了受老師和學生的欺侮。舉目無親的她只有向新聞媒體傾訴了。

「……我這個原來在一些人眼裡了不起的學生，竟因為嫁了農民反被一些人看不起了，依我看，那些貪圖個人享受，看不起莊稼漢的人們更可悲……」

一九七四年二月七日，《人民日報》頭版以大字標題刊發〈敢於同舊傳統澈底決裂〉的文章頌揚白啟嫻，說她的信「是一篇生動的批林、批孔和進行路線教育的好教材」，希望「湧現出更多敢於同地主資產階級舊思想、舊傳統觀念決裂，敢於反潮流的人物」。

當時的新聞媒體沒有去澄清一些人把熱愛農村和嫁給農民混為一談的錯誤認識，更沒有人去關心她因為不能忍受婚後生活的痛苦而幾度打算離婚的事實，而是按其所需地一味宣傳。那陣子，全國各大新聞單位蜂擁而至，除了地區招待處配備的兩輛專車外，軍分區的小汽車也在隨時待命。為了讓拍攝的畫面顯得稍微體面些，人們還為他們臨時搭了個門垛。哪料，那個木門已經腐朽了，只得臨時用報紙糊上，再刷上墨裝樣子。還有的攝影記者為了給他們拍照，讓人們在那兩顆「扎根樹」上綁上了紙花。為了使他們更上鏡，嬸子大娘們硬催著畢振遠把臉洗乾淨。攝影師讓他倆並肩前行的時候，畢振遠實在是太緊張了，總是順拐

走，被糾正了好一陣子。

名噪一時，確實弄得長年封閉在落後農村和家庭壓抑環境中的白啟嫻有些昏昏然。憑著那顆沒有泯滅的上進心，她努力把自己那個原本湊合的婚姻很真誠地昇華到了「路線鬥爭」的高度：「愛上農村，愛上農民，是毛澤東思想哺育了我，是無產階級文化大革命鍛鍊了我，是貧下中農教育了我。」

清晨，廣播電臺剛剛播放了白啟嫻的事蹟，上午就有單位邀請她去作報告。之後，各種類型的現場會、座談會接連不斷。於是，她只有扔下兩個年幼的孩子，一走就是幾個月。

由於命運的改變，他們的夫妻關係得到了暫時的緩和，可惜好景不長，白啟嫻的身體很快累垮了。在她「巔峰時期」晝夜兼程地折騰時，一動就渾身出汗，總有腰痛欲折的感覺，一直熬到實在支持不住了才去醫院就診，很快被診斷為慢性腎炎。

病程遷延，風光不再，她又回到了極其壓抑的現實生活中。由於境遇和情緒不好，一度潛伏著的家庭矛盾又開始激化了。後來，滄州地區有關部門考慮到白啟嫻所學的專業和身體狀況，依照她本人的意願，為她在滄州師範專科學校安排了適當的職務。

二十世紀八〇年代，隨著社會生活走上正軌，「文革」期間一些無奈的婚姻在大批地解體。一九八一年十二月，人到中年的白啟嫻向法院遞上了她最後一份離婚申請，法院同意了她的要求。可是考慮到年幼的孩子，考慮到老實巴交的農民丈夫，她最終還是沒有離婚。

後來，滄州師專領導頗費周折同意接受畢振遠當臨時工。就在白啟嫻準備接丈夫進城的時候，意外發生了。一九八二年十一月，滄州奇冷。一日清晨，白啟嫻的兒子神色異常地闖進白啟嫻的校友老常家說：「常伯伯，快去看看媽媽，媽媽不行了。」

　　老常趕到時，只見白啟嫻的腿在床上，身體懸空彎曲著，頭垂在地上。不難想像，在生命垂危之際，她曾奮力掙扎過。經過調查，原來是煙道阻塞導致裡屋的火牆煤氣外洩，白啟嫻就這樣匆匆離開了人世。最後，人們費了好大心思才給她定下了悼詞的基調：「為黨的工作比較勤勤懇懇……」

　　如果說白啟嫻嫁給當地農民是自己缺心眼找的苦果，那麼上海知青董燕萍在〈一個不幸的女知青悲慘人生〉中所敘述的韋琳故事就完全是外界污蔑迫害的悲劇：韋琳是七〇屆上海女知青，和我們同在黑龍江塔河區築路隊勞動。她身材苗條、勻稱，性格溫柔，只是皮膚黑、鼻子有點塌。

　　剛到大興安嶺一切都很新鮮，韋琳陪一女知青到林場去玩，林場有二個男青工出言污穢調戲她們，最後發生了爭吵。林場領導就將他們男女四人全部叫到辦公室問其情由，一男青工為逃避調戲婦女的責任而反咬韋琳是「垃三」（上海的垃三與東北的破鞋同意）。

　　林場領導幫助自己的職工馬上附和說：「女青年到另一個林場來玩總不是好事，打電話叫築路隊領導來領人。」這樣，一件正常的事卻變成不正常了，加上那個「史無前例的年代」，只要頭頭說是黑的，下面的人誰敢說是白的？也因為這樣，韋琳的「黑皮垃三」的綽號就傳開了。大多數不瞭解情況的人對她避而遠之，還認為她生活作風不好鄙視、看不起她。

　　隨著年齡的增長，二十歲的韋琳身材越來越豐滿了，同時也萌發了思春的念頭，她想找一個上海男知青作終身伴侶，可是，由於她的「黑皮垃三」名聲在外始終沒有如願。她感到很苦悶，她對自己的婚姻有點心灰意冷了。

　　這時當地有個名叫小孫子的農民聽說上海男知青沒有一個看

上韋琳，覺得是個好機會就主動追求她，小孫子外號「75公分」
（身材矮小之意），加上他骨骼畸形、關節突出，因此走起路來
總是一瘸一枴是個殘疾人，由於他的先天不足後天失調所以就一
直找不到對象，也沒有哪個姑娘看中他，同時小孫子又請人撮
合，就這樣，失意中的韋琳就嫁給了小孫子。

　　婚後，小孫子認為「黑皮垃三」的綽號肯定事出有因，就老
懷疑她生活作風不好，碰不碰就開口罵、動手打。其實韋琳很文
靜，也不隨便跟男同志說句話，作風上根本沒問題。但小孫子不
是這樣想的，他認定無風不起浪，整天耿耿於懷，始終帶著歧視
的眼光看待韋琳。上個世紀六、七十年代東北黑龍江一帶生活是
很艱苦的，每頓菜總是土豆切成絲，放點鹽，加幾滴油在鍋裡清
炒炒，主食是窩窩頭、苞米面，一年到頭，天天如此。

　　韋琳是上海知青吃慣了南方菜，怎麼能嚥得下那種飯呢，為
了能應付吃下去，她在土豆絲中加了點青椒想開開胃口，恰巧被
小孫子看到就說她嘴饞開口就罵，同時伸手抓住韋的頭髮就打。
有時覺得這樣打還不過癮，竟將她吊起來打，她身上總是青一
塊、腫一塊的。

　　有時鄰居看不下去了，就將她拉過去，這時小孫子就立刻換
了一付嘴臉，滿臉堆笑地說是鬧著玩的，還問韋是不是？軟弱的
她還點點頭，鄰居見是這樣也就不管了。於是小孫子膽子越來越
大，對韋琳的虐待更肆無忌憚、變本加厲打得更加厲害，還要扒
光衣服打，最後發展到打完後將她趕到豬圈裡跟豬睡，像這樣的
折磨是經常的。

　　俗話說，沒有不透風的牆，韋琳被虐待的消息傳到了她父
母的耳朵裡，父母非常氣憤，連續幾次打電報要韋琳回上海，可
是小孫子就是不放人，（怕虐待事情露餡）於是韋父編謊發電

說：「韋母病危，？要韋接電急速回滬，但小孫子還是不放人。最後，韋的父母急得沒有辦法，索性就發出：「韋母病亡」的電報，要韋立即回滬為母送終。事情到了這種地步，小孫子還是固執不放韋回滬，韋琳只知道整天流眼淚。

這時小孫子的親戚也覺得小孫子這樣做太過份了，實在看不下去，就對小孫子說：「你這樣做太不象話了，她母親已經死了，你總得讓她去送終吧！」因為東北人的傳統習慣對敬老、送終是很講究的。連一慣慫恿兒子小孫子的母親也不得不勸說應該放韋回滬。這樣，小孫子在這種「講究」的壓力下總算同意韋回滬，但要抱著二歲的兒子一起回滬，他這樣做的目的是要韋看在兒子的份上不要揭露他對韋的虐待。

韋琳回到上海一進家門，就抱著母親放聲大哭，此時此刻她並不是哭母親，因為母親健在，而是一見父母家中親人，心頭湧起傷心事，想起在黑龍江被小孫子殘暴折磨過著豬狗不如的日子，眼淚就像斷線的珍珠不停地流淌。待平靜下來，韋琳的父親將小孫子如何虐待他女兒前前後後的事實寫成訴狀寄到黑龍江塔河區人民法院。塔河區人民法院接到訴狀後就進行調查，經過核實，事實完全和訴狀一樣，經過法律程序，依法判處小孫子六年徒刑。至此，韋琳有了出頭之日，能過正常人的生活了。

按理說，韋琳可以回黑龍江工作了，可她的父母怕她受習慣勢力的欺負，就托人設法把她調到了江西，但需要半年的時間方能辦好。半年，雖然不是一個很長的時間，但對當時韋琳父母低收入的家庭來說就不短了，為了能積蓄點錢以後到江西日子好過一點，韋琳重返黑龍江半年，她已和孫離婚住在女知青宿舍，孫被判入獄一時還沒有人欺負她。

就這樣，韋琳又回黑龍江塔河區，在築路隊領導的安排下到

塔南房建連上班。在這一段時期她過著自由自在、無憂無慮、十分舒坦的日子，她自己也感到這是真真地做人了。但苦命的她好景不長，被無辜地埋葬於呼瑪河中。

那天，于連長為了要給家裡養的奶羊到呼瑪河對岸去打草，他利用職務之便，帶領韋琳、張桂霞及他自己一雙兒女，小船上一共五人。由於貪心不足的于連長將草裝得太滿，船在呼瑪河中由於太沉而很難駕馭，一個浪頭打來船就翻了，于連長會「狗爬式」在水中一通亂爬保住小命，而同去的四位全部不會游泳都被葬身呼瑪河中。

韋琳就這樣結束了她短暫而苦難的一生，結束了年僅二十六歲的年輕生命。當我知道這個消息後，很是為她短暫的生命而惋惜，韋琳年齡不大但很曲折，她短暫的人生是在被歧視中度過的，是在被虐待中度過的，是在痛苦的掙扎中度過的。事情已經過去三十年了，但至今在我們同去黑龍江塔河區上海知青中只要提起韋琳，無不為她感到痛心。

韋琳過早夭折是不幸的，但從另一個角度看又是幸運的，因為她終於脫離了苦海，而知青朱之泓在〈女知青嫁給農婦的兒子：誰能理解她的慟哭〉中所說的那位女知青卻要忍受曾經恥辱走完漫長的人生：

當年進了固原師範，開學幾天後，我得知班裡又要增添一個出身不好的女同學，她姓江，是文革前的高中生。一九六五年高考時，只因她的三叔是地主分子，學業優秀的她便成為當時的「不宜錄取人員」。聽知情人說，她能歌善舞，還能編能導。這些年來為她們縣上的毛澤東思想宣傳隊做了不少貢獻。所以這次縣上破格將她推薦到大學去，但終因叔父戴著「地主分子帽子」，上級審批時還是將她刷了下來。好在刷下來後又將她補錄

到了固原師範學校，所以她比我們晚入學幾天。

姓江的女生一來，班主任絲毫沒有因她的出身不好而歧視她，並且立馬任命她為文藝委員。以後我與她成為無話不談的好朋友。有一次輪到我倆值班給學校看守菜地，在那漫長的一天中，我們坐在地頭的小窩棚裡閒聊，我曾對她說起我在鄉下時的飢餓與寒冷，說起我那沒有窗戶並裂開了口子的破窯洞，說起我那前後露出腳趾頭的鞋子，說起我那崩潰般的絕望，我認為在當今社會這就算是到「極致」了。可她對我說，她有一個知青朋友的命運比我更悲慘十分。

說的是這女知青曾被一個農婦設計騙到自己家裡，那農婦悄悄地將自己的兒子與這女知青反鎖在屋裡，最後農婦的兒子成功地強姦了這女知青。在傳統觀念的強大壓力下，女知青最終嫁給了這個強姦自己的農民，這正是這家農民所想要的結局。那個年代提倡知青與貧下中農結合（結婚），這女知青的同學們還以為她也在趕這個政治時髦，誰也沒有懷疑到她的生活中竟然發生過那樣慘痛的事。

婚禮那天，這位新娘送那些前來賀喜的同學們返程，一直送到山上。待看到同學們走遠時，她躺倒在山坡上大放悲聲，那哭聲顫動著迴響在山峰之間，使那些還在山路上走著的同學們異常震驚，也異常困惑。大家都手足無措，只是回過頭久久地諦聽著新娘的慟哭聲⋯⋯

後來這女知青生了孩子，再後來她離婚了，並且爭得了孩子的撫養權。但她的幾個閨中密友都不贊成她撫養這個孩子，只因為孩子長得酷似那強姦犯⋯⋯這故事聽得我淚流滿面，也使我震驚得半天都回不過神來。但它卻從此減弱了我對自己命運的抱怨。

第三節　為擺脫出身歧視而娶農村姑娘

　　出身問題是那個年代最大的問題，身上的「階級烙印」就像納粹給猶太人帶上的黃星一樣，讓你無論走到哪裡，無論做出何種努力都無法擺脫被歧視被污辱被批鬥的境遇。於是有的男知青在萬般無奈下，選擇了娶貧下中農的女兒為妻，以擺脫出身不好所受到的歧視。殊不知如此卻給心靈上帶來一生的痛苦和壓抑，請看知青程濟威的〈紅寶書的代價〉講述：

　　……那是一個特別的年代，瘋狂的年代，人們的思維和舉動都被扭曲了。九億人民捧著同一本書：套著紅色塑膠封面的寶書，在那個最親密的「接班人」的宣導下，全國上下，從老人到小孩，從男人到女人，或開會、或吃飯、或乘車、或臨睡，無一不先拿出紅寶書，虔誠地舉至胸前向右側方向45度揮三下。每遇重大活動，成千上萬的群眾整齊劃一地舉起的紅寶書，在太陽的照耀下，恰似紅彤彤紅海洋一片。善良的人們只知道有這本書就夠了，共產主義就會實現。因為「副統帥」說過，書裡的話，一句頂一萬句，沒有人懷疑這個真理。

　　當人們千遍萬遍讀著那被斷章取義，前後不相聯貫，形不成理論的語錄時，一批又一批知青開始上山下鄉。隨著這滾滾洪流，出生於國民黨將軍家庭的我，與同市小有名氣的資產者的兒子I君共同被拋向了蘇北的某個農場的最革命的一個工區。臨行前，家庭尚未受到衝擊，年僅十五歲的我無論如何不可能想像到下放後可能遭遇的命運，因而在整理行裝時，不合時宜地裝了一網兜沉甸甸的書籍，其中除三國、水滸、紅樓夢等中國古典名著外，還有當時根本無法看到的不少外國名著以及解放前的版本，

封面印有版畫魯迅像的魯迅著作等。

　　到達下放地的當日，造反上臺的工區負責人主持貧下中農大會，對我們這些知青表示熱烈的歡迎，然後開始發紅寶書。事後知道，這是一個十足的無賴，三代單傳的他，仗著根正苗紅，喝過幾天墨水，整日遊手好閒，不務正業。文革的天下大亂造就了他出人頭地的機會，拉起一幫人，很快奪取了工區的大權。別看他正襟危坐，煞有介事的坐在主席臺上，儼然一個土皇帝。可一旦獲悉知青家帶來什麼好吃的，他那貪得無厭的面孔就會暴露無遺。

　　依次被叫著名單上去的知青，誠惶誠恐地從領導手中接過紅寶書，並機械地背誦兩句經過精心準備的發言，以示對領袖忠誠。然而，直到宣佈會議結束，也沒有聽到我和I君的名單。我困惑這紅寶書為什麼不發給我。晚飯前，我找到工區負責人，膽怯地詢問他為什麼不發給我紅寶書。他嚴肅的、故意擺弄出有點文化人的樣子回答：紅寶書是革命的書，理所當然只有革命的人才能享有，你是什麼東西，難道也配讀紅寶書嗎？面對這振振有詞的答覆，我無言以對，原來我和別人是不一樣的。當看到同去的知青捧著紅寶書在我面前得意洋洋地晃來晃去，我的自尊心受到了極大的傷害。我終於明白了，原來人在政治上是不平等的。

　　當時，我儘管心裡隱隱作痛，但表面上還要裝出毫不在乎的樣子。好在那時貧下中農也熱衷於鬧革命了，田間的活也不甚苦，閒暇之餘，我捧著帶來的書反復品味，不斷吸取中外文化的精華，倒也悠閒自得。然而，這一舉動終究還是被人檢舉了。那是與我同樣命運的I君，他自感資產階級家庭會區別於反動軍官，有著爭取立功表現的一線希望，從而告發了我。自相殘殺的結果無疑給我淒慘的命運雪上加霜。I君雖然揭發了我，但並未

改變他自身的命運，他仍然沒有獲得紅寶書。我對他是又恨又痛，最終還是理解了。

一天夜裡，幾個貧下中農的造反派打著手電筒，闖進了我的宿舍，翻箱倒櫃，將我的書全部拿走了。我深知這些破「四舊」保存下來的名著是難逃噩運的。可魯迅的著作怎麼能拿走呢，我與造反派據理力爭，當時一個造反派故弄玄虛地將已經泛黃的魯迅著作翻了翻說，這是解放前發表的魯迅作品，能沒有問題嗎，如若是解放後發表的就另當別論了。我聽了，真是哭笑不得。

沒有了書，頓時變得非常空虛，一切帶有革命色彩的活動我又絕對得不到參加，那時沒有廣播、沒有電視，天一黑只有爬上雙人床呆呆地數著屋頂蘆柴紮成的椽子，打發那寂寞難熬的夜晚。每逢開會、田間學習，當人們拿出紅寶書時，我無地自容，恨不得從地底下鑽進去。命運為什麼如此不公，竟然對一個還不諳世事的小孩如此殘酷。

階級鬥爭總是要找靶子的，而我這個活靶子就順理成章被他們利用了。一天晚上，同宿舍的知青開完革命的會議回來，趴在我的床前悄悄向我洩密，工區決定對我實行監督勞動，我聽後，驚恐得一夜未睡。第二天上班，雖然隊長宣佈了工區這一決定，好在貧下中農根本沒有把我當作階級敵人看待，使得我的心稍稍寬慰了一些。

數日，一次偶然的機會，隊幹部疏忽地將一張寫有保密內容的紙遞給我。我一看，那是一張決定近期揪鬥人員的名單，其中我的名字赫然在目，列在第一位。我那稍許寬慰的心又重新揪了起來。這一而再，再而三受到的精神折磨，使我開始清醒地意識到沒有紅寶書的嚴重性。一位被打倒的老支書，旁觀到我的遭遇，動了惻隱之心，為我指點迷津：那就是選一樹大根深，枝繁

葉茂的貧下中農相結合，澈底脫胎換骨。

I君很快領會了老支書的意圖並向一位正宗的貧下中農子女發起了進攻，並且獲得了成功。效果的確非同凡響，紅寶書不但補發到手，同時還破格提拔為生產隊會計，成為劃清界線，接受再教育的典範。然而，婚姻僅僅只有政治是不夠的，閃電式的戀愛，婚後文化的差異，缺乏共同語言的枯燥生活，使得I君實實在在進入了永久的墳墓，為了從這個不幸的墳墓中再爬出來，他進行了長達十餘年馬拉松式的離婚訴訟，最終一身疲憊，至今孑然一身。

看到I君當時的變化，我茅塞頓開，緊緊步著他的後塵，於是就物色、就戀愛、就結婚，於是就發紅寶書。一切似乎都改變了，然而，紅寶書有了，心卻後悔了。因為這紅寶書的代價太昂貴了：犧牲了日後的幸福，獲得的僅僅是名義上的歸類，人間最寶貴的、也是永恆主題的東西，再也尋找不回來了……

看了這個真實的故事，我們心痛的好似撕裂一般，為了得到一本象徵「歸類」的紅寶書，竟逼迫可憐的所謂「黑五類」知青，無奈地賠上一輩子的愛情和幸福！這，就是那個荒唐年代的縮影！文革魔鬼喲，你實在是罪不可恕啊！

知青張久林在〈插隊時，我娶了村裡的「小芳」〉的自述中更進一步證實了當時出身不好男知青無奈的選擇。他說：我從小生活在老城區仁豐裡，有一個姐姐與一個弟弟，因家庭貧困，我上中小學時，每月從居委會領取3月助學金。一九六九年一月，從市玉器學校中專畢業半年的我，與同學一起插隊於江都東匯公社固豐大隊。

在同批知青中我年齡較大，一九七三年時已二十八歲。在農村，這個年齡的人孩子都會打醬油了。因為被抽調在專案組工

作，我走遍了東匯公社各大隊；由於表現積極，我多次參加知青積極分子會議，也算是「風雲人物」，所以，當時有不少女知青追求我，但我始終沒有同意。

之所以這樣，是因為我的家庭條件差，考慮到返城機會渺茫，我覺得還是找一個農村姑娘好，也符合當時「扎根農村」的要求。固豐大隊支書知道我的心思後，當起了「月老」，為我介紹了鄰近大隊的顏冬娣。

顏冬娣是大隊宣傳隊隊員，長得清爽樸實，尤其聰明，文化程度不高的她，只要別人讀幾遍臺詞，她就能記住。顏冬娣的父親是大隊通訊員，我們經常將她家作為辦案工作地點。顏冬娣有兄弟姐妹6個，我開始對她幾乎沒有印象，但她卻「認得我很長時間了」。

經過三四個月的交往後，我們於一九七四年元旦結婚，婚房就是3間知青房，大床是大隊提供的，梳粧檯是借的社員家的，結婚酒席是生產隊辦的，就連這張結婚照還是結婚後拍的，我幾乎沒有為結婚「煩神」。

一九七五年底，我返城進工廠上班，第二年，妻子也來到揚州……如今，我們兩人都退休了。（整理記者劉峰生）

令我慶倖的是，知青張久林雖出於無奈選擇了農村姑娘，但兩人的感情不錯，相伴一生，雖數鳳毛麟角，也讓人由衷的為他高興。

第四節　為擺脫苦海而付出的青春賭注

因為忍受不了艱苦環境，為了脫離苦海，一些女知青及其家長將擇偶的目光投向城市，甚至不得不委曲求全遠嫁異地男子，

使婚姻成為為返城準備條件的跳板。但這種沒有愛情，帶有強烈目的性的婚姻，從一開始就是不平等的，因此也就難免埋下了悲劇的禍根。在由定宜莊劉小萌主編的《中國知青史》（婚姻的類型）中有這麼一段記述：

上海女知青夏美珍，在貴州綏陽縣插隊。她的父親想方設法為她在老家寧波市附近鎮海縣的一個農具廠找好工作，並替她在寧波市物色了一個對象，認為這樣做可以使她回到城市，而且距離上海較近。

一些女知青，家中無權無勢，返城無路，眼看著同伴一個接一個地遠走高飛，只得把自己的命運壓在與城市職工訂婚上。雖然國家有關政策不允許農村戶口的妻子和子女遷入男方所在的城市，但這種結合畢竟為女知青提供了長期探親，與城市建立穩定關係的保障；女方還可從丈夫的工資中獲利。尤為重要是，國家政策在限制農村人口流入城市的同時，為城鄉兩地長期分居夫婦的團聚仍留有一些活口，這使在農村的女方或遲或早能返歸夢牽魂繞的城市。

缺少愛情基礎，通常是這類婚姻的致命傷。女知識青年犧牲了自己的愛情和應有的尊嚴，換取一張進城的門票。有的女知青為了返城，違心地與城市下來的招工人員達成協約：與後者建立戀愛關係，條件是後者利用手中的招工指標，在短期內將她調回城市。

然而，舉凡「降格」尋找下鄉知青為妻的城鎮職工，多數為城裡擇偶難者為多。難點所在，或因相貌醜陋，或因工作不理想，或因家境貧寒，或因身體殘疾。發生過這樣一件悲喜劇：某女知青經「月老」牽頭，嫁給了城裡一工傷致殘的工人。廠方經多方努力，將她的戶口、糧食關係辦回了城市。廠方成全了這樁

婚事，又卸去了對致殘者長年照顧的責任；男方以殘缺之軀，終圓洞房花燭之夢；女方則實現了返城的夙願。有關三方各有所得，皆大歡喜。但唯一缺少的恰恰是作為婚姻基礎的愛情。

在特殊的社會條件下，婚姻的本質受到最粗暴的蹂躪，它不再是伊甸園中青年男女純真愛情的昇華，卻蛻變為赤裸裸的利益交換的手段，由此埋下數不清的苦果。

某上海女知青相貌俊俏，插隊落戶時在當地被稱為「一枝花」。父母愛女心切，為她在城裡找了個工人當對象。她在返城無路的背景下與之完婚。男方文化低，個子矮而胖，綽號「小皮球」。婚後不久，「一枝花」就想離婚，但男方積極為她的調動奔走，復經父母勸說，婚姻得以維持。等回到上海，有了孩子，兩人真正共同生活在一起，女方感到與丈夫實在沒有感情，又提出離婚。男方認為經過百般努力，家庭終歸破裂，活著沒有意思，堅持離婚時兒子判歸自己，否則與兒子一起去死。女方自酌年齡不輕，也不肯放棄孩子，雙方相持不下，孩子夾在中間備受痛苦。這都是無感情婚姻所釀成的苦果，不得不由三個人來吞嚥分享。類似這樣的悲劇，在當年是不少的。

更有的知青，為了搭救受難的夥伴，不得不委身於有權勢者懷抱。在海南知青鈕海津所寫的〈黑漆漆的孤枕邊是你的溫柔〉一文中就有這樣無奈的行為：在海南島，最令人神往的時刻是三起：夜幕掛起，月亮升起，蟲兒嚷起。二十年前週末的我們，在這個時候沿著草香，拐著長滿血泡的腳丫登上小山坡，圍坐成堆，傾長訴短，好生熱鬧。

上島已經兩年了，勞作、學習、生活，還有年齡的長大以及荷爾蒙的激增，我們一改過去那種封建割據的場面，男知青和女知青能盤腿對視、呀呀罵俏、對流感情了。儘管開頭是集體活

動，但爾後也慢慢地分裂出個體戶來了。知青戀愛史總算從初級階段漸入中級階段。

想當初，大夥兒血氣方剛，精力全倒在勞動和學習上，早晨天未亮就爬起來早讀、早請示，白天在工地上大幹十來個鐘頭，晚上點著煤油燈晚讀、晚彙報。如此兩年，兩年如此，你說疲也不疲？戀愛，滿足了知青們從一心一意接受再教育至三心二意的轉變期間的精神與物質的需要。於是戀事鵲起，可歌可泣地發生在我們連隊。

那是鳥啊，歸僑學生，芳齡十九，眉清目秀，屬我管轄的四班戰士，對了，要交待一下，那年頭咱們愛給夥伴們起外號，號源來自京劇樣板戲和幾部老是映來映去的片子。因為她的模樣長得酷像蘇聯電影〈列寧在一九一八〉裡一個小女孩，在列寧同志辦公室畫畫的小女孩。電影裡，列寧同志指著畫面上的草狀物問她：「那是草嗎？」她答：「那不是草，那是鳥啊。」列寧同志笑了，抓起她握筆的手在紙上重畫：「鳥啊鳥啊，鳥不是這樣畫的。」我們在一工地上尋開心的時候，就把上面的對話用電影配音演員的音色學出來，哈笑之時，那是鳥啊總會現出羞澀的美容，煞是好看。

那是鳥啊，在印尼的首都雅加達念中學時，她的中產階級父母已為她在業餘時間安排她讀完了音樂、舞蹈、美術、吉他、手風琴、二胡和笛子等功課。她的多才多藝在我們連隊的某某思想文藝宣傳隊裡大派用場，我們皆成了她的跑龍套者。一天夜裡，那是鳥啊把我那首發表在《兵團戰士報》上的階梯詩〈心，飛向北京〉譜了曲子。一點鐘左右，她用石塊扔響我們的房門後，抱起吉他哼起了輕訴之歌，好動聽好動聽的。我、讓列寧同志先走（小陸）、不見鬼子不掛弦（小梁）三個人只穿著三角褲趴在黑

洞洞的門縫裡朝外窺視。但見她如月光下的仙女，飄然然，白燦燦。正看得來勁、聽得出神，我屁股猛地一疼，被不見鬼子不掛弦一腳踢出了門外。

原本我是發誓不在兵團裡談戀愛的。打那以後，卻和那是鳥啊有來有往，甚至一個作詩一個譜曲。集成〈海南知青組歌〉傳開去，流毒當然甚廣，終於引來兵團專案組專了我的政。七鬥八鬥，我只供我自己而不招供同黨；於是被施以重刑。發配到採石場掄大錘。

打石，得光著上身幹，烈日之下也不能戴帽，以便掄起大錘時利索無阻，狠命地砸下去才能驚天動地破石裂岩；還得著長褲，以防大錘擊石飛濺起細小鋒利的礫片刮去膚肉；並且得穿一雙破皮鞋，以免利岩鋒面割破腳底。打石是重體力活，誰上去幹誰就非脫幾層皮掉幾圈肉不可，除非你不想完成指標。

然而這麼重的活，卻一不加糧二不加菜，憑一桶白開水苦熬十幾個小時，你說死也不死。多少次從石場下來爬不回連隊，就在拉石的牛車上死狗般地睡到第二天開工。那是鳥啊給我送飯，她每頓只留一兩飯自己吃，其餘的飯連菜全部扣在我的飯盒裡。看著我狼吞虎嚥的模樣，她眼淚刷刷地往地上掉，甩起小辮子唱了好多條語錄歌激勵我。如果不是她的飯和歌，我或許決不會像昨天和今天那樣在困難面前無所畏懼的。

可是一個月後，那是鳥啊不見了。有同學告訴我。她被揪到團部辦學習班去了。團部專案組的吉普車闖入連隊。叫值班排長把那是鳥啊從工地上帶回來，只准揀兩件換洗的衣服就上車走了。我失去後援，累昏在岩石上好幾次。

二十多天後，那是鳥啊回到連隊。「我要調到新連隊去了」，她跑到採石場來告訴我：「但是不准我們再有來往」，她

替我擦去背上一層汗泥：「也不准通信」，她挪開我搭在她肩上的手：「否則要加重處罰」，她餵我一片芒果：「你一定要離開兵團」，她的淚眼望著地上；「不要管我。」

沒幾天，我又返回四班當班長了，手下的戰士不是十五人，少了一個，那是鳥啊。

十多年後，我在任職的一家中國某某報社接到一封她寄自美國的信，信云十多年前，她為了解救我、在學習班裡勾搭上主持專案的某政委，她求我不要記恨她不理不睬我的那幾年。落款的簽名是很漂亮的一行才女秀書：那是鳥啊。

看完鈕海津講述的這則與鳥戀愛故事，我的心忍不住隱隱作痛。不僅痛惜一對年輕純潔的男女知青戀情夭折於萌芽之中，更痛恨那個卑鄙的政委乘人之危，污辱女知青，簡直是一個披著黃軍裝的色狼……

第五節　為追求所謂進步而丟掉的性命

更為悲苦的是在那種政治是統帥是靈魂政治統治一切的年代，一些知青為了搏得一個表現好，能夠升學，招工，提幹，不惜拿自己的身體健康作賭注，結果到頭來白白丟掉了性命。雲南兵團知青勐深在〈杜春娣之死——清明記懷〉中講述這樣一個令人痛惜的故事：……儘管上海知青杜春娣離別我們已有近三十九年了，但當我在電腦上敲下上面這個題目時，心情仍然很沉重。眼前又浮現出上海知青杜春娣那熟悉的音容笑貌。

杜春娣：生於一九五三年四月。籍貫不詳，上海市閘北區和田中學一九六九屆初中畢業生，家住閘北止園路某弄。一九七〇年三月二十七日告別家人，隨同三十一名同學上山下鄉奔赴祖國

西南邊疆，一九七〇年四月八日，來到中國人民解放軍雲南生產建設兵團一師二團五營十連。

杜春娣到連隊後，四月二十日就被抽調到臨時性的芽接連。當時的芽接連成員因為要學習芽接技術，人員是從各連隊相對聰明伶俐的知青中選拔出來的。每年雨季將臨時，為改良橡膠樹苗，以便提高橡膠成樹膠乳產量，參與芽接工作的知青需集中二三個月，由技術員帶著，從揀橡膠籽，挑河沙，建苗圃，育種開始做起，遇到天不下雨，就得人工挑水澆灌膠苗，起早貪黑。初建立的芽接連，曾經吃住在傣族寨子裡，生活條件極差。但杜春娣不怕苦累，努力學習芽接技術，進步很快。

在旱季，芽接連臨時解散期間，或連隊中遇到突擊會戰什麼的，芽接連的知青還要回隊支援一線，和大家一起奮戰，或砍壩清壩，或備耕播種，或中耕，或收短季作物，或開挖梯田，並同樣按定額挖穴。反正那時的會戰一個接著一個。所以她和大家在一起工作的機會也比較多。在山上作業時，幾個班在一起，有時連或排領導不在，連領導還會指定杜春娣做臨時負責人。杜春娣於一九七一年三月在連隊中首批入團。並曾先後擔任苗圃班副班長、班長。

一九七一年六月一日，星期二。版納的雨季雖早已降臨，但當天早晨，天看似晴朗無雲。杜春娣早起感覺不適，很少請假的她，在上午九點許。約上和田中學的同學，上海知青楊莉萍沿著小路一起去營部衛生所。當時的五營十連已被劃歸新組建的十二營。衛生所離連隊從大路走要三公里多，沿小路走，從連隊西面下坡過一條小溪，順著傣家人的水稻田田埂走至曼中堅寨子，然後向北，總共只有兩公里不到。平時知青們去營部和衛生所當然都是選擇小路。

　　版納的雨季變幻莫測，她們兩人在營部衛生所看了病取了藥後，剛要回連隊，天空中忽然烏雲密佈，電閃雷鳴，大雨滂沱。下了約有一小時以後，雨勢漸小，杜春娣就著急著要回連隊，因為天氣不好，楊莉萍建議走大路回連隊，可杜春娣考慮後，還是決定走小路。她本來算好看完病，趕回連隊吃午飯，然後參加每週二下午連隊固定的政治學習，因為下雨，時間耽擱了，顯得很緊迫，所以她想儘快回到連隊。

　　冒著霏霏細雨，兩人踏上了回連隊的小路，從衛生所到曼中堅，問題不大，這本來就是大路的一部分，過了曼中堅，踏上雨中曲曲彎彎的田埂，一路濕滑難行，鞋子上沾滿了泥，腳步越來越沉重，走動時需要小心翼翼，一步一個腳印，站穩腳跟後才能邁出下一步，聽到水聲，總算來到了小溪邊，平時這條小溪，寬不過三米，清澈見底，星期日，知青們常到溪邊洗衣。脫鞋下水，只到人的腳踝處。她們上午出發去衛生所時，脫鞋過溪，流水潺潺和平時沒什麼兩樣。沒想到，一場大雨過後。溪水猛漲，一下子變成急流滾滾近十米寬的河，渾濁的河水夾雜著枯枝敗葉咆哮著滾滾向前。

　　已經能看到溪對面連隊的草屋了，事實上過了溪兩三分鐘也就可以到連隊了。她倆脫鞋下水，試探了一下，溪邊上的水雖很急，但只到腳面，於是兩人手拿脫下的鞋子，相互攙扶著下水了。可才走了幾步，兩人就感覺不妙，急流迅速地上升到了膝蓋，耳旁是嘩嘩的水聲，眼前是洶湧急速的濁流，令人頭暈目眩。要想退回去，已經來不及了，一個踉蹌，兩人跌倒在溪水中，在每秒流速達三至四米暴漲的急流中，人倒下後，根本無力站起來。兩人很快就失去知覺，隨波逐流，前行了三十米，向東匯入了更寬的連隊前面的南坎河。

　　南坎河平時也很溫順，水深只到大腿根，知青們平日從山上回來常常相約下河洗澡。河水蜿蜒曲折向東最終注入勐龍河。但此時的南坎河也已變的濁流滾滾，寬闊無比。河岸邊，恰逢曼中堅一四十歲左右的傣族牛倌在放牛，這個牛倌平時大家都很熟悉，經常赤著腳，黑瘦無比，全身紋身，身穿黑衣，斜背斗笠。

　　牛倌忽然見到有兩件衣物一前一後順水漂來，於是用腳勾住岸邊一樹椿，用鞭杆去勾那漂下的衣物。河水湍急翻騰，第一件衣物搭著但沒勾著，但牛倌已感覺到分量了，情知是落水的人了，說時遲那時快，第二件衣物又飄了過來，牛倌拼力抓住衣服，用力將人拖近岸邊。這第一個漂過去的就是杜春娣，第二個被救上來的則是楊莉萍。

　　牛倌高聲呼喊，驚動了伙房炊事員；和田中學同學；上海知青王曉清，王曉清奔到河邊，和牛倌一起協力將楊莉萍抬上了岸，剛從水裡上岸的楊莉萍，王曉清當時並沒有認出來，可牛倌對著他指著河流的下游仍然嘰裡哇啦地說個不停。王曉清意識到了什麼，趕緊跑回連隊，這時已經是中午十二點過後，全連的人剛集中到蔑工棚裡，準備開始政治學習了。

　　得到消息，蔑工棚裡炸了窩，大家先後來到河邊，有人認出了楊莉萍（楊莉萍經及時控水，待有意識後，送至團部醫院，因此獲救，逃過一劫），連隊中湖南籍排長黃振鋼的傣族老婆刀玉香聽懂了牛倌說的內容：一人已順水漂走了，翻譯給大家聽後，眾人大驚失色。

　　儘管當時還不知道落水的是什麼人，但知青們意識到救人要緊，大家順著河岸，奔跑搜尋。所幸南坎河在向曼龍坎寨子方向對岸的曲折處有一個回水灣，河水在這裡要急轉彎，水流在回水灣裡要轉上幾圈，流速明顯減慢，此時杜春娣正在回水灣中旋

轉，眾人七手八腳，把她拉上了岸。就近抬到了靠近磚瓦廠的一個工棚裡。

這時的杜春娣，衣衫不整，肚子鼓脹，面部青紫，雙目緊閉，氣息全無。大家起先也沒認出來，是湖南籍夏大媽端詳了一會，驚呼：「是杜春娣嘛」？眾人這才認出來果然是杜，大家慌了手腳，不知怎麼辦才好，有人已經哭出聲了。

此時，正好營部衛生所醫生；北京知青王惠民從大勐龍回來路過，眾人像遇見了救星，連忙叫住王惠民，告訴他情況，因為平時大家都很熟悉，王惠民對此變故也大為吃驚，在翻看瞳仁，搭脈後。仍心有不甘，嘴對嘴為杜做了近二十分鐘人工呼吸和胸部按壓。杜的口鼻中此時除了不斷流出污水，泥漿，甚至樹葉外，毫無動靜。

終於，疲憊不堪的王惠民搖頭起身了。女知青裡早已有人泣不成聲了，男知青們也眼含熱淚。身邊一個朝夕相處的鮮活生命瞬間就這樣離去了，初涉社會不久的知青們，心中經歷了巨大的震撼。……

雲南兵團的成都知青聶曉薇講述的以下的兩個故事更可以說明這一點。她在〈「考驗」的代價〉中敘述：我常聽一個朋友談起她，他們是鄰居。她叫李碧秀，個子不高，梳著兩個小辮，有著一張常常帶著燦爛微笑的清秀的臉龐。她也是孟定農場的知青。

小李出身於一個工人家庭。她去雲南時，樸實敦厚的父母一再叮囑她；一定要認真接受貧下中農的再教育，徹底改造世界觀。小李到了農場後，一直非常認真地磨煉自己，從不叫苦叫累。她很快就寫了入團申請書，懇切地讓團組織考驗她。一晃兩年過去了，在她準備回成都探親前夕，入團的願望終於實現了。

臨走時，指導員對她說：希望你以一個共青團員的標準嚴格要求自己，並向更高的目標前進，接受黨組織的考驗。

回到成都後，和家人朋友團聚，小李好不快活。媽媽每天好菜好飯款待，傾盡家中所有，恨不得讓饞了兩年的女兒嘗遍所有美味。一晃假期快滿了。那時，幾乎每個知青都要尋找種種理由超假，實在捨不得離開父母，離開溫暖的家。可是天真的小李卻對爸爸媽媽說，我不能超假。我剛剛入團，要經受得住組織對我的考驗。

買回火車票這一天，媽媽覺得女兒臉色有些不大對頭，她說不要緊。只是有些感冒。可媽媽摸摸她的額頭，感到發燙，於是勸她把票退了，等病好了再走。小李執意不肯，一定要按時回去，還說輕傷不下火線。家裡人見拗不過她，只好送她上路。

從成都到孟定，一天一夜的火車，整整四天的長途汽車，一路顛簸，疲憊不堪，小李的病越來越重，一直發著低燒。五天五夜後，車到了孟定壩，還未到站，小李就已支持不住，一頭栽倒在同伴懷裡。

同伴們把小李送到醫院，醫生診斷為病毒性心肌炎。由於拖得太久，醫生想盡辦法也沒能挽留住小李的生命。天真爛漫的小李就這樣懷著一個虔誠的心願走了。她向連隊黨支部交了一份合格的答卷，但這答卷卻是用生命換取的。

第二個〈「亞芳，我們向你告別來了！」〉的故事，更加讓人深思：……提起李亞芳，耿馬農場的知青們都記得他。小夥子中等身材，瘦瘦的臉龐，顯得精幹灑脫，一口純正的東北話，讓人感到誠懇、豪爽。

亞芳家住成都420廠。他是長子，父親很早就去世了。母親含辛茹苦把他和弟妹養大。為了減輕母親的負擔，他報名去了雲

南。他不怕吃苦，什麼活兒都幹，肩膀腫了，手上打起了血泡，從不見他吭聲，還常常幫助別人幹。為此，知青們佩服他，老工人喜歡他，他很快就入團、入黨，當了班長、連長……最後成為了耿馬農場最年輕的場長。

在那一切「政治掛帥」、處處抓階級鬥爭的年代，亞芳身為領導幹部，也難免幹點過火的事。慢慢地，有些知青和他疏遠了。亞芳白天黑夜拼命地工作，躺在床上時心裡常常生出一絲寂寞。一次，他忍不住對朋友講，我有時覺得好孤獨。

一九七七年五月的一天，亞芳晚上去開會，很晚才回到宿舍。第二天早上，人們久久不見他起床，打開房門一看。他已慘死在床上，身上被暴徒砍了數刀。亞芳慘死的消息傳出，知青們震驚了，農場職工們震驚了。想起他的種種好處，人們哭了。

一九七九年大返城時，許多知青到墳上去看他。大家含著淚對他說：「亞芳，我們向你告別來了！放心吧，我們會代你照顧母親的。」知青們一步一回頭地走了，亞芳卻永遠留在了那裡。他死時，剛滿二十三歲。在雲南的六年中，只回過兩次家。

更為沉痛的悲劇則是曾被廣泛宣傳的金訓華，據東方網記者在〈知青金訓華：為救兩根電線杆犧牲〉報導：金訓華──上海市吳淞第二中學一九六八屆高中畢業生，上海市中學紅代會常委。一九六九年三月，金訓華參加上海市革委會上山下鄉辦公室組織的知識青年學習訪問隊赴黑龍江，返回上海後發起成立了「知識青年赴黑龍江插隊落戶聯絡站」，通過報告會、批判會、座談會、家庭訪問，廣泛進行知識青年上山下鄉的動員。五月二十五日，金訓華和一大批上海知識青年前往黑龍江省農村插隊落戶，被分配到遜克縣遜河公社雙河大隊。

一九六九年八月十五日下午，當地爆發特大山洪暴發，雙

河兩岸一片汪洋。下午四時許，金訓華正帶著民兵修壩防洪，生產隊長忽然跑來說：「堆在河沿在一百五十根電柱被水泡上了，有被洪水沖走的危險。」金訓華同志馬上搶著說：「保護電柱要緊，這任務交給我！」說著，他就帶領五個民兵前去搶救。剛跑到河邊，金訓華就看到兩根電柱已被急流卷走。面對著每秒七、八米流速的洪水，金訓華為了搶救國家物資，毫不猶豫地，大喊一聲：「跟我下，馬上撈！」首先衝上去跳進大河。

在生死關頭的考驗面前，他想到的是「為人民而死，就是死得其所」！在為保衛國祖國財產而與洪水搏鬥的過程中，狂暴的巨浪三次把他捲進險惡的旋渦裡，他三次頑強地把頭抬出水面，斬風劈浪，繼續向前猛衝，去搶救國家物資。

金訓華為了搶救國家物資，奮戰山洪，不幸光榮犧牲。根據金訓華同志生前的多次申請，有關黨組織追認他為中國共產黨員。金訓華的死，給知青的上山下鄉運動注入了悲壯的色彩。在他死後的三個月後，六九屆畢業生下鄉了，他們紛紛要求去遜克縣插隊⋯⋯

黑龍江兵團知青邱宏偉在〈長眠在北大荒的懷抱裡——隕落的星星〉中也講述了一個令人痛惜的故事：⋯⋯三師三十團六連的杭州青年張鳳星是個個子高挑、瓜子臉、梳著兩條羊角辮的漂亮姑娘。一九七〇年五月八日，三師在三十團開展水利大會戰，六連被分配在離團部4公里外的堤壩內修上水渠。張鳳星分了20米的任務段。為了早日完成任務，張鳳星每天天濛濛亮就起床上工，晚上月亮爬得老高了才收工，那一鐵鍬下去鏟起滿滿一鍬土，接著一個優美轉身的動作給人們留下了深刻的印象。由於她幹活不藏奸耍滑，平時言語又不多，所以領導和同志們對她的評價都很高，連續兩年她都是連裡的五好戰士。

一九七一年七月的一天，正在豆地裡鋤草的張鳳星突然肚子疼，戰友們急忙喊來了連裡的王大夫。經診斷，張鳳星患了「腸梗阻」。王大夫立即請示連領導派了馬車，一路顛簸地把她送到了團部衛生隊，手術後，大夫讓她住院休息半個月。然而僅僅過了一個星期，張鳳星又出現在了土坯場。

「你怎來了？是不是偷跑回來的？你病好了嗎？」連長徐明池帶著一串的疑問沖著她吼了起來。

「好了，都好了，不信你看看。」說著，張鳳星搬起3塊土坯，一口氣搬到了20米遠的坯垛邊。「怎麼樣？連長，我還行吧？」

連長望著張鳳星執著的樣子，無奈地搖了搖頭，扔下一句「今天不給你定任務，能幹多少幹多少」的話走了。那天，張鳳星帶病拖了220塊土坯，超出了連裡給每個知青定的200塊任務額。

夜裡十一點多鐘，外邊突然狂風大作，不一會兒從天邊傳來了「隆隆」的雷聲，豆大的雨點落了下來。張鳳星被雷聲驚醒後立刻想到土坯垛還沒蓋上，她一骨碌從床上爬起來，雨衣也沒拿就沖向了土坯場。拉帆布、壓石頭，雨水順著她的臉淌成了流，濕透的衣服緊緊貼在了身上。一夜的奮戰讓她第二天就發起了高燒，手術刀口像火烤的一樣難受，連長立即派兩個知青套上馬車把她送往團部醫院。一路上，張鳳星臉色蠟黃，汗如泉湧，渾身燒燙，連連呻吟著手麻、手麻，最後連呻吟的聲音都沒有了，握著夥伴的手也漸漸沒了力氣。到醫院時，身子都涼了。醫生說，發燒不至於奪命，關鍵是由於術後過量勞動和遭到雨淋後刀口感染。就這樣，一顆年僅十九歲的「星星」匆匆地隕落了。兩天後，一台拖拉機拉著張鳳星的棺木出現在連隊南邊兩塊地中間的高崗上，天又漸漸瀝瀝地下起了小雨……

第六章
野性自然和人性缺失的吞噬

第一節　被烈焰冤枉奪去的年輕生命

在上山下鄉的漫長歲月中，知青經受了各種艱難困苦的考驗，天災人禍時有發生，最讓人驚心動魄的莫過於山林火災。其中較大的幾起分別是雲南、內蒙和黑龍江兵團。**最先發生知青因火災造成傷亡事故的是黑龍江兵團。據網路資料介紹：一九七〇年四月十八日，黑龍江省虎林縣境內完達山附近，這一天，風和日麗，當早晨的太陽升上了屋頂後，燒荒開始了。不料卻發生了意外。遠處出現一片火光，很濃重的黑煙升了起來……**此時，方圓幾十里的大草甸子已成了一片火海，熊烈焰挾著翻滾著的濃煙，在風的催動下，直直地朝著山腳撲去。

「著火了！著火了……」黑龍江生產建設兵團四師三十九團的知青們一邊呼喊，一邊往火場上跑。知青們在追趕著撲滅荒火，誰能想到風向突然變了，盤旋在荒原上空的大火，一下子反向撲來，那些沿著荒火撲打的知青全給悶在了火海裡。有的知青幸運地避開了火蛇的方向，在一瞬間躲進旁邊的小水溝。火蛇從旁邊呼嘯而過後，等救火的知青站起身子，發現一個個傷痕累累的戰友都倒在了不遠處……

4.18大火震驚全國，遠在北京的國家領導人親自過問，指示

要盡一切力量搶救燒傷的英雄們。儘管特派了幾輛的直升機將傷患們緊急送到哈爾濱的大醫院。但仍有不少傷患都在途中停止了呼吸。在這場大火中，26條生命逝去，76人被燒成重傷……

　　次年三月，在雲南兵團又發生了一起人為的火災事故，並且不幸燒死10名女知青。其中經過，成都知青聶曉薇在〈火中冤魂〉中講述：一九七一年三月底，成都赴雲南的第二批知青剛剛啟程，就聽說雲南生產建設兵團出了一件大事。盈江農場一個連隊的知青宿舍發生火災，有10名成都女知青被堵在屋裡活活燒死。後來我聽知情人講起當時的情景，心裡久久不能平靜。那時知青剛去，居住條件較差，住的都是臨時蓋的油氈房，即全部由竹子或樹枝搭成，頂上蓋油毛氈。雲南氣候乾燥，這種房子又極易燃燒，一旦起火，根本無法救。

　　出事那天晚上，知青們勞累了一天，都已沉沉入睡。一個上海知青點著煤油燈看書，不小心把燈碰翻了，火苗很快就竄上房頂，呼呼地燃燒。幾十名知青從睡夢中被驚醒，亂喊亂叫著往外跑。那十名女知青住一個大房間，等她們醒來時，屋裡已是濃煙滾滾，她們想往外跑，可慌亂中怎麼也摸不到門，絕望中十個人緊緊地抱在一起，哭喊著媽媽，最後被大火吞噬了……後來，人們看到那十具緊緊連在一起的黑炭般的屍體時，沒有不落淚的。她們剛到兵團十天，滿懷一腔熱血無限憧憬，人生的第一頁剛剛掀開，就被無情的大火奪走了生命。

　　後來，有朋友回雲南，專程去拜謁了她們的墓，從墓碑上抄回了她們的名字。她們是：周金秀、李曉妮、晏啟芬、阮國清、范金鳳、傅蓉碧、傅國秀、萬祿秀、李觀玉、施桂芬。

　　願她們的在天之靈安息！

　　類似的悲劇一九七二年又在黑龍江兵團重演，網名「政協

鶴崗市委員會」的知青在〈山坡上，那一座座墳丘，凝固的苦難年華〉中講述：一九七二年的初冬，大田裡的玉米還沒有收完，為了建設「大寨田」，江濱農場組織知青參加興修水渠會戰。為了搶工期，幾十名男女知青在山坡上挖了幾個地窖子，吃住在工地上。一個多月過去了，知青們累得個個筋疲力盡，體力消耗很大。好不容易捱到晚上收工，個個累得東倒西歪，步履不穩。女知青們平時愛洗洗涮涮，現在也不洗不涮了，晚飯後迫不及待地鑽進地窖子裡，躺在草鋪上，很快跌入夢鄉。

這天夜晚格外黑暗，伸手不見五指。初冬的寒風夾帶著雪花，從透風的草棚縫隙中吹進地窖子，散落在知青們的棉被上。在一個18名女知青居住的地窖子裡，17名女知青早已入睡了，只有女知青班長還在一盞小煤油燈下，在為一名女知青縫補棉鞋。時間在一針一線中流失，濃重的夜色伴隨著女知青熟睡的鼾聲，終於動搖了女知青班長的意志，漸漸感到力不從心，眼皮變得越來越粘滯，眼神變得越來越恍惚。她終於歪臥在草鋪上，手中還沒有縫補完的棉鞋從她的手中慢慢地滑落，碰翻了煤油燈。煤油很快地溢流出來，迅速地點燃了草鋪、被褥和地窖子乾燥的草棚。僅僅幾秒鐘地窖子就陷入了無情的火海。

這場大火持續了半個多小時。當知青們匆匆趕來時，赫然看見：18名女知青全都擁擠在地窖子的門口處，可惜地窖子的門是朝裡開的，無情地擋住了女知青們的逃生之路。18名女知青彼此緊緊摟抱在一起，被大火鑄成了一座焦黑的雕像。她們凝固地保持著這種受難者的姿勢，彷彿在向人們默默地訴說，她們是怎樣用年輕的生命抗拒著死亡猝然的降臨。

在這座尚未冷卻的殘酷的人生雕像面前，知青們全都失聲痛哭，哭著猝然死去的戰友、同學。她們當中，年齡最大的18歲，

最小的只有16歲。知青們呼喊著她們的名字，把她們遺體分開，分成三排埋葬在水渠的山坡上……

按理，連續兩年發生燒死眾多知青的重大傷亡事故，應該引起全國各兵團領導的重視，切實做好防火救火常識宣傳。可是在那個人命如草芥的極左年代，這些血的教訓根本沒有引起足夠的重視，反而作為正面英雄事蹟大肆吹噓。結果在次年，也就是一九七二年五月五日，內蒙古錫林郭勒盟西烏珠穆沁旗寶日格斯台的牧場發生了一場罕見的草原大火，內蒙兵團五師43團的領導又是冒險蠻幹，強行指揮數百名知青和當地群眾前往救火。結果烈火吞噬了某連69名年輕的生命，他們的平均年齡只有十九歲……

關於這起救火經過及反思，內蒙兵團知青橋灣畫匠在〈內蒙兵團69名烈士之死──誰之過〉一文中提出了尖銳質疑：……在36年前五月五日，發生在錫盟草原，西烏旗的打火事件中，原內蒙古生產建設兵團五師四十三團四連的69名戰友，獻出年輕的生命，為國捐軀，全部被追認為烈士。

他們不畏懼死亡，服從命令，不怕犧牲的精神。值得我們敬仰和學習！但是，當時現場的四連領導，身為連隊指揮官不知是怎樣想的？下面是根據親身參加那次打火任務的人員，四十三團團部的戰友口述整理：當時，參與那次打火人員很多，打火現場有團直各部人員及其他連隊人員和大量的當地群眾，四連人員也在其中。

草原起火的事每年都要發生幾次。在滅火過程中，每當風向有變化，或地形不同時，都要及時調整撲火人員的所在位置。稍有經驗的人都知道：要順風打火，火燒到高草地段時，迎風又遇下坡是不能救的！應當果斷迅速的緊急避險，等火燒過高草地

段，進入低草地段時，再實施有效的撲打。當時，就因風向忽然改變，在場人員都在快速撤離。可是，只有四連戰友們卻在連領導的命令下停止腳步，返身回奔，迎著風，順著坡衝下了那燃燒的高草地帶……

那些血氣方剛的戰士，懷著對祖國的熱愛，對黨的忠誠，毅然決然衝向了那熊熊的火海！六十九個鮮活的生靈，頃刻之間就被燃燒的火焰吞噬。他們還都是涉世不深孩子啊！（落淚）……

那些撤離火場跑到了拖拉機翻過的防火地帶（營區和村莊周圍都有這樣的防火帶）的人員，在焦急地等待大火掠過那片坡地之後，大家趕緊跑回到現場，舉目向坡下望去，全都被那一幕悲慘情景驚呆了！只見被大火燒的焦黑的草地上，橫七豎八的躺倒了一大片赤條條的全身裸露著的軀體！他們都仰面朝天，四肢蜷曲……真是慘不忍睹啊！

這些戰友們都是因高草燃燒時，周圍嚴重缺氧而窒息的。無情的烈焰燎去了一切可以燃燒的東西及戰友們的全部衣服，並將其化為灰燼。而大部分戰友的肌膚幾乎沒有一點燒傷，全身光溜溜的很乾淨，只剩下他們身下壓著的一小片衣服，還有那一小片衣服下面，一小片未被燒著的綠草地。只有個別倒在灌木叢中的戰友，身上有燒傷的痕跡。一名戰友被燒得肚子爆裂開，腸子都流了出來，非常慘。在男孩子們的頭上，因戴著軍帽，軍帽的汗圈緊鋼著，保留下了一圈未被燒焦的頭髮。在女孩子身上，只留下了那腰帶緊勒著的一圈衣服……

實在是太悲慘了，再也寫不下去了（免去收屍部分）。

退一步來想，如果他們當時隨同大隊人馬一同撤離的話，其結果會是這樣嗎?!為什麼造成這樣無謂的犧牲，誰之過？誰之過啊？而其他參加滅火的各單位均無人員傷亡……

　　這場大火造成知青的慘重傷亡及極左瞎指揮行為，令內蒙兵團的許多知青內心隱隱作痛。35年後，知青作家老鬼和知青企業家東方路橋老總丁新民聯手策劃，將一塊近30噸重的巨石從北京運送到內蒙古草原，安放在中國唯一的知青烈士陵園，紀念我們69名年輕烈士的英魂。紀念石上有一句話：他們是死去的我們／我們是活著的他們。

　　類似這種瞎胡鬧指揮下屬人員前往滅火，造成知青群體死亡事例，黑龍江兵團姚科在〈小興安嶺南隅發生了50年一遇的森林大火，6位女知青被活活燒死〉也有回憶：我對於生與死的最初理解，始於那場撲滅山火的戰鬥。一九七三年的暮春時節，荒草萋萋，風乾物燥，營部的主要街巷處都懸掛起黃色的防火警告旗，呼號的春風，風乾的萬物，讓人們始終都懸著一顆心，最不希望發生的事情最終還是發生了。

　　三月末的一天夜裡，我們被突然的緊急集合號聲驚醒了。師裡頒發一級命令：小興安嶺南隅發生了50年一遇的森林大火，儘管出動了數以萬計的知青，但是火勢不減，原始森林危在旦夕！整個黑龍江生產建設兵團都面臨著前所未有的危機！接到命令後，我們乘大卡車連夜出發。一路上只見點點星火，整個北大荒都還沉睡在夜色當中。大約行駛了3個多小時的路程後，我們聞到了樹木被大火燒焦的味道，遠處可見沖天的火海一浪高過一浪，大火舔著火舌向我們沖了過來……

　　此時，不需要什麼動員，不需要分配什麼任務，只要你是一名知青，就不能眼看著國家的財產受到損失。我們下了卡車，以班排為單位迎著大火包抄了上去。大火越燒越旺，沖天的火舌掃到哪裡，那裡的樹木立刻就劈劈啪啪地燃起火球，只消瞬間，2層樓高的大樹便被燒成了木炭。火光炙烤著我們的臉，火辣辣

的；轉眼之間，風向一轉，火頭迎著我們燒過來，只聽見「嗤」的一聲，我的眉毛就被大火燒光了，火辣辣地疼……

我曾經聽別人說過，撲火時千萬不能順著風跑的，那樣很可能被大火燒死，而要迎著火頭，找尋薄弱的地方一口氣衝過去，才能求生。正是在這樣的關鍵時刻，自己能夠想起這樣有分量、有價值的話，我真為自己的聰明睿智而驕傲！

我們在火場拼搏了7天7夜沒有下山。餓了，有飛機空投的餅乾；渴了，只能用雙手掬起馬蹄坑裡積存的水，潤潤自己乾涸的喉嚨；累了，就地盤坐休整；困了，就在大火燒過的土地上肩靠肩地睡覺。連續的撲火，已經使我們的體力嚴重地透支，很多知青躺下去後就不想再站起來了……

我們三營三十九連的6位女知青，就是在這場撲火戰鬥中，因缺乏逃生的經驗，被火頭困住後活活燒死。這6個年輕姑娘的生命，永遠地留在了北大荒的土地上，她們永遠都是十八歲。多少年以後，每當我坐在哈爾濱市委機關的辦公室裡凝神靜思的時候，常常會想起那次撲滅山火的經歷，想起至今仍然留在北大荒的那些知青的墳塚……

知青吳黛英在〈沉默者的呼喊──黑龍江省尾山農場七知青罹難30周年祭〉也講述了一起冒險亂來的滅火事例：……一九七六年三月十三日，一個陰風呼號，春寒料峭的日子，那天，我正在農場宣傳科上班。近午時分，忽然聽說緊靠五大連池邊的六隊著火，已有幾名知青被燒死。因為電話線被大風刮斷，消息無法傳遞，一位哈爾濱女知青跑到場部通報了噩耗。

聞知這一消息，場部機關的所有人員都驚呆了。農場領導馬上組織人力去六隊救火。出發前，我把下手錶交給了留守的廣播員，其情其景頗有壯士一去不復返的壯烈。半個多小時後，我們

乘坐卡車趕到了六隊，其時，大火早已隨風勢捲到了別處，地裡只留下一片黑乎乎的焦炭。

據六隊的領導介紹，這場大火是由相鄰的格球山農場燒荒引起的，火隨風勢朝我們尾山農場六隊迅速蔓延。因為怕糧食、種子等國家和集體財產受損，六隊領導立即組織了知青救火。想不到火勢越來越大，火不但沒有被撲滅，相反還有七名知青在大火中喪生。那天，由於種種原因，我們始終未能見到這七位知青的遺體。六隊的知青告訴我們，這幾位知青實際上不是被燒死的，而是窒息而死。因為風速快，火從身上一燎而過，那幾位知青身上只是衣服被燒掉了，皮膚上並沒有太多的傷，膚色還是嫩紅的。

七位知青的遺體很快被送到了場部衛生院。農場領導命人打了七口棺材安放他們的遺體。七口黑色的棺材在場部衛生院的門口一溜排開，靜靜地等待親人們來作最後的告別。那段時間，死亡的陰影籠罩著場部，壓在每個人的心上。

畢竟這七位知青是為救火而犧牲的，農場黨委要求我們宣傳科迅速整理出他們的事蹟材料，向全場廣大幹部、職工和知青廣泛宣傳。採訪中，我們發現，這七位罹難者多為普通知青，既非黨員，也少團員。有五名上海知青，兩名哈爾濱知青。死者中有六位女性，一位男性，其中還有一對姐妹。

對於遇難的同伴，六隊的知青都表示了由衷的悲哀和痛惜，同時也向我們講述了他們內心的困惑和不滿：當火勢太大，人力完全不能撲滅時，為什麼不趕快撤離火場，以保全知青的生命？即使一定要付出犧牲的代價，為什麼黨員、幹部不去赴湯蹈火，而讓普通的知青去死、特別是讓柔弱的女性首當其衝？最重要的是，在救火之前，有關領導為什麼不向知青傳授逃生的要領？

這些民間話語，在當時不可能被官方所接受，我們也無法寫進表彰這七位知青的文章中。但它們都永遠地留在了我的心中，成為我今天寫這篇悼念文章的最初動機。我想，這七位戰友雖然早已被剝奪了生存權和話語權，但他們最想說而來不及說的，也許正是這些話。作為他們的戰友和當時事件的親歷者，我有責任替他們說出被埋藏了30年的心中的話語。

事件發生後，農場上下對此事的性質都心知肚明。這顯然是一起因指揮不力造成的重大人身傷亡事故，這七位知青的犧牲是完全可以避免的。那些日子，農場與六隊兩級領導班子成員的心情可想而知。誰曾想，一個偶然的機緣，居然使這件事化險為夷，柳暗花明。而其間的穿針引線者，正是我當時所在的宣傳科，具體執行者則是本人。

那年四、五月間，我因母親有病回上海探親。回家之前，宣傳科長聽取了上海慰問團駐尾山農場分團一位女同志的建議，讓我寫一份介紹七知青事蹟的材料，到上海交到解放日報社。回上海後，我遵囑將材料送到了解放日報社。之後，因忙於照顧母親，也未去過問。一個月後，我探親假滿，便回到了農場。

我萬萬沒想到，在我回上海的這段時間裡，農場因為「3.13」事件鬧得沸沸揚揚。原來，我寫的那份材料發在了解放日報內參上，被當時主抓意識形態的姚文元看到並作了批示：「英雄的戰士，火紅的青春。」從中央到省的各大媒體聞訊紛紛來到這個地處黑龍江省北部的農場，採訪這七位知青的英雄事蹟。

姚文元的批示和眾多媒體的大力宣傳，使農場有關領導如釋重負。因為一起重大事故借此得以轉變性質，成為一個集體的英雄壯舉，他們也由事故的直接或間接責任人變成了把普通知青培

養成英雄戰士的再教育者和人生導師。從此，這個名不見經傳、
幾乎年年虧損，被知青貶為窮山惡水的尾山農場，因為出了這七
位英雄而成了一個「培養英雄的搖籃」。

一九七六年國慶，尾山農場的一位副場長和六隊黨總支書記
應有關方面的邀請進京參加了國慶觀禮並瞻仰了毛主席遺容。這
在當時，是一種最高的榮譽和待遇。這個故事在今天看來實在有
些荒誕，但在當時，似乎是順理成章之事。

我之所以要在30年後的今天重提此事，不是為了追究某個
人的責任，畢竟那是在特定的社會歷史條件下發生的事。但那畢
竟是七條年輕鮮活的生命啊！最小的才十九歲，最大的也不過二
十八歲，正是花一樣的年華。他們有享受青春、愛情和幸福的權
利，有生存的權利。沒有什麼比人的生命更重要、更有價值的
了。與魯迅先生當年寫〈為了忘卻的紀念〉的心情相似，我之所
以要寫這篇文章，不是為了忘卻，而是為了讓類似的悲劇不再重
演，讓天下所有人都來珍愛生命，不僅珍愛自己的生命，也要珍
愛他人的生命。

這七位知青被葬在了五大連池邊，他們的魂永遠留在了北大
荒的土地上。他們犧牲不久，大批知青就開始陸續返城，只留下
七座孤零零的墳塋遙望故土。

歲月如流，轉眼30年過去了……可是，那七位知青戰友卻一
直在我的心中存活。年僅十九歲的哈爾濱女孩楊淑雲那稚氣未脫
的面容，上海姑娘檀文芳嬌美的笑靨，還有朱慧麗、朱慧娟這對
雙雙葬身火海的姐妹之間的手足深情都讓我難以忘懷……

但是，據知青相送柴門在〈我們還「被」忘卻了什麼？〉中
披露：關於尾山撲火事件，展覽的照片上，有8個人，7女1男。
知青展覽資料收集和設計者介紹說：撲火逝去的女生，都獲得了

一些「待遇」，而那個男生，則沒有。

原來，當年，黑龍江尾山農場大火震驚全省，當年的「英雄報導」，是一位原來自尾山農場的我大學女同學的手筆。這照片上左側的女生，是烈士；右上角的男生，事蹟報到「上邊」，因其母親曾「倒賣票證」，被擱置不理。設計者說：現在這一家人已經「都不在了」。這樣的細節，當年，知道嗎，寫了嗎？

吳黛英當年所寫的「救火」稿件，寫明有「一位男性」。如果在很久的後來，她知道了這「一位男性」的遭遇，在二○○七年的文本中，她會下筆，大書特書這一天大的人性悲情。文章從來是「身前身後事」，二○○七版本的「一位男性」，還僅僅是非常簡單的「一位男性」而已。從這裡，我體會的，是當年鐵幕一般的封殺和封鎖。太久太久的封殺，就是被掩埋，太久太久的封鎖，就是被消滅。整個晚上，我在想著：我們還「被」忘卻了什麼？

第二節　淹沒於風浪波濤的年輕生命

由於上山下鄉的知青都是從學校到鄉下的學生，年紀還小，沒有任何社會經驗和勞動經驗，也沒有任何抵禦外界大自然傷害的能力，因此極易受到各種傷害甚至丟掉生命，除了死於火災，還有許多知青死於水中風浪，六十年代初就上山下鄉的泰州知青思念在〈5名知青葬身風浪，至今我還常夢見他們年輕的樣子〉回憶道：

……剛到農場時，我們經常由老職工帶領著，撐船到很遠的牛奶場裝牛糞回來餵魚。有一次，我同兩位老職工去運牛糞。返回時，到了興化城北郊的烏巾蕩，突然刮起颱風，掀起了兩三丈

高的大浪。每當一個大浪來，船就埋進水裡，前艙和中艙全被水淹掉，好在船尾有密封艙，船才沒沉掉。兩個老職工一個站在船頭，一個站在船尾，每人拿一根竹篙，死死穩住船，不讓靠岸。因為一靠岸，大浪就會把船撞個粉碎。

我害怕極了。老職工讓我緊緊抱住一塊大跳板。經過一個多小時的掙扎，船到了淺灘，老職工把我連同大跳板一起推向岸邊，我嚇得趴在岸上一動不敢動。後來，是同事把我背回了場裡，我在床上整整躺了三天。那次颱風，打散了上百條船，死了人。第一次離死亡這麼近，想想都害怕。

一九六四年五月十五日，我們組的知青到魚池邊割草。知青羅絲蘭說，我們養的蠶已兩天沒餵了，拉著我去摘桑葉。當我們兩人用衣服兜滿桑葉往回走時，突然發現城河邊站滿了人。跑過去一問，我們驚呆了，桑葉撒了一地，望著空蕩蕩的城河水面，失魂落魄。

原來，就在剛才，一條小船載著兩名老職工和9名知青，行至城河中央時，並不算大的風浪把水打進船艙，一個女知青驚叫著站起來，小船翻了個底朝天，船上的人全被扣了進去。兩名老職工掙扎出水面，看到水面上有幾處黑頭髮在飄動，趕緊游過去抓住她們拖到小船邊，三位女知青得救了。有一個會游泳的自己游上了岸。

水裡還有5個人。場裡的職工和很多漁民也都跑過來救人，可是，護城河有七八米深，大家都不敢跳下水，只好等場部送來大網。後來，十幾個老職工跳下水用大網拉，第一網沒拉到；第二網，用長竹篙分別按住網底，一圈兜下來，拉上來四個。趕來的縣醫院救護隊就地做了一些搶救，但因為已經過了兩個小時，醫生叫人把他們都背往醫院。

水裡還有一個男知青，拉了四網都沒有拉著。後來，借來滾鉤，才把他鉤上來。他已經完全停止了呼吸。

我們趕到醫院，那四個知青已經蓋上了白布。那天晚上，我記不清是怎麼回到場裡的。他們五個人跟我是一個組，平時處得非常好。我腦子裡盡是他們的影子……

不講自然客觀規律，只憑主觀意志的瞎指揮，也是害死知青的主要原因。在瑞安日報二〇〇九年五月十六日報導〈一九六九年「8.19」沉船事件：10名女知青不幸溺亡〉就可以證明這一點：

二〇〇九年是瑞安知青赴黑龍江梧桐河農場支邊40周年。40年前，也就是一九六九年八月十九日這一天，一艘滿載農場女知青的木船在松花江沉沒，船上16人，11人不幸溺水身亡，其中有5名瑞安女知青。她們分別是：彭麗華、何愛蓮、木元宵、吳月雲、董慶尚。

40年後的今天，記者作為當年的一名親歷者，將「8.19」知青沉船事件公諸於世，這不僅是對北大荒那一段坎坷歲月的追憶，更是為了忘卻的紀念。

一九六九年八月十九日，一個令人悲痛的日子，那是瑞安知青赴黑龍江梧桐河農場支邊的第49天。當日下午，六分場二連女排30余名知青被派往松花江南岸割柳條。第一批女知青擺渡過去後，第二批上船的有15名女知青，準備由1名男船工再擺渡過江，16個人擠在一條小木船，小船吃水很深。有知青擔心太危險，建議少坐幾人。但帶隊的連長唐成德嫌麻煩費時沒有答應，堅持一次性渡江。

當時正值汛期，江水上漲，江流湍急。結果木船劃到松花江與梧桐河交匯處的江心時，突然進水，木船下沉、傾覆，船上16人全部掉入江中。落水知青很快被江水沖走。只有施彩仙、蔡

愛華、金潔、饒萌惠等4位瑞安女知青和佳木斯女知青郝桂英，死死抓住木船，才沒被激流捲走。她們在江中一邊隨船漂流，一邊大聲呼救。幸虧當時九分場的3名寧波男知青正在江邊碼頭運煤。聽到呼救聲後，他們不約而同奮身躍入江中，將她們5人一一救起。

得知二連女排出事消息後，六分場男女知青紛紛趕往江邊。由於救人心切，好些會游泳的男知青，不顧危險，用麻繩繫住腰身，潛入江中，試圖尋找落水戰友。記者當時和季樹洪、楊邦安、溫小春等人也一起下水。但流急水寒，搜尋根本無濟於事。分場領導怕場面混亂，再生事端，把大家一一勸上岸。11位落水失蹤者眼看是凶多吉少，大家都沉浸於極度悲哀之中，尤其是二連女排，更是哭聲不絕。當時，知青們情緒很憤慨、激動，大家自發聚集在場部門口，強烈要求分場革委會領導儘快尋找11位知青下落，並處理好後事。

一九六九年正是全國知青上山下鄉運動的高峰期，梧桐河農場沉船事件被披露後，引起上級領導高度重視。那幾天，佳木斯合江地區革委會調集大批船隻，在松花江下游一帶逆江而上進行地毯式搜尋。據說，連部隊船艦、漁民捕撈隊的漁船等都出動了。

幾天後，除那名男船工外，10名女知青屍體被相繼找到、打撈上來。至今我還清楚記得，首先被找到的是木元宵屍體，當時，我們幾個瑞安男知青親手把她抬上岸並放入棺材，其時她的容貌並無多大改變。但之後打撈上來的屍體被水浸泡得難以辨認，尤其是最後一個抬上岸的彭麗華屍體更是面目全非，當時，我們還給她整了容。

5位瑞安女知青棺木被停放在分場東面的「三工地」附近草

甸子上，臨時搭了棚子，分場指派由我們一連男排幾名瑞安知青輪流值班負責看護。記得，當時與我同寢室的楊邦安、趙家堯、溫小春、胡安、胡健等人都參加守靈。連著好幾天，我們吃喝都在「三工地」。白天還好，晚上蚊子多得用乾草煙燻也燻不走……

聽連長說，上頭對知青沉船事件很重視，瑞安那邊已組織慰問團，將與遇難者家屬一起前來處理喪事。我們都盼著他們快點來，因為再這麼「風餐露宿」，我們有點吃不消了。

大概一周後，瑞安的慰問團偕遇難者家屬千里迢迢趕到。蔡兆清，朱一鳴等人赴佳木斯迎接，慰問團一行人都住在總場，除遇難者家屬外，其他成員我都記不清了，只記得有瑞安工商聯的蔡文祥同志，他是落水被救女知青蔡愛華父親。

遇難者家屬在農場領導陪同下來到「三工地」，見親人最後一面。遇難者家屬們趴在靈柩前悲痛欲絕，我們幾個守靈知青和旁邊許多人也都陪著掉眼淚。由於時值盛夏，天氣炎熱，屍體已有濃烈異味，不能再繼續擱放了。因此，5位瑞安女知青屍體第二天就被送到佳木斯火化，另外的5名東北女知青屍體，就安葬在農場裡。

農場舉行了隆重的追悼會，瑞安知青是由蔡兆清作代表發言的。現場5位瑞安遇難女知青的事蹟材料，則由我執筆撰寫。5名瑞安遇難女知青最後以「因公死亡」定論，這也是實事求是，合情合理的。瑞安5位遇難女知青骨灰尤其家屬帶回瑞安，安葬於市區萬松山，後來，農場知青回鄉探親時，還曾去她們墳前祭奠。

關於瑞安遇難女知青情況，記者曾查閱瑞安檔案裡當年「知青辦」所留檔案，卻是「一片空白」。因年代久遠，資料很可能早已散失。不過在一份梧桐河農場支邊青年花名冊上，仍登記著

5人姓名，後面備註欄則注明「沉船死亡」字樣。對於「8.19」知青沉船事件，當時黑龍江與浙江兩方面都相當重視，不僅5名遇難女知青作為「因公死亡」處理，國家還按有關政策規定給遇難者家屬撫恤和工作安排。事故責任人唐成德，因牽繫到11條人命，也被判了刑。……

想來真是後怕不已，如果不是寧波3名知青勇敢相救，這次沉船死亡的知青可能還要多上幾人。多痛惜啊，才到連隊49天，就葬身異鄉。而發生在海南兵團的幾起知青喪生洪水中的事例更是胡亂指揮決策的惡果。

筆者在知青網上讀到一則網名wuys〈清明時節，緬懷英烈〉的帖子：……胡志紅、程明蓉、謝紅軍三烈士生前是廣州市第六中學學生，一九六八年十一月上山下鄉到海南萬寧縣東嶺農場紅園隊（原廣州軍區生產建設兵團二師四團六連）。

東嶺農場位於萬寧縣的六連嶺山脈。一九七〇年六月二十八日，平日水位不高、潺潺而流的河水，由於連日暴雨，水位不斷上漲，衝擊著正在建設中的水電站攔河大壩，對大壩的安全造成嚴重的威脅。四團六連的戰士們已經在攔河大壩的壩頂上，用沙包築起了一條攔截和抵禦河水的沙包堤。下午兩點鐘左右，連隊的鐘聲緊急響起，並傳來廣播的呼叫：河水上漲，大壩危險。

胡志紅、程明蓉、謝紅軍等十幾名戰士跑在最前面，迅速衝上攔河大壩。這時山洪已經爆發，河水滾滾而下，衝擊著壩頂的沙包堤。戰士們用肩膀死死頂住沙包堤，然而，卻難以抵擋山洪的巨大壓力。不一會，只見沙包堤搖晃了幾下，剎那間十幾名戰士和沙包一起，被洪水從壩頂沖下了十幾米下的河底。洪水漫堤而過，河兩岸頓時成了汪洋一片，滾滾洪水像箭一般向下游湧去……

　　十幾位勇士憑藉他們不死的信念，戰勝了死神逃出生天。但三位年方二八的少女卻再也沒有起來。第二天，在水電站下游很遠的岸邊，找到了程明蓉的遺體。第三天，洪水基本退去，人們在一座小木橋的橋底，找到了被沙包堵在橋底下的胡志紅和謝紅軍……

　　如同東嶺農場三姐妹的情節一樣，在安徽黃山茶林場也發生了一起類似搶救國家財產而淹死11名知青的悲劇。據百度百科介紹：一九六九年七月四日晚，安徽黃山地區驟降暴雨。至次日晨，暴雨不斷，溪流劇漲，遂引發一場百年罕見的特大山洪。5日清晨，地處環山的黃山茶林場四連遭洪水圍困，四連全體職工立即投入抗洪搶險。山洪沖毀了木橋，對岸食堂、倉庫裡大批糧食和化肥有被洪水沖走的危險，四連副指導員陸華、副連長林衛陽當即組織十余名青年，陸華見強渡不行，便對其他同志說：「我們一定要到對岸去搶救國家財產，繞山道從公路橋上過去」。

　　當他們沿著泥濘的山道趕到四連公路橋時，橋已被洪水淹沒，急流喧囂，險情環生。但他們置個人安危於不顧，毅然手挽起手，迎著沒腰深的急流涉水而行，就在他們踏上公路橋時，兇猛的洪水猛然掀翻橋面，陸華等11位青年當場落水，不幸被洪水吞沒，壯烈犧牲。

　　一九六九年八月二十一日，上海市革命委員會批准陸華、林衛陽、陶華、吳菊妹、金志強、李笑牛、林曉薇、王慶偉、張雲芳、許洪蘭、劉度南為革命烈士；追認陸華、林衛陽為中國共產黨黨員；追認陶華、許洪蘭、劉度南為共青團員；追授林曉薇、王慶偉、吳菊妹、李笑牛為優秀團員；並在黃山茶林場建造烈士陵園和烈士紀念碑。

關於這起災難，作家王小鷹有一段發人深思的回憶：我在茶場的時候就開始寫作了。因為那裡的生活是那麼的枯燥和無望。我們只有幾棟房子，山腳下一條峽谷包圍著我們。我們大約有一百人在那裡。沒有電影、書本，沒有什麼能夠激發我們心靈的。我們只有每天的政治學習。在我們吃飯前，我們必須要感謝毛主席。

一九八一年發表的小說《霧重重》是根據一個真實的故事寫成的。女主人公生活我們相鄰的茶場。她體質弱，不願意參加田裡勞動。她與一個農民家庭交朋友，這個家庭提供給她一些農資物品。一天，她去這個家庭過夜。起初她與這家房屋的老女主人睡在一起。可早晨醒來的時候，她發現自己與老女主人的瘸子睡在一起。她沒有辦法起訴他們，最終跟這個人結婚了。在中學讀書時，因為學習越劇，我被批評說羨慕「才子佳人」。由此我不被允許加入共青團。回頭來看。這種極端主義在文革前就已經流行了。

在茶場還發生一件事我不能忘記。一場大雨後，一座橋被洪水沖走了。十一個知青被沖進洪水。他們是因為發洪水時沖出去救那些被洪水沖走的黃豆。他們的屍體在下游三十公里外的地方發現，有些被掛在樹枝上。他們的屍體腫得難以辨認。

出殯那天太可怕了。棺材放在地上打開的。我們淚流滿面，從山上採集一些花做了些花圈。為了顯示我的悲痛，王毅堅（我後來的丈夫）放了一枚毛主席像章放在一具屍體上。那是他來自上海的朋友，她的屍體從樹叢中發現的。

我清楚地記得，當我為她梳頭時，我發現她的頭上有一個洞。按照我們無知而忠誠的想法，掛一枚像章在她的身上表示我們深深的敬意。因為她是為革命、為大眾犧牲的，她值得這個榮

聲。但沒料到卻演變成一次嚴重的政治事件。有人告訴了黨支部，於是黨支部和其他領導立即組成一個調查隊，召開鬥爭大會。王毅堅被指控為「現行反革命」，因為他想「埋葬我們偉大的領袖！」然後，他們打開棺材，將毛主席像章摘了下來。

王毅堅便在監控下生活，除了我之外，沒有人敢接近他。一九八六年從美國訪問回來，我感到雖然宣稱有悠久歷史的中國實際上已沒有什麼文明可言。同時，我發現中國現在學習西方都是表面上的東西。中國首先要做是改變國民的心靈。

類似的悲劇在熊光炯〈魂斷鐘聲〉中也有回憶：……那是一九六九年七月，長江邊上瑞昌縣的賽湖農場，當時叫中國人民解放軍江西生產建設兵團一團。數千名知識青年分別從上海、南昌、九江等城市蜂擁到這裡，在這個曾經是勞改農場的土地上，接受貧下中農再教育。文化大革命扭歪了我和賈的人生之路，彼此間早已是音信杳無，沒想到，我們卻在這個農場不期而遇。乍一相見，彼此有些尷尬，禮貌地點點頭，擦肩而過，僅此而已。

賈是革命軍人的女兒，這一點，在革文化的命之前還顯露不出什麼。大家都是同學，「同學」便是最文化最融洽最有人情味的稱謂。那時我是班上的文娛委員，記得是在邢台地震之後，我編寫了一段對口詞，內容是表現母子倆抗震救災的決心。賈說得一口地道的京腔，又有文娛細胞，我便找到她說：「我們來演這段對口詞，你演媽媽，我演兒子，怎麼樣？」

「媽呀！多不好意思……」賈靦腆地、羞怯地一喊，便紅著臉兒應承了。那十八歲的純真的微笑，令我這個書呆子氣十足的人心好一陣緊跳。同學之間那種「思無邪」的真誠，使彼此感到了心靈的溝通。那時賈給我的印象是俏麗、質樸而又溫柔。後來我才知道，賈把我們之間的一些交往都記在她的少女日記裡了。

沒準兒，我們之間會有什麼故事發生。

文化大革命的紅色風暴從天而降，革了文化的命也革了「同學」的命。我和賈的命運便迥然不同了。她是「紅五類」子弟，迷信「老子英雄兒好漢」，而我那「臭老九」的父親運動初期即被揪出，按血統邏輯只能是「老子反動兒混蛋」。當初準備扮演母子親情的同學，忽然之間形同陌路，差一點就成了對立的「階級」。政治狂熱徹底改變了賈。她穿上父輩褪了色的軍裝，戴上了紅衛兵袖章，腰間還紮著一根皮帶，一天到晚威風凜凜地要打倒一切牛鬼蛇神。從眼神到心靈她似乎都變了一個人。我不知道她的皮帶如何飛揚過，是否在派別鬥爭中「文攻武衛」顯過威風。她把鬥爭的矛頭指向了出身不好的同學，指向了老師，最後也給她帶來了一場災難。我後來知道，賈也被人打傷了，傷及腰和手，而且因為派別歧見醫院拒絕治療。好端端的同窗同學，就因為觀點歧異（天知道那是一些什麼樣的觀點）而反目為仇，你打過來，我打過去，誰都在誓死保衛什麼，但誰都保衛不了自己。

沒想到，暴風驟雨過後，並沒有雲開日出。我和賈，還有許許多多的同學，都被發配到了農場，當了「兵團戰士」。

賈仍然有出身優勢，她不久就被挑選進了武裝連並且當了班長。後來又調到了團部的電話班。我因一貫習於舞文弄墨，被抽調到團部抄抄寫寫。這樣，我和賈又經常在團部碰面。我們不是冤家，也不是路人，只是彼此有過美好印象的同學。即便在班上派別衝突最激烈的時候，我和賈也沒有發生過直接的對立。但我因為父親的問題一直背著沉重的包袱，這事兒如一堵牆隔在我和賈之間，使我們越來越陌生了。因此，我和賈見了面，只是彼此點點頭，笑一笑，如此這般，已經談不上什麼愛恨情仇了。那時

候，唯一允許讀的就是「紅寶書」，我卻在偷偷地看莎士比亞，看衝破家族世仇的羅密歐與茱麗葉的愛情故事。不過我知道，我不是羅密歐，賈也不是茱麗葉，我們之間不會有什麼羅曼蒂克的事情發生。因為突出政治突出血統已經牢牢地壟斷了人的一切感情。時間還來不及消彌我和賈之間的隔膜、陰影、歧見，悲劇便突然發生了。

一天中午，我正在團部的曬穀場翻曬穀子，突然天空卷來一片濃烈的烏雲，剎那間雷鳴電閃，眼看一場暴風雨就要來臨。場上的稻穀必須搶收入倉。

「小熊，快去敲鐘！叫機關的人起來搶收稻穀！」一位團部的參謀給我下達了命令。我二話沒說，飛快跑到場部的一棵松樹下，操起榔頭猛敲起來。那情勢，不像是搶收稻穀，倒像是「鬼子進村了」似的。

「當！當當！當當當……」急促的鐘聲撕裂了沉沉欲墜的烏雲，震盪在農場的上空，傳到了武裝連駐地的山崗。與此同時，團部參謀一個緊急電話打到了武裝連，向他們下達了死命令……從武裝連到場部的公路已經被滔滔洪水淹沒了，但「軍情」如火，刻不容緩，武裝連的一位副指導員率領三十八位戰士分乘兩條小船從楊柳湖直插場部。那小船平時最多只能坐十個人，這時一條船上卻擠了二十一人，另一條船也擠了十七人。似乎誰都沒有想到超載的危險，一心想的是搶收稻穀，支援世界革命。哪知船小人多，風高浪急，一個浪頭打來，掀翻了一條小船，船上二十一人全部落水。另一條小船本身就超載過多搖搖晃晃，卻不顧自身的危險，用槳板、毛巾等搶救落水戰友。結果又一個浪頭打來，這條船上的人也不幸落水。三十八人，除了帶隊的副指導員之外，其餘全部是青春少女，絕大部分不習水性，在風浪中撲撲

騰騰地掙扎……

　　聞訊從各處趕來的兵團戰士、機關幹部、駐地農民、地質隊員紛紛投入水中，與死神展開了一場爭奪戰。我也投身湖中，協助救人。潛入湖水深處，水寒徹骨，似有萬針刺膚，我摸尋了一會兒，便感深處不勝寒，顫抖著遊上湖面。農場幹部叫來了當過湖匪的囚徒，讓他們大口大口地灌烈性白酒，然後潛水救人。這時候，撈起來的已經是一具具屍體……最後結果，三十一人遇救，賈等七名少女不幸遇難。賈是會水的。她的屍體最後用魚網打撈上來，和另一名少女的屍體糾抱在一起，她們已游到了堤岸邊，和生命之岸只差一步之遙，最終還是被洪水吞沒了。當我知道7人中有賈的名字，心中猛然襲來一陣難言的悲涼，比在湖水深處更感到徹骨透心的寒意。

　　面對著一具具少女冰冷的屍體，那位副指導員也許是出於失職、出於負疚，出於內心的慘痛，發了瘋似的嘶啞著嗓子狂叫，最後竟昏厥休克在地上。

　　記得出事那天的黃昏，我一個人獨自來到湖邊。暴風雨過去了，湖面平靜如鏡，好像什麼都不曾發生過。我要撕破這麻木不仁的平靜，我要讓自己的靈魂清醒，在賈遇難撈起的地點，我脫了衣服一個猛子扎了下去，在水中久久地久久地摸索著、摸索著……

　　事件發生後，遇難者的家屬都接到一份「女病危速來」的電報，然後從不同的地方彙集到瑞昌縣的一個碼頭。當家屬們猜疑不安的時候，軍隊幹部才向家屬們頌讀毛主席語錄：「要奮鬥就會有犧牲，死人的事是經常發生的……」家屬們這才意識到發生了什麼樣的不幸，一個個抑制不住地哭泣起來。到了場部已近深夜，哭聲終於徹底放開了。負責陪同的兵團戰士也都哭起來了，

幾十人在哭，幾百人在哭，上千人在哭，哭得驚天動地，夜色慘暗……

這也許是我所直接經歷過的最悲壯的場面。從場部到墓地，沿途點燃了一支支松明子，數千人打著一束束火把，護送家屬們來墓地見他們女兒最後一面。兵團戰士們也來向戰友們最後告別。遺體放在為了備戰備荒而挖掘的山洞裡，內中堆放著大塊大塊的冰塊，森森寒氣從裡面冒出來，更使嘶啞的哭聲滲透了傷心的寒意……

第三節　被特大洪水吞噬的年輕花季

在海南農墾志上，我還翻到這樣一則記載：一九七〇年十月二十日，因颱風暴雨，山洪暴發，在六師二團（晨星農場）養豬場工作的22名知識青年，全部遇難殉職。關於這起颱風暴雨連袂製造的恐怖山洪造成的慘劇，其中的倖存者何啟珍在〈10.17絕唱〉是這樣回憶的：……一九七〇年盛夏，團領導為改善生活，解決全團的吃肉問題，決定成立畜牧連。誰也不曾料到，此舉便拉開了10.17悲劇的序幕。

畜牧連建在什麼地方？這是團領導決定的事，他們是如何考察、討論和決定的，此過程我不得而知。畜牧連建在一個依山傍水，風景秀麗的地方。對山區來說，這是一塊不可多得的平坦地，並且此處離團部不遠，步行20分鐘左右便可到達。然而，這樣一塊難得的平坦地，是沙質土，很明顯是河水經長年累月沖積而成的。這些，在今天看來很一般的常識問題，在當年卻不可能引起任何理性的思考。「10.17悲劇」發生後，便有人議論，說選點之初，當地老百姓就指出這裡會發大水，但卻沒有引起團部

和連隊領導的任何重視。可見，沒有科學與民主，讓我們付出了何等沉重的代價！

成立畜牧連——充滿臆想的浪漫　團領導從各連隊抽調了26名能文能武的優秀女青年及兩名男老工人組成了畜牧連。所謂「老工人」其實也只有30多歲，正值青壯年。他們告別了年輕的妻子和幼小的兒女，到畜牧連分別擔任了連長和指導員的職務。在畜牧連房子未蓋好前，全連人員暫時居住在團部。

畜牧連成立的動員大會在團部召開了。團部後勤處姜處長作了一個長篇的充滿革命激情的動員報告，向我們描述了一幅海市蜃樓式的美好景象——畜牧連的任務是養豬，解決全團的吃肉問題，這是題中應有之義。這將是一個現代化的豬場：潔淨的豬欄，流水線式的餵食糟，自動化的清潔系統，姑娘們穿著白大褂，在樹陰下輕快地推著飼料車。還有什麼能比這更充滿詩意的呢？

當時我雖然還不是畜牧連的人，但在團部食堂當炊事員，因而得以有幸聽取了姜處長的動員報告。這使我激動不已，感到熱血沸騰，恨不能成為該連的一員。當畜牧連的姑娘們頂著酷暑建好了第一棟茅草房，搭起了簡易廚房，從團部搬到新建點居住時，我被調去當炊事員，如願地成為了該連的一員。後來又調來了一名女衛生員，全連一共30人；除連長、指導員是男同胞外，其餘全是來自廣州、潮汕、海南的16至23歲的女青年。

姐妹們——一個能文能武的集體　畜牧連的姐妹們個個都很能幹，又肯吃苦。成立畜牧連時正是大熱天，海南島的太陽更是火辣辣的讓人難當。要蓋茅草房，就要先割茅草。割茅草會弄得全身發癢難以忍受，再加上大熱天，汗如雨下，可想而知，這是何等艱苦的工作。然而沒有一個姐妹退縮，也不見一個姐妹因例

假而休息。在別的連隊，上架蓋房頂往往是男同胞的工作，可畜牧連清一色的女同胞，還能推嗎？姐妹們哪會推，她們還爭著上呢。她們在房頂上一邊綁紮著茅草簾，一邊高聲歌唱。我在廚房這邊望著這一幕，不禁讓我想起了電影「柳堡的故事」裡解放軍戰士給老百姓修建房子的鏡頭。

姐妹們不僅能幹，還能編會寫。國慶快到了，團部組織文藝匯演，畜牧連自編自演的節目可精彩了，又是快板，又是說唱，節目編的好，表演更出色，因而給大家留下了深刻的印象。10.17事件後，當人們知道就是這些姑娘們出事了，無人不為她們惋惜、難過。

記得文藝匯演那天，老天下了一場不大不小的雨，河水一下子漲了很多，傍晚我們去團部參加演出時，要把褲腳挽到大腿處才能淌過河。當時覺得這樣很好玩，嘻嘻哈哈地過了河，全然沒有想到這就是悲劇的徵兆，真是沒經驗啊！

遭遇颱風——悲劇的降臨　一九七〇年十月十六日正好是星期天休息日，畜牧連不少人都回老連隊探望朋友。受13號颱風影響，下午已開始颱風下雨。老連隊好些人都勸她們留下來不要回畜牧連，可是她們想到的是紀律和責任，全都在下午趕回了畜牧連，並投入到抗風工作中。大家頂風冒雨抬來長長的圓木頭，壓在房頂上，以防颱風把房頂的茅草掀翻。晚上姜處長前來查看抗風工作，並指示晚上要安排人員值班，要注意安全，小心房屋倒塌。從上到下的注意力都在防風上，根本沒意識到水患。姜處長例行公事完畢，在畜牧連衛生員陪同下返回了團部。

風越刮越猛，雨越下越大，除了兩名值班的姑娘外，其餘的人伴著風聲雨聲疲勞地入睡了。17日淩晨3點左右，我被一陣陣嘈雜聲驚醒了。原來，我所住的第3棟茅屋的土牆塌了一塊，成

一大洞，風雨從洞口呼呼地灌進來，睡在洞口附近的人在嚷嚷著應如何處理。報告連長、指導員吧，於是有姑娘走出來欲往住在第一棟茅屋的領導報告，這時才發現平時不起眼的小河溝，現在已變成了波濤洶湧的大河，眼看河水就要漫上來了。當連長、指導員知道這一情況後，決定馬上轉移。

姑娘們簡單地收拾著行裝，這時不知誰說了一句：糟了，牛還綁在廚房那邊的木椿上呢。沒關係，牛懂水性，有人應道。我是炊事員，自然關心糧油的安全。我和司務長廖以玲齊心合力，把大米、生油儘量往高處堆。畜牧連30人，除了衛生員去了團部，一名隊員探家外，其餘28人很快集中到了第一棟茅屋前。

向哪裡轉移？現在想起來，當時很盲目。首先是沒有意識到問題的嚴重性與危險性，其次是沒有很好地分析當時的情況與地形。從上面畜牧連示意圖可看到，去團部要淌過河，平日可愛的小河現已變成了面目猙獰的可怕的大河，還能過得去嗎？往西是山，但到山還有一片開闊地，此地還沒開墾，雜草叢生，地形不熟，加上當時是晚上，更是難以穿越。往北同樣是一片未開墾的開闊地。因此，當時其實已是無路可走，最好的辦法是上茅屋頂，也許可以逃過一劫。這些都是事後諸葛亮，不提也罷。

可能是習慣使然，大家自然地向著團部方向走去。從示意圖知道，從茅屋到團部要經過小河，此前還要經過一段窪地，平常窪地沒有一點兒水，但此時河水上漲，窪地已灌滿了河水，且沿著窪地急速地向北流去。能淌過窪地嗎？高個的張惠自告奮勇當先鋒探路，接著張思慧、黃珊健等也爭著要當探險隊員。於是由她們組成先鋒隊摸索著首先淌水過了窪地，其餘的人手牽手緊跟著也淌過去了。大家來到了一片地勢稍高暫時還未被水淹的地方，但再往前已是一片汪洋。往南走已不可能，往西上山行嗎？

但往西又要淌過窪地，此時窪地的水更深，水流更急。連長從窪地的a點處試探著下水，結果一下子就被沖走了，大家驚叫著連長的名字，連長奮力拼搏，好不容易從b點處爬了上來，大家懸著的心才放了下來。返回去上屋頂吧，同樣已是不可能了，我們28人就這樣被四周的洪水圍困在圖中所示的位置上。

風挾著雨瘋狂地肆虐著，無情地抽打在我們的身上。河水沒過了我們的腳跟、沒過了膝蓋、沒過了大腿，還在不斷地上漲、上漲、上漲。我們28人在黑暗中手挽著手緊緊地靠在一起，連長、指導員和廣州知青都自覺地站到最外層，守護著這個集體。有個年齡較小的潮汕姑娘哭了，旁邊的姑娘便摟著她，安慰她，給她以溫暖。大家互相鼓勵著，共持一個信念：堅持、堅持、再堅持，只要堅持到天亮就是勝利，並高聲朗讀毛主席語錄：「下定決心，不怕犧牲，排除萬難，去爭取勝利！」。

在黃珊健的帶頭下，大家唱起了國際歌，悲壯的國際歌聲隨著風聲雨聲在夜空中回蕩，歌聲表達了我們不畏懼、不退縮，誓與洪水作鬥爭的決心。

但是大自然的規律是不可違抗的，正因為決策者選址的失誤，這一悲劇不可避免地發生了，縱使畜牧連全體指戰員有天大的決心和無畏的勇氣，也沒能逃脫洪水的滅頂之災。一九七〇年十月十七日淩晨，悲壯的國際歌聲成了畜牧連女知青們最後的絕唱。

一根鐵絲——我的救命之物　水位越漲越高，已漲到腹部，人在急流中很難站穩。忽然我感到沙土在腳下迅速流失，整個人一下子沉到了水底。我在水中拼命掙扎，努力把頭浮出了水面，洪水一下子又將我沖得老遠，第一棟茅屋在眼前一晃而過。「要儘量靠近房子！」我清醒地命令自己，心裡沒有半點恐懼。然而

　　沒容我多想，第二棟、第三棟茅屋緊接著飛馳而過。無意中我的手觸到一根細細的東西，抓住它！原來這是第三棟茅屋後邊，曬衣場上的一根鐵絲。鐵絲的兩端原綁在兩根木樁上，北端的木樁已被沖走了，鐵絲在洪水中飄來飄去，我有幸抓住了這根救命的鐵絲，奮力地遊到另一端靠近茅屋的木樁上，並死死地抱住它。

　　此刻，木樁已經傾斜，隨時有被沖走的危險，應儘快遊到茅屋去。木樁離第三棟茅屋大約三米遠，茅屋的泥土牆大部分還沒被沖掉，水流在此相對緩慢些。「一定要趕在泥牆大面積倒塌前遊過去！」我又一次命令自己。1米，2米，3米，到了！我一把抓住為防颱風壓在屋頂上的圓木，用力一拉，不好！原來圓木並未被固定，一用力便拉了下來，水流又把我送回到原來的木樁上。不能洩氣，繼續努力！歇口氣，我又向著茅屋沖去，這下放聰明了，抓住了茅屋的金字架，並從泥牆與茅屋頂之間約30釐米的空隙鑽進屋裡，爬上了金字架。

　　當時是那樣的勇敢沉著，居然沒有半點害怕，現在想起來都覺得不可思議。可事後，卻感到很害怕，這三十年來，每逢颱風天氣颳風下雨，我常會做著一個類似的夢：洪水氾濫，我向著山上猛跑，洪水緊追我的腳跟，我跑得很累很累，眼看要被洪水追上，我就驚醒了。有次驚醒後，我安慰自己：我的家在華南理工大學，地勢高著呢，並且還是八樓，全廣州都淹了，也淹不到我這兒，放心睡吧。看，多自私，只想到自己，全不顧別人安危，難道這是「物極必反」嗎？

　　我全身濕漉漉，一個人孤單單地坐在橫樑上，望著腳下的一片汪洋，感到又冷又餓。我的夥伴呢？他們都在哪兒？只有我一人被沖走了嗎？這時天快亮了，大概六點了吧，我聽到了吵雜的喇叭聲、人們高亢的呼喊聲。由於屋頂擋著視線，無論我怎樣

努力都看不到遠處的情況。原來是畜牧連河岸東邊磚瓦班的人發現畜牧連情況不妙，連夜趕到團部報告，團領導和附近連隊的人都趕來了。熟悉水性、年輕力壯的男子漢，自告奮勇下水營救我們，但是他們一下水，即刻就被洪水沖到下游，無法靠近我們。一直到十點多鐘，水位開始回落，一位男青年才找到我，把我帶了出來。這時，我才知道，我們28人全被沖散了。

黃珊建（原華附六八屆初一）被捲入水後，隱約看到六、七米遠的宣傳欄，便奮力遊過去，抓住宣傳欄的欄杆。她一爬上宣傳欄便看到一個個頭影飛快地漂流過來，她趕緊把腿伸出去，拼命喊：「抓住我！抓住我！可惜沒有一個人能抓住她。

張思慧（原華附六八屆初一）被水沖走後，在極短的時間內脫掉了軍用雨衣和鞋子。她被沖得很遠，但也很幸運地沖到一棵大樹上，她死命地抓住樹枝，以免被沖走。此時，汕頭知青陳淑娥也沖到了這棵樹。她倆的身體一直泡在水流裡，靠兩隻手緊緊地抓住樹身，又冷又累，她們倆就互相鼓勵，一定要堅持住。求生的欲望，使她們難以想像地堅持了幾個小時，直到水位回落，她們才能站在露出水面的樹枝上。

當天下午，當我們在團部相聚，知道28人僅我們六人倖存時，都忍不住相擁而泣。

悲劇過後——難以釋懷的後事 事發後的一個星期內，團部組織專門隊伍尋找遇難者，也有不少人自動加入。當時天氣較冷，搜尋者往往要喝一口酒，再潛入水中尋找。大部分遇難者被沙土所掩埋，一些露出手，一些露出頭髮。

李力、李小玲、梁愉辛以及另兩位潮汕青年，她們五人是在同一地方找到的，並且還手拉著手。由於被水浸泡，屍體都已浮腫，變得面目全非。人們讓我們前往辨認，當我第一眼看到她

們時，簡直驚呆了：昔日那麼美好、那麼朝氣勃勃的姑娘，怎麼就變得如此不堪入目……我實在不忍心描述她們當時的模樣，我恨，恨老天不長眼，真是造孽啊！從外形已無法辨認她們，我們只好根據衣著，認真仔細地分辨。從小玲、愉辛身上找到了用塑膠袋包裹得很好的《毛主席語錄》，居然一點兒也沒濕。小玲還留有一本日記，我曾經看過，日記的內容及文筆都好極了。

游泳健兒張惠，是在下流很遠的三連找到的，她依然保持著奮力拼搏的姿勢，可惜仍沒能逃過厄運。連長李灶，自始至終都未能找到他的屍體，因此他的墓穴是一個空穴。

遇難者的屍體用棺木裝起來，安放在離團部醫院不遠處的向陽坡上。二十二座墳墓分成兩排，整齊地排列著。墓碑朝著東南方向的一條大路，這正是當年我們從廣州來到這山溝的必經之路。在這以後的幾年裡，就在這向陽坡上，她們目送著一批批的知青又從此路返回了城市，然而她們自己卻永遠留在了海南，再也沒能回來與親人相聚。

全團召開了沉痛的追悼會。團政委在會上高度讚揚了遇難者團結戰鬥的精神，並為失去這些優秀的青年而痛心疾首。會上不少人為之落淚。大家都自然地把責任歸咎於老天爺，從未想到過什麼人應該負什麼樣的責任，彷彿這只是一個單純的「人力所不及」的自然事故。

因為領導們不尊重科學，不聽取意見，選址失誤導致22條生命之星的隕落，居然沒有人分析原因，追究相關領導的責任，反之卻高度讚揚遇難者團結戰鬥的精神，並把一切責任歸咎於老天爺，這真是一件可悲的事，讓人痛心不已的悲劇！

未經上級機關批准，就按部隊的習慣定死難者為烈士。墓場上樹立了一塊大碑，上面寫著：防風抗洪烈士永垂不朽！也許，

這多多少少告慰了死難者的親屬，但親屬們最終並沒有拿到烈士證，聽說有個別親屬為此鬧了很久，最後還是不了了之。

此後，每逢清明節及十月十七日，知青們都會自動地到墓地看望遇難的姐妹們，給她們的墳頭拔拔草，培培土，表達自己的哀思。後來知青們雖然陸續回城了，但大家心裡依然記掛著她們。一九九七年五月二日，晨星農場知青100多人在廣州白雲仙館聚會。在黃友民、黎服兵、林英、景小詩等人倡議下，大家熱烈響應，為重修墓場捐款。從一九九七年五月至一九九八年五月，廣州知青和汕頭知青共募捐人民幣11.5萬元送往晨星農場。農場出資了18.5萬元，在農場領導財力、物力的大力支持下，於九八年七月重新修建了墳場，並命名為知青墓。一塊塊黑色的墓碑上分別鐫刻著遇難者名單：

朱國幹	李　灶	王篤卿	田燕文	李　力	李小玲
李誠珍	李佩萱	李明儀	李金紅	李妙英	吳瓊芳
吳賢芝	張　惠	陳世蘭	姚麗卿	姚麗娟	梁愉辛
麻海晨	郭楚容	廖以鈴	蔡起娟		

無獨有偶，在原兵團二師九團（現南林農場）三十五連也有這樣一個集體知青墓碑，碑文內容如下：

一九七一年九月二十九日下午，我團遭受二十五號強颱風的襲擊，三十五連通往上級的電話線被刮斷。為加強戰備，保證上級號令暢通無阻，副連長譚習源同志帶領三名戰士頂著暴風雨搶修線路，緊接著有四名戰士（二女）奮勇跟上，在勝利完成任務的歸途中，他們與營部執行通訊

　　任務二名戰士於晚上七時三十分走到新坡橋頭，此時洪水
已過橋面，為儘快向上級報告情況而迅速返連搶救國家財
產，他們手挽手毅然涉水過橋。當他們走到橋中間時，被
突然到來的洪峰捲走。譚習源、封潤蘭、路潤維、塗錦
初、陳吉、楊煌昌、鄭少英光榮犧牲。特此樹碑紀念。

兵團二師九團

一九七一年十月五日立

　　又是七位遇難知青的名字，製造這一慘劇的元兇又是颱風
暴雨連袂製造的山洪。想來真是痛心疾首，明明洪水已經漫過橋
面，可被理想主義和英雄主義激勵著的年輕人卻依然挽手過河，
結果付出了年輕生命的代價。常人不知，這海南的山洪極為兇神
惡煞，由於驟然而降的雨量很大很多，有時簡直可以說是傾盆大
雨，特別是在雨季，群山峻嶺都處於潮濕的環境下，山林草地根
本沒有多少蓄水功能，只要一下暴雨，四周溝壑縱橫的山水就會
傾瀉而下，轉眼之間，平時溫柔的小溪，立即就會變成一條放蕩
不羈、湍急奔騰的大河，其洶湧澎湃的洪流可以吞沒一切橫渡的
生靈。

　　更讓人憤怒的是，當年到珠海市白藤紅旗農場上山下鄉的一
位中山老知青，在〈四十年前那難忘而又悲壯的回憶（一個老知
青出生入死的親身經歷）〉中揭露了一個被隱瞞的重大事故：一
九六九年我們一批中山知青來到白藤紅旗農場，從部隊的手中接
過了軍建分場這塊土地，之後三年陸續有中山和佛山知青來到和
我們一起在這塊土地上揮灑青春。

　　一九七二年十一月八日，20號強颱風正面吹襲我們所在紅旗
農場軍建分場，近千知青用自己的青春和熱血在這塊土地上寫下

了悲壯的一頁。記得那天我們還在忙著搶收水稻，回到連隊剛吃完晚飯就就接到分場命令，全體人員除後勤人員外全部上南堤搶險。（我們分場是由部隊圍墾的近萬畝海灘組成，南堤面對大海，西堤是白藤湖，北堤與衛國大隊隔河相望，東堤就是天生河。）

接到命令後，我們軍建三連近百知青立即拿著鐵鏟鐵釧等工具直奔南堤，剛到南堤，我們看見狂風捲起巨浪猛烈地撞擊著大堤，耳邊震天動地的撞擊聲，一下接一下地撞擊著大家的心。在南堤二號電排站附近我們發現一個兩米多寬近一米深的缺口，海水洶湧而入，因為沒有沙包麻袋草包等工具，大家只能抬石頭、釧泥磚堵缺口。我們組成了幾條人龍，快速地從堤下把泥磚傳上去，一番努力後，缺口被堵住了，但剛稍稍緩了一下，另一個巨浪洶湧而致，剛堵上的缺口眨眼間又被衝開了，泥塊一下就被海浪卷走了，堵了一個多小時這缺口不但沒堵住，反而越堵越大越堵越深。在離我們前面幾百米的地方有一個更大的缺口，四連、五連、六連、直屬連、八連的五百多知青都在那裡堵那個缺口，他們在分場領導的指揮下，幾十個知青頂著風浪毫不猶豫跳進急流中，用血肉之軀手挽著手組成人牆阻擋那洶湧的海水，一道人牆不行就兩道人牆、三道人牆，幾百個知青不顧一切地與巨浪進行生死搏鬥，突然一個巨浪打過來，幾十個知青組成的人牆瞬間沒了蹤影……

颱風越來越大，巨浪越來越猛，潮位越來越高，（這天剛好是農曆十月初三，正值大潮，跟據我們下鄉到這裡生活了幾年的經驗，最高潮應該是在晚上九點四十五分左右）。大概八點半左右，20號強颱風中心開始登陸，強風吹得我們也無法站立，這時海潮開始全面漫堤，狂風夾雜著暴雨捲起二三米高的巨浪猛烈撞擊著大堤，我們朝大海望去只見海面上波濤洶湧，巨浪咆哮著排

山倒海般向我們直撲過來。我們從未見過這樣的場面，大家都驚恐萬分，一些女知青還嚇得尖叫起來，風聲、浪聲、尖叫聲在耳邊迴盪著，大家的腦海都一片空白。

在人力已經無法抗拒的情況下我們只能撤退。這時巨浪已經把堤岸上用石頭堆切起來的一米多高的防浪堤拍打得散了架，幾百斤重的石頭在我們的腳邊翻滾，我們互相摻扶著，邊躲避著腳下滾動的石頭，邊迎著狂風往駐地方向撤退，突然一個巨浪打過來把我和很多農友都沖到堤下，我掙扎著爬回堤岸，手中還緊緊地握著那把帶去鐵釗。在過一個缺口的時候我被洶湧的海水沖到圍內的河裡，我奮力遊回堤岸，看見漫堤的海水在大堤上傾瀉下來，整條大堤就像一個大瀑布，我艱難地爬上大堤，彎著腰頂著狂風繼續往前走。我看見有人被海浪沖倒了就拉他一把，我被海浪沖倒了也有人把我拉起來，在黑暗中我們都看不清對方是誰，在驚濤駭浪中我們只能互相摻扶著艱難地往前行。我老婆（我們那時候還沒有結婚，她還是個大姑娘）在撤退的過程中不知道被海浪沖倒了多少次，在極度驚恐中艱難行走。突然前面出現了一個剛被海浪撕開的缺口，海水就像脫韁的野馬洶湧地向圍內奔馳，很多人都在過這個缺口時被海水沖下去。她一個人根本沒法走過去，這時突然有一個人過來拉了她一把，她也緊緊地拉著那個人，兩人互相牽拉著沖過缺口，直的到安全的地方才看清對方原來是我們連隊的佛山知青馮耀新。

我們回到了駐地只見圍內萬畝良田已經被幾米深的海水淹沒，整個軍建大圍已經變成一片汪洋，一尺多高的波浪拍打著我們居住的茅草棚下的堤岸。狂風咆哮著把電線杆全部吹倒，交通、通訊全部中斷。我們居住的用竹子搭建的茅草棚被狂風吹得劈哩啪啦的響。遠處時不時傳來一陣陣隱隱約約的「救命啊！救

命啊！」嘶心裂肺的呼救聲，這是被海浪沖進圍內的知青在呼救，聽著兄弟姐妹在呼救，面對狂風我們無能為力也無可奈何，心中百感交集。這時候我們呼天天不應、叫地地不靈，我們只能在心中默默祈禱：「希望在汪洋中與風浪搏鬥的兄弟姐妹們能挺住！挺住！」我們在黑暗的宿舍裡坐著，大家都沒有睡覺，也沒有人說話，颱風把我們的茅草棚吹得呼呼的響，聽著遠處傳來一陣陣微弱而又悽厲的呼救聲，我們的心都緊緊的揪著、揪著……

直到早上四點多鐘颱風開始減弱，大家都分散去尋找我們的農艇（小舢板）。我們連隊的幾隻農艇全部都被海浪打翻，也不知漂到那裡去了。這時何倫滔首先找到一隻農艇，他就拿了一根竹杆迎著風浪撐出去救人，當他救起一個在幾米深的水中掙扎一晚上的女知青時，這個女知青還哭喊著指著水裡說：「還有一個，還有一個。」何倫滔拿著竹杆在水中打撈，結果挑起來一具女知青的屍體，（這位女知青和風浪搏鬥了一晚上最後挺不住沉了下去，如果她能多堅持十分鐘就可以活下來了。）這時何淪滔也不知道如何是好，只能把救起的十幾個知青送到分場，並向分場領導報告發現一具女知青屍體。這就是這次災難發現的第一具遇難者屍體。這時天開始亮了，全分場共有十多隻農艇在救人。一共救起了近二百個在水中抗掙了一晚上的知青，他們都是在撤退過程中被巨浪和海潮沖到圍內的。在二號電排站對開的一座小拱橋上，一平方米的橋頂上站了十幾個知青，他（她）們在齊腰深的水裡互相擁抱著、牽拉著頂著風浪站了一晚。這一晚，颱風和海潮在軍建分場這兩三千米的南堤上撕開了十幾個缺口，整條大堤滿目蒼然。

第二天，在二號電排站附近撈起了十幾具知青的屍體，其中有幾具是互相牽拽著的，他們是在撤退時相互攙扶到至死也沒有

分開。這一晚一共找到犧牲了35位知青（當時分場的領導說這35位抗災中犧牲的知青是烈士，但後來不知什麼原因卻一直沒有批下來，直到現在也沒有享受到烈士的待遇）。在這些犧牲的知青中，其中兩個是築人牆堵缺口時被巨浪打下去溺死的，大部分是在撤退的過程中被狂風巨浪和漫堤的海潮沖到圍內溺死的，還有幾個是在撤退過程中搶救被沖走的同伴時溺死的。全部犧牲知青的屍體都是在圍內找到的，最後一個是在二連的耕地上找到的，她是被一些稻草等漂浮物壓著，找到時已經開始腐爛了。這樣，共有36位知青在自己耕作的土地上為抗擊颱風而失去了寶貴的生命。

　　颱風雖然過去但災難還沒有結束，在災後排澇過程中一位知青為了撿回一塊被水沖走的閘板而溺死在兩丈多深的天生河中。這場災難一共奪走了我們36個兄弟姐妹的生命，他（她）們把自己的青春和生命都奉獻給這塊曾經勞作過的大地。為了紀念他們，我們的知青通訊錄上都印上他們的名字；朱燦容、李信航、周錫燦、鄭潤媚、潘志強、莫明芳、雷忠漢、何玉卿、郭鳳蓮、揚務嬋、蕭妙珍、馮潔英、揚衛國、李玉葵、吳少蘭、何錦雲、黃彩珍、章雪梅、袁建新、佘鳳玲、江惠芳、龔志強、趙坤媚、何偉燕、朱少嫻、葉鳳萍、羅建玲、劉　勳、藍小群、陳爾志、揚棣旭、魯德莊、母帝祥、鄭少煊、吳筱筱、胡卓輝。在這些犧牲的知青中有我兒時的街坊和玩伴，也有我的同校同學，36個死難者中有34個是中山知青，2個佛山知青，他們年齡最大的二十八歲，最小的只有十六歲，他們除一人外，都未結婚。事情已過去了40年，當年倖存的知青現在大多已年過花甲，當年的悲壯情景我們不想回憶但卻又難以忘懷。每當回憶起當年犧牲的戰友，回憶起當年他們的父母與他們送別時那白頭人送黑頭人的情景，

我們都會禁不住老淚縱橫……

　　據這位老知青補充說明：（1）這件事件在珠海市斗門區檔案網「斗門大事記」一九七二年中有記載：「十一月八至九日斗門受7220強颱風和暴潮襲擊，全縣崩決堤圍20.6公里，損失稻穀3500噸，倒蔗9成，塌屋1157間，死亡41人。其中36名是紅旗農場青年職工，因上堤搶險獻身。」雖然只有一句話，但卻是這件事件的歷史證明。

　　（2）在珠海市檔案局資訊網二〇〇六年八月七日「解密珠海系列之九，一九七二的那一場強颱風」中提到：「對36名因公犧牲的殉難者，在當時沒有任何的經濟補償，也沒有說法。在上報到某一級別的行政部門後，成為了秘而不宣的機密，天災和人禍，在那個特定的歷史時期避而不談成為慣例」這就是這些在搶險救災中英勇犧牲的知青沒有成為烈士的原因，正因為如此，這些知青的靈魂至今也不能安息，他們的親屬至今仍然耿耿於懷。

　　（3）今年春節期間我們軍建分場中山小欖的知青代表自籌資金購買了禮物，分別慰問了小欖鎮的四個死難知青的家屬，看望了那些步履難跚的八九十歲老人，看到他們並不富裕的生活，我們的心在一陣陣地發酸。我們希望現在的珠海市紅旗鎮政府如果能夠的話，最好能夠每年都去慰問一下這些殉職者的家屬，以慰藉一下這些知青還在世的父母。

　　看了此文，讓我出離的悲憤。因為這是我至今瞭解到因為冒險盲幹瞎指揮的抗風搶險，一次性犧牲知青最多的特大事故。那些受極左政治影響秘而不報的有關部門，真是沒一點人性良知！因為不論是當時，還是現在，這36位知青兄弟姐妹都可以是名符其實的烈士啊！姑且不說國家經濟補償，（與年輕逝去的生命相

比，那點撫恤又算得了什麼）可是對於他們的親人來說，至少是一個精神上安慰啊！……

唉，說來也是當時極左思潮的禍害，缺少「以人為本、生命至上」的觀念，許多部隊軍人或農場幹部在自然災害面前，往往片面強調保護搶救所謂國家財產，盲目地指揮和號召下屬人員不怕流血犧牲去抗洪搶險，結果使許多人為了搶救一些並不珍貴值錢的東西而死於非命。尤其是知青死亡更多。因為他們許多人在生理和心理方面都尚未成熟，而且對於兇猛的自然野性認識不足，危難之時又缺乏有效的自救措施，因而出現了一些不必要的犧牲。但願後人能夠吸取這些違反自然規律受到重創的教訓，也祈禱那些長眠的知青兄弟姐妹靈魂，能在無盡的哀思中得到安息！

第四節　喪生於安全保護缺失的知青

當年上山下鄉期間，在極左路線影響下，絕大多數農村農場只忙於墾荒生產，根本就沒有進行生產技能培訓，也很少對勞動生產採取安全保護措施。致使一些知青因缺乏安全生產生活常識而死傷致殘的事例屢見不鮮。

東北知青楊立偉在〈鐵轆轤將十八歲的林曉傑砸死在井裡〉回憶說：……七連只有一口井。井上的轆轤一天到晚搖上搖下，井繩、轆轤的木架都已嚴重磨損，打一桶水要「吱吱嘎嘎」搖半天。盛夏的一天下午，炊事班的兩個姑娘來到井邊，把柳罐放下井去，往上搖時卻覺著空蕩蕩的。

「倒楣，」一個姑娘嘟囔著：「柳罐又掉啦。」

「這口破井早該修了，也沒人管。」另一個發著牢騷。

司務長林曉傑被找了來，又帶來幾個人。林曉傑是個18歲的

瘦高個小夥子。雖然風吹日曬使他的臉變得粗糙了些，但神情中看得出還沒脫盡學生氣。

他坐在井口，把井繩挽成一個扣，腳蹬在裡面，手抓井繩，井上的幾個人用轆轤把他放下去。他當司務長3個月來，也不知下過多少次井了：因為轆轤日久失修，柳罐經常掉下去，一碰到這樣情況，食堂就不能打水，也就不能做飯，那下井撈柳罐就是他的事。和連長提了幾次修井的事，卻一拖再拖，還是沒修成。

井口搖轆轤的人吃力地慢慢往下放。忽然，只聽「唏嚓」一聲響，木制的轆轤架一邊斷開了！鐵轆轤一頭墜下井口，將另一頭也撅了起來，又是「唏嚓」一聲，幾十斤重的鐵轆轤連著井繩一起掉進井裡！井上的幾個人拼命地向後躲閃，才算沒被一起帶下井去。

20米深的井底傳來一聲驚叫，緊接著就是鐵轆轤碰撞井壁發出的「砰！咣！」的響聲，又是一聲慘叫，然後就沒有聲音了。剛下鄉一年的哈爾濱知青林曉傑，一個熱情、上進、被人稱讚和喜愛的小夥子，就這樣走完了他18年的人生之途！當他被打撈出來的時候，已是腦漿迸裂，分不出模樣來了。

七連只有這一口井，這回不得不修理了。新換了轆轤，焊了鐵架，換了井繩和柳罐。從井裡打起一桶又一桶血紅色的水。很久，很久，人們吃到這口井水時，也難以下嚥……

用知青一條鮮活的生命才換來了修井這樣一件關乎全連人性命的人命關天的大事，這就是當時的連隊領導的拖拉作風，這就是缺乏人性關愛的管理者的嘴臉！

無獨有偶，網名政協鶴崗市委員會的知青在〈山坡上，那一座座墳丘，凝固的苦難年華〉中也講述了一個類似的悲劇：一九六九年嚴冬的一天，天剛濛濛亮。長水河農場七分場女連值班的

霍春英、楊鳳雲去井沿把水挑回來，燒熱了供大家洗漱。突然，有人尖叫起來：「這水怎麼發紅啊？」大家都覺得納悶，喊喊喳喳地議論起來。

幾乎與此同時，二連炊事班的鄧鳳坤、張居森等人剛剛從被窩裡爬起來，正準備做早飯。營教導員「郝大鬍子」就推門進來了，使人不解地說了一句：「告訴連長查一查，你們連缺人不？」

又過了一會兒，勞改大院內外就響起了刺耳的緊急集合哨聲。原來，從井水發紅，進而懷疑是不是有人掉井裡了，又各連一查，發現女連的張煥芝不見了。張煥芝挨著霍春英睡，霍春英那天值班起的早，起來時就沒看見張煥芝，但當時也沒在意。「郝大鬍子」把情況一通報，女知青們就炸營了，有的急得直哭。難道張煥芝真掉井裡了？

營部趕緊找人打撈。下井撈人的是「二老改」魏連奎。給他身上綁好繩子，幾個人站在井沿一點兒一點兒往井下放。長水河七分場的井有五、六十米深，井壁凍得只能勉強容一個人擠著通過。中間，把魏連奎拽上來一次，他渾身哆嗦著說，井下確實有人。大約近一個小時吧，魏連奎用雙手拽著張煥芝的兩條大腿，終於被拉上來了。

此時的張煥芝上身穿著已洗褪了色的蘭上衣，一隻胳膊帶著套袖，另一隻套袖沒在胳膊上；左手向前伸，又彎回身體一邊，右手伸向身體右側；下身穿著帶補丁的蘭勞動布褲子，腳上穿著打補丁的棉膠鞋；臉色鐵青，鼻子裡往外冒血。人顯然不行了。幾個女知青哭著喊著往上撲，又被人拉勸住。

「郝大鬍子」安排人把張煥芝抬到營部的一間小屋裡，放在一個長條椅上。與張煥芝同屬鶴崗一中的董惠珠、霍春英、張嵐

欣等幾個女知青堅持認為張煥芝還可以活過來，輪流看守著。一邊給張煥芝擦鼻血，一邊往爐膛裡填拌子。可是，直到第二天早上，張煥芝也沒有醒過來，她確實死了。董惠珠花了5元4角錢給張煥芝買了雙新鞋，企盼她一路走好。

關於張煥芝的死，當時有不同的說法。有人說張煥芝是被「二老改」推下井的。也有人說她和遠在鶴崗被批鬥的哥哥劃不清界限，思想壓力太大，自己跳的井。葬在七分場畜牧連後山上的張煥芝的棺木，後來被狼掏散架了，屍骨蕩然無存，只剩下些零星的破布片。

知青江湖老頭在〈兩條年輕的知青生命就此逝去〉中講道：……據資料記載：當年奔赴雲南瑞麗農場的各路知青以北京、昆明、成都、上海為主。具體為：昆明知青1051人；北京知青796人；上海知青339人；成都知青2624人。從一九六九年至一九七二年，來到瑞麗農場（雲南生產建設兵團三師十一團）的知青總數大概總計為：4810人。

就在這群如花年紀的男女知青中，我卻無法知道有多少人留在了這塊紅土地上而無法回到親人的身邊，但我身邊卻有兩位成都知青不幸遇難，他們甚至連一座墳塋墓碑都沒有留下，但是他們的身影卻還留在我的心中，兩條年輕的知青生命就此逝去。

三營六連有個成都知青名叫易大軍，他其貌不揚，長得不算端正，不像成都知青一般都長得「周武鄭王」。他身高頂多一米六多一點兒，看得出來他的家境不很好，來到這裡支邊能吃飽還能掙錢是他的福氣。他活潑好動，還好像是天生的「淘」，到處多手多腳，俗話稱為：「招貓遞狗」，不招人待見，很多人都敢支使他欺負他，他樂顛兒顛兒的也從不計較，是屬於連隊弱勢群體的典型。但他又是個熱心腸的人，不管誰叫他讓他幫忙，也不

管是幹什麼，他都來者不拒，一副熱心腸。幹起活來也不惜力，反正在連隊裡哪兒都能看得見他。

瑞麗的雨季，陰雨連綿，眼前一片泥濘。連隊要平改土地，營部的東方紅七五履帶式拖拉機開了上來轟隆隆的響個不停。中午收工了，大家都往連隊走，回家吃飯好準備下午再戰。拖拉機也轟隆隆地跟在隊伍的後邊。易大軍好動的性格使然，他一下子就跳上了拖拉機右邊還在轉動的履帶想鑽進駕駛樓和駕駛員搭訕，而拖拉機的履帶上沾滿了又粘又滑的泥……，不幸瞬間就在大家的眼前發生：由於履帶上的泥土濕滑，易大軍的腳滑下了履帶，又滑過了沾滿濕泥的推土鏟的支臂，直接滑進了履帶鏈條中，而這時候駕駛員還不知道慘劇發生。

「快停車，壓著人啦！」大家的驚叫呼喊已經變了聲，拖拉機停了，定睛細看，易大軍的一條腿已經被捲進鏈條之中，而且還連帶著一小段腹腔，鮮血嘩嘩的噴出來，場面驚心動魄。易大軍疼得哇哇大叫：「救救我，救救我吧。」大家誰敢把他的腿往外拔呀？再說也沒辦法拔，大軍的大腿和小部分的腹腔已被碾爛，骨頭碴子到處都是，不忍卒睹。大家嚷道：「讓拖拉機退退，先把人抬出來再說」。駕駛員都傻了，趕緊倒車，這才抬出來易大軍。

連隊的衛生員國慶還算鎮定，用大把大把的止血鉗把出血的地方夾住，用大床單緊緊的包紮，就在拖拉機的拖斗裡，知青們就用雙手抬著，把易大軍抬下了山，抬到了縣城的農場醫院。一路上，易大軍喊：「我要喝水，我要喝水。」可大家都知道這個時候不能給他喝水，就這麼看著他忍受著熬煎。

據當時連隊衛生員國慶回憶，團部醫院一看傷者的情況也傻了眼，趕緊安排同去的知青們驗血，準備抽血輸血；這邊就打開

包紮檢查創口，做初步探查。沒想到這邊還沒抽血呢，那邊剛打開包紮，一大股鮮血噴灑而出，人就在瞬間永遠的合上了眼睛……

還有一位成都知青叫丁尚武，同樣的是個頭兒也不高，但說起來是個響噹噹的人物，勞動表現好，工作積極肯幹，在三營電站上幹的是電工。奇怪的是，一連好幾天了都沒見小丁的身影。他會跑到哪兒去了呢？偷偷回老家成都了？不可能呀。那他會去哪兒呢？大家都在猜測之中。

好幾天過去了，一位景頗族的老媽媽來到了電站，說了半天連比劃帶猜大家才勉強聽懂：「……我的狗叼回來一塊骨頭，好像是人的腳後跟的骨頭，你們去看看吧，田裡死了個人，好像是你們的人」。大家風一般跑到山下的水田裡，看到的是一幅慘不忍睹的情景：丁尚武背朝天的爬在水田中，他的上面是一棵立在水田中的電線杆，他的七竅裡滿是白花花的肉蛆在爬動，翻過身來，他整個前身都已經爛完了，全是肉蛆讓人一陣陣噁心，一股股惡臭飄出去很遠很遠。

事後人們分析：自覺工作的丁尚武例行外出查線，臨出發前他拉開了電閘保險，但他忽略了要交待一聲，到最後也沒查出來是誰合上了電閘，致使正在水田裡電線杆子上工作的他觸電一頭栽倒在水田裡，就此離開了人世間。他背朝上臉朝下掉下來，可能只是昏厥，但一頭紮進水裡，嗆死的可能性也存在。背上是太陽曬，正面是稻田泡，幾天時間不爛才怪，景頗族的狗撕咬著屍體，叼回了骨頭這才被人發現。

人運回了營部放置在營部食堂的外邊走廊上，幾百米遠都聞得到一大股惡臭，一條皮管的水對著屍體沖啊沖啊，無盡的肉蛆沒完沒了地爬出來……幾丈白布把屍體緊緊的裹了起來，好像是就在山上刨了個坑掩埋。

　　4810位知青，不管是誰回去了，反正易大軍、丁尚武他們兩位沒有回成，他們的爸爸媽媽也在盼望著自己的孩子回到身邊啊，他們被永久的留在了紅土地上。他們在天堂向親人們展開的是他們不甘的神情和那不到二十歲的笑臉……

　　網名政協鶴崗市委員會的知青在〈山坡上，那一座座墳丘，凝固的苦難年華〉中還講述：一九六八年十月三十日，鶴崗三中初一學生桑鶴傑與同學一起，下鄉到了鶴立河農場二分場。剛來到農場，發現這裡能買到牛奶，這可是稀罕物，鶴崗那些年很難買到。桑鶴傑立即到五分場買回來牛奶，分裝在碗裡，凍成一個個奶坨坨，送回鶴崗孝敬父母。從此，大家就給他起了個「奶坨」的綽號。哪承想，這個綽號越叫越響，人們甚至忘記了他的本名。

　　「奶坨」細高個，臉很白淨，說話幽默詼諧，極有意思。後來，杭州知青來到鶴立河農場，帶來了水鄉的習俗，也帶來了很難聽懂的杭州話。「奶坨」的語言接受能力強，聽得懂，學的也快，很快便滿口杭州話和杭州知青對答如流。更妙的是他能說一口變調的杭州話，引人笑得要死。幹活休息的時候，大幫人坐在他的周圍，不用大夥怎麼要求，他就開始表演。連說帶比劃，南腔北調，外加傳神的表情，聽眾笑得肚子疼，彎著腰直喊「哎呦」。還有的「咕咚」一聲仰到水溝裡，滾了一身泥。

　　一九六九年冬季，知青們已學會了裝車，學會了裝拖拉機拉的大扒犁。往大扒犁上碼水稻垛，既要力氣，又要技巧。大鋼叉撅起二、三十斤重的稻捆，連續不斷地舉過頭頂，挑上扒犁。稻垛越碼越高，足有兩三米高。「奶坨」體力弱，卻手腳靈活，就在上面碼垛。4個人挑稻捆，兩個人碼垛，如果配合得好，上夜班比上白班自在很多。

　　那天，夜幕沉沉，天上的星星被飛卷的雪霧全遮住了，田野黑暗無際。拖拉機前燈打開，兩條光柱平射出去。扒犁上稻垛已經碼高，後燈射不出去，人只能在陰影裡活動，很有一種神祕感。夜漸漸深了，最後挑上幾捆後，6個人全爬上垛頂，舒舒服服地躺著長長地出口氣，心裡念叨著：「太好了，就這麼一會兒，給縣長也不換！」

　　冰雪覆蓋著秋翻過的稻田，田埂已被平整過。拖拉機一路鳴叫著，拉著大扒犁慢慢爬行。突然，發現稻垛前角要跨落下來，「奶坨」一翻身，爬起來沖到前面，想靠體重壓住。意想不到的是，前面的稻垛呼啦一下子全部塌下，人立即隨著稻捆翻滾而下。拖拉機的轟鳴聲完全壓過後邊人的大聲疾呼。等拖拉機停下來的時候，為時已晚，「奶坨」的英魂早就遠赴仙界去了。

　　知青們在二分場以北通往八分場的大路東邊，靠近黃花崗的地方，點了一處好穴，作為「奶坨」的安葬之地。告別那天，狂風呼嘯，飛雪彌漫，全分場五百多知青，手持白花素聯，排成一條長龍，無言地前行。鶴崗一中的張秀夫和王誠信敬獻的挽聯，上書「風雪茫茫哀忠魂，丹心泛彩照後人」14個大字，伴隨著送葬隊伍獵獵飄揚……

　　在日常生產中，因為沒有安全生產知識教育，因此也經常發生知青因缺乏安全常識而傷亡的生產事故。對此，知青譚敦輝在〈無字的墓誌〉中就有沉痛的講述：一丘荒塚孤零零地遺落在一座小山上，周圍野草萋萋，寂寞異常。墳塋沒有墓碑，看上去只是一丘土堆而已，不知情的人根本就不知道這是一座墳墓。墳墓不遠處是一片橡膠林，膠林往西望去是農場的一個連隊。這座小山本不是墳地，為什麼會有一座墳墓遺落到這裡來？而墳墓裡躺著的又是什麼人呢？知道其內情的人也許不多。只有他的親人，

他曾經的戰友、同學、同事會永遠記得，這個躺在墳墓裡的人是誰，而且是為什麼躺到了這個墳墓裡來。

他是一個廣州知青，名字叫小A（因為一些原因，不便直呼他真名，所以權且以小A替代他的名），一九六八年隨一批同學從廣州來到海南島母瑞山下的農場，被安排在他的墳墓附近的這個連隊，當時年僅十六、七歲。與其他知青一樣，到農場來以後，他遵照黨的號召，認真接受再教育，在農場艱苦的勞動中刻苦磨練自己。他知道，黨號召知識青年上山下鄉，不是讓他們來享樂，而是來參加生產建設，難免要吃苦。因此，在農場幾年膠林生產勞動中，他不怕苦，不怕累，連隊安排他做什麼，他都能出色地完成工作任務，時常受到連隊領導和老工人的稱讚。

農場的主業是種植橡膠。橡膠是一種戰略物資。當時國際上的「帝修反」正在這種戰略物資上對我們進行封鎖。小A他們來到農場後不久，一九六九年四月農墾系統改為生產建設兵團。當時兵團最響亮的口號是：「一不怕苦，二不怕死，脫掉幾層皮，拼掉幾條命，也要開出××畝荒山，種上××畝橡膠」。在這種口號的鼓動下，人們的激情被調動了起來，小A跟全體兵團戰士一樣，也把「大力發展橡膠」做為自己最神聖的使命，積極投身到開荒種膠的大生產運動中。成天都忘我地在山上砍芭，燒芭，開挖環山行，挖穴，定植膠苗。為了提前完成開荒任務，常常是不分晝夜地加班加點拼命幹。

那天中午，吃完午飯，小A和班長倆人趕到數天前砍過芭的那座小山頭去燒芭。這座小山朝西的那一面坡有近百畝地，數天前已砍過「芭」，所謂「芭」，實際是山上的雜草灌木，砍芭就是砍除雜草灌木。現在砍下的芭已被曬乾，可以放火燒芭了。燒芭後才能開挖環山行，繼而才可以挖穴定植膠苗。為了早點完成

開荒任務，小A跟班長倆人不顧上午幹工後的勞累，利用中午休息時間趕去燒芭。

此時，山坡上被砍除的「芭」，橫七豎八，雜亂無章地層疊陳擺著。班長在山底下，小A到半山腰去。當時，班長在山下點火，小A在半山腰點火，已被曬乾了的芭，一點上火就熊熊地燃燒了起來。那天剛好正刮著西風，風從山下往山上刮，火順著風向迅速地從山下往山上狂燒，一下子小A就被四周的火包圍住了。班長點火後，抬頭往山上望去，看見如此火勢，發現情況不妙，立即高聲大呼小A撤離火場。

可是，也許風聲太大，小A沒有聽見班長的呼叫；也許小A聽到了班長的呼叫，也看到了險情，因火勢太猛，一下子跑不出來。班長始終沒有看見小A逃離火場。小A最終被火海吞沒了。面對此種情景，班長毫無辦法，只朝著火海大聲哭叫小A。

後來，班長趕緊跑回連隊報告。當連隊的人趕到現場時，人們看到小A的屍體已被燒焦了，正彎七曲八地躺在一片灰燼中。面對小A那被燒得面目全非的遺體，在場的戰友們個個目不忍睹，都悲痛地掩面大哭了起來……

這突如其來的災難，實在難以讓人接受。但畢竟大火無情，人的意志也無法抗拒，災難發生了，面對現實，連隊領導只好強忍著悲痛，將情況上報了團部。很快，團部聞訊即派人來處理後事。根據當時的實際情況，人們就將小A就地安葬在那座他「燒芭」的山上。讓他永遠守護著這片他用忘我的拼命精神，並付出寶貴的年輕生命開拓出來的橡膠林……

知青一凡在〈北大荒，年輕的亡靈發出悵惘的歎息〉說：據統計，在一九七九年知青大返城前，已有1000多名知青長眠于北大荒。……

一九七〇年十一月，虎林縣境內發生荒火，黑龍江生產建設兵團的三十四團、三十五團近千名知青參加了撲火大戰，最後荒火自消自滅，知青傷亡百余人。

一九七〇年五月二十八日，一隻小船在黑龍江遇險，同船7名知青有6人遇難，只有1人生還。

一九七一年，一場大火席捲普陽大地，十七團的哈爾濱知青靳洪春在救火中光榮獻身。

一九七三年，十七團十一連的哈爾濱知青袁永平在出院返連途中，被洪水捲走。

一九七〇年三月四日，二十二團二連軍事訓練時，由於組織不嚴，造成「四〇」火箭筒走火，3名戰士（知青）死亡，2名戰士重傷。

一九七一年一月九日，二十二團工程二連戰士、北京知青張健在西通關押時受審中身亡。

一九七四年三月十三日，二十二團水利連戰士、上海知青張海華在蛤蟆河澇區執行水利施工爆破任務時，不幸因公犧牲。

一九七七年十二月十四日，二十二團十九連司機、上海知青張克金將車停於油台土坡上，人下車辦事，車自動滑坡，將張克金壓死。

在知青大返城後，又有多少知青長眠於此？沒人統計……這些遺骨埋葬在黑土地的知青，為北大荒默默地獻出了自己的青春與生命……

前不久，粵海農墾知青網就上山下鄉期間去世知青進行了調查，一個多月時間，得到不少農場知青的支持。有17個農場知青上報了共計60余名知青在上山下鄉期間死亡的資訊。顯然，這只是很少的一部分人數。因為海南兵團下屬10個師，多達148個

團（場）和三個獨立營，如果以每個團（場）死亡6至8名知青概率推算，海南兵團（農墾）在長達10年的上山下鄉期間，估計有1000名以上的知青兄弟姐妹永遠長眠在海南島和雷州半島。那是整整一個團的編制啊！為此，我特意將已知的部分知青兄弟姐妹死亡原因摘錄如下，以寄託自己的哀思，同時也讓人們從中領略當年海南兵團那段歲月的困苦和極左路線的荒唐。

梁　甜，男，廣州知青，一九七〇年到海南兵團紅田農場十四連，一九七五年十一月八日下午兩時許，在紅田農場十四連採石場為了其他農場職工的生命安全，奮身排除啞炮壯烈犧牲，年僅二十一歲。

鄭仰榮，男，潮汕知青，一九七〇年六月二十五日到海南福報農場。一九七一年七月水庫缺堤，為保護國家財產壯烈犧牲。

劉劍鋒，男，廣州知青，一九六八年到陽江農場（六師七團）一隊，因工作時雙腿被樹壓斷致殘，無法返回廣州，二〇〇〇年前後因病去世。

廖崇凱，男，潮州知青，一九七〇年到陽江農場（六師七團）六隊。參加七隊農田基本建設炸石頭時犧牲。

盧岳根，男，汕頭知青，一九六九年七月二十六日到南島農場武裝連。一九七〇年四月團部組織在樣板連開荒定植大會戰中，他被安排爆破工作，在排除啞炮時被炸身亡。

黃麗君，女，汕頭知青，一九七〇年七月到海南兵團五師三團十六連，一九七二年八月二十八日抗擊十號颱風，為搶救集體財產光榮犧牲。

鐘奕寬，男，廣州知青，一九六九年一月到海南紅崗農場（六師一團）十一連。一九六九年六月九日在開墾菜地清除樹頭打孔炸炮，排除啞炮時不幸被炸死，年僅二十歲。

多麼慘痛的歷史教訓，試問，如果當時的領導者能以人為本，從人性關愛的角度對待和關心知青，對這些無知的孩子們稍加關心和教育，或者說能夠在第一起事故發生時，及時的總結經驗教訓，制定些規章制度，這些傷亡事故也會減少許多……

第五節　慘死於缺醫少藥關愛的知青

最讓人痛心的是，由於極左路線的影響，當時相當多的農村農場對知青患病防治工作都不夠重視。致使醫院藥品緊缺，讓許多本來可以治癒的知青留下了許多後遺症。有的甚至白白丟掉了性命。雲南知青野芭蕉在〈回天無術，無藥可治〉一文中，就揭露了當時兵團醫院這種窘境：

上海郊縣到雲南的小金，是我七營九連的知青朋友。小金不但勤奮，還帶有郊縣農村知青特有的憨厚，他和女朋友未婚先孕，生了一個胖小子，兒子百天時，還請我等哥們喝了百日生日酒。但好景不長，可能是過度勞累或營養缺乏所致，小金病了，而且病得很重，住在營部衛生所，當我知道小金住院的消息還是在一個月以後。

星期天，我徒步來到衛生所，見到的小金著實讓我吃驚，人瘦得像乾柴，肚子卻漲得鼓鼓的，一對恰似「波斯貓」的雙眼閃爍著綠光，已被確診為黃膽肝炎、晚期。可憐的小金躺在床板上，帶有苦澀的笑容，算是和我打了招呼……

我的心在流血，說不出任何一句話，關係一直不錯的護士小楊走了進來，手上托著藥盤，從折疊的紙包裡取出白色粉末餵給小金吃，可能是我對藥物有一定的警覺性，吃過虧，我看到後問小楊：「吃的什麼藥？」

小楊擠眉弄眼地無語。我發覺了這裡面一定有問題，隨小楊走出病房，纏著小楊問：「到底是什麼藥？」

小楊無奈地告訴我：「尿素」。

「什麼？尿素？化肥！誰讓你給他吃這個東西？這也算藥？哪裡來的？」我一口氣問了這麼多問題。

小楊告訴我：「衛生所對面營部的倉庫裡，堆滿了尿素，我是聽從衛生所左醫生叫我去拿的，並囑咐我定時定量地餵給小金吃」。

我冷靜地把左醫生的為人在腦海裡過濾了一遍，左醫生是北京知青，無論是醫術還是人品在我們知青群體中享有很高的威望，深受大家的尊敬，怎麼會糊塗到拿尿素來替代藥物給小金吃呢？

我帶著不解找到了左醫生，仔細地詢問了其中的原故。左醫生說：「小金患的是急性黃膽肝炎，已經晚期了，就是送到大醫院也回天無術，無藥可治了，衛生所條件經費有限。我從醫書上瞭解到尿素對黃膽肝炎能起到一定的緩解輔助作用，所以……我們都是知青，遇到這種情況我也很痛心，通知家屬吧，來日不多了。」

我相信左醫生的真誠，更讓我想起兒時在上海的公共廁所裡，放著的大小木桶，接收尿液送到藥廠製藥的情景，雖然返城後我沒有刻意地從醫書上瞭解尿素真像左醫生說的有輔助作用？但我還是相信左醫生，就是為他在七營的高超醫術和人品，曾傳頌在知青的口碑中。

小金走了，留下他深愛著的妻兒，一個人走了……

是呀，正是因為這種缺醫少藥的狀況，讓許多本來病不至死的知青白白丟掉了性命。原在雲南生產建設兵團第二師九團三營

二連女知青聶曉薇在〈山中，那五座墳塋〉也向人們講述了「腦型」瘧疾奪走五個成都知青的淒慘故事：……一九七二年初夏的一天，在勐定農場場部附近的一個山坡上，站著一個形銷骨立、面色青灰的年輕人。幽幽山風，吹拂著他頭上早生的華髮和空蕩蕩的灰卡嘰布衣服。

在這個年輕人的面前，並排聳立著五座墳塋，墳上的花圈雖已破舊，卻看得出來它們放在這裡的時間並不長。年輕人表情木然地望著它們，許久許久，他才彎下腰來依次給每一座墳塋鞠了一躬，然後轉身走下山坡。

那年，他十八歲。在那五座墳塋下面，躺著五個與他年紀一般大的青年。他，就是被勐定農場的知青們稱作「從棺材裡爬出來的人」的成都知青傅小凡。

這一年，是成都知青到雲南邊疆的第二年，他們以剛開始適應艱苦的生活，卻沒有想到一場災難正在悄悄地向他們襲來。在亞熱帶地區有一種病叫瘧疾，被當地的老百姓稱之為「瘴氣」，人人談「瘴」色變。過去，這裡曾經有過一個寨子接一個寨子被「瘴氣」毀掉的歷史，這一年，它又悄悄在勐定壩流行蔓延開了。

剛從大城市來的知青們對它一無所知，毫不設防，於是，一個接一個地躺倒了。有六個成都知青不幸染上了「腦型」瘧疾。在醫藥條件較差的邊疆，醫生們眼看著他們生命垂危卻束手無策，不久，六個人中有五個都相繼死去了。傅小凡連續高燒數天已昏迷不醒，大家都認為他必死無疑，連隊已把棺材做好，只等著辦喪事了。誰知他命大，從地獄門口掙扎著逃了出來，奇跡般地復活了。

不過，從這以後，人們再也無法把他同從前那個體魄健壯、

濃眉大眼的小夥子聯繫在一起了。第二年，那具原本為他預備的棺材裡，又躺進了一個被瘧疾奪走生命的女知青。

問大難不死的傅小凡有何感想？他說，「我總覺得我的命是他們五個人的命換回來的，想想他們我也該好好地活著！」

雲南知青張春生在〈回憶起兩個在紅土地上逝去的人〉一文中說：……王寶玲，昆明女子中學一九六八屆初中生，雲南生產建設兵團十一團四營一連戰士。死於一九六九年六月，死因：中毒性痢疾。

我們北京知青是一九六八年六月三日到達的瑞麗，我們110中學被分配在四營一連（當時是弄島農場一隊）。新分來的知青都有一個程序是學習一周，然後分到各生產小組。就在我們還在學習的那幾天，有一天，忽然發現隊裡亂哄哄的，原來天天按時上班插秧的昆明知青都沒有上工，還有不少女生在哭泣，經打聽才知道有一個昆明女生病危，已經送到衛生所了。

沒有多長時間就傳來了王寶玲去世的消息。由於我們剛到，只認識了有數的幾個昆明男生，根本不知道王寶玲是誰。但是，得痢疾會死人可是第一次聽說。我們都很緊張，第一次感到了恐懼。後來，經暸解才知道她已經病了好幾天了，由於是插秧大忙季節，不好請假，也可能是不好意思請假，結果耽誤了治療，等送到衛生所已經回天無力了。由於出了這麼個大事，我們的學習也就草草收場，準備開追悼會了。

追悼會開的非常隆重，總場也來了領導，王寶玲的父母也從昆明趕來，由於她母親是省裡的勞動模範，當時又是昆明百貨大樓革命委員會的領導，講話的調子很高，主要是讓我們繼承她孩子的遺志，扎根農村，好好接受再教育。會後就把王寶玲埋在了營部後面的十二連的橡膠林地。她的昆明同學人人動手鏟了土，

北京的女生也有人參加了埋葬。最後，在墳前立了碑，碑文寫著「王寶玲之墓」。

　　類似雲南兵團知青所患的瘧疾在筆者所在海南兵團也很流行。除此以外，海南還有一種容易致人於死地的鉤體病。這些疾病在今天看來並非難以治癒，但由於許多連隊都處於山高路遠、缺醫少藥的惡劣環境，有的知青因為無法及時得到救治而獻出了年輕的生命。

　　據知青gzlfb回憶，當時我們屯昌縣五個農場最可怕最流行的是鉤端螺旋體，大多是下水田河溝作業時感染的，症狀是發高燒。每個農場都有因此病死亡的知青。當時真是談「鉤」色變！知青成真回憶說，我們團有勾端螺旋體病死亡的知青。那夜醫院傳來的哭聲，現在想起還揪心！客觀來說，由於兵團各級後來加強了防治工作，患這些病的死亡率並不算高，但它們給遠離親人、初到海南的知青帶來的身體傷害和心理恐慌卻是巨大的。

　　更為憤怒的是，我曾不經意間看到了名為gaimingzhi的知青作者講述的〈人性與狼性：一女知青之死〉的這個故事，內心極其震撼。故事全文如下：

　　前幾天去薊縣大平安村參加北京天津的知青聯誼活動，飯後大家圍坐在一起聊起了下鄉時的體驗和見聞。一個曾經在東北建設兵團下鄉的鳳岐妹妹就給我們講了一個真實的故事，發生在她所在的那個團的事件，震撼人的靈魂的事件。

　　三十八年前在黑龍江的雪原上，一個來自上海的女知識青年敏潔騎著一輛老鄉家裡借來的自行車在趕路。她剛剛從縣郵局取回來爸爸媽媽寄給她的一塊手錶和200元錢。喜悅之情流露在她清秀的臉上。自行車的軲轆壓在雪地上發出咯吱咯吱的聲音……

　　突然，敏潔感覺到有什麼不對勁，身後不遠的地方傳來歡

簌的聲音，她回過頭望去，心狂跳起來，一群狼！少說也有十幾隻，尾隨在她身後不遠的地方不緊不慢的跟著，似乎並不急於撲過來而是在尋找最佳時機。她本能的加快了速度，那狼卻緊緊地跟了上來。敏潔心裡呼喊著，爸爸媽媽快點來救我！

其實在東北狼襲擊人的事情時有發生，敏潔這時心裡後悔死了，千不該萬不該不該自己到縣裡取郵包，連長已經答應過幾天到縣裡辦事替她取，是自己沒有聽從連長的勸告。正在絕望之時突然左前方的大路上遠遠駛來一輛大馬車，敏潔象瘋了一樣的大喊：「快救救我！」一邊向馬車來的方向狂奔過去。馬車上兩個車倌見到了眼前緊張的一幕急忙把車停在敏潔跟前，敏潔連滾帶爬的上了馬車，另一個車倌把她的自行車放到了大車上。一聲響鞭，受驚的馬兒急馳而去。那些狼無可奈何的停住了腳步。

敏潔長出了一口氣說：「二位大哥我該怎麼謝謝你們啊！我爸爸媽媽知道你們救了我的命也一定得謝你們。這樣吧，我爸爸媽媽剛給我寄來了手錶和錢我都不要了送給你們吧。」說著敏潔從書包中拿出錢和手錶分別送給了兩個車倌。

在那時的東北，200元和一塊手錶無疑是一筆不小的財富。那兩個人一邊竊喜一邊卻敲起了小鼓。萬一這個知青到了團裡反悔怎麼辦，萬一她告狀說是我們勒索的怎麼辦到手的財物飛了不說還得挨整。兩個人對視了一下，一個萬惡的陰謀就此產生了。

敏潔看著這兩個人的眼神忽然覺得比狼還要可怕，還沒等她明白過來其中一個人一把將她推下車來。他們認為一了百了，天不知地不知，這才是萬全之策。敏潔僕倒在地呼號著：「別把我一個人留在這兒，等等我！」大車越來越遠，很快不見了蹤影。

幾裡地外的狼很快嗅到了人的氣味，急急地趕了過來，敏潔知道自己再無生還的希望，她的眼淚無聲的滾落下來。她從挎包

裡拿出一支筆，一個小本子，打開來寫下了如下的字句：我不是
被狼吃掉的我是被人吃掉的，他們殺了我！她把這個小本子壓在
一塊石頭下說爸爸媽媽我再也見不到你們了。

　　轉天，一個團裡的拖拉機手開著拖拉機到縣裡買零件路過
這裡看到了帶著血跡的破碎的衣服和人的屍骨，也見到了那個小
本子。拖拉機手急忙返回團裡把東西交給了團長。事情很快敗露
了，兩個車倌被抓住了。敏潔的父母從上海趕來哭成了淚人，他
們再也無法把女兒帶回上海，能回去的只有敏潔冤死的靈魂。

　　聽完了鳳岐的故事，我們久久說不出話來，心裡沉甸甸的，
為那個不幸的知青姐妹悲慘的遭遇難過。願她的靈魂安息。

　　看了這個故事，想到那個孤獨無助的可憐姐妹恐懼疼痛之極
被一群惡狼撕咬的慘叫聲，我簡直是心如刀絞，淚如泉湧。我欽
佩這女知青的冷靜和勇氣，她在命懸一線之際，留下了「我不是
被狼吃掉的，我是被人吃掉的！」的憤怒的聲討和吶喊！是呀，
她是被兩個人性泯滅、畜生不如的披著人皮的狼吃掉的，為了一
塊手錶和200元錢，兩個車倌竟幹出這麼傷天害理，慘絕人寰之
事！真的是可忍孰不可忍！

第七章
被壓抑和絕望絞殺的年輕生命

第一節　因瘋狂文革武鬥而冤死的知青

　　然而，最讓人憤怒和始料不及，就是知青為之狂熱過的文化大革命。這一運動曾給他們大規模傷害，知青鐘枚在〈凋謝的青春〉中對捲入其中的典型人物有過生動的描述：……在南江縣城說起知青「劉瞎子」——劉征，已屆天命之年的老人們幾乎無人不知。他那短暫的一生就像一篇傳奇的故事，可惜知道的人已經不多了。

　　記得初見劉征是在重慶北碚西南師範大學，那是一九六七年六月。當時，在「二月鎮反」中倒流回城的知青聚集在大學。在西師學生組織「八‧三一」的幫助下，我們成立了「飛虎兵團」，準備有組織的「殺回南江去」，堅持「就地鬧革命」。在那個時候，劉征也是組織者之一。

　　他總是穿一身很得體的舊軍裝，頭戴軍帽，腰紮武裝帶，身背挎包，挎包裡面放著一支舊軍號。閒暇時不是練習吹奏號譜，就是掏出紅綢巾來擦拭它，把它擦得光鑒照人。即使不認識的人看到他，都覺得他是一個當軍人的好材料。只可惜他的眼睛高度近視，如果戴上眼鏡，不但大煞風景，而且也沖淡了一個軍人的威武形象。所以他在平時不戴眼鏡，總是眯縫著雙眼看人，這就

給他增添了幾分神祕的色彩。

不知道內情的人都以為他為人高傲，從不正眼看人，不敢與他交往，卻不知道他正為自己的近視而苦惱著，這是他的難言之隱。正因為他時刻都保持著一個軍人的良好形象，所以，我們就把軍訓的任務交給他，希望他能夠帶出一支思想好、作風硬的知青隊伍出來，以便迎接嚴酷的考驗。哪知還不到一個月的時間他就退出了組織，離開了重慶。

那時重慶的武鬥正在逐步升級，雖然還沒有發展到使用槍、炮、坦克和軍艦的地步，但當時對立的雙方都在積極準備搶槍，武鬥一觸即發。為了肅清對立派的勢力，7月中旬，302軍校的學員組織「紅總」用武力將對立派「春雷」驅出了軍校，後來在我們的支持下又抄了「春雷」設在芭蕉林的老窩，得到了不少的戰利品。知青們回來以後大都無條件上交了，但卻找不到劉征的蹤影，有人說他回家了，也有人說他當了「逃兵」，眾說紛紜，誰都沒有根據。

第二天傍晚，許多知青都跑來對我說道：「劉征已經叛變了，剛才那邊的廣播裡還播放了他的〈嚴正聲明〉。」當時我很吃驚，不相信他會叛變，可劉征不在，也說服不了大家。

第三天早上劉征終於回來了，他對我們講述了這兩天的經歷。原來那天繳獲的戰利品都是「軍用品」，如軍服、水壺、望遠鏡等等，他太喜愛這些「軍用品」了，捨不得上交，就私自離隊溜到他的女朋友張華家，打算藏好以後再回來。誰知他剛來到張華家，就被對立派的人盯上了。他見勢不妙，立即把帶來的「軍用品」塞進了灶膛裡面，剛剛藏完，就被對方包圍了。為了不連累張家，他只好束手就擒。

他對我們說道：「我在那邊受盡了折磨，但我寧死不屈，更

沒有叛變。那個〈嚴正聲明〉是他們寫好以後強拉著我的手指拇印上去的。」看見我們大家都沒有說話，他又氣憤地說道：「我知道你們都不相信我，現在我也沒有辦法來證明我的清白。這樣吧！我馬上離開這兒，讓時間來證明吧！」說完，他就離開了我們。

　　一九六七年九月底我們從重慶終於回到了南江，知青們分別住在縣委招持所和大禮堂。在這兒劉征又找到了我們，他對我們說道：「自從在重慶分別以後，我就回南江來了，一直以『飛虎兵團』的名義在這兒幫你們造輿論，所以你們回來才這樣受歡迎。現在你們回來就好了，只要我們知青團結起來，共同奮鬥，就一定能夠改變南江造反派目前的不利局面。」當時，由於並無證據證明他曾經背叛過我們，更何況多事之秋，正是用人之際，於是大家又讓他回到了知青隊伍裡面，並要他繼續負責組織軍訓。

　　他回來以後工作非常積極，知青們在他的軍號的統一指揮調度下，行動更加機動靈活，幾次「武鬥」都打了勝仗。為此，大家都非常敬佩他，親切地稱他為「劉瞎子」。「劉瞎子」的軍號不但使我們知青隊伍的名聲大震，而且也讓他出了名──南江縣城的小孩兒都知道「在重慶知青裡面有個吹軍號的『劉瞎子』，搞『武鬥』的時候，知青們都聽他的軍號統一行動」。一九六八年二月二十九日夜，我們知青率先搶奪了南江武裝部的武器彈藥以後，迫使對立派逃出了南江縣城。此時，知青不但控制了南江的局勢，而且成為通（江）南（江）巴（中）平（昌）地區勢力最大的群眾組織。為此，「劉瞎子」的名聲也飛出了縣境。

　　哪知道樂極必定生悲。四月五日，劉征夥同朱麻子又去搶奪當地駐軍手中的武器。由於事前計畫不當，兩名知青在搶奪武

器時被新戰士開槍打死。他為此火冒三丈，就與朱麻子一道，想要組織知青隊伍去圍攻解放軍。雖然後來被大家勸阻了，但在第二天給死難的知青治喪的時候，他又夥同朱麻子把一位因說了句「被解放軍開槍打死的算什麼烈士」的民兵排長痛打了一頓，此人在當天晚上死了。為此，朱麻子後來被槍斃，許多參與打人的知青也被判了徒刑。

四月中旬，他又夥同朱麻子擅自將知青隊伍開到平昌去攻打「鐵弓寺」。由於是夜晚，加之不熟悉地形，他又因為眼睛近視看不清道路，在掉隊以後火冒三丈，胡亂開槍，不僅暴露了目標，而且陷知青隊伍於重重包圍之中。雖然知青隊伍後來經過苦戰得以突圍，但又造成一死一傷一失蹤的重大損失。

面對著一連串慘敗與三位知青的死亡，知青夥伴們情緒消沉，思想一片混亂。在我們追查原因的時候，一些知青指出：「如果不把劉征開除出去，再讓他留在我們的隊伍裡面，不知道還要生出多少事情。」但也有人說道：「他也是知青，開除了他，他又到何處去呢？不如再給他一個機會吧！」

可惜機會已經沒有了。一九六八年五月十五日，我正在午睡，張華突然闖進屋來對我說道：「劉征受了重傷，現在已經送到醫院去了。」當我趕到醫院的時候，醫生說：「搶救無效，他已經死了。」頓時傳出了一片哭聲。我仔細詢問了張華和同行的知青，才知道劉征死於一次意外事故。

原來那天清晨，他們從坪河公社領了生活費以後走路回縣城。過了甘溪寺，離縣城就只有十幾里路了。但由於未吃早飯就上路，加之又是全副武裝，大家都疲乏極了。劉征說：「我不想背手榴彈了，要把它們往山溝裡甩，你們也聽個響響，輕鬆一下。」同行的知青知道勸他也沒有用，都坐下來看他扔手榴彈。

哪知道第一顆是臭彈，他扔下山溝以後老半天都不響。於是他又扔第二顆，第二顆在山溝裡面「轟隆」一聲爆炸以後，他又覺得沒趣了，就叫小余來扔。

小余坐在地下根本不想動，劉征就把小余拉起來，把手榴彈交給他，並教他怎麼扔。當小余按照他教的方法剛剛把手榴彈扔出手後，只聽得「轟隆」一聲，手榴彈提前爆炸了。站在前面的小余僅僅被噴了一臉硝煙，可站在後面的劉征卻倒下了。大家嚇慌了，急忙仔細查看，原來有一塊彈片擊中了他的右臉頰，鑽入他的顱內去了。大家七手八腳地把他抬上就往醫院跑，但已經太遲了……

劉征死了，雖然解除了大家的一塊心病，但是看到他死得這麼慘，都不免有些唇寒齒亡、兔死狐悲的感覺。於是決定要隆重地安葬他，不但要給他開追悼會，而且還要白綢裹屍，穿上嶄新的軍裝，用他的軍號陪葬。一切都按照計畫辦了，追悼會開得非常隆重，同林場的趙劍英致悼詞，大家都戴白花，然後抬屍在縣城遊行了一圈，為他送葬。當時正巧是個趕場天，觀看葬禮的人真是人山人海，萬人空巷。最後我們把他送到縣委招待所下面的「死難知青公墓」裡面，讓他與其他三位死難的知青作伴。可是在蓋棺之前，他的好友嚴威非要在棺材裡面放置幾顆手榴彈，說是防止別人來「盜屍」。我們勸阻無效，只好由他。就因為放置了這幾顆手榴彈，在一九六九年年底，劉征的墳墓又被撬開了。

原來在「清理階級隊伍」的時候，有人揭發說「知青在劉征的棺材裡面埋藏有大量的武器彈藥」。於是，縣革委聞訊派人到生產隊來調查，我實事求是地告訴他們說：「裡面沒有槍。」但他們不相信，非要撬開來檢查不可，於是就被撬開了。在打開棺材的時候，我看見劉征的屍體還栩栩如生。後來，由於「死難

知青公墓」正對著南江大禮堂，縣革委決定把死難的知青另行安葬，那時我正在學習班，就不知道將劉征他們遷葬到何處去了。

與劉征齊名的還有一個綽號「朱麻子」的知青。他本名叫朱精華，是一九六四年十月到南江縣趕場公社林場落戶的重慶知青。俗話說「十麻九怪」，朱精華雖然有一臉的大麻子，但他既不「精」，也不「怪」。雖然平時有點兒小聰明，還愛搞點兒惡作劇，但是在林場既不受領導重視，在知青中也算不上一個傑出人物。是文化大革命使他成了南江縣的「名人」。

那是在一九六六年的冬天，當文化大革命的烈火終於波及巴山深處的南江縣城的時候，他是第一批支持當地紅衛兵小將「造反」的知青之一，並且專程從林場趕到了縣城，組織了一個知青群眾組織——重慶新農部隊。

當時，聚集在縣城的知青對下鄉上山這一政策的認識分歧極大，有人認為它不符合毛主席的革命路線，不利於培養無產階級革命事業接班人，更不利於加強我國的社會主義建設事業，因而提出了「砸爛社辦林場，殺回重慶去」的口號，要求「還我青春，還我戶口」。但更多的知青包括朱精華在內卻持相反的意見，提出了「就地鬧革命」，與當地的造反派「聯合起來，把無產階級文化大革命進行到底」的口號。

可還未等到知青們統一認識，統一行動，一九六七年「二月鎮反」開始了。當時，南江軍管會以「破壞文化大革命」為由，逮捕了包括朱精華在內共十三名知青。與此同時，當地的一些群眾組織也對我們知青進行圍攻、批鬥，要肅清我們的「流毒」；而一些農民又趁機砸抄了林場，迫使一大批知青倒流回城。

到了一九六七年四月底，被錯誤逮捕的知青開始被陸續地釋放出來。為了徹底「平反」，也為了生存，知青們又開始聚集

在縣城，恢復了被取締的造反組織。後來，為了一致對外，統一知青們的行動，在九月底又聯合成立了「知識青年造反司令部」（簡稱「知青造司」）。雖然知青們對外聯合起來了，但「知青造司」屬下的三大組織卻貌合神離，各自為政。如「革青團」（即「革命青年造反團」的簡稱）由於人數較多，又長期駐紮在縣城，因而聲勢最大，實力最強；而「飛虎兵團」由於在重慶經歷了一系列的武鬥之後才返回南江，因而其成員精悍、衝勁十足，令人生畏；而以朱精華為首的「新農部隊」，由於朱在重慶時加入了「飛虎兵團」，回到南江以後才重樹旗幟，因而人員較少，實力不強，只能跟在兩大組織的後面一同行動，否則就無能為力。

記得一九六七年七月「飛虎兵團」在重慶參加武鬥的時候，開始由於槍枝彈藥不足，只好以出身和表現為標準來發槍，朱精華為此還不夠資格。他的槍是在八月十七日夜裡一位「首都紅衛兵」死以後才交給他的。在整個重慶武鬥期間，他都表現平平，曾經在打掃戰場的時候因私拿別人的衣物而受到知青們的申斥。

一九六七年九月底回到南江以後，他退出「飛虎兵團」，重新回到了「新農部隊」。他又開始作為「新農部隊」的主要頭頭獨當一面了。由於他已經是獨當一面的頭頭了，我們既不好出面去管束他，他自己也不願意坐下來看書、寫字或者思考問題，經常夥同劉征等人在南江街上閒逛，整日無所事事，無事生非，以取笑別人為自己找樂趣。

一次，他向一賣雞蛋的農民說：「我要買雞蛋。」在許多知青和農民的圍觀中，他挑選了老半天以後又說：「我沒帶錢，不要了。」這就引起了人們的哄笑。那農民忍不住說他道：「你也太霸道了嘛！」他一怒之下就把雞蛋全砸了，還想打人。那農

民知道惹不起他，只好忍氣吞聲地哭著離去。哪知道還未走出兩步，他又喊那農民「站住」，拿出錢來要賠，那農民不敢要，他又勃然大怒，罵聲連天，還想打人。由於他總愛在街上閒逛，無事生非，因而當地的人幾乎都認識他，也跟著我們知青叫他「朱麻子」，他聽到後也不生氣。

一九六七年十二月四日下午二時許，當他又在街上閒逛之時，突然遭到對立派「武鬥隊」的襲擊。他先被石灰迷住了眼睛，緊接著又被馬刀砍傷，隨後被拖進了南江中學。朱精華無端遭襲擊和被抓走的消息傳來後，知青們憤怒了，叫喊著要「殺進南中去，救出朱麻子！」剎時間全縣城一片恐怖，雙方都磨刀霍霍，準備大打出手。為了平息事態發展，南江武裝部與駐軍一面派人前來勸阻知青，要我們「冷靜，冷靜，再冷靜」，同時又派人前往南江中學與對立派交涉，揚言「如果不交出朱精華，一切後果概由你們負責」。對立派見勢不妙，不但將朱精華交給解放軍送進醫院進行搶救，而且當晚就棄城出走，逃往外地去了。即將發生的一場大流血由此倖免了。朱精華雖然吃了這次大虧，但是名聲大震，從此南江無人不知道「朱麻子」了。等到他的傷勢稍有好轉之後，他又整日在街上到處閒逛，繼續無事生非。

一九六八年二月二十六日下午，一些知青代表到縣黨校與解放軍座談，其他知青突然接到「你們知青代表在縣黨校被包圍，形勢危急」的電話。為了救出被包圍的戰友，得到消息的知青立即趕到設置在原縣人委的「支左」辦公室，向解放軍求援。「知青們到了『支左』辦公室」的消息又被人傳給了對立派，對立派認為知青在圍攻解放軍，於是，他們迅速調動由復（員）轉（業）退（伍）軍人為主體組成的「武鬥隊」，頭戴藤帽，嘴帶口罩（因是當地人，不願被人認出），手執鋼釺，前來圍攻知青。

哪知道在場的知青卻奮起反抗，他們紛紛鑽進縣人委內找來許多木棒、竹杆、火鉤、火鏟等作為武器，衝出去與對立派的「武鬥隊」拼殺在一起。儘管對方訓練有素，但擋不住知青們的「亡命」勁，只聽得一陣「叮叮噹噹」的鐵器碰撞聲之後，就是一片哀叫聲。對方的「武鬥隊」不經打，不到十分鐘，他們全線潰敗，丟下十幾個倒在地下的傷患，全都逃跑了。就在這時，朱精華不知道從哪兒鑽了出來。只見他手執木棍狠狠地向躺在地下的傷患一陣亂打，吼叫著「全都打死，一個也不留！」如果不是在場的知青和解放軍竭力勸阻，不知道將有多少傷患會死於非命。即使這樣，當知青們凱旋以後，即獲知對方「一位傷患經搶救無效已經死在醫院」的消息。

「縣城武鬥中打死了人」的消息迅速傳開了，造成全縣震驚，因為這是南江無數「武鬥」當中所死的第一個人。對立派立即調動全部人馬聚集在南江中學，準備「血洗招待所，為烈士報仇雪恨！」縣城同情知青的其他群眾組織看見事態擴大了，為了自保，也不得不暗作準備。當時，集中在縣城的知青僅僅只有兩百多人，即使把全縣的知青都集中起來，也不過一千多人，無論知青們多麼「亡命」，也抵擋不了對方數千人的圍攻。眼看一場惡戰在即，誰知道我們知青還能夠活幾天？誰知道對方將會有多少人送命？

沒想到知青「搶槍」卻救了南江城。至於是誰下令讓知青「搶槍」的，對我至今仍是一個謎。但據我所知，具體佈置知青「搶槍」人的正是朱精華。

一九六八年二月二十九日夜七時，朱精華集合縣城知青，先安排女生們出發，列隊向武裝部公開前進，目的是纏住解放軍，掩護男生們在黑暗中向武器庫偷襲，得手後立即將全部武器

彈藥運回縣委招待所駐地。後來事態的發展完全與朱精華預想的一樣，當解放軍被女生們又哭又鬧地纏住以後，男生們趁機衝到武器庫門前將鎖砸開，轉眼之間就武裝了起來。南江武裝部的解放軍看見知青們已經得手，知道阻攔無效了，只好聽之任之。當時，知青們興高采烈地一面搬運槍枝彈藥，一面朝天開槍過槍癮。槍聲一響，對方頭頭知道是知青們搶了武裝部的武器彈藥，就立即組織全部人馬撤出了縣城，自己也逃往他鄉，避免了一場大規模的流血。

手中有了武器彈藥以後，我們知青不但控制了南江的局勢，而且成為通（江）南（江）巴（中）平（昌）地區實力最強的群眾組織。知青們一個個揚眉吐氣，耀武揚威。朱精華更為得意，為了增加自己的實力，他不跟其他知青組織商量，又擅自組織了一次「搶槍」行動。

一九六八年四月五日，他帶領一些知青突然闖進當地駐軍的營房，要奪取他們手裡的武器彈藥。由於計畫不周密，行動混亂，知青們又沒有互相配合、互相接應，一位新戰士忍不住開槍射擊，當場打死了兩個知青。朱精華見後怒火上升，立即帶人圍攻當地駐軍，險些釀成大禍。後來雖然被其他的知青們勸走，他仍然不解氣，總想尋機報復。

第二天上午，當他聽說一位來縣城開會的民兵排長馬民金說「被解放軍打死的算什麼烈士」的時候，勃然大怒，立即帶人把馬明金抓來，亂打一氣，然後把他關在屋內，自己卻看電影去了。誰知道回來的時候馬明金已經死了，當時他目瞪口呆，一點兒主見也沒有了。有人說：「向軍管會自首吧！」他不願意；有人說：「南江河道變化無常，把人埋在河底，一場洪水過後，河床改道，蹤跡全無了。」他對此極為贊成，並立即帶人將死者用

汽車運到離縣城幾公里遠近的南江河邊，將死者綁在一塊鐵板上沉入了河底。

從此以後他開始消沉起來了，經常同自己的女朋友泡在一起，不但足不出戶，而且脾氣也改多了。一九六八年八月底，在「知青造司」的支持下，南江縣革命委員會成立了。不久，我們知青都主動上交了武器彈藥，後來又主動解散了「知青造司」和其他組織，並且在年底分別下隊落戶去了。在這種形勢之下，他也同他的女朋友結婚、下隊去了，並且在一九六九年四月十四日當了父親。

到了一九六九年年底，南江縣開始「清理階級隊伍」，他進了縣革委舉辦的「集訓隊」，不久即因「打死民兵排長馬民金」而被逮捕。與他同時被逮捕的還有一些參與毆打馬明金的知青。一九七〇年十二月二十五日，該案公開宣判，除兩個知青被「免於刑事處分」和「教育釋放」以外，其他的知青大都被判八年、十年、十五年、二十年有期徒判，只有朱精華被判處死刑。

公判那天我曾經去看他。在人潮的湧動之中，只見他站在汽車上東張西望，不知道是想看看自己的兒子，還是想看看自己所熟悉的知青？或者是想看看這最後的冬日？隨著一聲槍響，他倒在了大巴山的土地上……

隨著一聲槍響，朱麻子結束了他年輕的生命，但類似朱麻子這種在文革武鬥中打死人的不在少數，曾經下鄉寧夏的知青西化在〈刑場上的訣別〉一文中，講述了另一個讓人驚駭的事實。他說：如果僅僅只是自殺，那倒還不算是太悲慘。大約在我們下鄉後的第一個冬天，「林建三師二團」有八個北京知青被判了死刑。這八個青年有四個是在派系武鬥中打死了人。

因為文革中，各省市的群眾組織都分成了勢不兩立的兩大

派，他們各自都堅定的認為只有自己這一派是真正保衛毛主席革命路線的響噹噹的造反派。為了爭出個輸贏來，他們鼓動三寸不爛之舌，辯論得唾沫橫飛；揮動筆桿寫大字報互相揭批，直批得狼煙四起；拿起棍棒、鋼管，甚至搶來的槍支彈藥進行「文攻武衛」，直「攻」得你死我活。

林建三師的主要組成人員是北京知青，他們來自文化大革命的策源地，並與那裡保持著密切的聯繫，所以他們什麼消息都知道得比寧夏當地人要早，對運動的動向掌握得更敏捷、更準確，執行江青的「文攻武衛」也更有創意。

林建三師二團的團部設在固原城北門外一個叫「北海子」的地方。在兵團內部的派系鬥爭中，得勝的一派佔領了團部，將它作為自己的大本營，利用團部的設施，較為有利地進行著「鬥爭」。而另一派為了攻佔團部，便在一個茫茫的黑夜裡，對盤踞在團部裡的這一派進行了神機妙算的偷襲。隨著一聲爆炸，團部的圍牆便倒塌了一個豁口，裡面的人從夢中驚醒，連衣服都來不及穿上，只能束手待斃。隨著棍棒、鋼管、鐵鍬與人體相撞擊的砰砰聲，隨著慘叫聲和怒罵聲，被襲擊的一派便血水飛濺，而偷襲的一方大獲全勝。之後，獲勝的一方便開著滿載戰鬥隊員的卡車，在茫茫夜色的掩護下凱旋而歸。

等到清算武鬥的罪行時，那獲勝的一方便有四個人被判處死刑，另有數人分別被判處刑期不等的有期徒刑。那次偷襲的總指揮，也就是此案中的首犯，名叫金伯昆。他本是清朝皇室愛新覺羅的後裔，清朝滅亡後，為避災禍擯棄愛新覺羅祖姓，改為金姓。其他三個被判死刑的主犯分別是張松古、孔東山、戰智。他們在一個寒冷的冬日早晨，被槍斃在固原東門外的河灘上。

這四人在同事們心目中，都是有思想、有作為的青年。當年

壯懷激烈離開祖國的首都來到大西北，本來是準備把自己的畢生獻給祖國建設的，但他們卻由於某種盲目的政治衝動，最後將自己寶貴的生命丟棄在荒郊野外的刑場上。

那首犯金伯昆已經有了一個摯愛著的未婚妻，所以行刑那天，被五花大綁的他，站在示眾的卡車上，不斷地用眼神巡視著車下那湧動的人群。知情人說，那是在急切地尋找小臧──他那生死不渝的戀人，想與她在這特殊的場合進行最後的告別。然而他心愛的姑娘卻由於過度悲傷，根本沒有勇氣去行刑現場與他見最後一面。

於是，當他赴死後，有關於他的愛情故事，在人們的口中便愈傳愈淒美，愈傳愈悲壯了。當然為了避免擔上同情反革命死刑犯的嫌疑，人們在交流這個故事之前都不忘先來一段堂而皇之的批判辭，比如說他們是臭味相投啦等等，然後才邊批判邊繪聲繪色地敘述他們的愛情。

四人中戰智年齡最小，作案時還差一個月才滿十八歲。他也是四人中長得最帥的一個，所以便在圍觀行刑的人群中引發了一陣陣歎息聲，尤其是惹得青年女性們大發惻隱之心。受刑那天他沒有穿棉衣，只在內衣外面套了一件不知從那里弄來的光板子老羊皮大衣，攔腰繫著一根繩子。行刑後，我和一大幫好奇的人圍觀了他們的屍體，我看到這個漂亮小夥子的半張臉都被打飛了，白色羊皮大衣上染滿了鮮血。

針對人們的有些傳聞，事後我曾好奇地問一個我所認識的公安幹部：「聽說死刑犯上刑場前都會恐懼得軟作一團，所以你們要給他們注射強心針，以保證他們能站著完成示眾的任務。那麼你們給金伯昆他們四個人注射了沒有？」

那幹部回答我說：「嗨，那四個人囂張極了，不注射（強心

針）都快蹦起來了，還敢注射（強心針）。」

想起臨刑那天，金伯昆四人站在各自的示眾卡車上昂首挺胸，毫無懼色也毫無愧色。法警為打擊他們囂張的「反革命氣焰」，不得不一次次強力按下他們的頭。我想他們大概臨死還認為自己是為保衛什麼正確路線而犧牲的吧？記得當時圍觀行刑的一些人感歎說：「這些娃娃如果不來大西北，也不至於犯這麼大的罪。」也有人振振有詞地反駁說：「一個人走什麼道路全在於自己，他要犯罪，即使在父母身邊也照樣會犯罪，父母能管住他們的人，但管不住他們的心。」

但不管站在什麼角度上說，這四個人既是悲劇的製造者，也是悲劇的犧牲者。幾十年後的今天，即便是他們當時的同事和戰友，大約誰也不再關心他們當初在路線鬥爭中站隊在哪邊，政治觀點如何，屬於造反派還是保守派，是不是真正在保衛毛主席革命路線，只記得他們是打死了人的死刑犯。

只有金伯昆生前的未婚妻，一個有情有義的臧姓女子，在幾十年後還專程前來，站在那當年的刑場上進行著心碎的祭奠。然而現在的那裡已經座落著一個現代化的樓群，假設金伯昆至今陰魂不散，他也已經認不出這個地方了。

想來真是莫名的悲哀，一場荒唐的文革運動，使這些六〇年代初中期的上山下鄉知青全都捲入了造反武鬥的「打砸搶」的狂熱行為之中，結果擔驚受怕地胡作非為了一番，什麼也沒有得到，反而許多知青因打死打傷人被判刑勞改，甚至丟掉了自己的性命。可憐那個名叫朱麻子的知青，孩子才一歲多就失去了父親，他一定會有些後悔莫及。而那些來自北京的知青，至死也沒有明白，為了一個虛無的路線和神像，白白將年輕的生命丟到幾千里遠的寧夏。更讓人感到殘忍的是，行刑者竟對著還差一個月

才滿十八歲長得最帥的戰智頭部開槍，將這個漂亮小夥子的半張臉都打飛了，簡直是一點人性都沒有的禽獸。

第二節　因精神壓抑或迫害自殺的知青

由於上山下鄉期間極左思潮的盛行，由於勞動和生活條件的太過艱苦，知青們看不到前途和希望，甚至還要受到諸如出身、戀愛等等問題困擾，由此導致不少知青因精神壓抑或迫害而自殺身亡，對此，知青鐘枚在〈凋謝的青春〉一文中所說的〈江瘋子〉就是一個典型：

「江瘋子」名叫江智慧，是一九六五年七月在南江縣碾盤公社火花林場落戶的重慶女知青。由於她平時最愛同男生們交往，行事往往出人意外，所以被我們知青戲稱為「戀愛專家」或者乾脆叫她「江瘋子」。可我們都沒有想到，這兩句戲言竟應兆了她短暫的一生。

記得初到林場之時，她剛滿十七周歲，雖然愛與男生們交往，但態度矜持，舉止得體，言語之中也沒有任何精神異常的徵兆。那時候她愛唱歌，愛跳舞，愛在男生面前顯示自己青春少女的魅力，如果不是在額頭、鼻樑上有幾許淡淡的雀斑，真可說得上天生麗質。為此，她非常注意打扮，額前總是飄著長長的留海，頭髮梳成馬尾辮，夏天穿著黑色的綢裙，冬季又在脖子上圍著一條白色的紗巾。這在當時一片藍或者一片軍綠的大環境中，可說是別具一格，獨領風騷了。

在那個時候，林場的物質和精神生活都非常貧乏，既沒有廣播、電視，也不容易看到報刊、雜誌。但林場的知青們因為同時上班、吃飯、開會學習，過著半軍事化的生活，因而「少年不

識愁滋味」。知青們在勞累了一天之後，都愛聚在一起唱歌、跳舞、講故事，可在「知青不准談戀愛」的禁令之下，我們大都不敢超越「戰友」和「同志」的界限。是她首先在林場衝破了這條「禁令」，開始了她的「戀愛」生涯。

她的第一個對象就是我。先是無事找事地到男生宿舍來找我閒聊，後來又幫我打飯、洗衣，緊挨著我一起上山勞動，收工以後就坐在我的床頭陪我看書、寫字，任我怎麼勸也勸不走。她一坐就是大半夜，全然不怕與我同宿舍的男生們的譏諷與抗議。可我在當時既無意於她，又不敢衝破那一道「禁令」，只好採用不理睬她等手段，才算擺脫了她的糾纏。

沒過幾天，她又盯上了與我同一宿舍的衛大寧，並如法炮製，把自己少女的一份「癡心」幾乎全部獻給了他，弄得他成天心神不定，寢食難安，不知道應該怎麼樣才能夠擺脫她。到後來實在忍無可忍了，衛大寧終於在一怒之下，將她千辛萬苦才補好的褲子「補丁」一把扯下，另用白手巾補在藍卡嘰褲子上，哪怕顏色極不協調，極不般配，而且歪歪斜斜，皺皺巴巴的讓人恥笑，也絕不接受她的「癡心」。

就這樣，她在林場的男生中碰了不少的「釘子」以後，自知在林場裡交不上男朋友了，就趁著「文化大革命」混亂之機「殺」出林場，在「情場」上叱吒風雲。

我記得她最先是與縣農機修配廠一位比她大十幾歲的技術員「耍朋友」，後又與一位縣委書記的二公子如膠似漆。在縣城的群眾組織紛紛登臺亮相以後，她又經常出入其間，各個群眾組織的主要頭頭幾乎都是她的「老相識」。也不知道是什麼原因，她的「戀愛」總不成功，不管她怎麼走馬燈似的更換男朋友，也不管她怎麼自詡為「情場老手」，卻總也找不到她心目中的意中

人。直到一九六七年秋天，她與馬角壩一位比她大十幾歲的鐵路工人相識並且突擊結婚以後，我們在南江才看不到她如蝶翻飛的身影。

哪知還不到一年，她又帶著剛剛出生的小孩回到了南江縣城。當我驚奇地問起她的家庭和生活情況時，她只是淡淡地說道：「我已經離婚了。那傢伙真不是東西！」但卻不告訴我們詳情。直到我們後來看到江油縣法院的〈佈告〉以後，才知道那個鐵路工人犯了「重婚罪」。原來那「傢伙」在與江智慧認識並結婚之前，早已結婚成家了，至今家中還有妻兒老小。真不敢想像像她這樣的「情場老手」竟被那個「傢伙」騙到手了，像她這樣的「情場老手」也落得如此下場，認識她的知青無不扼腕歎息。

那時候我們都不知道她的精神有問題。只知道在林場的時候她的性格非常奇特，如最愛與男生們交往，經常顧影自憐等等；也知道她的文化程度不高（僅僅初中肄業），知識面也不很廣；但她能說會辯，口舌生花，妙語連珠，頗能惑人，稍不留意，你被她欺騙了也許不知道呢！

記得一九六六年底，有一天傍晚她從外面回到了林場，看見我們以後，就大談她在沙河區八廟林場親眼看到的八廟知青們的悲慘遭遇。她說道：「……他們被當地的農民圍攻、捆綁和毒打，已經兩天沒吃飯了。」還說：「我是逃回來報信的，如果我們不馬上前去營救他們，他們必死無疑。難道我們重慶知青就這麼好欺負，任山裡的『農夥』（即當時知青對山民的卑稱）宰割嗎？」她這一席話說得全場知青無不義憤填膺，男生們紛紛摩拳擦掌，當即隨她連夜向八廟林場奔去，女生們也打算第二天前來支援。

直到上路以後我們才發現她全然不識路徑，帶我們奔走了

大半夜卻連方位也說不準。大夥兒情知不妙，有一種「被這『瘋子』騙了」的感覺，但情況不明，誰也說不準。為了穩妥起見，決定由我「捨命陪君子」，隨她繼續前進，先去探明虛實，其餘的男生全部留在二洞橋休息待命。

可憐那一夜我陪著她漫山轉游，越山嶺，穿山谷，跨山澗，鑽刺林，既不能夠離她而去（因我不知道路徑），又不能夠將她丟在深山不管。因為萬一她出事了，我也脫不了干係。可她卻像沒事兒一樣，一路走一路說，儘管腳下踉踉蹌蹌的幾乎邁不開步子了，可是精神卻好得驚人。

她不但頭腦清醒，說話條理分明，而且對我柔情蜜意，願意以身相許，永結同心。可是我卻無意與她調情，心裡對她又氣又恨又憐憫。氣的是她說假話不臉紅欺騙了我們這麼多人，害得我整夜陪著她漫山遊轉，受不完的苦和累；恨的是她在這種情況下還有心思談情說愛，真想揍她一頓出出心中這口惡氣；憐憫的是她一個妙齡女孩卻也受著愛情的折磨，難怪全林場的男生大都對她敬而遠之。

就在這種複雜心情的支配下，當她實在走不動的時候，我只好咬牙背上她，按她指點的方向前進，直到天亮以後才找到通往八廟林場的路徑。當我闖進知青們的宿舍，看到他們安然無恙正熟睡未醒的時候，我這心中的氣呀，只好咬碎鋼牙和血吞。

她不但會騙人，而且還會罵人，罵人是她的一門「絕技」。雖然她從不輕易罵人，但如果有誰惹惱了她，她也會施展這門「絕技」，從你的祖宗八代開始罵起，一直罵到你的重孫八代的灰孫子，而且罵的方法花樣翻新，可以連續罵你三天三夜也絕不會重複一句。用她的話來說，就是「要罵你個三十六朵花開，一朵不開，掰也要掰開」。

記得初到林場不久，有一天，也不知男生明興德是怎麼惹惱了她，她就立即罵開了。只聽得她抑揚頓挫，口舌生花，妙語連珠，滔滔不絕，直罵得小明目瞪口呆、張口結舌，簡直還不了嘴。但小明也不是好惹的，在最初的驚惶過去之後，他立即採取「以其人之道，還治其人之身」的戰術，現賒現賣，你罵什麼，他也學罵什麼。雖說是鸚鵡學舌，不免惹人恥笑，但是經過幾個回合的較量以後，小明已學得惟妙惟肖了，讓圍觀的知青們大為驚奇，不免為他喝彩助威。

小明正在得意，不防她直衝上來罵一句：「跟著老娘學，舔老娘的臭腳！」然後舉手左右開弓「啪、啪」扇了兩記耳光，一轉身跑回宿舍裡繼續罵。等到小明清醒過來想著要報復的時候，她已在圍觀知青們的哄笑聲中頂住了宿舍的門。

我們發現她有「瘋病」是在一九六七年三月。當時南江軍管會正在「鎮壓反革命」，僅僅在三月十二日的夜晚，就在縣城抓了十幾個當時群眾組織的頭頭，其中還有八個知青。由於那時她也經常出入於各個群眾組織中，許多頭頭都是她的「老相識」，所以軍管會也把她列為重點清查對象，要她老實交待如何「瘋狂破壞無產階級文化大革命」的滔天罪行。

據在場的人後來說：她又哭又鬧，說自己名叫江雪梅，是小說《紅岩》裡著名的女共產黨員江姐江雪琴的親妹妹，還是中央文革旗手江青阿姨的親姪女。我出身「紅五類」，堅決支持文化大革命，怎麼會去破壞文化大革命呢？她還說，《紅岩》中的叛徒甫志高在當時並未被打死，現在已經混入了黨內。你們不去抓叛徒，給江姐報仇，卻在這兒整她的親妹妹，江青阿姨知道了絕不會放過你們……經過她這麼反復吵鬧，軍管會的人們都說她是瘋子，就把她放出來了。

　　可是，她被放出來以後對我們這些知青也這麼說，這就引起了我們的警覺。因為稍有常識的重慶知青都知道，小說《紅岩》中的江雪琴是以「渣滓洞」烈士江竹筠為原型塑造的人物形象，一個並不存在的江雪琴怎麼會有江雪梅這個親妹妹呢？更何況她並不叫江雪梅，而叫江智慧。直到這時，我們才確信她真有點兒瘋了，是個道道地地的「江瘋子」。

　　但她有時候還是很清醒的。如在一九六七年的秋季她到馬角壩之前，就曾經到縣招待所來看望我們，並把她已經結婚的事情炫耀了一番。當時，我們看她神情正常，又找到了「意中人」，能夠離開農村到鐵路上去，都從心裡很為她慶倖。現在想來，如果她不被那個「傢伙」所欺騙，也許還不會真瘋呢！

　　一九六八年底，南江縣的社辦林場已經全部撤銷，所有的知青都要下隊落戶去當農民。我下隊以後就很少聽到她的消息了。即使有時去趕場，在南江街上遇見她，也因我既要忙於生計，又不想過多地招惹她，而總是匆匆聊上幾句就走了。那時她已同原林場的知青陳大來結婚了，又生了一個女孩子。雖然生活十分貧困，但小倆口互敬互愛，自然「瘋病」沒有復發。後來我進了「學習班」，她家在沒有糧食吃的時候，她還同陳大來到我家串門「蹭食」呢。

　　從一九七一年開始，國家在下鄉知青中實行「招工」回城的政策。當時南江審查極嚴，凡是已婚的和「政審」不過關的知青一律不予放行，卻又讓本地幹部的子弟頂替知青進城。她不但已婚，有兩個小孩，而且還有過「瘋病」和「重婚」的歷史，因而貧下中農幾次推薦，在「政審」的時候都過不了關。眼看著同來的知青一批批興高采烈地離開了南江，而自己卻被打入了「另冊」，於是她又舊病復發，成天到處亂鑽，千方百計想回重慶，

但卻沒有一個單位肯接收她。此後幾年之間，公社也曾把她送到精神病醫院去進行治療，可惜解決不了她想回重慶的問題，因而效果不大，總是時好時壞。

　　一九七六年十月「四人幫」倒臺以後，她又一次懷著希望去辦「病退」，但有關方面卻以她曾經「重婚」，名字上了法院的〈佈告〉為由，再一次加以拒絕；又由於當時「清查」幫派骨幹的運動也牽涉到她過去曾經是群眾組織頭頭們的「老相識」；人們還要「清查」她與「四人幫」特別是與江青的關係。這就導致她的精神徹底崩潰。她感到回城無望，就在一九七七年年初的一天，背著不滿周歲的小兒子跳進了堰塘，以死進行抗爭。

　　她自殺的消息傳來，當時我不相信，後來遇上陳大來，才知道此事是真。知青們得知消息後無不扼腕歎息，一種「同是天涯淪落人」的悲涼感覺也浸透了我的全身。

　　近來我常想：如果她堅強一點兒，再咬牙忍受一兩年的時間，不也同我一樣趕上了「末班車」，隨著一九七九年知青大返城的洪流回到了重慶嗎？何必背著自己的孩子去自殺呢？可她是一個「瘋子」，在那個年代，有誰會去理會一個「瘋子」的死亡呢？

　　黑龍江引龍河六分場一連知青蔡建民在〈一個孤寂的靈魂：知青施慶祝之死〉中悲憤地寫道：下鄉到引龍河農場的幾年間，幾乎每年都有知青死去：范亞平、施慶祝、何根發、姜××、陳惟慧、鄧發余、朱文等，讓我切實體會到毛主席說的「死人的事是經常發生的」，雷擊、車禍、溺水、疾病奪去了他們的生命，都是二十幾歲，那麼年輕青春，生命之花就凋萎了，令人唏噓歎息。這些不幸者中，施慶祝是唯一自己親手把自己的生命給了斷的，一九七二年國慶前的一天，他用一根繩子終結了自己的一生。

　　那天清晨，我們還在睡夢中，保衛幹事急衝衝闖進屋來查人：「施慶祝在這兒嗎？」我們都驚醒過來，有人回了一句：「急什麼，他又不會死的囉！」誰知保衛幹事竟然說：「興許是死了！」這一下，驚得我們頓時都坐起身來，感覺到出事了。看窗外，腳步咚咚，很多人都朝著一個方向跑，施慶祝上吊自殺了！

　　在陰暗的豬棚裡，施慶祝直挺挺的懸樑吊著，身子比平時長了許多，眼緊閉，嘴微張，垂著的手裡握著他戴的黑框眼鏡，一身全新的灰色的卡，折縫清晰可見，腳下一張小凳子翻倒在泥地上，周圍煙頭遍佈，還有一盞燻黑的油燈。可以想見，半夜裡，在一片風聲中，在這陰森森的豬號裡，他是怎樣在自我鬥爭，怎樣在生與死之間苦苦掙扎。

　　施慶祝，你就這樣走了嗎？你還年輕呀，就一點兒也不留戀這人世間嗎？我凝視著他那張慘白的臉，真想問問他，但他魂已西去，不可能給我回答。這個問題在以後很多年間一直縈繞於懷，特別是我在生活中享受快樂的時候，常會在腦海中不覺浮起施慶祝的臉，一張沮喪無比的臉，眼中充滿痛苦，又殷殷的帶著企盼，似要找人對話、訴說。因為他生前是那麼孤獨、寂寥，他始終處在不被人理解、毫無溫暖、常常遭受冤屈的狀況中。

　　一九六九年六月，施慶祝和我們一起下鄉來到引龍河六分場，他是作為「社會青年」加入上山下鄉大軍的。「社會青年」是個難聽的稱謂，專指那些未能考上大學，在家待業、無業，被嘲笑為「吃老米飯」的人，常常被人在背後指指戳戳，小孩子也編著兒歌羞辱他們，使他們走路不敢抬頭。社會青年最後的出路不是到新疆就是到黑龍江。施慶祝就屬於後一種。雖然他「混跡」於帶有革命色彩的我們這批上山下鄉洪流中，但還是很快被

大夥無情地甄別出來，於是仍少不了背後被人嘲弄，常有人會扯出他這個身分說事，肆意貶低一番。

「吆！施慶祝不是社會青年嗎，怎麼還是個團員？」分場開始整建團活動，好幾個人都發出這樣的詰問。其實很多人不知道，施慶祝不僅是個團員，還曾擔任過里弄團支部書記。

大概習慣了，施慶祝平日裡總是沉默寡言，不喜歡和人交往，顧自打理自己的生活，那副近視眼鏡後面兩隻小眼睛靈活、精明，給人一種「小農經濟」的印象，他經常會不知從哪裡去弄來豆角、白菜，在火油爐上煨上一個小鍋菜，改善伙食；他手腳不閒，不是忙著鋸就是忙著刨，打個木箱，小凳子，或者搭個擱板架什麼的，把自己破陋狹小空間搞得好一點。他的泥瓦工手藝一流，抹個牆是光溜光溜的。應該說，他勤勞能幹，很能吃苦。但不知為什麼總不落個好，人緣很差，別人總要挑他的刺，指責他「自私」什麼的。應當說，他是有點自顧自忙活，但那時候誰不是爹死娘嫁人，各人管各人？而其實，他心並不冷，也有不少助人的舉動，只不過他的舉動都被人曲解；連隊裡的勞動，他也不含糊，有股猛勁，扛包、灌袋、上跳板，有時候玩命一樣的幹，須知他是有腰傷的；他還愛動腦筋，總能琢磨點道道出來，出個主意啥的，是幹活的一把好手。然而無論怎樣，總還是吃力不討好，大傢伙還是不會表揚他半句，還是要詬病他，領導如果有什麼不滿意，也常常在批評中有他的影子。

因此，施慶祝經常表現出頹唐、無望的樣子，垂頭喪氣，佝僂著背，不像一個年輕人，倒像一個巴結老農。眼鏡腳斷了，粘著橡皮膏，又平添了幾分窮酸。也許因為自卑需要用格外的剛烈來掩飾，他有時候特別爭強好勝，強詞奪理。我好幾次在走廊上經過他住的房間，聽到他和同屋的人在爭執，聲音嗡嗡作響，很

遠都聽得見。但他底氣不足，對方唇槍舌劍一來，沒多久就悶掉了，繼而變成不服氣的叨咕、囁嚅。他和同屋的人都不睦，因而時常吃癟。他在農場裡沒有一個朋友，不受歡迎，一次他到我們寢室來借鐵鍬，看到鐵鍬靠牆而立，剛要伸手去拿，立刻有好幾個人嚷起來：「沒有鐵鍬，沒有！」「不借不借！」他頓時無比頹喪，悻悻地走了，這時候，我覺得他十分可憐。

不被理解、不受歡迎的日子就這麼過著，其間，黴運又牢牢纏住了他，大夥都知道的至少有三件事，像三把刀子，深深紮進了他的心裡。

第一件事是西瓜事件。下鄉沒多久，有一次我們大約二三十號人到哈爾濱去玩，回途經過北安車站，看到月臺上堆著不少待運的西瓜，知青們正是又餓又渴，於是「狼性」大發作，蜂擁而上，紛紛抱起大西瓜，躲上一列停著的空列車，砸開來就吃。如果瓜瓤不紅，立刻扔掉，換一個再砸開，盡揀甜的吃。頓時車廂裡破碎西瓜滿地，一片狼藉，而我們汁水橫流，爽得連連叫好。不久，這「西瓜大打劫」不知怎麼反映到農場裡來了，而且居然說是施慶祝策劃帶的頭，於是一場批鬥會降臨到他頭上。

他被勒令站在人群中央，某幹事一頁一頁讀著他的罪狀，男女知青好奇加興奮地聆聽他的歷史和現行。儘管狠狠上綱上線，但好像都是芝麻綠豆的小事，唯有他的戀愛史讓人感興味，給人印象最深。在上海時他同一個女社會青年相愛，後來偷嘗禁果，因此被作為「資產階級生活腐化，不正當男女關係」遭到處分，撤銷了團支部書記職務，從此打入另冊。女朋友忍冤含羞被迫落戶寧波嫁了人。他則從共和新路旱橋跳下自殺，但摔在駛過的煤車上，人沒死，腰從此摔殘了。（外界曾說他的腰傷因偷竊被民兵打傷的，也是訛傳）。

　　當某幹事在朗聲念到施慶祝同女朋友發生了「21次」關係時，觀眾群發出了一片驚呼，不少人感到這批鬥會「殺根」、痛快，女青年更其憤慨。施慶祝渾身顫抖，額上沁滿了冷汗。從此，施慶祝罪大惡極，形象越加醜陋，他幹活稍用了點勁，女青年就一片聲的討伐他：表現自己，居心不良！防他勝於防狼。而部分男青年則在背後給他起了個「直快列車」的綽號取笑，從北京到上海的直快車次是21次。

　　施慶祝自殺後，在他的口袋裡發現了三張照片，兩張是和父母的全家照，一張是女朋友照片，上面佈滿了淚跡；他莊重穿著離別人世的新衣服，是女朋友從寧波趕到上海為他送行時送給他的，他平時不捨得拿出來，這是第一次穿，也是最後一次穿。

　　第二件事是殺豬事件。七一年冬，豬圈失蹤了一隻豬，到處找，結果在野地裡發現了肢殘體缺的死豬。群眾性排摸工作隨之展開。不久，嫌疑人被鎖定，又是施慶祝，證據是突然發現他近幾天用豬油點燈。於是一系列專政手段接踵而至，開會批判、勒令檢查、受領導訓斥、到保衛科接受審問等等，據說施慶祝不承認，一如西瓜事件，態度很倔，保衛科姚幹事就把槍拍得乒乓響來恐嚇他。接下來，就是團組織對他進行組織處理。在討論開除他團籍的會議上，除了施慶祝外，另有六個團員，我入團不久，也在其列。當其他五個團員把手舉起來決定開除施慶祝的時候，他把低著的頭抬了起來，眼鏡片後朝我投來乞求的目光，就是這張沮喪、痛苦的臉從此烙印在我的心中。施慶祝肯定明白，我的一票根本不能扭轉局面，但他仍然寄希望我這一票，他是指望看到有人能稍微理解或同情他，指望在鐵板一塊與他對立的冰冷世界裡，尋覓到一絲溫暖。這瞬間，團組織的目光和他的目光同時交織在我身上，空氣幾近凝固，我猶疑著，鬥爭著，最後慢慢舉

起了手，那個時代，習慣了不能有自己的意見。這時，我看到施慶祝頹然垂下腦袋，難過地搖了搖，已是滿眼淚水，而我掉過眼光，再也不敢看他了。很多年以後，事情解密了，那只豬是一個陳姓知青給打死的，根本與施慶祝無關。

第三件事是「飯票事件」。七二年九月下旬，聽說食堂的飯票失竊了，數量不菲，接著聽說偷竊者被抓住了，自然不是別人，又是施慶祝。到處都在流傳，越傳越活龍活現，有說施慶祝半夜從售飯窗口爬進去，剛得手，撞見炊事班長，嚇得跪在班長面前求饒；還有說施慶祝已經承認是他偷的飯票，押到總場被保衛部門打得起不來，等等。總之，人們一邊願意相信是施慶祝又犯了案，一邊又遺憾故事太簡單，有了結局還不如是懸案、迷案來得刺激，於是更添油加醋。但是有一點我可以證實，九月二十九日下午，他被再次傳喚到分場保衛室姚幹事那裡確是事實。

那天午間，我到食堂打午飯，因前一天剛下過雨，到處是泥濘和水窪，正巧施慶祝從屋裡走出來，仍然是苦著臉。他看我沒穿雨鞋，在泥水前躊躇不前，就過來要背我到食堂，我推辭，他已經蹲下身來，我想起了他的腰傷，再推辭，他仍蹲著身子，使我恭敬不如從命。當我被馱著前行時，只聽到他口中喃喃說了一句：「等一會叫我到姚幹事那裡去。」他這話似乎是對我說，又好像不是，而更多像是神經質的自言自語。午後，他就去了，這導致了他那背我時的溫暖肉體在十餘小時後變得冰冷僵硬，是不是總場以及姚幹事聲言要把他送去「強勞」引起的，不得而知，他那天直到傍晚才回來，耷拉著腦袋，步履蹣跚，總之，那個下午使他再次精神崩潰則是真的。夜裡，我寫文章到十點多，想到食堂去劃拉一點夜班麵條充饑，路過施慶祝那間小房間，看到房門緊閉，磨砂玻璃映出屋裡跳動的火光，我想大概是施慶祝在油

燈下寫檢查，豎起耳朵一聽，隱隱有啜泣聲，但我也沒多想，就走過去了。誰知道這時候他正流著淚在寫最後的絕命書，他已決定結束生命。

後來，據看到過絕命書的人說，那是份血書，四個角上用血粘起，裡面是血寫的「冤枉！冤枉！冤枉！冤枉！」八個大字。而我多年後，想起施慶祝那句似說非說的話，揣摩他是不是要告訴我一點情況，以便留下一點真相和證明。然而當時他終究沒有明說。

這三件事，一刀一刀把施慶祝殺死了。施慶祝死的當天，總場保衛科長孫某武，一個說話下巴不斷抖動的人，慌不迭的到施慶祝的睡炕翻箱倒櫃搜尋遺書，始終沒找到。原來施慶祝把絕命書藏在同屋孔慶紹的被褥下面，孔慶紹仗義，捐棄前隙，躲過了「組織」逼迫，設法把它轉送給了他的上海家人，做了一件大善事。

當晚，革委會一夜燈光未滅，孫某武率一幫幹部通宵開會，逃避責任是主要議題。第二天一早，我作為連隊文書，奉命去龍鎮發電報給死者家人，電文是「悲觀厭世、自縊身死」，無異於說他自絕於黨和人民，這就是他們討論一晚上的最大成果，八個字把一個人的一生無情地打發了。

施慶祝命運是如此的多舛、孤獨，伴及一生，即使死後也沒有得到絲毫溫暖。他和家人關係也不好（據說是大學考不上的緣故），接到電報後，他的父母不願來，也不敢來，兒子盼望的申冤自然也成了泡影。只有同在黑龍江農場的妹妹來了一趟。妹妹來後絲毫不見悲傷，不急著見遺體，卻急著到處打聽：我哥哥的那只可以洗澡的大腳盆在哪裡？她要帶走。

施慶祝的薄皮棺材被拉到東山崗上，沒人給他挖墓穴，就

扔在亂草叢中，未能落土為安。多年後，人們發現他的棺蓋早就不翼而飛，等於是將他暴屍天下。他的墓碑始終沒有，也沒人過問，後來有人在一塊簡單的木板上草草用毛筆寫了「施慶祝之墓」幾個字來代替，沒有身分，也沒有生卒年月，仍然是沒人願意拉到墓地去給他立上，所以他始終是無名孤魂。這塊所謂的墓碑一直躺在一連的屋後。有人惡作劇，把它夜裡豎到女生宿舍門口，並裝鬼叫「施慶祝來了！」女知青出門乍一見到清冷月光下「施慶祝之墓」，無不嚇得魂飛魄散。後來，人們就把這塊木頭當作劈柴時的墊木，他的名字再次遭受眾人刀砍斧劈，沒多久就面目全非，終於被遺棄在亂草叢中了，消失了……

　　數年後，我們都已回到上海。每當國慶，滿城火樹銀花之時，我就會想起施慶祝，想起當年那個國慶。那天家屬區在結婚迎親，鑼鼓陣陣，鞭炮聲聲，而在食堂這一邊，知青們正默默看著給施慶祝注射福馬林防腐劑，氣氛沉悶陰鬱。當時我非常感慨，知青的命運何其淒涼，生活怎麼這樣沉重……

　　無獨有偶，類似的悲劇在知青夢雪〈蹉跎歲月：步雲山上的孤墳〉也有講述：……愛華是海外知名華僑的兒子，老華僑十分愛國，雖在國外卻常看進步的華文版的中國報刊，一九六九年毛澤東發出：「知識青年到農村去，接受貧下中農再教育，很有必要。」的指示，海內外也大張旗鼓地報導了這事，老華僑十分贊同，認為讓孩子多吃苦多鍛鍊成材是件非常正確的事，就將唯一的高中畢業的獨子從國外送回到國內老家，囑咐國內的親戚為愛華報名參加了世界聞名的中國全體中學生知識青年上山下鄉當農民的運動，十七歲的愛華就這樣從海外到了中國一個邊遠的山城的邊遠小縣的邊遠的步雲公社的步雲大隊。

　　「步雲山」因其偏僻路遠，因其山高而聞名。步雲大隊在

步雲山的半山腰，村裡只有中午前後有點陽光，早晚和陰雨天時節，雲霧總是在村中環繞，人在小路上走，就好似踩在雲端上，故美其名曰：步雲。步雲村因其寒濕而難以種植出高產的雙季水稻、蔬菜和瓜果。只能種單季稻和地瓜，產量極低，所以該村是本來就貧困的步雲公社中最貧困的生產隊。

十七歲的愛華正是長身體的時期，但他當了農民，在那個計劃經濟的時代的農民是非常苦的，天天在生產隊出工勞動，糧食永遠不夠吃，沒有錢。愛華從此開始知道什麼是飢餓，什麼是野菜，地瓜糊米飯是要過年過節才能吃到的。愛華牢記住父親的囑咐，當農民就是要吃苦的，他的雙手磨出了老繭，衣服破得無法再補，而生產隊除了分一點稻穀，從來就沒有分紅領過錢，半年下來，愛華第一次改變了一慣寫家信報平安的習慣，希望父親能寄點錢給他添衣買米和鹽，不料父親收到信後大為生氣，認為一定是愛華怕苦，好吃懶做，否則一個大男人如何無法顧己溫飽呢？所以回信將兒子批評了一通。

無奈，當時的集體經濟是生產隊大家集體出工出勤，效率低，而地薄山窮，交通不便等等原因，又因生產隊沒有副業可以賺錢，即使天天出工，分紅也是沒有錢的，還好愛華的親戚家中也有上山下鄉的孩子，自然知道中國農村的狀況，有時也給愛華接濟一些度日，不料此事被老華僑知道了，就連接濟華的親戚都被責備。老華僑在海外，天天看進步的中國報導，都說社會主義好，人民公社好，百姓生活象甘蔗一樣節節高，大家都非常的幸福了。認為是愛華不好好勞動，怕苦怕累，好吃懶做，才會沒有錢過日子。就交代親戚絕對不許寄錢和衣物給華。

可憐的愛華在農村就象孤兒一樣，其他知青有城裡家人的關愛，經濟有人接濟，雖然改革開放前的中國，城裡人有份工作

也是低工資，也是不富裕，但父母總是從自己的口中省下錢糧給孩子。可愛華什麼都沒有，一起的知青將家中寄來的掛麵啊糖啊分給他，他都堅決不收，樸實的農民約愛華到他們家也不去，就住在舊祠堂的破屋中自己煮自己吃。愛華更加沉默，每天早出晚歸，也學會了只穿一個破褲衩，赤著上身任風吹雨淋日曬。

過了幾年，知青開始招生招工，被招上那就意味著去讀大學，去工作，每月有工資領，不用種田了。這樣的好事當然大家打破頭地爭。不否認全國有一些知青確實是踏踏實實地勞動表現好而推薦去上大學去工廠的，但是當官子女和家長會送禮的孩子也走了，還有調皮搗蛋的敢找公社領導鬧的知青也招工走了。這樣的好事都落不到愛華的頭上，最後破祠堂就只剩愛華一個人了。

老隊長讓愛華去公社找領導走走，老這樣天天出工再埋頭拼命幹活也沒有人會送招工表來的。愛華穿上老隊長借他的一身衣，走了幾十里的山路到了公社，公社書記斜著眼看著愛華的空空兩手，十分不滿地問：「你就這樣來要招工表格？有你這樣要的嗎？你是知青嗎？我怎麼不認識啊？」愛華記著老隊長的話，十分恭敬地一再鞠躬懇求，書記才叫來文書看看檔案，步雲村有這麼一個知青嗎？文書查了檔案大吃一驚，這可是海外華僑的兒子啊，書記一聽，來神了：「哈，華僑？你可是真人不露相啊。這樣吧，念你是華僑，給你招工表的事可以考慮，不過嘛⋯⋯」「如何？」「我們公社窮，你也知道，公社開會連個鐘錶都沒有，聽說國外有一種表叫什麼『歐米茄』的，走的很準的哦，叫你父親支持一下公社的工作啊。」書記拍拍招工表又將它鎖進了抽屜。

愛華拖著疲憊的身體往回走著，他沒錢也不可能在鎮上的

飯店裡吃點東西，走到步雲山腳下天就黑了，胡亂在地裡偷拔了個蘿蔔，急急地往山上逃，這是愛華第一次偷東西啊。黑墨墨的山林裡不時地有鳥叫，蟲鳴，猛地刺啦啦飛起一大鳥，遠處山狗「嗚──嗚──」地叫著。愛華揀起一棍子，邊當拐杖邊防身，走至半山，看見拐彎處有一火把，映著老隊長那古桐色的焦急的臉，愛華再也忍不住地撲到隊長懷裡嚎啕大哭起來。

夜已很深了，可是疲憊的愛華無法入睡，點起松明火把，農村人沒錢買煤油都是這樣照明的，愛華趴在床上第二次寫信求父親幫助，請父親無論如何寄一塊「歐米茄」的手錶給公社書記。老華僑勃然大怒，這孩子怕吃苦也就罷了，竟然想出這麼個歪主意，還想賄賂共產黨的幹部，做人要表現好，要行得正，還怕無人識？過了幾天，愛華得到老父親一封超重的信，除了一通的大罵，還有一通的教誨，然後告知，愛華必須靠自己的努力鍛鍊、好好勞動，成為表現好的知青被招生招工，那時父親對華的下放鍛鍊就結束，才可以回到父親身邊協助父親經營公司，否則愛華就在農村呆一輩子吧。

日出日落，出工收工，愛華可以一天沒說一句話，連老隊長的問話都是點頭和搖頭。農村人再窮，也得設法維持家庭，養兩隻雞生蛋換點錢花，再則上山挖點草藥逢墟天賣，這些愛華都不去做了，愛華住的破祠堂都快倒塌了，不論是老隊長還是三姑婆叫他到他們家住，愛華都不去，隊長只好叫人砍了幾根竹子把後牆撐著。

愛華病了，病了三天的愛華被好心的三姑婆硬攙到門外曬太陽，三姑婆說曬太陽去黴氣，還端著一盆浸著艾葉的水為愛華擦臉擦身，口中念念有詞地嘮叨了一番，山裡人生病是吃不起藥看不起醫生的，自己拔些草煮了喝，曬曬太陽也就是了。說也奇

怪，經三姑婆這麼一折騰，再喝了一點地瓜糊糊，愛華真的清醒了不少。

　　生產隊一年就領二百來斤的穀子，病好後的愛華再也不採野菜和著米煮了，就剩下的那些米連吃了兩餐的白米飯。深夜，愛華點起一支松枝插在窗棱上，愛華寫了第三封請求信給爸爸：「爸，不論你認不認我，我現在最後叫你一聲爸爸，我知道你對我十分失望，我現在別無所求了，我只請求你能到我下鄉的地方看一看，到我的茅草屋看一看，替我謝謝老隊長和三姑婆們，我在農村那麼多年，實在是幸虧了他們的關心和照顧。當然，在你看到我這封信時，我已經不在了，我辜負了你對我的期望，我不是一個強者，可是我真的已經盡力了。我的墳在步雲山的山頂上，我會天天看著山下的盤山小路有沒有家人的身影，我知道你一定又生氣了，所以我在這只是請求，你可以來，也可以不來，是兒子無能，是兒子不孝。你也可以就當沒有我這個兒子，反正我也已經不在了……」

　　一架飛機在某省會機場降落，老華僑在他助理的陪同下走下飛機，坐在汽車上老華僑看著寬敞的陽光明媚的城市感歎地說：「不錯啊，和過去比進步很大啊。」隨著汽車進入了小縣城的路，越走山越多，路越窄，再從小縣城坐車到步雲公社，已經沒有了柏油路，坑坑窪窪的泥濘小路和衣裳破爛的人們讓老華僑緊鎖起了眉頭。從步雲公社到步雲大隊只能步行爬山，公社書記早躲開了，還算客氣，派了個小幹事帶路，老華僑在人們的攙扶下，慢慢地走上盤山路，幾十里山路走下來，除了一絲不掛的放牛娃，就見雜草樹木和蛇，天擦黑了才到村子，見到幾個面露菜色的只穿著褲衩勞動的男人和衣不遮體躲躲閃閃的婦女。

　　老人腳軟了下來：「兒呀，爸來遲了啊。三姑婆一邊哭一邊

數落著：「多乖的愛華啊，全村知青就數他最吃苦最能勞動了，全村知青都走光了，就剩他一個啊，有你這麼當爸的嗎？華啊，你爸他來了，他終於來了呀……」。說著，打開破祠堂，映入眼簾的是幾塊木版墊著土胚的床，一個破爛的百孔千瘡的棉絮，一個漏了底的臉盆，一個破木箱有隻老鼠從洞中探頭探腦地，打開箱子兩件衣服就像魚網一樣，兩片竹片各紮著一塊木版就是木屐鞋子了，老隊長只穿著褲衩一腳深一腳淺地從田裡奔來，拉著老華僑的手，哽咽得說不出一句話……

第三節　因受辱自殺或傷害他人的知青

在上山下鄉歲月中，還有一種悲愴現象，就是有的知青因為忍受不了旁人的造謠中傷或流言蜚語，而引發自殺或傷害他人的悲劇。在知青夢雪寫的〈「自絕於人民自絕黨」：知青血灑知青點〉一文中，就有這樣的事例：

王龍榮是上海知青，是一個喜歡唱歌和跳舞的活潑青年，他個高膽大，下鄉到步雲公社牛鳴大隊，牛鳴大隊是公社重點隊，有一新蓋的知青樓，住著四十幾個知青。大約半年後榮就被派往生產隊最深最高的大山和一個老農一起看守山林，他每星期出山一次背米背鹽啊什麼的，都是自己一個人拎著根打狗棍出入，大家擔心他一個人出入別被狼吃了，可榮說他有武功，狼怕他呢，他出山有時會帶只山雞啊，野兔啊的給知青樓的人打牙祭一下，他一到知青樓其嘹亮的歌聲和幽默的話語常引得大家笑聲不斷，整個知青點的人都聽挺喜歡他的。

下鄉第二年，生產隊重新選舉隊委幹部，榮被農民們選上當了生產隊保管，保管可是個重任啊，當然一定是要一個信得過的

人了。大家的糧食啊農藥啊化肥啊的可都在他的手上呢，榮從大
山裡調出來了，每天生產隊出工勞動還在腰間掛著一大串的鎖匙
象個管家婆似的，讓人一見他的模樣就更想笑了。

　　下鄉近兩年了，可以參加招工和招生的推薦了，因為榮表現
好，又喜歡唱歌和跳舞，所以公社準備選他為公社團幹的候選人
之一，就因為這，榮的麻煩也就來了。開始時有人說榮把穀子私
下裡給了和他比較好的農民家裡，後來就有人說榮利用職權只要
村裡的姑娘到穀倉領糧食就可以多拿，榮就乘機對這些姑娘們非
禮，農村女孩們為了多拿糧食只好忍氣吞聲，再後來就有鼻子有
眼的有名有姓的這姑娘那姑娘的就多了起來，榮好像成了個大色
狼了。

　　公社為了避免麻煩，也懶得調查落實，乾脆把榮的公社團幹
的候選人一撤了事。可對榮來說這哪能簡單了事的呢，本來就是
沒影的事卻因為被撤了候選人倒變成似乎有點啥事了，榮心裡當
然不服，就去找公社幹部理論，這公社幹部能讓個小知青來理論
的嗎？公社幹部是毛主席派來的，是毛主席給他發工資的，什麼
時候做什麼事當然是代表毛主席他老人家的，都是正確的啊。可
榮不願意這麼不明不白的，只好見人就解釋，逮人就講一通自己
的清白，直到後來龍榮就象魯迅筆下的祥林嫂似的嘮叨著停不下
來了。

　　就幾天的時間，榮整個人變得好像有點癡了，看見幾個人在
那說話，他就一定說大家是在議論他，看見有人笑就認為一定是
在笑他，可惜知青點裡大家都是一群還不懂事的孩子，不曉得他
這是病了，同情他的勸幾句，煩他的老遠就饒著他躲著他。

　　太陽照樣早早地出來，大家照樣忙著下田勞動，龍榮已經
幾天不出工大家也見怪不怪了，珠這天輪到她煮飯就在廚房忙碌

著，雪因為生產隊拖拉機壞了所以當出納的她勞動半途被隊長叫又回知青點宿舍取錢，雪經過廚房時和珠打了招呼然後就上樓到自己房間，雪才打開抽屜就聽見龍榮在樓下一聲極其恐怖地怪叫，雪從樓上往下喊珠問出什麼事了？珠也不知道，說好像是龍榮在叫，她們就都急忙往一樓西邊最角落龍榮的房間奔去。

到了榮的房間，榮站在門口，雪和珠同聲問：出什麼事啊？喊什麼？榮輪番地看了看她們，然後蹲下地上撿起一把柴刀，她們看見那柴刀上都是血，再看站起的龍榮才發現他脖子上開了一個大口子，大股的鮮血隨著他的喘氣一陣陣地往外噴，珠驚得大叫而雪卻失了聲，兩個姑娘互相靠著就那麼呆看著龍榮，不知停滯了多久，還是珠醒得快，一把扯了雪往山下跑，可雪的腿是軟的，跑不了幾步就跪跌在了地上，珠奮力地拉扯著雪往山坡下跑。

知青樓在半山腰，跑到山下才有一小學，小學有一煮飯的老阿婆，見兩姑娘跌跌撞撞地跑下來不由地拉住雪的手，關切地問怎麼啦？雪流著淚抱住阿婆一句話也說不出，珠放開雪說我找醫生就飛奔了去，老阿婆一邊為雪搂著淚一邊說：想媽媽了？吵架了？飯煮焦啦？沒關係，大家罵幾句就是了，別哭了啊，小小姑娘可憐見的。雪半依著阿婆流著淚努力想說話卻發不出聲了。

這時大隊長從遠處挑著擔子過來，看見雪的悽惶摸樣和衣服上掛著的血，當兵出身的他知道出大事了，一把拉過雪問，可雪只是流淚手指著山上無法出聲，大隊長轉身往山上知青樓跑，這時雪急得才憋出了一句「刀」！隊長一聽立即貓下了腰迂迴著前進。

聞訊陸續地趕來了不少人，可榮手握著柴刀，誰靠近就砍向誰，赤腳醫生背著個藥箱驚恐地站在遠處，雪和珠本就和榮是好朋友，她們束手無策地癱坐在草地上只是向榮喊著：「別這樣，

為什麼這樣？有什麼事不好說啊？你為什麼要這樣做啊？」。和榮最要好的李雄奔來了，雪和珠立即拉住他，叫他快救人。可榮已經神智不清了聽不見雄和大家的呼喊，一個勁地亂揮柴刀，無奈的李雄也和雪、珠一起哭跪在了草地上。

榮渾身是血還不停地在整棟知青樓由東到西奔忙著揮舞著刀阻止人靠近，似乎要拼死守護著這棟樓，血在不停地隨著他的喘氣噴灑著，大隊長連連叫「民兵集合！」可混亂的人群誰也不聽他的。後來榮大概是累了，無力了，他躲進了自己的房間，大家一起擁過去，推不開門，原來榮用背頂在門上，撞開門後看見榮柴刀掉在地上，手上握了把剪刀，他最後是用剪刀將自己的血管和氣管全部剪斷。

聽起來實在太恐怖了，是什麼讓榮對自己痛下狠手，我想是悲憤，是對用舌頭殺人的村民的憤怒，是要用一死來討還自己清白的決心……

榮的父親哥姐來了，雪和珠拉著老父親的手泣不成聲：我們是榮的好朋友，我們最早在他身邊，我們被嚇壞了，我們太無能了，我們不知道怎麼辦，對不起，我們非常愧疚沒能救他。老父親連聲說：該對不起的是我們，嚇著你們了，你們已經做了許多，已經盡力了。我非常感謝你們。淚眼人對淚眼人，傷心執手唯有淚千行。

上級通知：王龍榮不願意接受貧下中農再教育，自絕於人民自絕黨，行為惡劣。不准送花圈，不准開追悼會。大隊幹部悄悄告訴我們，你們自己組織送葬，我們就當不知道。於是大家買來了白紙，上山砍來了松柏枝，隊上會編籮筐竹鐵師傅的主動教我們做起了花圈，幾個木匠自帶木料來做棺材，淳樸的村裡人們連同隊的幹部悄悄彙集到知青樓，沒有哀樂，沒有悼詞，連哭都是

克制和壓抑的，無聲的淚送榮歸隱山林。真是冷雨秋風，荒草孤墳，何處話淒涼！

雲南兵團知青尹俊屏在〈一起驚動中央的「知青搶槍」事件〉也講述了一起知青因為受辱而引發「暴動」的驚心動魄故事：

「一袋花生」起衝突　一九七三年九月二十日上午，原雲建兵團三師十團（現德宏隴川農場）四營二連指導員從營部開會回來，因二連知青偷了九連一麻袋花生，他受到了營長、教導員的通報批評，並責成他嚴肅處理。他正黑著一張臉路過連隊的曬場時，兩個在揚場的成都知青不知就裡，開玩笑地說：「哎！指導員，你才安逸呢，我們在這裡累得滿頭大汗，你還操起手到處閒逛！」

這位平時還算溫和的指導員一聽，頓時勃然大怒，隨即叫來幾個老工人，沖進知青住的大草棚，搜出那剩下的半麻袋花生並與三個知青發生衝突。當在地裡幹活的知青返回來時，老工人們已跑光了，三個誓死悍衛花生的知青已被打倒在地動彈不得，其中一個被扁擔打斷了鼻樑骨，滿臉是血，慘不忍睹。

三個同伴遭此重創，知青當然不會善罷甘休。知青們迅速作出反應，不到一個小時就拉起一支好幾十個人的「精兵強將」，決定一不做二不休——搶槍！經過一番策劃，三個知青先是搶了保衛幹事的一隻手槍，並情不自禁地朝天連開三槍。

「知青暴動」驚動高層　老工人知道知青們要真的報復了，連忙把連隊的幾支三八步槍和一支美式衝鋒槍弄到手，準備抵抗。知青們見對方人多勢眾，趕緊從二連撤到四連，先把四連的幾支槍搶了；又找了一輛手扶拖拉機，從營部到三連、九連、一連⋯⋯一路上都直奔放槍的倉庫，共搶得23支步槍、2支手槍、1支衝鋒槍，3000多發子彈，耀武揚威地殺回二連。這時，老工

人已封鎖了連隊大門，知青們就在正對大門的牛廄旁搭起「掩體」，雙方在相距不到百米的地方展開對射。

正在這時，團長帶著一幫人馬趕到了，立即命令雙方繳槍。老工人服從命令繳了槍，但知青們卻趁機衝進連隊要抓打人兇手，還有人要燒老工人的房子。還繳了團參謀的手槍。

事件迅速上報師部和兵團司令部，驚動了雲南省委，直至黨中央國務院，連外國電臺也報導了「中國知青暴動」的消息。國務院發出緊急指示：必須儘快平息事件，但不准開槍、不准傷人，不准擴大事態。師政治部主任連夜趕到十團，會同團長、政委做知青們的思想工作。可無論怎樣努力，這些20歲左右的毛頭小夥子就是不繳槍，並揚言要上山當土匪，宣稱誰敢靠近一步就打死誰！

請纓前往平息「暴動」 我當時在三營任群工幹事兼營共青團工委副書記、團部團工委副書記，聽說此事後憂心如焚，主動請纓。下午三點，我一個人跑上獨立排的坡地。上面二三十個昏昏欲睡、疲憊地靠在一起的小夥子，看見我跑過去，陡然緊張起來，條件反射地端起槍。突然有人聲嘶力竭地大吼：「不准過來！再走一步老子就開槍了！」

我仍不停步，邊衝邊喊：「有膽量你就開槍，怕死我就不來了！」這時，有同學認出了我，趕緊打圓場；「哎呀！我們怎會打你嘛！」我走過去說：「你們也太不像話了！做事怎一點都不考慮後果。」

這時，有知青既委屈又憤怒地說：「我們也不想這樣，是他們逼的！」我便進一步勸說他們先把槍繳了，有話好好說，不要把事情鬧大了。要是真的動起手來，你們這幾十個人，二十來條槍，早就被解決了。要是再這麼執迷不悟下去，頑抗到底，只有

死路一條，誰也救不了你們！

大多數知青都覺得我說得有道理。於是我就趁熱打鐵，動之以情，曉之以理，苦口婆心地連哄帶勸，從下午三點一直說到天黑，他們終於同意繳槍，但還是提了一些附加條件，要求團首長立即答覆：第一，必須交出打人兇手；第二，事後不得追究任何人的責任，不得給予任何處分。

雙方簽寫「停戰」協議書 我立即跑下去報告團首長。首長們覺得合理的就可以接受，不合理的就不能遷就。打人兇手已經逃跑，即使不逃跑也不能交給知青處理。於是我又跑上去把團首長的意見轉達給知青們……這樣來來回回很多趟，當天半夜十二點多，「堡壘」終於攻破了。知青們便乖乖繳了槍。一場驚心動魄的突發事件就這樣平息了。

事後，團首長履行了承諾，沒有追究任何人的責任。當然也沒有追究帶著老工人打傷三個知青的指導員的責任。參與「拿槍」事件的知青通過此事吸取了教訓，大多數不再尋釁滋事、偷雞摸狗了，開始踏踏實實地做事做人，不少人還成了連隊的骨幹、駕駛員和教師。

幸而兵團各級領導頭腦冷靜，政策對頭，幸而當事人之一知青尹俊屏有勇有謀，及時化解了這場衝突，否則，這些搶槍的知青小命難保，事後也免不了要受到批鬥之苦。想想其後果真是令人不寒而慄……

第四節　因傷害他人罪過而喪失的青春

上海有位到江西峽江插隊的知青在〈那些已逝的知青戰友們，我們是不會忘記你們的〉的文章中回憶道：……我在修井岡

山鐵路時曾結識了一位相鄰大隊姓孫的知青，他是一位本分耿直而又心懷理想的人，因對我的經歷與為人頗感好奇，所以兩人之間的共同語言也不少，我們經常會在一起探討人生展望未來。可是令人扼腕的是，他那過分耿直的脾氣最後竟斷送了他的性命。

他從鐵路工地返回後不久，有一次大隊晚上放電影，許多知青因此聚在了一起。他在發給幾位熟悉的知青煙抽的時候沒有發給另外三位不熟悉的知青煙抽，於是那三位知青就上前強搶他的香煙，把他的褲袋也給扯破了。勢單力薄的他在盛怒下回家抄起一把斧頭再去與他們拼鬥，結果兩敗俱傷。他把一位知青的胳臂給砍下來了，他自己卻被另一位知青用鉤狀的茅刀在頭部砍了一個外觀刀口不大，其實內創較深的口子。縣裡來的救護車將他們兩人同時接走了，那賣相難看的斷胳臂知青躺在擔架上，而刀口出血並不多的他卻是坐在車廂裡的。

誰知車子在返回途中，司機突然看見山路上有一隻大甲魚在爬行，於是急忙停車去抓。因為剎車踩得太急，小孫本已受傷的頭部又在一根鐵杠上撞了一下。到了醫院後醫生又是先搶救那位鮮血淋漓被砍斷胳膊的知青，等到把那一位處理好再來搶救外部傷口並不大的他時，卻因顱內出血太多無法救治而一命歸西了。

為了幾支香煙而導致一死一傷三人入獄的慘劇，這樣的事情怎麼不讓人感到格外地痛心。若是要說罪錯全在他們四個人身上，我看也有失公允。在那種壓抑與浮躁並存的環境下，就是我這個頂著一口黑鍋、性格文靜、克制力也勝人一籌的人。那時為了自衛，為了生存也曾多次與人動武打架，更何況其他人乎？

在上山下鄉歲月中，這種因一時衝動或偶爾邪念走上犯罪歧途的知青，是最令人痛惜和痛恨的，那些被宣判死刑的人永遠沒有了青春，即使是被判有期徒刑的，等到他們刑滿釋放回家，也

早已錯過青春季節。隨之而來的人生也是相當可悲可憐。

知青河畔金柳在〈為愛，他打開了地獄之門〉回憶：戰友小聚。阿君說前兩天碰見了郝卉，差點沒認出來，郝卉已頭有白髮，略有陰鬱的臉上佈滿滄桑，沒有一點笑容，說話間游離過來的眼神好像並沒怎麼看你，但已經讓你感覺到她的拒絕，沒說兩句話，郝卉就離開了。阿君站在原地，目送著郝卉離去的背影，心中多了幾分無奈、悲涼、感歎。

自從返城後，郝卉從不跟任何人聯繫，以至於她什麼時候回京，什麼單位上班，家庭情況如何，沒幾個人知曉，回城的這些同學、戰友也很少見到她。對於這些我們非常理解，因為在她身上有座不能搬動的山，心上還插著一把帶血的刀，痛苦萬分地永遠糾結著……

事情發生在一九七〇年末，當時的黑龍江生產建設兵團正處在「屯墾戍邊，反修防修」建設鋼鐵邊防之際，下屬各團、連都積極回應上級的各種號召，狠抓階級鬥爭新動向，批判各種資產階級思想的抬頭。以知青為主力的值班連隊，配備有各種武器、彈藥，軍事化的管理和訓練，做到戰時能打仗，平時能耕田。在這濃濃的政治運動中，知青們都在努力學習，積極改造自己的世界觀，為建設鋼鐵邊防，隨時獻出自己的一切。北京知青郝卉也正是這千萬名知青中的一個，她性格開朗、活潑，幹起活來，從不落後。在那個年月，誰不願意進步呢？

武裝排的哈爾濱知青崇棟，家庭出身好，根正苗紅，說起來也是一個不錯的小夥子。在那個不允許談戀愛的季節，他卻從內心深深地喜歡上了郝卉，青春的萌動，按耐不住那顆看見郝卉時砰砰跳動的心，愛衝破了理智與紀律的約束，終於有一天，得到了一個非常好的機會，他悄悄地塞給郝卉一封求愛的信，發出了

他人生中唯一的一封情書。

郝卉那年也就剛滿十七歲吧，積極要求進步的她還是剛剛走出校園的學生，單純的還是父母身邊的嬌女，接到信後，嚇壞了、嚇懵了、不知所措。求愛，這不是腐朽的資產階級思想嗎？現正在積極爭取入團，哪能做這種齷齪之事呢？……經過簡單的思想鬥爭後，她把信交給了連隊指導員。

指導員看過信後，堅定地認為這就是當前階級鬥爭的新動向，是資產階級思想的抬頭，是腐化墮落的表現，不可等閒視之！於是，馬上召開全連大會，宣讀了這封資產階級的情書，進行了毫不留情地澈底的批判！

崇棟呢，懵了、傻了、暴怒了！這使他尊嚴掃地，與指導員當場大吵起來，會場騷動，指導員為了鎮住現場，制止叫囂，立即命令值班排的武裝戰士手持武器把崇棟當場抓了，關押起來。崇棟，這個不到二十歲的哈爾濱知青真的想不明白了，「愛，難道有錯嗎？」

看押崇棟的兩個知青，白天幹了一天的活，到後半夜也就不知不覺地睡著了。這時怎麼想也想不明白的、血氣方剛的、極要做人尊嚴的崇棟，失去了理智，他輕輕地拿起了看押他的人手中的衝鋒槍，直奔女生宿舍。天已經有些朦朦亮了，恰巧碰到一位上海女知青去廁所，看到崇棟面帶猙獰的臉和手中的衝鋒槍，立馬就嚇壞了，連崇棟問她郝卉住在哪間宿舍都沒來得及聽，就跑回自己的房間，關上房門急急地對宿舍人說：「嚇死了！嚇死了！」，同宿舍的女知青還沒明白怎麼回事，崇棟一腳踹開房門，端起衝鋒槍掃了過來……爾後走向曬場，曬場的豆秸垛在一聲爆炸中燃起了沖天大火。睡夢中的連隊被這突然的爆炸聲驚醒，人們紛紛起來救火。

　　宿舍的女知青們後來證實兩死（北京、上海女知青各一名）兩重傷，其她輕傷。曬場大火後發現了崇棟已經燒焦的屍體，後通知其家人收屍，親人們沒有來。郝卉自此被調往其他團，認識他的同學、戰友也就不知道她的下落了。

　　幾十年過去了。有一年，連隊指導員來京，與當時連隊的老部下們聚會，談起這件事的時候，指導員眼含淚水，非常痛苦地深深自責、悔恨。現在想起來，我們真不知道應該去怨誰？去恨誰？又去追究誰？只是那死去的已經不能再活。而活著的還要好好珍惜活著的日子。只是崇棟這個傻小子，為愛他打開了地獄之門，這麼多年了，不知道地下的他此時想明白了沒有？

　　看了這個故事，自由兄弟不由得也想到一件往事：當年在海南兵團時，連隊還有一個健壯如牛，綽號「方傻」的知青，一天黃昏之際從縣城回來，就在走到岔路陡坡之時，忽然看到一個黎族少婦蹲在路邊小解，而且正對著山路爬坡的上方。當他第一次這麼近距離看到女人迷惑的私處，一股控制不了的青春衝動，使他竟餓虎撲食般地沖了上去，強行將那黎族少婦拖入了路邊的草叢，然後迫不急待地扯開了女方的衣褲，足足折騰了一個多小時之久……

　　據說，當「方傻」第三次興奮地在女方體內發洩完了男性的欲望，從那少婦赤裸的身上心滿意足地站起來之後，忽然在山風中打了個冷戰，他害怕女方會尾隨自己跟到連隊，竟然愚蠢地又彎腰用拳頭將正在若無其事扣衣穿褲的少婦擊昏在草地，然後光著膀子，搭著上衣逃之夭夭。結果，昏倒在路邊的少婦被巡山狩獵的村民發現。此事很快就驚動了整個山寨。

　　當晚，眾多的黎族山民點著火把，扛著獵槍，帶著那少婦來到了連隊，很快，就將「方傻」從宿舍認了出來。幸虧團部的保

衛人員乘車及時趕到，不然，連性命都難保。當保衛人員問「方傻」為何會幹出這麼丟臉的事情？「方傻」有些後悔地說：「我也不知道是怎麼回事，當時看見那少婦私處，就只覺得自己下體那根東西像充血似的腫漲得難受，非得幹下去才會感到舒服，沒想到後果會這麼嚴重？」事後，海南兵團軍事法庭以強姦婦女罪，判了「方傻」八年徒刑。

後來聽說「方傻」坐了八年大牢出來後，因回城無望，在農場又屢受譏諷嘲笑，也找不到女人成家，悲苦無望之際，便悄然在熱帶雨林的一棵大樹上吊了結了一生。這，就是青春無知的代價！

遺憾的是，當時兵團各級領導對於知青這種青春期的生理和心理變化，普遍缺乏細心瞭解和人性關愛，甚至將知青中所表現的怪異行為斥責是小資產思想作怪，結果使一些患上青春期心理疾病的知青喪失了最佳治癒時間，釀成了難以挽救的人生悲劇。

知青我很較真在〈看看知青一代北京的六九屆〉說：……一九七四年我所在的內蒙古生產建設兵團二師十五團有兩起要案轟動一時，作案的、受害的都是六九屆的。北京108中一個六九屆的知青深秋時為了一隻價值120元的上海手錶，殺了北京116中一個六九屆的知青，當夜把屍體沉進深潭。13天後受害人的屍體面目全非地浮出水面。次年二月二日召開公審大會，槍決了二十一歲的兇手。

二月裡是大部分知青回城市探家的時候，公審大會很是冷清。我所在的連隊尚有沒有回家的勞動力在，所以男生被派去為死刑犯挖坑，女生被派去維持會場到刑車之間10來米距離的秩序。

我和同學們到刑車跟前時公審大會正在進行，禮堂的側門關

著，我們聽不見什麼，就踢沙包就地取暖。忽然，保衛幹事高喊「拉手拉手」，門嘩地開了，氣氛一下森嚴起來。帶重銬的死刑犯被帶白手套的軍人拖著，跌跌撞撞走向刑車。

近距離地看見自己的同學那沒有血色的死灰般的臉，聽見鐐銬發出的讓人毛骨悚然的聲音，一個六九屆的同學忘了她的任務，哇地叫了一聲撲進我的懷裡，緊緊地摟住我。我個子大些，但同樣是六九屆，看到這樣的場面也手腳冰涼牙齒打顫。死刑犯不知為什麼流了許多口水，前襟都是濕的。他被拉到兩裡地以外的七號地槍決。

事後，由於天氣過於寒冷，據說連裡去的男生用鎬頭破土很困難，坑就挖得草草了事，長度不夠，受刑的人下葬時相當費勁，足端埋得過淺，棉鞋當晚就讓當地的老鄉脫去了……

楊立偉在〈三發子彈讓知青劉國興在玩笑中斃命〉說：十七連，依水傍山，門前左側是一塊7000多畝的大崗地。在六十八團這個新建墾荒團裡，是個發展較快的地方。

這年夏天，六十八團從哈爾濱接收了1000多名中學畢業生，劉興國和郝強就這樣來到邊疆，分到十七連。他倆來自同一個學校，同一個班級。劉興國，高個子，細眉大眼，胖胖的臉上總帶著微笑，在學校是班級團支部書記，是主動帶頭響應號召到邊疆來的。郝強，小個子，又黃又瘦，一雙小眼睛分外透著機靈，從小就是個淘孩子，他來邊疆全是因為劉興國。因為他倆從小一起長大，感情深厚，劉興國報名下鄉他也要報名，他媽媽不讓，把戶口本藏起來，他硬是給偷出來去報了名。

兩個都是剛滿十七歲的大男孩，到邊疆兩個多月來，整天吃住工作都在一起，形影不離，又老是你推我一把，我捶你一下地打打鬧鬧，連吃飯和上床睡覺也不老實。

　　十七連距離中蘇邊境只有幾公里，是武裝連隊，知青宿舍裡就有槍架，上面那一排烏黑發亮的槍支對這些十七、八歲的小夥子該有多大的誘惑力！雖然連隊對槍支管理有嚴格規定，小夥子們還是常常拿起槍來玩，反正槍裡也沒子彈，怕啥？

　　夏日裡一個炎熱的中午，剛吃過飯，劉興國和郝強兩人到樹林裡玩。在小水溝旁，郝強把一塊土坷垃丟進水裡，「撲通」一聲，水花濺了劉興國一臉一身。劉興國顧不上擦臉，返身就來追郝強，兩人你追我跑，一前一後直跑回連隊，沖進宿舍。

　　郝強一把抄起槍架上一支衝鋒槍，緊跟著跑進來的劉興國也抓起一支步槍，「不許動！」郝強「嘩啦」一聲拉開槍栓！劉興國也不甘示弱，也「嘩啦」一聲拉開槍栓，一步步逼近郝強。

　　「站住，不然我要開槍啦！」郝強虛張聲勢地嚇唬著對方，那時能看到的反映革命戰爭內容的電影裡，這種場面太多了，那時的男孩子沒有不會模仿這個的。

　　「我怕你？我還要打你呢！」劉興國笑著說，

　　兩人同時舉起槍，對準對方！

　　「唭噠！」劉興國扣動扳機，放了一聲空槍。

　　郝強也扣動了扳機。「嘟嘟嘟……」三發子彈飛出槍膛！震耳欲聾的槍聲回蕩在幾十平方米的宿舍裡，刺鼻的火藥味頓時彌漫在空氣中。郝強拿著的那支槍裡不知誰什麼時候壓進三發子彈！劉國興應聲而倒，肚子上和前額頭各中一槍，當即斃命！

　　瞧，這就是年輕無知的代價！在網上，我搜索到了一九七四～一九七九各年度全國上山下鄉知識青年在落戶地死亡人數統計：

　　一九七四年死亡人數合計3118人。其中：非正常死亡1752人，占死亡人數56.2%；

一九七五年死亡人數合計4299人。其中：非正常死亡2689人，占死亡人數62.5%；

一九七六年死亡人數合計6758人。其中：非正常死亡4970人，占死亡人數73.5%；

一九七七年死亡人數合計5111人。其中：非正常死亡3051人，占死亡人數59.7%；

一九七八年死亡人數合計4150人。其中：非正常死亡2290人，占死亡人數55.2%；

一九七九年死亡人數合計2254人。其中：非正常死亡1147人，占死亡人數50.9%；

六年死亡人數合計總計25690人。其中：非正常死亡15899人，占死亡人數61.9%。

編制說明：這些死亡人數不包括失蹤人口。除因先天性或獲得性一般疾病逝世外，正常死亡還包括地方病致死、自然災害發生時的非因公或因工致死等。非正常死亡人數，主要由自殺致死、在政治運動中被迫害致死、被刑事犯罪傷害致死、在救災或減災中因公犧牲或因工殉職、勞動事故傷害致死以及在落戶地發生的意外事故致死等原因構成。

讓人相當遺憾的是，我無法找到一九七四年以前近二十年全國迫害知青案件在落戶地死亡人數統計的資料，但是，僅從以上六年的資料我們就可以看到，知青作為共和國的一個獨特的群體，與其他社會群體一樣，都經歷十年文革浩劫的迫害。其一路經歷的種種坎坷屈辱，都概括地證明了這是一個極為悲愴的群體！……

第五節　因一句話引發的三條人命血案

　　在那個瘋狂血腥的年代中，知青因偶然言行而受到殘酷批鬥迫害的事屢見不鮮，但如重慶知青綽號「五一六」的遊登柱，僅因為毛澤東逝世時說了一句：「毛主席逝世了，沒有人管咱知青的事了」，即被人陷害打成反革命遭毆打批鬥，甚至動用武力圍攻，最後引發三條命案的悲劇卻十分罕見……講述這個悲慘事件的是他們的戰友原雲南河口農場的北京知青老姜（天之歌），以下是故事摘要：

　　……老朋友不願談起痛苦的往事，也勸我多想些快樂的幸福的浪漫的事，可我卻不能，我忘不了死去的知青戰友，他們孤獨地長眠在雲南邊陲的山溝裡。他們中有為愛情投河的重慶女孩，有因抑鬱絕望而開槍自盡的北京知青，有因車禍犧牲的昆明知青，有在自衛反擊戰中給部隊帶路而被前線部隊誤殺的重慶男孩，更有被因為一句平常話而被打成反革命最後被迫開槍自盡的綽號為「五一六」的重慶知青游登柱，還有在圍殺「五一六」中被「五一六」不得已而擊斃的重慶知青葛代華——他是個書法愛好者，跟我是不錯的朋友。

　　而「五一六」則被另一位抵近射擊而被「五一六」不得已而擊斃的退伍軍人袁成科的親屬用繩索套住脖子，用牛把他的屍體像拉柴火一樣拉到荒山溝裡，埋在膠林下的樹林裡，連腳都裸露著。他是開槍自盡的，而法院的佈告說是被擊斃的，不準說是自殺的——子彈從下鄂穿過頭顱，左眼及左半天靈蓋已經被打飛。

　　他被打成反革命的原因，僅僅是因為在毛澤東同志逝世後說了一句「毛主席死了，沒有人管咱們知青了」，而保衛幹事屏克

勝則說他說的是「毛主席死了，沒有人管得了咱們知青了」。於是把他抓起來刑訊逼供，營部警衛排的人心狠手毒，把它反綁著吊起來毒打。他拒不承認自己說過「沒有人管得了咱們知青了」那句話，所有在場知青都做證他沒說過那句話，然而領導一口咬定他說的就是那句話，認定他是反革命份子，收押在場部監督勞動改造。

於是，「五一六」絕望了，面對一群安慰他的知青，他含著眼淚沮喪地說：「他們非要把我打成反革命分子，我這輩子註定是完了！」後來他趁去衛生所看病的機會偷偷跑回了連隊——他們連是武裝連，每人都有槍支：半自動步槍或衝鋒槍，他提了自己的半自動，壓了十發子彈，抓了一把麵條，跑到了山上。據說他想回他的老連隊三連，但很快就被發現，營部立即調集所有民兵上山圍捕，封鎖了所有路口，把他圍堵在邊境線上。

連隊離邊境線只有兩三公里，那是一條界河——八字河，窄的地方不到十米寬，很容易游過去。然而，他不願過去，也不能過去；因為過去就意味著叛國投敵——那就真成了反革命，萬劫不復。我們不知道他提著步槍，面對著清清的八字河想了些什麼，他一定是百感交集，悲憤交加，惆悵迷惘⋯⋯不過有一點是可以肯定的，那就是他很清醒地知道，自己決不能跨過國界一步。跨過國界就是死路一條，而回到連隊則還可能有生的希望，還可能有迴旋的餘地。

茂密的原始森林，要躲起個把人來是一件很容易的事。草叢樹木岩石洞穴，為他提供了絕好的藏身之地。他小心翼翼地隱藏著自己，謹防自己被人們發現。他隱藏得很好，搜捕的隊伍就從他附近走過，而他卻安然無恙。他屏住呼吸，緊緊地握住步槍，右手食指扣在扳機上，槍口隨著搜捕的人們。他從準星的缺口裡

看見了一個個熟悉的身影，自己的知青戰友──重慶的、北京的、上海的，還有那些老工人和他們的子女們，他們提著半自動或衝鋒槍在小心翼翼地搜索著五一六的痕跡。

忽然，他的視野裡出現了營長的女兒的身影，他瞄準了她，扣住扳機的食指緊張了起來，他槍法極好，據說立姿無依託百米可以打十環。如果要打，可以一槍斃命。可是他沒開槍，他不願殺害無辜，儘管他父親對他成為反革命有責任，可她不是迫害他的兇手。再說，他一心希望自己可以能昭雪平反，摘掉反革命的帽子。所以不到萬不得已，他是不會開槍的，因為槍一響，他就再也沒有回頭的機會。於是他小心翼翼地躲著藏著，在山林裡躲避著民兵的搜索。

天上下起了雨，他渾身上下都濕透了，麵條也成了麵團，不敢生火，害怕暴露，只能生吞麵團充饑。後來又不慎踩到了馬蜂窩，被蜇得到處是傷，一條腿腫得簡直不能走路。他絕望了，只好抱著一絲僥倖，半夜時分一拐一拐地悄悄地潛回了連隊，回到自己的宿舍。

同住的重慶知青們又驚又喜，趕緊找衛生員要來止痛藥，可是他不敢吃，唯恐是安眠藥，吃了一旦睡著了便被活捉。弟兄們煮了麵條給他，他實在餓壞了，顧不得有無安眠藥，一通狼吞虎嚥。他一隻手夾麵，另一隻手卻扣著半自動的扳機，唯恐別人趁他吃飯時對他下手。其實大家對他都很同情，沒有害他的意思，不過他的警惕也是可以理解的，畢竟是在生死關頭，不得不防。吃完了，他緊握著半自動，跟大家講起了在山上的經歷，講了他看見營長女兒的事，講了自己的打算。他說，只要不把他打成反革命，他就放下武器。他讓戰友們轉告連隊和營部領導，他要和他們談判。如果他們怕死，可以隔著牆在隔壁房間跟他談判。

　　這時候，消息已經傳遍連隊，營部領導也已經趕到九連，把九連圍得鐵桶一般。可是那些領導也許是膽小鬼，也許是不敢承擔責任，誰也不敢出頭露面。弟兄們勸他放下武器，認為他即使被打成反革命也不至於判死罪。可是五一六已經徹底絕望了，反革命的罪名是他絕不能接受的，他決心抵抗到底。於是，他讓大家離開房間，自己留在屋裡，決心以死抗爭。大家很難過，明知道這就是生離死別，可是無可奈何，只好含淚離開了房間，留下了「五一六」一個人。他把所有的被褥都搬上了頂棚，用水澆濕，當作掩體。自己躲在上面，準備抵抗到底。

　　今年知青聚會，一個老知青問我是否有「五一六」要求談判一事，還問如果能夠談判，是否可以免除那場死亡三人的災難。「五一六」要求談判一事是毫無疑問的，如果真的能通過談判解決問題，即使是使用誘騙讓他放下武器，也是一件好事，至少可以保住三個人的性命。因為即使到了那個地步，五一六也沒有犯下死罪，也就是說罪不至死，而另外兩個所謂烈士也就可以避免無謂的犧牲了。而所謂反革命的「事實」本來就是捏造的。

　　後來才聽說，保衛幹事屏克勝在連隊當指導員時就想方設法挖空心思搜羅知青的各種「罪狀」，連知青的揩屁股紙他都要弄去看個究竟，甚至會趴窗子偷聽知青吹牛聊天。就是這樣一個人，一手製造了「五一六」的冤案。

　　而當時的八營的領導，對「五一六」的死也負有不可推卸的責任。如果他們稍微有點實事求是的精神，也不至於造成這個冤案。當然，在那個沒有法治的時代，在那個是個領導就可以草菅人命的時代，在那個天高皇帝遠的地方，出現這種事是一點也不奇怪的。這一點我們稍後再談，現在還是回到「五一六」事件的現場來。

　　要瞭解那天的整個過程，首先還必須說一下當時的地形。「五一六」所住的房子是九連自建的紅色磚瓦房，三面都被林地的梯田擁抱著，房後緊靠著山坡是一排竹籬笆蓋的各家的伙房，伙房與住房之間有條窄窄的通道，像一條小胡同。民兵包圍房子之後，在房子左面的山包架了一挺機槍，斜對著「五一六」所在的房子的屋頂，另一挺在「胡同」左邊盡頭處，正對著「胡同」，以防「五一六」竄進伙房。後面的山坡林地裡佈滿了民兵，步槍衝鋒槍機槍密密麻麻，嚴陣以待。房子前面是一個操場，操場前是一條小河溝，河溝緊貼著通往營部和邊境的農場的公路，越過公路就是九連的連部，緊靠著林地。也就是說，這排房子就處在兩山夾一水的夾皮溝裡。在房子的南邊緊靠著河溝有一個豬圈，當時的營長等人就提著槍在那裡督戰。總之，那排房子被包圍得如同鐵桶一般，「五一六」是在劫難逃了。

　　對於領導來說，那是一個充滿焦慮的難眠之夜。而對於「五一六」，那是他人生的最後一個夜晚，也許是最長最難熬的一個夜晚。我們無從得知他是如何熬過那個夜晚的。也許，他在回憶自己短短的卻不幸的人生（據說他是被抱養的，不知道自己的親生父母是誰），也許他在回憶著這段從天而降的滅頂之災的前前後後，心中充滿了痛苦仇恨和憤懣，也許他已經什麼都不再思考，靜靜地等待這他生命中的最後一個黎明和日出——他談判的要求被拒絕，而他絕不願意背負反革命的罪名，他決心以死明志，以死抗爭。或許，正因為決心已下，生路已絕，此時他反而心懷坦然，平靜地等待著生命盡頭的到來。也許，他還懷著一絲希望，希望能有貴人從天而降，帶給他一線生機……

　　然而，從他提槍出逃的那一刻起，或者說從他說了那句倒楣的話被保衛幹事聽到之後，他的人生悲劇就已經註定。有人認

為，他的思維方式太過於絕對，一根筋鑽了牛角尖，如果他不鑽牛角尖，不計較反革命的罪名，不提槍出逃，那是不會走到絕路的。我不知道該如何評價這些看法，只想說那個時代被戴上反革命的帽子是一件很要命的事情，連很多老幹部老知識份子為了捍衛自己的尊嚴含冤自盡，以死抗爭，那麼一個小小的知青「五一六」又有什麼辦法保全自己呢？當然他可以隱忍偷生，在槍口下屈辱地活下去，等到平反的那一天——那一天應當是很快就會來到了。

可是，並不是人人都會那麼想，都能夠背著反革命的罪名屈辱地活下去。也許是「五一六」性格決定了他不幸的命運，不是所有人都會隱忍偷生的。他的抉擇，正反映了那個時代對人權對生命的踐踏，從這個意義上說，他的抉擇正如老舍先生等人的抉擇一樣，是一種無奈的抗爭。他寧願死去而不願背負反革命的罪名，他用自己的生命捍衛了了自己的尊嚴。

天亮了，當南疆山澗的霧嵐散去之後，「五一六」人生的最後一天開始了。營部領導用廣播呼籲「五一六」放下武器，繳械投降，當然，絕對不會有不將其打成反革命的承諾。對此，「五一六」只能報以沉默。九點左右，隨著一聲清脆的槍聲，各種武器一起開火，圍剿「五一六」的戰鬥開始了。有人說是「五一六」先開的槍，我們無從考查，我們唯一可以斷定的是，無論如何，圍剿的戰鬥是無可避免的，「五一六」開不開槍都是一樣的，而他根本沒有搶先開火的必要，因為那些把他打成反革命的領導以及毒打他的警衛排的人都不在他的視野裡，他們躲藏的很好。營長一幫人躲在豬圈那裡，「五一六」根本看不見。既然看不見這些人，他也就沒必要開槍了。何況他還懷有最後一絲生的希望呢！

二百多支步槍衝鋒槍機槍一起開火，槍聲響成一片，打得「五一六」所在的那間房子的屋頂瓦片橫飛。有人是基於對反革命的無比仇恨，懷著捍衛毛主席革命路線的真誠而射出子彈的，也有人純粹是為了過槍癮而亂打一氣的，也有不少人則是因同情「五一六」而朝對面的膠林猛烈開火的。

十一點來鐘，退伍戰士袁成科，手持五零式衝鋒槍抵近「五一六」所在房間的後門右側，倚著門框向頂棚上掃射，一口氣打完一梭子。他退回來換上彈夾，又將槍口伸進門框準備掃射，可是「五一六」的槍口早已對準了門口，沒等袁承科反映過來，「五一六」一槍打中他的左頸，他登時翻倒在地。後邊的人趕緊將他拖了回來。子彈從打穿左腕射入左胸，從後背穿出，形成一個大洞。人們七手八腳將他拉出來」，但已經無力回天，抬出胡同不久就嚥了氣。他死後留下了三個年幼的孩子，還好，農場把他們養到了十八歲。

後來還有團裡一位保衛幹事從前門用手槍向「五一六」射擊，結果被「五一六」如法炮製，一槍打在他的小臂上，據說子彈從兩根骨頭之間穿過，也有的說打斷了骨頭。最好笑的是另一個保衛幹事從前門口往裡扔手榴彈，回來發現腿上在流血，一摸屁股，疼得呲牙咧嘴，原來屁股上挨了一塊彈片——自己扔的手榴彈竟然炸了自己的屁股。

下午四點左右，九連的重慶知青葛代華提著手榴彈到前門，勸「五一六」投降，說是不投降就扔手榴彈了。「五一六」說，大家都是知青，無冤無仇，何必相煎太急！並警告他說：「你娃再投，老子就不認人了。」可葛代華不管三七二十一，扔了兩顆手榴彈進去。

投完手榴彈後，他撤到左面山包上的那挺機槍旁，抽出一

支煙，跟旁邊的人說：「手榴彈聲音太響了！太累了！」話音才落，「五一六」的槍響了，正打中他人中穴，他頭向後一仰，當即斃命。葛代華是個挺文靜的孩子，喜歡書法，常來學校找我玩，死時他的一本《毛主席詩詞隸書字帖》還在我的手裡，我還寫上了「烈士遺物」，保存起來。後來搬家，連同另一本字帖不翼而飛。每念及此事，總有無限傷感。畢竟是一條年輕而鮮活的生命，就這樣命喪黃泉，殊為可惜可歎！

此後，沒人再敢抵近射擊或投擲手榴彈。農場曾經求助當地駐軍請他們用火箭彈攻擊，結果人家不予理睬。大概五點多鐘，守在胡同口的機槍射手突然發現「五一六」一手提著步槍，從房間窗口裡跳將出來，衝向對面伙房。他立即一頓猛烈掃射。但門口距伙房只是一步之遙，「五一六」一下子就竄進了伙房。不過那伙房的竹籬笆畢竟擋不住子彈，他還是被擊中了腿部。他本來就已經受了傷，因為他所在的房頂早已經被打得稀巴爛，現在又被機槍射中，已經毫無反抗之力──他已經走到了人生的盡頭。

然而，人們並不知道「五一六」受傷的具體情況，再說伙房是互相連接在一起的，每間伙房之間就是一層竹籬笆，他完全可以很容易地從這一間跑到另一間。因此，人們無法肯定他躲藏在哪一間，於是也就不敢貿然攻擊。可是天色漸晚，再拖下去到了天黑，那就很可能讓他逃脫。經過研究，領導們決定每間房子派一二人，從後視窗一起向伙房掃射。很快，民兵們進入各個房間，一聲令下，衝鋒槍一齊開火。

硝煙過後，大家一起衝進各自對面的伙房。人們這才發現，「五一六」靜靜地坐在地上，背靠在灶臺上，步槍槍托朝下，倚在左腳邊；槍口指著下顎，子彈就從下顎打進了頭部。他屍體已經僵硬，原來他早已開槍自盡多時了。後來子彈掃射的，只是一

具冤死的屍體罷了。據說他全身是血，右手小指、無名指、中指不見了，右腿膝蓋被擊中，大腿、小腿錯了位。還有人說由於屍體僵硬，五零式衝鋒槍的子彈已經打不進肉裡，露著半截在外邊。

後來，「五一六」被袁成科的一個親戚用繩子勒住脖子，用牛象拖柴火一樣從胡同裡拖了出來。記得，「五一六」左眼和同側的天靈蓋已經被子彈打飛，其狀慘不忍睹！一個才十五六歲就被上山下鄉運動從重慶拋到邊疆的孩子，就這樣成了那個時代的冤魂！他死後被用牛拖著埋在了九連附近的山溝裡。有人說被大卸八塊，埋在荒山溝裡。後來，被他的知青朋友們埋在了另外的地方。

儘管這樣慘死，後來農場還召開了大會，貼出了河口法院的佈告，宣佈他是反革命，罪該萬死。領導還特別強調是被擊斃，不准說是自殺。我當時憤憤不平地對弟兄們說：「他坐在地上，子彈從脖子下面打進去，不是自殺是什麼？難道那子彈是導彈，還會拐彎不成！」然而，在那個連隊幹部就可以因為一句話致人死地的年代，人們有理又能到哪裡去講呢？

「五一六」死時，才僅僅二十出頭，正是風華正茂的時候！上山下鄉運動本來就是一場鬧劇兼悲劇，對於很多人來說那是一場揮之不去的夢魘，對於「五一六」來說，那更是悲劇中的悲劇了！這不僅僅是他個人的悲劇，更是那個時代的悲劇！

據說，八十年代「五一六」的父親到河口申訴，農場終於給「五一六」平了反。這讓人感到一絲欣慰，「五一六」在天之靈終於可以擺脫「反革命」這樣讓人永世不得超生的罪名了！然而，袁成科和葛代華九泉之下又該怎麼想呢？他們不是也犧牲得很有點冤枉嗎？他們當時一起被追認為烈士，葬在河口烈士陵園。

　　然而據說是上邊沒同意，還聽說八營把圍剿『五一六』一事當成經驗在師以上大會介紹時，有高一層的大官指出；動用了那麼多人，用了那麼多子彈還用了手榴彈才打死一個，自己還死了倆（而且所謂被擊斃可能是自殺的）。這怎能叫經驗？可能受這位高層的定調，兩個無辜的犧牲者最後也沒追認烈士。一九八〇年農場通知家屬，他們被從烈士墓遷回了農場墓地。生前他們三人同根相煎，同赴黃泉，如果真有陰間，死後他們能泉下相見，真不知道該是什麼滋味！

　　一場悲劇，三條無辜的生命，其中兩個是尚未成年就被上山下鄉運動從山城重慶發配到河口的僅僅有小學文化水準的「知識青年」！在飽嘗了邊疆艱苦生活之後，他們竟然這樣血灑農場，悲慘地把年輕的生命留在了南疆的山林裡。而兩位英勇獻身的朋友，卻連烈士的名分也沒有得到，不能不讓人感到悲哀和憤怒！

　　很多年了，「五一六」一直在我的心靈深處，每想到此事常常會夜不能寐。我一直想把這件事寫出來，似乎我承擔著一種義務和責任，似乎不寫出來就對不起那些死去的戰友。可每次想動筆時，又常常不知該如何下筆……

　　不過，到底還有當年的戰友們記得這些悲劇，並督促我把這些悲慘的往事寫出來。於是我終於提起了筆，鼓足勇氣寫出了這些文字。老實說，寫這些東西並不是一件輕鬆愉快的事，悲傷憤怒始終伴衝擊我的思緒。不過，我終於在「五一六」逝世三十二年之際寫完了這個悲慘的故事，放下了壓在自己心中三十二年的那塊沉重的石頭，擺脫了那種讓我悲憤不已的夢魘。願三位戰友的靈魂在九泉之下安息！

　　對此，雲南兵團知青大勐龍跟帖道：天之歌描述的〈知青魂〉，讓我心驚膽戰。在這之前，我曾聽河口農場八分場的重慶

男知青「洪司令」講述，也和八分場黨委副書記，重慶女知青蔣某，探討過「五一六」事件的起因後果。他們只給我說，在那個時代，發生了這件事情並不奇怪。我想，這件事情遠不如東風農場十分場六隊，一個上海知青用兩把「五三式」衝鋒槍掃射連隊，當場打死三人、重傷五人的刑事事件。那個叫顧申的上海知青，要不是衝鋒槍卡殼，那晚在操場上政治學習的90幾人，死傷更不得了⋯⋯

說實話，在上世紀七十年代的雲南農場，有好多被處分、捆綁、吊打的重慶知青，都是想拖一枝槍跑越南、進老撾、入緬甸，但「投敵叛國」的罪名，使我們望而卻步，特別是要牽連父母、兄弟姐妹，哪一個敢叛逃出境呢？⋯⋯我敢說，在雲南邊疆，犧牲的重慶知青不只是「五一六」，還有「六一六」、「七一六」等，他們長眠的紅土高原，鮮血滋潤的紅土，最終釀成了上世紀七十年代末期的返城大罷工，這是一種必然規律，也是一種必然趨勢。所以，「五一六」的血並沒有白流，他是我們這一代人銘心刻骨永遠的記憶。

第八章
幾起震驚華夏
謀殺陷害知青的大案

第一節　因反對林彪而慘遭槍殺的知青勇士

　　知青作為文革中被流放的悲愴群體，在經歷了熾熱的瘋狂和迷茫的困惑之後，必然要對自身悲愴的命運進行思考。在那個紅色恐怖的年代，數千萬下鄉的知青群體中，有這樣一部分思想敏銳，有政治責任感的人，他們在思想被高度禁錮之下，在政治高壓之下，仍舊敢於獨立思考，敢於衝破阻力，發出不同的聲音。而這些人，在那樣一個沒有法制，不允許有獨立政見的年代，必定會給自己帶來牢獄之災，甚至是殺身之禍。南京知青陳卓然就為此付出了年輕生命的代價。

　　據林鐘光在〈陳卓然「2.12反革命案」〉介紹：陳卓然別名許卓然、陳巔，一九六八年自南京市八中高中畢業後赴江蘇省洪澤縣人河公社插隊落戶。家庭和個人的坎坷經歷促使他的思想很快成熟起來。他與一同插隊的好友蘇小彬（蘇曉兵）聚在一起時，經常交換對「文化大革命」和接受「再教育」的看法，對極左路線摧殘文藝、迫害知識份子的種種行徑強烈不滿，為大批老幹部遭受迫害鳴不平。

　　「文革」中的南京，作為「中華民國」時代的首都，成為

抓階級鬥爭、揪階級敵人的重點地區。「四人幫」及其在江蘇的代理人、追隨者曾散佈「潛伏在南京的敵人有幾個師，反革命多如牛毛」的謬論。他們利用手中的權力亂捕亂押，搞法西斯式的審查方式，用棍棒和酷刑打出了許多「反革命」。他們把一些反對林彪、「四人幫」的志士誣為「反革命」，定罪判刑；把一些早已定案處理過的老賬，翻出來重新加重處理；把一些無意損壞領袖像、錯喊口號、錯寫字句的人無限上綱，定為「反革命」；甚至對精神病患者的胡言亂語追究刑事責任，作為「反革命」懲辦；還有的無中生有，以莫須有的罪名判刑。浦鎮車站某工人因為說了「毛主席紅光滿面，林彪骨瘦如柴」這樣一句話，就被定為「反革命」，判刑五年。南京鐵路建築段某工人在一座土窯西側工作，窯裡冒煙，因為刮東風而弄得他滿身煙灰，他說要刮西風就好了，於是被扣上與「東風壓倒西風」的主席語錄唱反調，判處管教三年。此類冤案，為數不少。冤獄頻興，使人們三緘其口，勇敢者則忍無可忍，奮起抗爭。

一九七〇年二月十二日《新華日報》頭版重新發表「千萬不要忘記階級鬥爭」的語錄，以及該報評論員文章〈迎頭痛擊階級敵人的進攻〉，號召「掀起一個大檢舉、大揭發、大批判、大清理」的高潮。處在「黑雲壓城」的險惡形勢下，陳卓然、蘇小彬決心起來鬥爭。當天夜裡，他們用剪刀剪下報紙上的字，拼合成六條標語，貼到南京市的主要街道上。標語的主要內容有：「查金華烈士永垂不朽！」「我們要真正的馬列主義！」「打倒林彪！」「打倒江青！」等。查金華烈士是南京市「一打三反」運動中第一位殉難者，僅僅因為他組織了一個馬列小組，用馬列主義的觀點對現行政策提出了一點懷疑，就被處以極刑。（查金華烈士的個人專題資料未搜索到，敬請網友幫助！——林鐘光注）

標語的內容鮮明而激烈，猶如刺向如磐黑夜的利劍。它言人之欲言而不敢言，極富鼓動性，因此成為限期偵破的大案。三月六日，兩人被捕。一個卑鄙的知情者為了保全自己告發了他們。

在四月二十八日公判大會上，陳、蘇等人鎮定自若，當陳卓然看到那個賣友求生的告密者時，憤怒斥責道：「總有一天要跟你算帳！」突然正義之聲中斷了，看守狠狠抽緊了勒在他脖子上的一根尼龍繩，這也是七〇年代的新刑具。大會宣佈，陳卓然被判處死刑，立即執行；蘇小彬被判有期徒刑15年。同案受牽連的還有王茂雅（陳卓然女友），陳美麗（陳卓然妹妹），倪寒予等人。後來，王茂雅因精神失常而自殺身亡，蘇小彬在勞改期間被機床弄瞎一隻眼睛。

在「文化大革命」的無數冤獄中，陳卓然、蘇小彬等人不是最早的罹難者，但他們對極左勢力奮起鬥爭的勇氣和鬥爭的鮮明政治性質，在一代知識青年中，是出類拔萃的。

就在殺害南京知青陳卓然不久，寧夏也發生了謀害知青的所謂「共產主義自修大學——現行反革命集團案」。據阮耀鐘在〈向革命青年吳述森、魯志立、吳述樟致敬〉介紹：

一九七〇年八月，寧夏回族自治區宣判了「現行反革命集團」的「共產主義自修大學」一案，迫害了13名青年，其中吳述森、魯志立、吳述樟三人被判處死刑立即執行。遺憾的是，我搜索不到這三位烈士的個人資料，只能作一篇文獻綜述。

一九六九年十一月，這13名大學和中學生畢業不久，就在城市工作或在農村插隊的寧夏青年，成立「共產主義自修大學」，閱讀馬克思、列寧和毛澤東著作以及中外歷史著作，思考和研究現實問題並自辦《學刊》。他們中年紀最大的二十六歲，最小的二十一歲。在學習和探討中幾位青年對林彪的某些講話表示了鄙

視，對某些時弊進行抨擊。自修大學主要成員吳述森對林彪一九六六年五月十八日的講話評論道：「林彪沒談一點馬克思主義的理論，大談政變歷史，純粹是封建社會那一套，這個人不學無術，搞爭權奪利。」「林彪根本就不是一個馬克思主義者。」另一位成員魯志立撰寫的文章〈什麼是法西斯主義〉抨擊政治和思想專制主義。他們上述這些言論，在網上很難搜索到，我是費了九牛二虎之力，終於在百度文庫[1]中才找到，還無法複製，我是一個字，一個字的抄下來的。吳述森說得多好！一個二十多歲的年輕人都能看出「林彪根本就不是一個馬克思主義者。」文革中被冠為四個偉大，明察秋毫的毛澤東怎麼會被受騙蒙蔽？

一九七〇年三月，他們的言論被發現，「共產主義自修大學」被定為「打著研究馬克思主義、毛澤東思想的旗號，進行旨在推翻我國無產階級專政的社會主義國家的一個反革命組織」，「有組織、有綱領、有計劃、有策略、有言論、有行動的現行反革命集團」，「是一個十足的帝修反的別動隊」。他們的罪證，就是他們在兩期「學刊」上印出的文章和他們的來往書信。這13名青年中的吳述森、魯志立、吳述樟3人以「反革命罪」被判處死刑，立即執行；陳通明被判處無期徒刑；徐兆平被判處十五年徒刑；張維志被判處八年徒刑；張紹臣被判處三年徒刑；其餘6人受到拘捕關押和在本單位被隔離關押和「批判」「鬥爭」。其中二十二歲的女青年熊曼宜被逼自殺。

一九七八年八月五日，中共寧夏回族自治區委召開大會，為這一冤案平反。一九七八年八月七日的《寧夏日報》發表了以〈撥亂反正、徹底昭雪〉為標題的報導。一九七八年九月二十九日《人民日報》也報導了寧夏回族自治區黨委為「共產主義自修大學」錯案中受到殘酷迫害的青年徹底平反、恢復名譽的消息。

同時發表了「評論員文章」，題為〈革命青年的銳氣是扼殺不了的〉。文章說：在林彪作孽、「四害」橫行的時候，以種種罪名打擊幹部，迫害青年，製造了大量冤案、錯案、假案。今天本報介紹的遭到林彪、「四人幫」一夥殘酷迫害的一批知識青年，就是其中的一個典型案例。

文章充分肯定了這些青年一面在農場、社隊、工廠中從事繁重的體力勞動，一面刻苦學習馬列著作和毛主席著作，鑽研理論，探索真理的精神。讚揚他們勇於獨立思考，還在文化大革命初期，當林彪、「四人幫」的反動面目還沒有充分暴露的時候，就對這夥政治騙子的種種謬論和錯誤做法產生了疑問，進行了抨擊，對林彪的「一句頂一萬句」公開表示反對。文章強調指出，林彪、「四人幫」手中，有一根十分兇狠的整人的大棒，就是所謂的「惡毒攻擊」。不管你是多麼無辜，他們可以隨心所欲，用捕風捉影、牽強附會、斷章取義、無限上綱等等手法，給你扣上「惡毒攻擊」的帽子，把你置於死地。文章號召有關部門把類似「共大」一樣的冤案、錯案一一糾正過來……

曾是海南農場的廣州知青官明華，也是一位被譽為「南國張志新」的英雄人物。當你讀到她的英勇事蹟時，你會感到無比痛心和悲哀，感到無比憤怒和心在流血……請看海南日報記者孫樂明特約記者　唐崛　通訊員　閉舉寧對這一事件的講述：

一段淒厲的歲月，一個不起眼的小事件，卻演繹出流著血淚的歷史。

官明華，一個真正的小人物！在那個特殊的年月，從醫士到「小黑幫」，從「特嫌」到「現行反革命分子」，直到一九七一年最終因反對林彪被槍斃。當歷史還她以公正，追認她為革命烈士和中共黨員時，她付出的卻是三十七歲生命的代價。當她的個

人命運與歷史命運交織，並發生激烈衝突時，留下的有憐惜與悲愴，更有對歷史的反思！

一九七一年三月十二日，廣州生產建設兵團四師八團（今海南農墾牙叉農場）六連的一塊空地上，舉行了一次萬人參加的公判大會。被判處死刑的是八團醫院的醫士官明華，其罪名是「現行反革命分子」，罪行是公然反對林彪。由於附近農場都派代表參加，現場人山人海。因害怕官明華喊「反動」口號，就用竹棍橫著支開她的嘴，並在兩頭用繩子向後固定住。

「開完大會，絕食好幾天的官明華，被拉到附近一處山坡，就地槍斃了。」曾是官明華鄰居的王書福說。

地主出身害苦了她　官明華，一九三四年生於廣東省始興縣隘仔公社一個地主家庭。一九四九年，她十五歲就離家，參加土改宣傳隊。一九五二年從廣州市第三醫士學校畢業後，報名參加海南農墾建設。先後在儋縣木排農場、白沙的龍江農場從事醫務工作。一九六一年調到牙叉農場醫院當醫士。

「她是一位好醫生，醫術很高，我們有病都找她看。」農場退休幹部王書福告訴記者，官明華被下放到三隊改造時，就住在他家對面。但是，由於她出身地主，每有運動，就會首先成為審查對象。

牙叉農場醫院退休老醫生郝士安也說，官明華在醫院工作期間，確是勤勤懇懇，任勞任怨，曾3次被評選為先進醫務工作者。但她的地主出身，可害苦了她，甚至她把媽媽接來住，也成了罪狀，因為她在供養「地主婆」。

但官明華沒有因出身問題自暴自棄。另一份檔案材料記載，她經常利用業餘時間閱讀革命故事，深受劉胡蘭、趙一曼等英雄人物影響，並下決心向英雄學習，與壞人壞事作鬥爭。即使在被

審查期間，為表明自己對黨和毛主席的熱愛，她還寫了入黨申請書，但專案組人員認為這是在向黨進攻。

惡運連連不認「罪名」　事情源於「文革」期間一次批判「三家村」的群眾大會。官明華因頭天晚上給產婦接生忙了通宵，便打起瞌睡。被會議主持人發覺後，認為她是有意對抗，給扣上和「三家村」穿一條褲子的「小黑幫」帽子，撤銷衛生員職務，下放改造。

一九六八年六月，當地出現了一個所謂「反共救國團」案件，官明華被株連誣為「特嫌」，送縣保衛組審查。一九六九年末，她又被扣上「攻擊新生的革命委員會」罪名，列為「嚴重政治問題」的審查對象，先後被押在團部和師部隔離審查。

官明華始終不承認自己的所謂「罪名」。一九七〇年初，她開始公開反對林彪。當年被審查期間，她在六月二十二日到二十四日寫了〈敦促林彪投降書〉、〈敦促學習班領導與林彪劃清界限書〉等3篇文章。文中說，「全國億萬人民已經識破林彪是披著羊皮的狼」，「林彪是埋藏在毛主席身邊的一顆定時炸彈」，「林彪的末日快來到了！」

不久，她被定為「現行反革命分子」。一九七一年三月十二日，她被判處死刑。

官明華死了，她慘死在無產出階級專政槍口下，但悲劇遠沒有結束，，他的丈夫，四個孩子及她所有的親人從此都跌入了萬劫不復的悲慘世界……

官明華的丈夫覃達昆和4個孩子，無疑是最大受害者。覃達娥是官明華丈夫的妹妹，也是現仍在牙叉農場生活的唯一親人。她說自己也受到牽連，孩子有病也不讓去看，她不得不到丈夫的老家陝西生活，直到官明華平反後才又回來。

在牙叉農場3隊，官明華一家當年下放改造時住過的那間房子，如今仍住著黎族退休職工符玉花一家。「當時我們兩家是合住一個大屋子，各住一個小間。官明華人很好，勞動積極，醫術也高。我的孩子是她接生的，有病了也讓她看。有人提醒我要注意，小心她害我的孩子，我才不相信呢。」符玉花說，「我從心裡不相信她是反革命，也不知道人們為什麼要批鬥她。但這想法只能裝在心底，不敢說出來。她被槍斃那天，她的孩子哭，我也在屋裡偷偷哭。」

當年牽扯到案中的人物，個個都命途多舛。官明華被平反後，當年專案組的人，有的被處分，有的被降級，甚至還有的自殺了。牙叉農場離休老幹部鄭務善回憶，前些年，當時執行死刑的原武裝連指導員張漢龍，從老家安徽回到農場。鄭務善問張漢龍，你因為這事被降級，工資也低了，你去找過沒有？張漢龍回答，他去廣西找過當時的八團政委李煥升，但李煥升說，「我比你還難受！」

張漢龍去年在鬱悶中離開人世，而當年專案組組長、原八團保衛幹事趙德坤，回到老家沒幾年就自殺了。曾看守過官明華的原醫院醫生陳剛，現居住廣東老家。她說自己的工資被降級，現在仍很低。其實，從某種意義來看，他們大多也是時代的受害者。雖然官明華的冤案中不排除一些人為因素，但時代的大背景更為重要。當時大家都在一心擁護毛主席，沒有人會懷疑什麼。……

或許如此，直到今日，我們沒有搜尋到當年參與迫害或決策殺害官明華烈士的人員或領導，對此事有過愧疚的歉意。那些所謂專案組人員對後來處分可能感到委屈，但你們想過沒有，你們歪曲官明華的原話或詩作，無限上綱上線置人於死地，之後，有

關人員又歪曲事實，隱瞞真相，壓制著久久不給平反，直到省裡過問。在這漫長歲月中，你們有沒有想到因為你們卑鄙無恥才導致了官明華的家破人亡？有沒有想到人家可憐的幾個幼兒？

第二節　驚雷之年知青群體的憤懣與吶喊

可以說，知青這一群體對自身悲愴命運的思考，從林彪的「九一三」事件便悄然開始，更讓極左統治者想不到的是，由林彪兒子林立果手下「小艦隊」成員於新野執筆起草的〈「571」工程紀要〉指出的「農民生活缺吃少穿。青年知識份子上山下鄉等於變相勞改。紅衛兵初期受騙被利用，充當炮灰，後期被壓迫，變成替罪羊」等話語，私下深受知青這一思想最為活躍的群體肯定。而到了一九七六年間，這一憤懣情緒幾乎如同積聚太多能量的火山，終於像驚雷一般爆發。在雲南兵團知青八爪夜叉在〈一九五九～二〇〇九，我的滄桑五十年〉第27節中，就生動詳細地描述了當時農場知青這種近似絕望憤怒的心理：

……到雲南以來，我一直混混沌沌過日子，那種感覺就像一個人走入茫茫迷霧，不知道路在何方，不知道下一步邁出去會不會跌入萬丈深淵。

一九七六年，中國走入了所謂的大災之年，一月八日，周總理與世長辭，噩耗傳來，我們全都陷入悲痛之中，農墾局又下達指示，全體知青照常生產，不得舉行任何形式的悼念活動，知青們很憤怒，周總理是好人，文革中雖然說過違心的話，做過違心的事，但是頂著壓力保護了不少人，是忍辱負重的楷模，尤其是七四年親自收拾了一批迫害知青的幹部，在我們知青的心裡有很高的威信，我們一直認為，如果有誰還能給知青一條出路，那就

是周總理，現在他死了，誰還能給我們做主？

四月五日，北京爆發了天安門事件（即四五運動），在天安門廣場自發悼念周總理的群眾和「四人幫」和警察，民兵發生了衝突，起因是頭一天群眾的花圈和詩詞被收走，當晚「四人幫」控制下的北京市委派出部隊封鎖天安門廣場，驅趕悼念群眾，據說還逮捕了不少人。四月六日，「天安門事件」被定性為反革命暴亂，四月七日，毛主席指出「天安門事件」是「反革命政治事件」，認定鄧小平為幕後主使，隨即撤銷了鄧的一切職務。

「天安門事件」不久，在雲南知青中開始流傳一部分天安門詩抄，我記得當時最有名的一首：「欲悲聞鬼叫，我哭豺狼笑；灑淚祭雄傑，揚眉劍出鞘。」這首詩寫得氣吞山岳，讓我們熱血沸騰。我們開始私下進行悼念活動，偷偷戴小白花，領導問就說家裡死了人，領導自然不相信這麼多人家裡一塊死人，但是他們知道此時知青人人心裡壓著火，也不敢過於干涉，只吩咐各級幹部嚴密注意知青動向，防止鬧事。

當時我也寫了一首詩：「神州驚聞天已陷，哀雨紛紛灑階前，淚罷吳鉤擎三尺，斬妖除魔天地間。」詩寫得並不怎麼樣，但是足以表達我心中的哀痛和憤怒，我把詩貼在場部門口，引得眾人紛紛來看。

貼出去第二天詩就被場部的幹事揭走了，我後來才知道，場長書記看了我寫的詩很生氣，認為我蓄意攻擊中央文革，違反中央政策，挑動知青鬧事，實屬十惡不赦，立即組織開會討論，準備把我定為反革命送公安機關處理。王連長在醫院聽說此事，拄著拐杖連蹦帶跳沖到場部會議現場，進去二話不說從場長手裡搶過我的詩揉成一團塞進嘴裡，硬是給嚥了下去，嚥下去以後仍舊一言不發，又蹦回了醫院。

場部領導怒不可遏，認為王連長故意損毀反革命證據，要連王連長一塊收拾，可是說來說去也下不去手，王連長是他們的老部下，抗美援朝的時候就跟著他們，還救過場長的命，場長書記多少還剩了一點良心，就把事情壓了下來，把王連長降級為連部普通幹事，再給我加一條處分，勒令我再寫深刻檢查。

我寫完詩得意洋洋，根本不知道後面出了這麼多事，這些事都是後來我快回城的時候班長告訴我的，當時是一概不知，到醫院看王連長還跟他開玩笑說連長啊，聽大夫說你生病期間不注意休息，四處亂竄，現在三條腿已經廢了兩條，導致夫人改嫁王家無後，今後你可怎麼辦啊。王連長氣得輪著雙拐就打，一頓拐棍把我打出了醫院。

後來王連長出院變成了王幹事，我仍然不明究理，以為王連長肯定是什麼事上得罪了場長書記才被降職處理。王連長被降職以後，韓信代理連長業務，韓連長這個連長做的兢兢業業，大事小事一概請示他的下屬王幹事，王幹事也不客氣，依舊是連長的派頭，照樣把知青當孫子一樣罵，絲毫不減連長風采。場部要的檢查我也寫不出來，反正已經又加一條處分了，蝨子多不癢債多不愁，他媽的還能騙了我不成？

七月六日，朱老總逝世。二十八日，唐山發生大地震，據稱整個唐山被夷為平地，死傷不計其數。九月九日，毛主席逝世，一個個消息猶如晴天霹靂，劈在邊疆知青的心中，劈得我們暈頭轉向。尤其是毛主席逝世的消息更讓我們驚愕不已，在我們心裡毛主席就是紅色之神，神怎麼會死？他是萬歲萬歲萬萬歲的啊。

毛主席逝世後，各地組織大規模的悼念活動，農場全部停工，並組織知青到各分場安排的弔唁場所沉痛哀悼毛主席。我們全都去參加弔唁活動，我相信不光是我，每個知青心裡都在想，

當年是毛主席號召我們「知識青年到農村去，接受貧下中農再教育」的，現在他老人家與世長辭了，我們的「再教育」能結束了嗎？

這只是深藏在眾知青心中的想法，沒人敢說出來，說出來肯定要倒楣，這是什麼時候？偉大領袖毛主席逝世的時候，全國人民沉痛哀悼的時候，這個時候竟然想著回家？找死了吧？在弔唁堂我碰上了趙躍進，趙躍進右臉腫起來好大一塊，我問他怎麼弄的，趙躍進說回頭跟你說。

當天悼念活動結束後，趙躍進跟我說他被司務長給抽了，我問他怎麼回事，他就給我講了一遍：原來自從得知小黛農的消息後，趙躍進一直悶悶不樂，裝瘋事件更是讓趙躍進心有餘悸，餵豬都餵得沒精打采，弄得豬們都挺不高興的，司務長也理解趙躍進的心情，就隔三差五跑來幫趙躍進的忙。那天聽說毛主席逝世的消息，趙躍進在豬圈裡嚷嚷：「可以回城啦！可以回家啦。」

其喜形於色的樣子充滿了找抽的嫌疑，司務長聽見趙躍進亂喊，過來就是一個嘴巴，把趙躍進打得原地轉三圈，摸著臉問司務長：「幹啥打我？」司務長說你小子他媽的瘋了是不？這是什麼時候？你還敢哈哈大笑胡說八道，讓別人聽見打你個現行反革命，我抽你算客氣的，別人知道可不是抽你這麼簡單了，今天的事到我為止，你趕緊把逼嘴夾緊餵豬去！

趙躍進也嚇得不輕，想想司務長也是為他好，挨個嘴巴就不用當反革命了，也挺划算，只好悶聲去餵豬，但是挨了一嘴巴多少有點憋氣，就跟他的豬碎碎念：「回家回家回家……」趙躍進的故事再次教育了我，得意之時莫忘形，忘形必定要挨抽。

毛主席逝世之後，被其親自稱讚為「你辦事，我放心」的華國鋒開始主持中央工作。十月十八日，中共中央發出〈關於王洪

文、張春橋、江青、姚文元反黨集團事件的通知〉，這個通知又是一個霹靂，這意味著歷時十年的文化大革命終於結束了。

如果說毛主席逝世的時候，知青們回城的念頭還只是星星之火，那麼「四人幫」被粉碎的消息終於把這星星之火燒成了燎原之勢，文革結束了，我們終於可以回家了，家啊，我夢中都不曾回去過的家，我的父母可安好？我的兄弟姐妹可無恙？家裡還有油茶麵嗎？

知青們熱烈地討論著「四人幫」的粉碎過程，同時也急切盼望著中央有關知識青年的新政策，我們每天都在關注著各式各樣的消息，大道小道的都有，然而一切突然歸於平靜，除了各地在慶祝粉碎「四人幫」，有關知青的消息什麼都沒有，我們像是破舊的玩具，被丟在角落裡，沒人記得了……

自然，這種思考後的覺醒和憤懣，便會呈現出對極左路線和上山下鄉運動的抗爭言行。前面所說的「王卓亞的勸告信」和張揚的「第二次握手」等等就是明證。這些地下流行一時的知青文學作品，對於喚醒全國在後來的「四五」天安門運動起到了至關重要的火種作用。而讓人意想不到的是在震驚中外的「四五運動」中，也是許多探親回城的知青冒死吹響反對極左路線的號角。關於這一點，《北京青年報》記者采寫的〈知青王立山：曾經的「001號反革命案件」全國通輯犯〉文章，可以作為一個印證的縮影。摘要如下：

「欲悲聞鬼叫，我哭豺狼笑。灑淚祭雄傑，揚眉劍出鞘。」在王立山家中的臥室牆上，至今還掛著這首一九七六年「四五運動」中廣為流傳的詩。王立山就是這首詩的作者。

在那個載入史冊的四月五日，這首小詩被貼在天安門廣場人民英雄紀念碑的正北面，直指「四人幫」的倒行逆施，被當時列

為「001號反革命案件」全國通緝。

當年那個風華正茂的年輕人如今已是滿頭華髮，但那段塵封的歷史記憶顯然還潛藏在他內心的某個角落。床頭那幅字是王立山按照當年翻拍下的手稿「描摹」出來的，字跡如刀劈斧砍一般剛勁有力。

談到這段往事，他的言語間顯得很平靜。「我的這首詩是『四五運動』千百萬首詩詞中的一首，它和所有詩詞一樣，反映了當時民眾的政治認識、意願、情緒和呼聲。我只是民眾當中的一員。」王立山說。

一、文具店裡買筆墨　郵局檯子上十幾首詩一氣呵成

一九七六年四月五日，那天在王立山的印象中天氣不錯，微寒的空氣中已經能嗅到春天的氣息。他早早起床，獨自一人騎著自行車往天安門廣場奔去，懷裡揣著他前天晚上用鏡框裱好的悼念總理的詩歌。這幾天他一直在感冒，本來打算昨天清明節去天安門的，可是卻病倒了，只好趕在五日一大早才出了門。這首詩這樣寫道：

春意初發花香凝，／寒夜暗寂懸冷星。／漫漫哀思繞華夏，／烈烈雄鷹金目瞑。

白花一朵寄深情，／遙望征程困難橫。／錚錚純鐵孩兒骨，／酷默之後有雷驚。

從三月末開始，像這樣的詩詞連同鋪天蓋地的白花、花圈、悼文往天安門廣場聚攏，北京的學生、工人、機關幹部以及各界群眾，為了紀念一月八日去世的周恩來總理，不顧「四人幫」的阻撓，在清明節自發聚集到天安門廣場英雄紀念碑前，以敬獻花圈、朗誦詩詞、發表演說等形式，悼念總理。

　　二十分鐘不到，王立山已經一溜煙從家到了廣場。比起前一天清明節，五日當天人少了很多，花圈、廣場上顯得有些空曠。因為就在前一晚，在江青的堅持下，天安門廣場的花圈和標語被決定清理。

　　王立山走向人民英雄紀念碑，恭恭敬敬地將裱好的詩放在碑座前，覺得還差點什麼，應該再插上一朵小白花，他騎車去了王府井。等好不容易買回來，已經是下午兩三點了。他卻發現自己放置的詩已經不翼而飛。

　　憤怒的王立山不甘心，他想今天必須把自己寫的詩全部貼出來，十幾首已經創作成型的詩詞在他腦子裡盤旋。前幾天臥病在家，王立山靈感如泉湧，長久以來的憤懣和壓抑終於找到了出口，他在家中揮毫潑墨，想到一首就立馬寫在紙上，掛在牆上。

　　〈揚眉劍出鞘〉就是他在一天騎自行車從家去復興醫院的路上即興創作的。「『欲悲聞鬼叫』是第一句鑽進我腦袋的，我當時想，用鬼來比喻，是合適的。『我哭豺狼笑』用了一個對比，當時腦子裡還在想豺狼是怎麼笑的。大概就是在騎自行車一來一回的路上就有了這首詩，」王立山回憶道，「『揚眉劍出鞘』這句詩其實是有來源的，李白曾在詩中寫道：『撫長劍，一揚眉。』李白那句加了注，也是從前人那裡引來的。」

　　下定決心當天要獻出所有的詩，王立山正考慮去前門文具店買筆墨的當會兒，廣場上已經開始廣播了：「今天，在天安門廣場有壞人進行破壞搗亂，進行反革命破壞活動，革命群眾應立即離開廣場，不要受他們的蒙蔽。」王立山走到廣場前門出口時，天安門廣場已經開始只讓出不讓進了，他顧不得想太多了，一咬牙「出去了再說」。

　　然後，他飛奔向前門大街，在文具店裡買了筆墨、紙張和糨

糊，又鑽進一家郵局，趴在檯子上，憑著記憶，奮筆疾書，十幾首詩一氣呵成。「我還記得那些紙張就是普通的白紙，不到A4這麼大。」當他急忙趕回廣場時，已經是黃昏時分了，天安門廣場完全不讓進了，喇叭裡還在一遍一遍播放著吳德的講話。

他和一些群眾從胡同裡面繞行，穿到了廣場裡頭，這時天已經完全黑了。王立山趕緊朝人民英雄紀念碑走去，一群學生圍了上來，他把詩歌和糨糊散給學生，他們一一認真地貼在紀念碑上，〈揚眉劍出鞘〉正好貼在正北面。王立山站在一旁默默地看著人們激動地朗誦著他的作品，捨不得離開。

一直逗留到十點多，廣場上人流慢慢散去，王立山才從天安門坐公共汽車回家。大概就在王立山離開後不到一小時，民兵便開始進場「清理」。

二、為避迫害遠赴山西　平時儘量不寫字

四月七日，姚文元組織人馬，以《人民日報》工農兵通訊員和《人民日報》記者的名義撰寫所謂現場報導〈天安門廣場的反革命政治事件〉顛倒是非，對廣大人民群眾悼念周恩來，聲討「四人幫」的正義行動肆意誣衊。四月七日，毛遠新傳達了兩項提議：一是華國鋒任中共中央第一副主席、國務院總理；二是撤銷鄧小平黨內外一切職務。

當晚，廣播電臺裡傳出被歪曲、被顛倒了的天安門廣場事件。王立山的這首詩被當作重要「罪證」加以引用。當時一家人正在吃飯，突然聽到自己寫的詩從廣播裡傳出，王立山的心一下子沉了，他默默起身走到過道裡。母親見他神色異樣，早已猜到了八分，王立山告訴母親和大哥這首詩是他寫的。

事關重大，形勢危急。「這件事對我和我的家庭都是非常危

險的事情。」王立山說，「一九七五年鄧小平復出後，我父親被萬里重新起用派往太原鐵路局，我父親堅決執行鄧小平的治理整頓路線。當時在『反擊右傾翻案風』中正在遭到批鬥。我要是出事了，我的父母肯定會遭到迫害。」

母親和大哥馬上詢問王立山有沒有人跟蹤，現場有沒有留下任何線索。他細細回想，詩是學生給貼的，有人拍照也沒用；肯定沒有被跟蹤；但自行車被扔在了廣場，還有那個裱詩的鏡框是自己從兵團帶回來的，以前裝著自己的獎狀，慶倖的是獎狀拿出來了。大家分析了每一個細節，認為從現場遺留物來看問題不大，整個過程中他也沒有與任何人交談過，唯一的線索就是查筆跡，於是母親和大哥果斷決定，馬上去山西報到上班。為了減少麻煩，母親還特地讓他戴了一副黑邊眼鏡，於九日清晨離開了北京。

臨走前，大哥特別囑咐他，所有有筆跡的紙和本都不要帶，到山西後不要寫字，不談政治。「我到太原工作時，各方面都很謹慎，儘量做一個不引起人們注意的人。」王立山說。其間，「四人幫」為了搜捕天安門詩抄的作者，專門印發了大本影印件，其中把〈揚眉劍出鞘〉列為頭號反革命案件在全市花大力氣搜捕，據說已通緝全國。形勢危急，大哥專程赴晉囑咐他不能有半點大意，平時盡可能不寫字，萬不得已要寫，也要使用歪歪扭扭的字體。

三、從「反革命001號案」 到炙手可熱的青年楷模

一九七六年九月九日，王立山從收音機裡聽到毛主席去世的噩耗，他預感到整個國家將面臨巨大的變化。緊接著粉碎「四人幫」的喜訊振奮全國，「文革」十年內亂至此結束。直到「四人

幫」倒臺，他們也沒能抓到「反革命001號案」的「肇事者」王立山，原本這個祕密可以永遠保守下去，但歷史也充滿著各種偶然。

追查了很久也毫無頭緒的「反革命001號案」竟然在一次偶然的旅途中被《中國青年報》記者找到了線索。一九七八年政治環境好轉，王立山在某次家庭聚會中談到〈揚眉劍出鞘〉其實是他寫的。結果這一「內部消息」被二哥在一次旅途中無意中透露給了正好坐在旁邊的中青報記者李海燕。記者迅速趕往山西尋找王立山，於是有了後來的一系列報導。

一九七八年十一月十一日，就在「四五運動」正式平反前夕，《中國青年報》刊登了一整版的〈天安門詩抄〉作者創作筆談，其中一篇署名王立山的文章，這件事情在當時影響很大。一九七九年四月五日，四五運動三周年之際，《中國青年報》再接再厲，發表了長篇人物通訊〈揚眉幹「四化」〉並撰寫社論號召廣大青年做「王立山式」的突擊手。

中青報的報導發出以後，王立山迅速成為全國炙手可熱的青年楷模，他被塑造成了一個大無畏的勇士，一個近乎沒有缺點的「榜樣」。「王立山依靠馬列主義、毛澤東思想的武裝，就能夠高瞻遠矚地認清社會發展的規律。作為一個普通的工人，王立山不但出色地承擔了本職工作，而且為整個企業扭虧增盈作出了貢獻。」

多年之後再見王立山，也許是「還原真實歷史」的說法打動了他。二○○九年的一個午後，坐在自家小院，回憶起當時的情況，王立山坦言道：「如果我不是最後一天去的廣場，我的詩不會在最後時刻還貼在人民英雄紀念碑的正面，如果早幾天，鋪天蓋地的詩歌也許這首就不會突出來，如果我當時放置第一首詩

就走了，也沒有後來的事情⋯⋯」

然而，歷史沒有如果。直到今天，〈天安門詩抄〉中那些曾經喊出了無數中國人心聲的詩歌還在流傳。王立山當時只是黑龍江兵團回京準備到山西工作的一個普通知青，他無論如何也沒想到當年的幾句詩能掀起如此大的波瀾，當時像他這樣的青年人有千千萬萬，他們都站在歷史轉折的關口，只是歷史偶然性地選擇了王立山。然而，正是這樣一群普通青年自覺高擎著正義的火炬，引導民眾前行，才讓我們這個民族生生不息。

第三節　令人痛惜對反思和怒吼知青的謀殺

更為讓人憤怒和悲痛的是，對於知青的反思和怒吼，堅持「兩個凡是」的當權者，在粉碎「四人幫」後的一九七七年，依然以荒唐的反革命罪名，進行打擊殺害。知青木瓜在〈那年，一個上海知青被槍斃——陸寶康案件調查採訪紀實〉記述了這起冤案的經過：

由昆明往西雙版納去的路上要途經一小鎮——普文。小鎮在思茅過去沒多遠，再往下就是州府所在地景洪了。小鎮很小，知青談起它，是因為這裡有個勞改農場。七九年鬧返城時，面對壓力知青又提到了它：「最壞的結果就是去普文勞改農場種甘蔗，有什麼了不起！」

三十多年後的今天，當我探求上海知青陸寶康案件時，得知當年他就在普文勞改農場服刑，並在那裡出事就此結束了生命。他是為何被關進去，又為何被槍斃呢？事情得從頭說起。

一九六八年十二月二十一日毛澤東發表了「知識青年到農村去⋯⋯」的指示。就在那天早上，上海首批赴雲南西雙版納的

1000名知青乘專列從北火車站開出。列車上，一名身穿軍裝，頭戴軍帽，個子高高的（一米七五，在我們那個年齡裡算高的）小夥子引起了帶隊知青連長周公正的注意。此前連長已準備了一面大大的紅旗，正打算找一名旗手。眼前這小夥臉上帶著靦腆，但軍人的服裝平添了他一種帥氣和精神。「對，就是他」。連長想像的旗手就是這樣：既有點書生味道，又威武的像個軍人，帶著蓬勃的革命朝氣。他的形象符合了這支剛從學生踏上社會的隊伍。這樣的隊伍需要一面鮮紅的旗子引路，同樣需要一名帥氣而精神的旗手。

　　他，就是陸寶康，十七歲，閘北17中六七屆初中畢業生，家住閘北區，天寶里。在1000人的隊伍裡，擔當旗手這是何等的自豪和令人羨慕呵！每逢隊伍行走的時候，陸寶康總是抬頭挺胸，一身軍裝，左肩斜背著軍用書包，右肩斜背著軍用水壺，二條背帶在胸前組成一個斜「十」字。二手伸直握住旗杆。紅旗嘩嘩地在他頭上飄動，豪情溢滿他的胸膛。

　　到農場後，旗手的任務就此結束。1000人被零零散散地分到了各個生產連隊。所有人又都站在同一起跑線上開始新的生活。陸寶康被分在東風農場一分場四隊。這是一個老連隊，職工主要是一些退伍兵及雲南和湖南來的移民。原有的房屋都住滿了，陸寶康就同另一個知青安排在連隊的一角緊靠倉庫旁的一間草房裡。

　　下鄉不久，一次隊裡組織剝花生（做種子用），剝完的花生就堆放在倉庫裡。這倉庫實在簡陋的很，竹排牆上有一個連牛都跑的進去的大洞也沒修復。隊裡不當回事，因為沒人會去做偷竊的事。雖說生活艱苦，但那時人極守規矩。那晚，陸寶康與同一房間的上海知青葉有富不知怎麼想到了吃花生。因為堆放的花生

離他們太近了，就在他們房間邊上的倉庫裡。二人說幹就幹，很方便地從那洞口裡進去。用茶杯裝了半杯花生米。

為了表明這樣做不是偷竊，他們想到了老紅軍的光榮傳統留下一張紙條，紙條上歪歪扭扭地寫下：我今天拿花生一點，留下人民幣2元。因為怕別人認出筆跡，陸寶康自作聰明用左手來寫。這點花生如果算價錢的話，大概值5毛錢，留下2塊錢可算是高價買了，他倆覺得心安。拿回來後，房間裡沒鍋沒灶，二人用舊報紙燒燒就這麼半生不熟地吃掉了。

第二天，副連長宋正楊從留下紙條上立刻懷疑是他們，因為老職工不大會做這樣的事，如果做了是不會酸溜溜的留什麼紙條的，他倆的住房緊靠倉庫，理所當然地成了懷疑的主要對象。當晚在全連大會上進行了批評。雖未點名。但大家都知道是陸寶康幹的，此事一段時間成了全隊的笑柄。此後陸寶康一直悶悶不樂。

剛下鄉那陣，許多知青都急於要表現自己，積極要求上進。不管是出於虔誠的信念、青春的熱情或是投機的心態。總之，大氣候是熱情向上要革命的。當然還有部分知青懵懵懂懂混日子。但陸寶康不糊塗，他有自己的想法和對生活的要求。對那些熱情上進要革命的做法，他不認同，又不想去投機。他有自己的想法和理想，而這些個人的理想同現實又存在著太大的差距。於是，在連隊這個勞動集體裡，陸寶康慢慢地同大家疏遠了，變得不大合群。他變得憂憂寡歡起來，在集體裡顯得另類。每天的勞動都去，慢慢地幹，沒有激情，吃力了就自己休息。給人的感覺有點出工不出力。

同時，他有一個可以收聽到短波的小半導體收音機（那個時候算很不錯了），晚上，他躺在床上收聽國外的電臺，學學英

語。也許是國外電臺廣播的東西同他個人的想法產生了共鳴，他覺得人家講的有道理，完全不同於現實中的階級鬥爭和革命理想。慢慢地深陷其中，並按照廣播裡給的地址寫了一封信去，信封上規矩地寫著：寄香港×××信箱。信裡他談了知青生活，說是實在太苦了並留下了真實的地址和名字，還夾寄了一張半身照片（也有人說他信中要求得到經濟上的幫助）。那年頭這叫「收聽敵臺」，是一條罪名。

這封信怎麼可能寄的出去呢？他也太天真了，信很自然地轉到了國家安全部門手裡，安全部門滿當回事的派人很方便地找到了他。談話下來，覺得怎麼也不象個階級敵人，一個二十歲出頭的知青，天真幼稚，真真是沒事找事幹，讓他們白忙了一場。他們失望而不滿地走了，臨走扔下一句話：免於處分。

免於處分並不等於沒事，在那個階級鬥爭為綱的年代裡，收聽敵臺的名聲算是眾所周知了，在大家的印象裡，他就是一個未公開處理的壞分子。

日子就這麼艱難地熬著，期間，有人通過關係、權利悄悄地走了，有人被推薦上大學很容光而幸運地走了。每一個脫離農場的人都給陸寶康帶來失望和痛苦的感覺。對於這個強大的社會機器來說，陸寶康覺得自己渺小和無望。人也變的越加孤獨和自閉。

對於陸寶康，同隊的北京知青劉玲最近寫的一本書《最後的綠島》是這樣描寫的：據我所知，馮寶康（作者將姓改了）是個半瘋，除了幹活兒還算正常，其他一切全都瘋瘋癲癲，不著四六。馮寶康性格極為內向，在我影像裡，這些年來好像從沒聽他說什麼，連家長里短的閒話他都不說。

原分場保衛幹事陳仲賢在〈殤逝〉中這樣描寫他：沉默，少

言寡語，埋頭學英語，收聽境外廣播，不與人交往，有時還會自言自語，自己癡笑，完全沉湎於一個自我封閉的世界。

對於陸寶康是否精神上有病的問題，我問了潘根發，潘根發說：「沒有，絕對沒有。那時我們倆常交流學英語的體會，陸寶康還用英語背老三篇。」

終於有了一次機會，七五年農中缺英語老師，有人提到他，場部領導也曾有打算調他去，他英語完全是自學的，當時農場裡有幾個人會英語呢？他覺得這沉悶到令他窒息的生活終於出現了一絲曙光，苦了多年後終於有這樣一個機會能夠脫離單調粗重的體力勞動，可以同自己的理想搭那麼一點邊。他忐忑不安又滿懷希望地等待著。他又不會去做一點背後的工作，只是默默地等待。誰知，此事竟不了了之。我想可能與他「收聽敵臺」有關。反正最終沒有調成。可想而知，此事給了他多大的打擊，他僅有的一點小小的希望也未能滿足。得知當不成老師後，他悶在房間裡一個星期，竟幾天不吃飯。

七五年一月四屆人大後，周恩來病重住院，鄧小平主持中央日常工作。鄧小平上臺後既大手大腳地幹了起來，誰知這麼一來就與文革中產生的東西發生了衝突。毛澤東不滿了，他不能容忍鄧小平來糾正「文化大革命」的錯誤，江青等人又常常告狀。於是在七五年十一月全國發動了一場「批鄧、反擊右傾翻案風」運動。

按理這最上層領導的鬥爭與小老百姓沾不上邊，何況雲南農場又是天高皇帝遠的地方。但那是一個政治掛帥，以階級鬥爭為綱的年代，在緊跟國家政治形勢方面農場當官的一點也不落後。因為這批人本來就是靠政治鬥爭上去的，對政治敏感的很。於是上情下達，步步緊跟。每個連隊在勞作之餘均要學習報紙文章，

山牆上總有大標語同中央的政治運動保持一致。陸寶康所在的東風農場一分場四隊也不落後，除了大會學習外，還特別規定了每個班組寫一篇批鄧反擊右傾翻案風的大字報。

　　陸寶康所在班的副班長武庭俊是一個六九屆的上海初中生，由於文化大革命原因，實際讀書也就在小學水準。班長幹活一般，寫個什麼就有點力不從心了，或者他也懶得寫，誰知道什麼「左傾」、「右傾」的。於是想到了陸寶康。陸寶康雖說幹活不行，但畢竟是老三屆，平時不聲不響但喜歡看點書。班長叫他寫，陸寶康推脫不掉，於是一揮而就寫了整整三張紙，寫完後放在自己的箱子裡，自己也忘了。在副班長的要求下，三天後貼在了進連隊路邊的山牆上。那麼大字報的內容是什麼呢？

　　據潘根發回憶：七六年初在景洪的拘留所裡，潘根發突然發現了同一個連隊，且是同一批去雲南的陸寶康。於是又驚又喜地上前：「哎?!你怎麼也進來了。」陸寶康憨笑了一下說：「我也不曉得，隊裡反右批鄧，班裡要寫批判稿，班長不會寫，叫我寫，我不肯，他們來勸我，我就寫了。我也沒有寫什麼，只不過把我自己想法寫上去，我認為鄧小平也沒什麼錯。他們就把我弄進來了。」

　　對這件事還有一種說法：七六年初的一個早上三四點鐘吧。上海知青×××懵懵懂懂的提著馬燈去伙房燒早飯，當他走進伙房時，突然發現牆上貼了一張大字報，提起馬燈一看：標題是「×××……」內容也沒細看，但見下面著名是：打貓戰鬥隊。一看到這幾個字立刻把他嚇得不清，誰都明白這「貓」即是那「毛」。那年頭這相當於反動標語，搞不好要殺頭的。於是提著馬燈直往副指導員家奔去，副指導員從睡夢中被叫到現場，將大字報拿下捲起。

第二天由指導員趙家才帶著「罪證」向場部報告，很快就查明是陸寶康寫的。事後場部保衛幹事×××去連隊，拿走了作案工具：毛筆和墨汁。陸寶康被帶到場部拘留。案件重大，場部立刻向總場報告，總場也覺的事情嚴重，於是向洲公安局彙報。最後這事直接由州公安局出面將他押到了景洪拘留所。對於大字報的內容詢問過當時保衛幹事陳仲賢，據他回憶：那麼多年過去，內容已記不清楚了，應該說也沒什麼特別的，好像是為鄧小平說好話。主要問題是出在落款「打貓戰鬥隊」這幾個字上。

幾個月後，為了這一張大字報，陸寶康的判決下來了。據潘根發回憶，判決詞的基本內容是：長期以來放鬆思想改造，思想反動，反對上山下鄉的偉大戰略方針。特別是在反擊右傾翻案風中，迫不及待地跳出來，為鄧小平鳴怨叫屈，矛頭指向以毛主席為首的無產階級司令部，與「天安門廣場事件」遙向呼應。但念他是知青，與天安門廣場事件無直接聯繫，從寬判處有期徒刑十五年。（原上報死刑，雲南省高院未批准）

判決後約半個月被押送到普文勞改農場五隊服刑。普文勞改農場五隊離小鎮大約也就十分鐘的車程。高高的圍牆把六七百名刑期在十五年以下的政治犯和刑事犯都關在了裡面。

七六年七月唐山發生大地震後，西雙版納到處傳說要有地震發生，人心惶惶，各單位紛紛搭防震棚。說是棚實質上就是用簡易材料搭的一個人字形屋頂，下面一長排通鋪，四面透空。好在這裡天氣熱，晚上睡在棚裡也不覺什麼。當年我在農場時就在這樣的抗震棚裡睡過一段時間。勞改農場雖說關的是犯人，但關乎到生命的事同樣不能馬虎。五隊的防震棚就搭在裡面的空地上，棚頂鋪的主要材料是廢棄的甘蔗葉子。

七六年十月三日晚上九點，全體犯人同往常一樣列隊集中

在大操場上點名，七百來號人一個一個點過去，被點到的人大叫一聲「到」。當點到「陸寶康」時卻無人回應。按規定缺人得重頭再來點起。第二次叫到陸寶康依舊無人應答。人們不滿了，此時，只見陸寶康雙手提著褲子沒事一樣從裡面走出來。

「你幹什麼去了？」指導員埋怨地高叫著。

「我拉肚子。」陸寶康微笑地說，對此人們沒法。

當晚無事，像往常一樣時候一到人們一個挨一個地在防震棚的通鋪上睡下了。但靠近門邊的一位四十來歲的犯人卻沒有睡，他的鋪同陸寶康的鋪位相差大約有七八米遠。這看去不聲不響的犯人對陸寶康今晚的表現總覺得有點不對勁，隱約有一種預感，覺得可能會出什麼事。他從心裡巴望出事，他想立功。他蜷伏在床上，假裝睡覺，耐心地等待著。

七六年十月四日淩晨兩點半左右，夜空裡一片寂靜。通鋪上犯人都睡的死死的，惟有那中年犯人依舊眯虛著眼睛等待著。此時陸寶康從床上爬起來了，他上身赤膊，下身只穿一條短褲，赤腳下床。他從通鋪下面地上這一側爬到通鋪的那一側。中年犯人看到了這一切，也悄悄地下床跟了過去。

爬到對面後陸寶康站了起來，防震棚的斜屋簷只到他的胸口高度，廣漫的天空上星星閃爍。陸寶康伸手在枯草般的斜屋面上點火，火慢慢地燎過了甘蔗葉的鬍毛，可能是夜空中有潮濕的霧氣影響，火拼未串起，一會又熄了。嚴格來說他只是作了點火的嘗試。

陸寶康看著這一點一點慢慢燃燒的微微的火苗，我不知道他此刻想什麼，他也許覺得自己很怨，積壓在心中的怨氣需要這樣的發洩。也許他只是一次夢遊，誰知道呢？

突然，陸寶康覺得腦袋被後面的人狠狠地打了一下，接下來

是拳腳齊上，中年犯人一邊打一邊大聲叫喚。陸寶康倒在地上，又有犯人衝上來施展拳腳，整個工棚內頓時亂作一團。

突然爆發出強烈的騷動聲驚動了崗亭。看守立刻將探照燈打開，耀眼的白色的光束從高高的小塔樓上直射下來。所有的犯人們都被驚醒，軍人們荷槍實彈，管教人員拿著鑰匙慌忙打開鐵門沖了進來，其餘犯人看熱鬧似的也跟隨其後。狹小淩亂的防震棚裡，幾個壯漢正在圍著一個人拳打腳踢。

「幹什麼，幹什麼，都別動！」指導員大聲吼道。

「報告指導員，這狗日的放火燒房子。」中年犯人抬起一張古銅色地臉得意地說。

持槍軍人列隊衝了進來，所有犯人被趕到兩邊。

「拉起來！」指導員嚴厲地叫著。

躺倒在地陸寶康被幾個犯人拖起：這是一個二十來歲的年輕人，臉上已是青一塊紫一塊，眼角腫起，鼻孔流血，赤膊的上身黏著血跡和灰土，下身只穿一條短褲，赤腳。也許是被幾個一湧而上的犯人打蒙了，他沒說一句話。

「陸寶康？」指導員心裡念著他的名字。

「哪裡燒的火？」人們紛紛問，因為這裡沒有看到被燒過火的跡象。

「在這點。」中年犯人自豪地領著大家鑽到防震棚的外側，在離簷口大約一米處的斜坡位置處，人們看到了大約有面盆底大小的一塊屋面呈微焦糊狀。

指導員板著臉回到工棚對著陸寶康大聲吼到：「給我銬起來！」

看守軍人立刻給陸寶康手腕銬了一副手銬，在手臂上又加了一副手銬，腳上銬了一副12公斤重的腳鏈。然後將陸寶康推搡到

大門右側的緊閉室裡。

禁閉室是一個寬1米2，長2米，高1米5（包括混凝土頂板）的大石塊砌「房子」。房子陰暗潮濕，牆壁的石頭面上粘著一塊塊綠色的青苔。裡面僅有一長塊高出地面大約20公分的臺階算是「床」。沒有被子，只能和衣而睡。旁邊是一個無蓋的木糞桶。禁閉室共有二道門，裡面一道是木門，木門上僅開有一個小圓孔，圓孔小的連一個碗都伸不進去，（那時的碗是一種搪瓷碗，形狀象小盆，不象現在城裡人吃飯的那種小碗）外面再加一道上了鎖的由鐵管和鐵條做成的門。

防震棚裡人們還未散去，只聽到中年犯人在誇誇自吹：「我早就知道這小子要不幹好事，我一直沒睡在注意他，果然半夜裡見他起來，從床底鑽出去……」

此時離陸寶康關進來也就半年多時間。一九七六年十月四日陸寶康被關進禁閉室，三天以後，「四人幫」倒臺，這標誌著文革以來推行極左一套的做法有望結束。然而，事實上社會的列車依舊在原有的軌道上慣性地向前沖。因此，陸寶康的命運毫無改變的跡象。

在禁閉室這狹小的空間裡，陸寶康不能站立，只能蜷縮在一邊或和衣躺在水泥地上。吃飯時，自會有人從門上圓洞裡送進來，而排泄就在裡面的一個木桶裡，滿了，由陸寶康本人把它拉到廁所裡倒掉。由於長時間關押，陸寶康連這木桶都拖不動，每次都需要其他人幫助。人們嫌他，都不願幫他。夜裡他就倒在這水泥床上，無蓋無墊，也沒燈。如果說它是「室」還不如說它是一個「洞」更貼切。這期間無人來探望他，他的上海親人在幾千公里之外。只有潘根發過段時間從木門小洞口裡扔二包煙進去。

　　七七年四月八號，既陸寶康在「洞」裡關了約半年時，普文勞改農場五隊的大門口開來了兩部車，一輛是解放牌帶蓬卡車，車斗二側站立著荷槍實彈的二排軍人，約15、6人。另一輛是西雙版納州公安局的吉普車，車裡坐的是州公安局予審科副科長和二名警官。車子就停在大門左側。

　　指導員派人打開禁閉室門，陸寶康被提了出來，他的細細如乾柴的手腕上拷了一副手銬，腳上是腳鏈。此時的他長髮披肩，鬍子長到胸口，皮膚白的有點透明，身上散發出酸臭味，弱不禁風。照潘根發的形容：活象個鴉片鬼。指導員叫來會理髮的犯人幾下就將陸寶康剃成了一個光頭。

　　禁閉室裡有一個簿板箱子，那是陸寶康當年下鄉時在上海憑證明買的，裡面裝著他下鄉七年多的財產：幾件衣服和一些自學英文的書，還有幾本範文讕的中國通史。既然離開禁閉室，箱子當然要帶走。箱子大概有二十多斤重吧，陸寶康一人無法搬，由潘根發同他二人各抬一邊，箱子上放著是他吃飯用的搪瓷碗和調羹。

　　靠近大門處地面有一個大約60公分高差，陸寶康無力抬上去，箱子碰到臺階，碗晃動著掉下被潘根發接住。調羹掉到地上，陸寶康要去檢，潘根發急了：「撒娘的，頭都沒了，還要什麼狗屁調羹。」潘根發一看來頭和腔勢就知道不好，完了，「板敲洞」（上海話，肯定槍斃）。陸寶康則沒一點感覺，他哪裡知道沒幾天活呢？要知道還要箱子幹什麼呢？他以為轉地方。對潘根發的話，由於陸寶康患過中耳炎，也沒聽清。

　　看著陸寶康的那木訥的神態，一個生命快到盡頭的人竟一點不知。作為同去農場的知青，潘根發心裡很不好受。三十多年後的今天，當潘根發談及當時情景，感情依舊有點激動。

　　陸寶康被人扔上了汽車，跌坐在車斗中間，面朝車尾，兩邊是站立的雄姿勃勃的持槍軍人。陸寶康艱難地、神情恍惚地舉起一隻帶著手銬的細細的手，對著潘根發靦腆一笑，輕柔地說：「小潘，再會了。」此時潘根發不顧軍人的阻攔，一把拉住車攔板說：「小陸，再會，我可能再也看不到你了，你放心，你借給我的書（範文瀾：中國通史第三冊）我一定會送到你家裡。」

　　五天之後，既七七年四月十二日，陸寶康在景洪郊區三塔山被執行死刑。罪名是：對抗無產階級專政，紀念被關進監獄一周年，放火燒監獄。

　　三天後，四月十五日是西雙版納傣族人的潑水節，景洪街上到處可見歡度節日潑水歡笑的人們，象角鼓那穩穩地節奏徹夜迴響。而八年前那舉著紅旗一路高歌的「陽光男孩」，三天前已臉朝地永遠地倒在了這片他不愛又無法逃離的紅土地上了。

　　知青分散在各個大山凹裡，沒人傳達這個資訊，看來也沒必要讓知青知道，死就死了唄，不就死個人嗎？這樣的人被槍斃太正常了。知青們也自顧不暇，各人都為自己將來擔憂，想回城的不滿情緒在醞釀著。

　　普文勞改農場裡，指導員用雲南話在大會上說：「都給我聽好了，要老老實實接受改造，和政府作對是不會有好下場的，是沒有出路的，陸寶康都知道吧，槍斃了！槍斃那天我去了嗎，怎麼樣？照樣尿啦、屎啦都下來了。」

　　我相信指導員沒有瞎說，如果是這樣，只是說明陸寶康不想死，怕死，死亡來得太突然了，他還想活，他才二十六歲⋯⋯

　　後記：

　　一、本文主要採訪人潘根發，上海知青，一九六八年十二月到農場，分在東風農場一分場四隊，七一年三月調到一分場工

程連。七六年與陸寶康同在普文勞改農場五隊。現住在上海閘北區。二〇〇七年五月十六日晚第一次採訪，地點在葉鐵淳家。參加人有：葉鐵淳、周公正、曹明理、王亞銳、潘根發、王強。二〇〇七年七月第二次採訪，人員同上，地點在華靈路，渝味餐館二樓包房。

二、對於槍斃人地方，我問了原十五分場保衛幹事老楊（退伍兵，上海知青顧秀珍愛人），老楊用濃濃的雲南話說：「曉得，以前都在三塔山」。我弄不清楚三塔山在景洪郊區那一邊，我想這地方現在肯定不會再槍斃人了，說不定已開發成旅遊景點也曉不得。

第四節　因陷害而引發的蔣愛珍悲憤殺人案

粉碎四人幫後，知青群體在遭受的悲愴發出的怒吼或過激舉動，開始引發社會民眾的關注和同情。一九七八年發生的蔣愛珍殺人案就是典型事例。據《人民日報》在〈一九七八年，蔣愛珍為什麼連殺三人，為什麼沒有被判死刑？〉中報導：

……在石河子地區公安局看守所裡，關著一個重犯，她打死了三個人。可是奇怪，群眾卻大多同情她。不少人說她沒有民憤。有的說：「這個娃娃可惜了！」連看守所的人也反映：這個犯人很老實，不像一貫作惡的。

審判員提審了這個犯人，我們在場。這是一個二十四歲的女知識青年。看上去莊重、矜持。問她為什麼要殺人，她情緒激動，說話哽咽，不時掉淚。審問進行了一半，她再也說不下去了，呼嚕呼嚕地喘著粗氣。審判員看她憋得難受，就讓她出去休息一下。過一會兒，我們去找她，只聽她一個人在廁所裡嚎啕大

哭。她為什麼這樣痛苦呢？她為什麼要殺人呢？

　　緣起　她名叫蔣愛珍，是浙江紹興人，一九七二年初中畢業後，隨哥哥到新疆石河子生產建設兵團。先在農場勞動，後被推薦到一四四團醫院當護士。她一貫工作積極，思想進步。一九七三年加入共青團，一九七六年入黨。同年被選為黨支部委員，兼團支部書記。

　　蔣愛珍的哥哥同一四四團醫院黨支部副書記張國政，過去是一個部隊的老戰友。蔣到醫院後，她哥哥囑託張國政，要象親兄妹一樣關心蔣愛珍。張國政熱心幫助蔣愛珍進步。加上工作上的原因，兩人關係因此比較密切。

　　一四四團派性嚴重，李佩華、謝世平（都是黨員）和醫院個別領導人，同張國政早有矛盾，想抓把柄把他整下去。

　　一九七八年三月十八日，蔣愛珍被批准回浙江探親。十七日晚，張國政和另一個人曾一道到蔣愛珍臥室（外科值班室），囑咐她路上應注意的事情，然後即告別回家。李佩華，謝世平妄斷這天夜裡張國政要和蔣愛珍發生關係，就在副院長粟某的支持下，行動起來。半夜兩點多鐘，謝世平叫了鐘秋等六七個人，把外科值班室的門窗、周圍過道以及張國政家（緊挨醫院）的大門，處處把住。然後哄使一個護士，詭稱要紗布搶救病人，叫開了蔣愛珍的門。謝世平闖進蔣的臥室，四處搜查，不見張國政。蔣愛珍陪護士在另一處取了紗布，回來時發現謝世平。打過招呼後，三人一同走出值班室。在門外，蔣愛珍發現在黑暗處李佩華躲藏不迭，立即引起懷疑。因臥室裡放著九百元錢，她害怕這些人偷錢，決定向支部反映。支部書記家離醫院遠，她就去找張國政。張從家裡來到值班室，正查問情況，李、謝突然闖入。張國政問：「你們幹什麼？」李佩華回答：「我們來抓鬼？」張國政

明白了這是怎麼回事，就差人去把支部書記和支委都叫來，說明剛才發生的情況。支部問了有關人員，又查看了蔣愛珍的臥室，未發現異常痕跡。問李佩華、謝世平時，他們支支吾吾，只說「我們失敗了！」

十八日清晨，謝世平去團黨委，捏造事實，誣說張國政昨晚在蔣愛珍房裡幹了不可告人的事。早晨一上班，鐘秋就到各房間遊串，散佈昨夜張國政在蔣愛珍房裡鬼混。與此同時，醫院外面的商店、學校等處紛紛傳出：昨夜抓住了，……。兩三天後，李佩華、謝世平等幾個人又傳出：十七日夜半有人看見張國政從蔣愛珍的臥室出來；有人看見他閃進自家的門，等等。謊話陸續補充，越來越圓全，以後成為領導上逼蔣愛珍承認「三‧一七」事件的主要「證據」。

會計傅冬勤對李、謝等的做法不理解，找李佩華談。李直言不諱地說：「現在只好硬著頭皮幹下去，幹成啥樣就啥樣。弄不倒也要弄個臭！」

發展 三月十八日，蔣愛珍沒有起床，氣得直哭，也不回家探親了，還要求組織上給她澄清事實。絕食三天，最後她哥哥來勸了才複食。她從床上起來以後，勉強工作，跟誰也不說話。

一天下午，謝世平、鐘秋兩人在走廊裡大罵張國政，誣衊他亂搞男女關係。蔣愛珍穿著白大褂，站在值班室門口呆呆地望著，一語不發。

晚上，蔣愛珍獨自在值班室裡。突然，哇的一聲，跑出去了。大家又哄又拉，總算把她弄回醫院。兩三個人按著她。她哭喊：「冤枉啊！冤枉啊！——為什麼不讓我去接媽啊！——冤枉啊！」說完，又哈哈大笑起來。在場的人很多都淌下眼淚。經過醫生診斷，確定是精神分裂症，收入病房。

　　一天夜裡，病房裡突然不見她了。初春的戈壁灘上，寒風凜冽，蔣愛珍穿著一身單衣單褲，在曠野裡轉遊了一夜。第二天朦朦亮，她哥哥和醫院的幾個人開著一輛卡車尋到一個高坡邊，發現蔣愛珍直直地站在那裡，兩眼直瞪瞪，頭髮上幾片枯草葉，臉上幾道劃破的血痕。哥哥喊她，沒有反應，過了一會兒，她才微微地吐出一句：「媽媽……」。

　　這麼一段經歷，後來被李佩華等誣衊為「裝瘋賣傻」，一次一次地要她在會上「說清楚」。

　　「調查」　三月三十日，一四四團黨委派工作組到醫院，專門調查「三・一七」事件。組長楊銘三是一四四團的副參謀長，主管醫療衛生工作。在以往的工作中，張國政曾幾次同他大吵大鬧過。這次他帶領工作組到醫院，一開始就陷入派性，偏袒李佩華、謝世平一方。因此，三月十七日的事情越查越複雜。

　　四月六日，團長親自到醫院動員，號召開展全面揭批查，集中揭發張國政的問題。調查「三・一七」事件的工作組改為領導運動的工作組。「三・一七」事件放在運動中一起搞。

　　運動中，李佩華、謝世平等又提出了許多所謂張國政、蔣愛珍「男女關係」的疑點，揚銘三要蔣愛珍一個一個說清楚。幾個月內，關於「三・一七」事件和所謂張國政、蔣愛珍」男女關係問題的大字報，從醫院各處到團部招待所等地方到處張貼。許多漫畫污穢不堪。

　　對「三・一七」事件，醫院很多人持否定或懷疑態度。工作組一來，這些人都成了保守派。全院因這個問題受到打擊或歧視的共有三、四十人。黨支部根據最初掌握的材料，對「三・一七」事件傾向於否定。工作組把支委們看作「保張派」。運動中全體支委都靠邊站。

文教幹事蘇天豔貼了一張〈呼籲醫院廣大群眾為受害知識青年蔣愛珍伸冤〉的大標語，運動沒有搞完，就被調離醫院。醫生牛素玲，僅僅聽蔣愛珍訴說了一次冤情，安慰了她幾句，被楊銘三一次一次追逼，不僅要她寫書面檢查，還叫她在全院大會上作檢查。醫院有個青年醫生，同蔣愛珍談過戀愛，一天，楊銘三走到他家，當著他爸爸的面警告說：「我以領導的名義、長輩的身分告訴你：現在蔣愛珍的問題還沒有搞清楚，你不能跟她談了。」

蔣愛珍的行動受到監視，人們都不敢接近她。後來，她發覺自己的信也被李佩華等人拆看，感到在工作組的壓力下，醫院裡再沒有人敢出來為她說真話了。

絕望　工作組初進醫院時，蔣愛珍滿懷希望。她很早就去找楊銘三，想訴說三月十七日的事。不料，楊銘三冷冷地叫她回去，並說：「三月十七日的事，沒有，要給你搞清楚；有的話，就改，改了就好。」

蔣愛珍雖然對楊銘三的話有氣，但她堅信：只有依靠組織才能解決好問題。於是，她寫了一份詳細材料交給工作組，等著楊銘三來找她談話。一個月、兩個月……四個月過去了。直到八月一日，楊銘三才找蔣愛珍。不過不是談心，而是通知她第二天在群眾代表會上「老實交代」三月十七日的事情。

八月五日，在全院群眾大會上，工作組宣讀了對張國政的審查材料，其中對三月十七日的事情作了肯定性的介紹。蔣愛珍有氣，找機會頂了楊銘三一句。楊銘三說：「你也要檢查！就是到最後什麼也沒有，光憑你同張國政的接觸，跳到黃河也洗不清！」

蔣愛珍對楊銘三和工作組失望了，八月六日晚上，去找團長

訴說冤情。團長哼哼哈哈，一個問題也不回答，只是說：「你要相信組織。」蔣愛珍又找了石河子地區派往一四四團的工作團團長。工作團團長也是冷冰冰地把她推了出來。蔣愛珍曾想到烏魯木齊去告狀，但是又想：自治區領導那麼忙，不可能直接下來處理問題，最後還是要落到楊銘三他們的手裡。她對「相信組織」這一條，終於絕望了。

黨支部整黨進行了一個月，在要不要再開蔣愛珍的會的問題上，工作組內產生了分歧。有的同志主張不要開了，楊銘三和另一個工作組成員堅持要開。楊銘三還親自通知本來不參加整黨會的鐘秋等三四個「有關」的人出席會議。九月二十五日下午，支部書記徐進義同志勸告楊銘三：「蔣愛珍的會不要開了，更不能讓鐘秋等人參加。這樣搞下去越搞越亂，工作組會上當的。」楊銘三不聽勸告，照樣佈置開會。

二十六日下午開會。蔣愛珍根據楊銘三出的題目，對「三‧一七」事件、「裝瘋賣傻」、同張國政等上山打獵等問題說了一遍。李佩華第一個站起來發言，說：「你裝瘋賣傻！你為什麼不去死？為什麼不跳水庫？」最後，拿出一份他和謝世平署名的報告宣讀，要求團黨委對蔣愛珍作婦科檢查（過去已向團黨委交過一份）。讀完，將報告交給了楊銘三。粟副院長在發言中說：「你害怕檢查？真金不怕火燒嘛！」會上，好幾個人對蔣愛珍說了一些下流的、侮辱性的話。鐘秋還指手畫腳地嘲笑、挖苦她。

在上一次「說清楚」會上，李佩華等也曾這樣侮辱過蔣愛珍。那個下午，蔣愛珍頭也沒有抬，眼淚滴滴往下掉。這一次，她一反常態，一下午直直地坐著記筆記。聽到荒誕、下流之處，還微微地現出蔑視的一笑。好多人為她這種反常的表情吃驚。楊銘三在會上表揚李佩華等發言積極，批評了不發言的人。最後說

明三月十七日的事情還沒有完。

拚命 二十六日晚上，蔣愛珍在宿舍裡寫了一夜申訴信。二十七、二十八日晚上，又給工作組，父母兄嫂和好友寫了好幾封遺書。這三天，她白天上班，晚上一個人在宿舍裡，煤油燈通宵不滅。二十八日，民兵排長通知她參加第二天的打靶。晚上，她終於作出決定：「同他們拚了！拚一個算一個，拚兩個賺一個……」她從箱底裡翻出過去打獵、打靶留下的八顆子彈，又仔細擬定了要拚殺的對象。

二十九日晨，她領到一支步槍，悄悄壓上子彈。走到內科門口，對準李佩華說：「李醫生！你不是要我死嗎？叫你造謠！」一扣扳機，李佩華倒下。欲打另一個醫生時，門被推上，未打成。她直奔外科走廊，見鐘秋正跟人講話，舉槍便說：「叫你造謠！」話落槍響，將鐘秋擊倒。李佩華的愛人戴淑芝聞聲出來問：「怎啦？」蔣愛珍說：「怎拉，叫你造謠！」又把戴淑芝打倒。她走出外科大門，撞見一個參與「抓鬼」的醫生走來，舉槍就打。這個醫生慌忙奔逃，一彈未中。蔣直奔宿舍，欲找別的打擊對象，被群眾包圍在球場上，相持了一個多小時，終於被逮捕了。

余事 蔣愛珍打死人以後，一四四團立即拘留張國政，說他是蔣愛珍殺人的指使者。關押九十二天後，又把他放了。一四四團領導認為，蔣愛珍殺人發生在運動中，應定為「反革命殺人」。對被殺的三個人，團黨委決定追認為「烈士」。一個月以後。團裡召開了隆重的追悼會。團領導親自主持，命令各單位都派代表參加，並送花圈。這些做法引起很多群眾不滿。至今，原一四四團團長仍然堅持：「三·一七「事件雖然可以否定，但蔣愛珍是「反革命殺人」，被殺者是「烈士」。

　　蔣愛珍原被判死刑，新疆維吾爾自治區高級人民法院下去複查，提出判蔣愛珍無期徒刑，同時建議黨委追究有關領導人的責任。自治區黨委根據高級人民法院的報告，指示石河子地區黨委慎重處理，同時做好下面的工作，統一認識。最近，石河子地區黨委覆議了這個案子，建議重定蔣愛珍為「死緩」，同意追究楊銘三的責任。但是，在辦案人員一再提出要求處分的情況下，有關部門卻把楊銘三調到河南去了。與此同時，謝世平也得到重用。

　　新疆高級人民法院和石河子地區公安局、中級人民法院經辦此案的領導人和工作人員都認為：蔣愛珍殺人是在被誣陷、被迫害的情況下幹出來的。對蔣愛珍必須依法制裁，但是，人們普遍認為：僅此不能平民憤，必須對釀成這一慘案的有關人員（特別是楊銘三）和其他嚴重違法亂紀者，追究法律責任。這件事牽涉面廣，應由公檢法和黨的紀律檢查委員會協同處理，防止片面作決定。這一案件在石河子地區震動很大，議論很多，可以開庭審判，可以讓群眾公議，藉以教育幹部和群眾。

　　附記：蔣愛珍的事件，發生在一九七八年。蔣愛珍是新疆生產建設兵團的紹興知青，因被人造謠「作風問題」（「作風問題」在彼時可是極為重大的「帽子」，足可壓死心理脆弱者），而受到嚴重傷害。她多次向組織請求處罰侵害者，以保護自己的名譽，但都未果。在無法捍衛自己名譽、受到嚴重傷害的情況下，蔣愛珍開槍擊斃3人。

　　一九七九年十月《人民日報》以〈蔣愛珍為什麼殺人〉一文長篇報導此案後，蔣案引起了全國轟動。人民日報五個月內收到各階層人民來信一萬五千多件，這些來信從不同角度提出：蔣愛珍殺人犯罪，應依法懲處；但她不是反革命分子，希望從輕判

處；對誣陷蔣愛珍的人應該追究法律責任。石河子地區中級人民法院也收到大批同樣性質的人民來信。人民群眾的建議受到尊重（當然主要還是由於案件的性質和情節），蔣愛珍一案被重新審處了。

一九八五年，新疆維吾爾自治區高級人民法院對蔣愛珍殺人案開庭公審，作出終審判決：判處蔣愛珍有期徒刑十五年，剝奪政治權利五年。在此之前，誣陷、侮辱、迫害蔣愛珍的人員已分別受到行政、司法處理。

蔣案引起了全國轟動。不僅民意高度一致地同情蔣愛珍，支持終審判決，而且在北大法律學系的多年刑法學課上，多位著名教授也論證過此案終審結果在刑法規範、法理上的合法性、正當性。

從表面上看，這是一起由文革衍生的派性引發的迫害知青的案件，繼而爆發了殺人命案。但實質上仍是在極左思想統治下，兵團的一些領導和個人靈魂的扭曲，他們主觀武斷，視個人的尊嚴和事實於不顧，他們限制知青戀愛自由，知青被逼無奈才奮而走上殺人犯罪之路，這難道不是時代的悲劇，知青命運的悲劇嗎？

第五節　震驚全國的強姦殺害留守知青大案

更加讓人觸目驚心的在《法治人生》二〇〇八年第十五期，我們看到了楊穎所寫的〈一九八三——內蒙古呼倫貝爾盟強姦殺人案〉看到了一起震驚全國，野蠻強姦殺害留守知青大案。照理，這起血案本不應該發生。現摘錄如下：……一九八三年六月十六日，星期六。因為是一年中最好的季節，內蒙古呼倫貝爾盟

喜桂圖旗牙克石鎮林管局所屬的林業設計院紅旗溝農場的人們，從早上五六點鐘就已經下地幹活了。

但于洪傑上午九點卻仍在床上躺著。于洪傑是牙克石出名的一霸，小有名氣，是一個很有「份」的地痞，曾經被公安機關多次收審、拘留。但每次都是經教育後釋放，沒有受到法律的嚴懲。自從四月份在萬般無奈的情況下來到紅旗溝農場後，于洪傑的心情就一直沒有舒暢過，對現實的不滿使他對這裡的一切都看不順眼。他多次公開表示「要幹一番事業，要幹得轟轟烈烈，不能白來人世一趟。要雁過留聲人過留名。不能流芳百世，也要遺臭萬年」。

躺了一會，于洪傑決定回牙克石鎮。於是他來到地裡和同宿舍的韓立軍、楊萬春商議了一下，就決定回牙克石改善一下伙食，好好玩一玩。在他們三個人當中，于洪傑歲數最大，十九周歲，其他兩人都是十八周歲，而且也都不是善類。楊萬春，剛滿十六周歲時，就因犯有慣竊罪被判處有期徒刑三年，剛釋放不久；韓立軍，三年前因持刀搶劫被判處有期徒刑一年。

三個人回到牙克石後，有家不回，而是先到了杜小峰家。杜小峰初中畢業就回家待業，在社會上混了一年後，父親給他在磚瓦廠找了個臨時工。他曾經和于洪傑在一起混過一段時間，是于洪傑的小兄弟、酒肉朋友。楊萬春從杜小峰家出來後找了個藉口先回家了。于洪傑跟著韓立軍到了韓家。吃過飯後韓立軍和于洪傑一塊又來到楊萬春家。楊萬春正和家人吃飯，見於、韓進來，連忙起身讓座，並張羅著拿酒。

三人從楊家出來就已喝得東倒西歪，搖搖晃晃。楊萬春走到院子門口時又返了回去，再出來時身上多了一個軍用挎包，挎包裡裝的是20個雷管和1卷近30米長的導火索。這是他在石料場偷

來的。

在一個商店的門口他們碰上了王守禮。十六歲的王守禮早已輟學在家，在一次打架中和于洪傑相識，就經常和于洪傑在一起。

下午兩三點鐘，天氣很熱，四個人歪著膀子斜著腿，在大街上橫衝直撞。下午六點鐘的時候，四人又在一間小飯館裡，要了幾個菜又喝了一瓶白酒。

飯後，他們來到了王玉生家，把十五歲的初中二年級學生王玉生叫了出來。他們的父母都在林業設計院工作，彼此都認識，又是鄰居，所以王玉生也不問什麼就跟著出來了。

隨後他們又去磚廠找杜小峰。在路上，他們碰上了十七歲的李亮明和張光祖。兩個人正準備到電影院看電影，沒想到碰上了于洪傑等人。他們只有過一面之交，李亮明對於洪傑並沒有什麼好感，但是又有些懼怕他，只好迎上去打了個招呼。于洪傑張口就說，天黑了，他們要上山，為了防止發生意外，叫李亮明和張光祖護送他們，口氣十分強硬。李張兩人心裡雖然一百個不願意，但是由於惹不起于洪傑，只好答應了。

杜小峰和一塊幹零活的包達山正在收拾東西準備下班回家，見於洪傑等人走進來，才想起上午答應幫于洪傑上山打架的事。心裡雖然不願意，可是懾於于洪傑、韓立軍、楊萬春的淫威，又不敢說不去。於是他叫包達山和他一塊去。剛滿十六周歲的包達山架不住眾人的勸說，就稀裡糊塗地跟著走了。

于洪傑等一行幾人於六月十六日晚上十點鐘的時候回到位於牙克石西南方向的紅旗溝農場。到農場後於洪傑把所有的人都領進了他和楊萬春、韓立軍所住的六號宿舍，招呼大家坐下之後，便從床下拖出一箱子魚罐頭和一塑膠卡子白酒（12斤）。然後又

到走廊的另一頭把早已睡了的李東東叫了起來，讓他過來一起喝酒。這個農場共有21名場員，除了于、韓、楊和李東東外，其餘的全部是女的。

兩輪酒過後，十個人就喝掉了四斤多白酒。當王守禮、李東東、包達山、杜小峰、李亮明等人表示不喝或不能喝時，于、楊、韓三人就強迫他們喝，而且必須一口喝乾。這幾個十六七歲的孩子在這種情況下只好喝了下去。三輪一過，就有四個人嘔吐起來。

大約到了十一點三十分，半天沒有說話的韓立軍突然站起來，掏出身上常帶的一把匕首往桌子上一戳，說：「弟兄們，今天晚上我們給他們來個血染紅旗溝，敢不敢？」在座的人沒有一個回應，就連于洪傑也對韓立軍的舉動感到有些突然。

韓立軍見沒有人回應，就又加大嗓門說：「沒什麼關係，我領著兄弟們幹。」年僅十五歲的王玉生壯著膽子說：「我不敢，那是犯法的，是要償命的。」他的話音剛落，韓立軍一刀就刺了過去，嘴裡罵道：「媽拉個巴子，你他媽的到了這個節骨眼上，到了老子的一畝三分地，你還敢說不敢，我先殺了你。」王玉生躲過刺來的這一刀，忙不迭地說：「我敢，我敢。」此時王玉生渾身哆嗦，面無血色。

這時于洪傑也拔出匕首站了起來。他和韓立軍持刀一個個地問大家，你們敢不敢幹，除了王守禮、李東東連問幾次都堅持說不敢外，其他的人都表示敢。直到這時，他們中間的有些人還不相信真的要血染紅旗溝，也不認為于洪傑、韓立軍會真的殺人。

于洪傑見王守禮、李東東不敢參加他們血染紅旗溝的行動，就叫他們兩個上床躺下，並警告他們不要亂說亂動，否則就殺死

他們。

此時，楊萬春從木工房找來的斧子和刨鏟、鑿子，還有菜刀，一一分發下去。于洪傑見兇器不夠，就把屋裡的木棒、酒瓶子、煤油燈座也作為兇器發了下去。

將近十二點的時候，于洪傑揮著手中的兇器說，血染紅旗溝現在開始。說完拉開門頭一個走了出去，直奔走廊裡頭的十號宿舍。其他罪犯都緊跟其後，有的打著酒嗝，有的搖搖晃晃地扶著牆往前走。

十號宿舍住的是農場職工潘亮和趙波，于洪傑推門進去，就朝潘亮的頭部和胸部亂砍。旁邊的趙波聽到動靜剛要坐起，就被刺中了脖子，緊接著就是一頓菜刀砍、斧頭劈。

殺死了十號宿舍的潘亮和趙波後，在於洪傑、楊萬春的帶領下，八個人又衝進了八號宿舍，殺死了五十歲的場員王元章、二十二歲的農工孫貴和孫貴剛上初中一年級的弟弟孫友。

十號宿舍和八號宿舍的嘈雜聲驚醒了睡夢中的農場指導員王化忠。他披上衣服舉著蠟燭，站在走廊裡大聲地問道：「哎，深更半夜的，你們吵吵什麼？」

聽見王化忠的喊聲，楊萬春也來到走廊上。他見指導員舉著蠟燭在走廊的另一頭，腦子一轉就大聲地喊道：「媽拉個巴子都他媽的幾點啦，統統地都回去睡覺。要不然指導員就過來了呀。」

王化忠也以為，他們還和往常一樣，是喝了酒以後互相打打鬧鬧，就沒有再往下想。他回屋裡剛把蠟燭放到桌子上，門就被撞開。王化忠一見這夥人拿著滴著血的兇器沖了進來，一下子就明白了發生了什麼事，他馬上跳起來，撲到櫃前去拿槍（為了保護場員特別是女場員的安全，防備野豬禍害莊稼，以及其他意外

事件發生，林業設計院武裝部門為知青農場配備了1支五六式步槍和30發子彈）。可是沒等王化忠摸到槍，就被八個人殺死在那裡，這位參加過中越自衛反擊戰的轉業軍人，來這裡工作還不到20天的時間，就不明不白地死在了亂刀之下。殺死指導員王化忠後，于洪傑把那支步槍拿到自己的手裡，把槍剌給了別人。

前後不到十分鐘的時間，于洪傑等八人就把住在隊部的所有男人全部殺死了。而後他們就從隊部的後門來到食堂，準備去殺掉兩位臨時工吳文發和何俊民。

因為要過星期天，為了給大家改善生活，食堂殺了一頭豬，煮了不少的肉在鍋裡，所以睡在廚房裡的吳文發和何俊民除了把門插上外，還用一根碗口粗的樺木棒把門頂住。于洪傑試探了幾下都沒有把門打開，楊萬春見狀，上前用力踢著門。裡面的人被驚醒了，問道：「誰呀，幹什麼？」「幹什麼，指導員病啦，我給他找點開水。」楊萬春回答說。吳文發剛把門打開，就被韓立軍用槍剌剌倒在地上……

于洪傑叫楊萬春和韓立軍領著人繼續血染紅旗溝，他自己背著槍回到了宿舍。抽了兩根煙後，他端著槍把住在1、2、4、7號宿舍的17名女場員叫醒，都集中到了二號宿舍，這是一間30平方米的較大的房間。事後，倖存下來的女場員說，當于洪傑等一開始行兇時，她們就被驚醒了，起先還以為于洪傑等人在打架，但很快就從他們的吵鬧和言語中知道了他們在殺人。但17名女場員中沒有一個人想到去勸說和制止他們，也沒有逃跑，只是躲在被窩裡不敢說話也不敢動。

而楊萬春、韓立軍等七人則直奔只有七八平方米的菜園小屋。小屋的門沒有關，只有一個紙粘成的門簾擋在那裡，楊萬春等七人一進屋，魯文才就被驚醒了。他一扭身就坐了起來，厲聲

問道：「什麼人？你們要幹什麼？」話音未落就挨了一刀。六十多歲的魯文才小時候見過鬍子（土匪），此時顧不得多想，一邊大叫「有鬍子」，一邊掀起小炕桌砸了過去。

可惜屋子太窄小，根本沒有迴旋的餘地，對方又人多勢眾，沒等魯文才把小炕桌砸過去，就被對方奪了下來。魯文才手中什麼也沒有，只好龜縮在炕角。楊萬春、韓立軍跳上炕去，對著魯文才一頓砍殺，把他從額頭到下巴砍得如同肉醬一樣。與魯文才同住的胡喜成聽魯文才喊有鬍子，可沒容他坐起來，就被當頭一棒打趴下了，緊接著胸部、腹部就被連刺數刀，痛苦地呻吟了幾聲就斷了氣。

從菜園小屋出來，韓立軍等人正要回隊部，被楊萬春拽住。楊萬春說：「先別回去，還有老楊家。」說完，楊萬春就領韓立軍等向距農場幾百米之外單門獨戶的楊相成家奔去，殺死了四十多歲的楊相成，還有他的媳婦、兩個還未到上學年齡的兒子和年過七旬的雙親。

僅僅1個多小時的時間，紅旗溝農場的16條活生生的生命就被于洪傑等全部殘忍地殺害了。從楊家出來後，楊萬春和韓立軍等來到了女場員住的1、2號宿舍。

休息了一會之後，在楊萬春的提議下，他們又到各個房間去補刀。半個小時以後，他們又都回到了1號宿舍，于洪傑找來了紙和筆，寫起了遺書。其他人紛紛效仿，最後只有于洪傑算是寫完了，韓立軍抄了一份。他倆把遺書交給了女場員趙丁枝。

在於洪傑的指使下，韓立軍帶著幾個惡魔挨個房間翻箱倒櫃，對死者也一個個地搜身，手錶、錢、糧票，凡是他們認為有用的、值錢的都要，將公私財物洗劫一空。

于洪傑自己則帶著幾個人去砸農場的倉庫，把全部的4箱硝

氨炸藥都搬到了1號宿舍，接上了楊萬春帶來的雷管和導火索。隨後于洪傑又叫人搞點汽油來。楊萬春帶人拎了幾桶汽油，于洪傑嫌少大罵他們不會辦事，成不了大氣候。楊萬春見狀乾脆帶人把倉庫裡的五六桶汽油全部滾到一號宿舍，並且把蓋擰開，準備和紅旗溝農場同歸於盡。

十七日早晨五點鐘于洪傑等人又把17名女知青押到了農場後面100多米以外的大菜窖，隨後把王守禮、李東東也押了過去，把他們分別捆綁在菜窖的立柱上。于洪傑叫人把菜窖的大鐵門鎖上，而後回到6號宿舍。于洪傑叫韓立軍到食堂找了些下酒菜，一邊吃喝一邊等著隊長何景增被殺死。

四十多歲的何景增十六號下午被騾子踢傷，去牙克石治眼睛，順便回了趟家，吃完晚飯他就要走，可是硬叫老婆給拉住了，非叫他第二天吃完早飯再回去。就這樣，他逃脫了這致命的一劫。

八點多鐘，附近生產隊的放牧員，六十多歲的李彥堂，騎馬來到農場，想告訴農場的人把自己的牲口拴好。就在他剛一下馬的當口就被躲藏在兩扇門後面的韓立軍、王玉生、李亮明、張光祖一擁而上，連刺帶砍，殺死在地上。十一點鐘，暖泉生產隊的社員魯鐵成、劉占山、于洪利三個二十七八歲的小夥子開著一輛手扶拖拉機來知青農場借柴油，也被于洪傑等人當場殺死。

從早上五六點鐘，到下午的一點多鐘，在這長達六個小時的時間裡，于洪傑等人誰也沒再到100多米以外的大菜窖看一眼。被關押在菜窖裡的17名女知青以及被捆在柱子上的李東東和王守禮有足夠的時間逃跑、報案。可惜的是居然沒有一個人提議，更沒有一個帶頭。

下午一點多鐘的時候，于洪傑、韓立軍和楊萬春三人又坐在

一起商量著如何處理關押在大菜窖裡的17名女知青。韓立軍首先說，把有仇的、和咱們不太對勁的都殺掉，剩下的就全放了吧。楊萬春聽了以後冷笑說：「看你那點膽量，連個女人也不如。還剩什麼剩，連他媽的兩歲的孩子都殺了，別說她們了。事情都幹到這份上啦，反正也沒我們好果子吃，我的意見是把所有的女人全部殺掉，一個活口也不留。」于洪傑沒有說話，只是一個勁地抽煙。

這時候杜小峰和張光祖提出要下山。一個人的理由是下午要回磚廠上班，一個是一天多沒有回家了。于洪傑假裝同意，並叫韓立軍給了他倆幾十塊錢——所有搶劫來的錢都在韓立軍和楊萬春手中保管著。杜小峰和張光祖接過錢正要轉身離去，于洪傑就把槍端了起來。兩個人一看不妙急忙躲到一邊。槍響了，兩個人嚇壞了，不約而同地跪在地上乞求饒命，表示堅決不走，決不單獨下山，和弟兄們同生死共患難。在其他人的勸說下，于洪傑才饒了他們。隨後他又把槍交給了杜小峰和張光祖，叫他們兩個負責監視大路上的情況，發現問題隨時向他報告，說完就帶著其他人去了大菜窖。

杜小峰抱著槍和張光祖驚魂未定像個泥胎似的坐在屋裡，通過剛才的驚嚇，兩個人這才從惡夢中醒來，知道自己闖下了大禍，犯下了不可饒恕的罪行。兩個人簡短地商議了一下，就把槍扔下了，騎上李彥堂死前拴在院子裡的那匹馬，匆匆忙忙落荒而逃。

隨著大鐵門的一陣響動，于洪傑出現在大門口，他一本正經地說：「咱們都是知識青年，都是工人的孩子，我們是同病相憐的。各位大姐、小妹，不瞞你們說，我們幹了一件大事，但是與你們無關，我是從來不傷害女人的。現在我們開始點名，點名

的留下，沒有被點名的出去，咱們到宿舍去研究點事。」說完他點了三個女場員的名字，楊萬春點了三個，韓立軍點了兩個。沒有被點名的女場員差不多都順溜溜的跟著于洪傑等罪犯出了大菜窖，只有十八歲的杜娟紅沒有出去。從于洪傑等罪犯一進菜窖，杜娟紅就緊張地注視著他們的一舉一動，心裡盤算著，如果發生了某些情況自己該怎麼辦。因為她知道自己在女場員中歲數比較小，長得又比較漂亮。

杜娟紅發現凡是被叫到名字的女場員都是比較會來事的，平日裡和他們三人的關係就比較好。她想于洪傑等人肯定不會放過沒被點名的那幾個人，至於他們要幹什麼，她不敢往下想。她下定決心，拿定主意一定要留在大菜窖裡，絕不出去。于洪傑、韓立軍、楊萬春三人也沒有注意到，留在菜窖中的女知青，還有沒被點名的杜娟紅。就這樣，十八歲的杜娟紅憑著自己的機智和勇氣，「大膽」地「反抗」了一下，就避免了被奸、被殺的悲慘下場。

于洪傑把吳秀麗、王小鳳、白潔、李東梅、劉敏華、趙丁枝以及賀金花、賀銀花姐妹倆共八人帶回了沒有死人的二號宿舍。楊萬春把李東東從柱子上解下來帶到八號宿舍。

二十二歲的吳秀麗一進二號宿舍就感覺到了死亡的來臨，當于洪傑把她父親吳文發已經被他們殺死的消息告訴她後，吳秀麗先是一驚，而後就撲通一聲跪在于洪傑面前，一邊哭，一邊哀求。在吳秀麗的苦苦哀求下，于洪傑把她領到了食堂，吳秀麗見到躺在地上血肉模糊、面目全非的吳文發後，撲到父親的屍體上嚎啕大哭起來。幾分鐘後，于洪傑把吳秀麗揪起來送回了大菜窖。楊萬春則帶著包達山來到了八號宿舍用杜小峰扔下的步槍打死了李東東。

楊萬春回到二號宿舍後，見於洪傑不在，就對李亮明、王玉生、包達山說：「弟兄們，這些娘們反正也活不成啦，你們想怎麼幹就怎麼幹吧，今天隨便整。」

楊萬春說完就把長得白白淨淨的白潔摁倒在床上，其他人也不甘落後，紛紛上前拉扯另外幾個女場員。七名女場員此時連一點反抗和哀求也沒有，只是任憑惡魔擺佈，有的在極端的恐懼中甚至主動脫下自己的衣服。

楊萬春強姦了白潔以後，又對王小鳳施實了強姦。有三名女場員因為正在例假期間，算是躲過了這一劫，可也被脫光衣服羞辱了一番。

于洪傑把吳秀麗送到大菜窖後，見韓立軍在那裡和女知青們說著什麼，就也參加了進去。在王守禮的再三哀求下，于洪傑把他從柱子上解了下來。被綁在柱子上十幾個小時的王守禮，在地上趴了半天才掙扎著站了起來。在於洪傑的指使下，他一會去觀察情況，一會到楊萬春那裡拿槍拿子彈。他這時既可以脫離現場，也有報警的機會和條件，可他卻沒有這樣做，他怕于洪傑連他也殺了。

大約下午三點多鐘的時候，于洪傑敬了女場員每人一支煙一杯酒，又帶頭唱了一首名叫〈監獄之歌〉的歌曲，放走了除莊春豔以外的九名女場員後，于洪傑背上槍帶著王守禮到了二號宿舍，韓立軍和平時跟他比較要好的莊春豔繼續呆在菜窖裡。

楊萬春見于洪傑進來，就小聲地對於洪傑說，他已經把李東東殺了。于洪傑聽了沒有任何反應，當他聽說女場員也都被他們幾個人強姦了的時候，立即勃然大怒，王小鳳見狀也壯著膽子向于洪傑訴說被強姦一事。

于洪傑訓斥楊萬春說，「你們這些畜牲、王八蛋，居然背著

我幹下了這種可恥的事情。你們還叫人嗎？人過要留名，雁過要留聲，你們破壞了我的名聲，毀了我的威信，我要把你們全部殺死，一個也不留。」于洪傑一邊大喊大叫，一邊把槍口對著楊萬春等人。楊萬春見於洪傑把槍口對準了他，心裡頓時害怕起來，沒想到對多年的朋友，于洪傑也會翻臉。狡猾的楊萬春此時表現得異常鎮靜，他一邊咒罵自己不是人是牲口，一邊悄悄地向門口移動。趁于洪傑不注意的時候，拉上了離門口最近的包達山，一塊逃離了紅旗溝。

二號宿舍這時只剩下了于洪傑、李亮明、王玉生三個惡魔，以及王守禮。就在這樣的情況下，七名女場員還不知道奪門而逃，也不進行反抗，只是一個勁地求饒，懇求于洪傑不要殺了她們。趁著屋裡一片亂哄哄的，王守禮逃走了。

于洪傑看著王小鳳那幾乎裸露的豐滿身子尋思了一會，說，是那幫畜牲糟蹋了你，叫你受委屈了，怪可憐的。這樣吧，你先到隔壁的一號宿舍去。王小鳳一聽，忙不迭地從地上爬了起來，連哭帶笑的說了不少感恩的話，跌跌絆絆地走了出去。剩下的六名女場員見狀也拼命的向于洪傑乞求，乞求于洪傑放她們一條生路。可是她們萬萬沒有想到，這時候于洪傑突然變得暴躁起來，聲嘶力竭地喊著：「我于三雖然吃喝賭，打砸搶，什麼壞事都幹過，而且還沒少幹，但我于三可從來沒有幹強姦女人的事。幹這種事的人是畜牲，不是他媽的人養的。雖然你們被他們給玩了，給強姦了，但丟人的是我，你們活著我也說不清楚。」

于洪傑置女場員的哭喊哀求於不顧，把槍交給李亮明，叫他來殺死這6名女場員。李亮明在於洪傑的逼視下，哆哆嗦嗦的打了幾槍，把賀金花、賀銀花和白潔打倒在地上。李東梅、劉敏華、趙丁枝連滾帶爬地鑽到了床底下，于洪傑從李亮明手裡拿過

槍蹲在地上把鑽在床下的三名女場員開槍打死。而後二話不說把槍交給了李亮明，自己去了一號宿舍。于洪傑一走，李亮明攜槍和王玉生也逃離了殺人現場。

儘管一號宿舍就王小鳳一個人，隔壁的哀求聲、哭叫聲、槍聲又全都傳進了她的耳朵，可她還是不跑，而是躲在床上。王小鳳見於洪傑進來，驚恐得渾身哆嗦成一堆了，連句話也說不出來。于洪傑連門也沒關，就忙著脫衣服。王小鳳一看什麼都明白了，為了保住性命，她用顫抖的手主動脫光了自己的衣服，順從地躺在床上，任憑于洪傑強暴。

于洪傑強姦完王小鳳以後，已是下午三點多鐘了，他又把王小鳳帶回了大菜窖。韓立軍和莊春豔還呆在那裡。于洪傑和韓立軍商量了幾句，放走了驚魂未定的王小鳳和忐忑不安的莊春豔。

于洪傑和韓立軍此時已經完全清醒了，他們明白等待著他們的將是什麼。兩個人一言不發地來到一號宿舍，把汽油桶推倒，把桶裡的汽油向四處潑灑。一切都準備好了，韓立軍在抽煙時，引燃了汽油，燃燒的汽油又引爆了炸藥。韓立軍當即被炸得身首異處一命嗚呼，站在門口的于洪傑被汽油燒成重傷。

吳秀麗等九名女場員被于洪傑等人放了以後，先是默默地走著，但是沒走幾步就一下子狂奔起來。她們在極端的恐懼刺激下，精神已經崩潰。

下午四點多鐘的時候，公安機關才從死裡逃生的女場員嘴裡知道紅旗溝農場發生特大殺人案的消息。牙克石林業公安處和喜桂圖旗公安局的大批員警以及武警先後趕到現場，然而一切於事無補。

身負重傷的于洪傑在現場被捕，四點五十分李亮明和王守禮在家中被捕，五點二十分包達山、張光祖在牙克石火車站被捕。

楊萬春在火車上碰上了杜小峰和王玉生，就帶著他倆逃到了河南省贊皇縣的一個親戚家。楊萬春的親戚對他和另外兩人的到來雖然感到突然，但沒有想得太多。在楊萬春的要求下，又把他們領到麥田割麥子。

河南警方早已接到公安部的情況通報，並做了周密的安排佈置。楊萬春、杜小峰、王玉生剛進麥地不久，就被早有準備的當地警方包圍。楊萬春見勢不妙，連忙從麥田爬出，撿了一頂草帽拍到頭上，扛了一把鋤頭跟隨當地的農民躲過了搜捕。杜小峰和王玉生在麥田中被捕。

天黑時分楊萬春來到一個幾十裡外的小村莊的代銷點，又饑又渴又怕又累的他買了幾包餅乾後又提出留宿的要求，引起了代銷點的女主人的警覺，報告了當地的派出所。楊萬春終於落網。

6.16兇殺案震驚全國，給社會造成極大的危害，在當地引起巨大的混亂。一時間，牙克石鎮、喜桂圖旗以及周邊地區謠言四起，人心惶惶。一起特大的刑事案件被演繹成叛亂、暴動，把27人被害說成是幾百人上千人地被殺，以致到牙克石辦事的外地人下了火車站也不出月臺，等下一趟車離開，有的乾脆連車也不下。

雖然被害者的親人和當地的廣大人民群眾集體上書要求把所有罪犯全部處以死刑，但經過審判後只有于洪傑和楊萬春被判處死刑（韓立軍已死亡，其他罪犯都不夠判處死刑的法定年齡）。

在6.16案件中，8名犯罪分子在長達十幾個小時的作案時間裡，殘忍地殺死了27名無辜者，這27人中有七十五歲的老人，有兩歲的嬰兒，男性19人，女性8人，並有多名女知青被強姦輪姦。這幫犯罪分子同時還犯有搶劫罪、爆炸罪。這是新中國成立以來的一起極為罕見的特大兇殺案，震驚了全國，震驚了司法

界，震驚了高層領導。而從6.16案件到鄧小平同志簽發的7.17指示（當時嚴打鬥爭的領導機構都稱為7.17指揮部）正好是一個月的時間。

悲乎，透過這起慘絕人寰的血案，我深為那些被害受辱的留守女知青痛惜。倘若沒有荒唐的上山下鄉運動慣性影響，當地也不會將于洪傑這樣的地痞安置到農場來，那麼這起特大兇殺案就不可能發生⋯⋯

如今，當我們冷淚洗面回眸知青群體所走過的道路，才發現我們是在狂熱的政治運動的裹挾之下，從城市往鄉村的大遷徙的上山下鄉洪流，是對整整一代人無情的拋棄和悲愴的流放！也是對整整一代人青春的窒息和扼殺！本人編纂的這部青春大悲愴一書，所選擇的真實事例只是這個群體悲愴記憶中的滄海一粟。據統計，全國數萬名知青在上山下鄉期間的非正常死亡，他們中每一個人的死亡經過，都是一個悲慘的故事和憤怒的控訴。今天，我們以審視歷史的目光，來回憶那個黑白顛倒，真理和善良遭受姦污的年代，就是要在泣血的叩擊下發出警示子孫後代的回聲⋯⋯

Do歷史42　PC0523

中國知青半個世紀的血淚史（三）
──青春凋零的悲愴

編　　纂／自由兄弟
責任編輯／林千惠
圖文排版／周妤靜
封面設計／王嵩賀

出版策劃／獨立作家
發 行 人／宋政坤
法律顧問／毛國樑　律師
製作發行／秀威資訊科技股份有限公司
　　　　　　地址：114 台北市內湖區瑞光路76巷65號1樓
　　　　　　電話：+886-2-2796-3638　傳真：+886-2-2796-1377
　　　　　　服務信箱：service@showwe.com.tw
展售門市／國家書店【松江門市】
　　　　　　地址：104 台北市中山區松江路209號1樓
　　　　　　電話：+886-2-2518-0207　傳真：+886-2-2518-0778
網路訂購／秀威網路書店：https://store.showwe.tw
　　　　　　國家網路書店：https://www.govbooks.com.tw

出版日期／2015年10月　BOD一版　**定價**／520元

|獨立|作家|
Independent Author

寫自己的故事，唱自己的歌

中國知青半個世紀的血淚史, 三, 青春凋零的悲愴 / 自由兄
弟編纂. -- 一版. -- 臺北市：獨立作家, 2015. 10
　　面；　公分.
BOD版
ISBN 978-986-92064-0-2(平裝)

1. 中國史　2. 知識分子

628.7　　　　　　　　　　　　　　　　　104013223

國家圖書館出版品預行編目

讀 者 回 函 卡

感謝您購買本書，為提升服務品質，請填妥以下資料，將讀者回函卡直接寄
回或傳真本公司，收到您的寶貴意見後，我們會收藏記錄及檢討，謝謝！
如您需要了解本公司最新出版書目、購書優惠或企劃活動，歡迎您上網查詢
或下載相關資料：http:// www.showwe.com.tw

您購買的書名：＿＿＿＿＿＿＿＿＿＿＿＿＿＿＿＿＿＿＿＿＿＿＿＿＿
出生日期：＿＿＿＿＿年＿＿＿＿＿月＿＿＿＿＿日
學歷：□高中 (含) 以下　　□大專　　□研究所 (含) 以上
職業：□製造業　□金融業　□資訊業　□軍警　□傳播業　□自由業
　　　□服務業　□公務員　□教職　　□學生　□家管　　□其它＿＿＿＿
購書地點：□網路書店　□實體書店　□書展　□郵購　□贈閱　□其他
您從何得知本書的消息？
　　□網路書店　□實體書店　□網路搜尋　□電子報　□書訊　□雜誌
　　□傳播媒體　□親友推薦　□網站推薦　□部落格　□其他＿＿＿＿＿＿
您對本書的評價：(請填代號　1.非常滿意　2.滿意　3.尚可　4.再改進)
　　封面設計＿＿＿　版面編排＿＿＿　內容＿＿＿　文／譯筆＿＿＿　價格＿＿＿
讀完書後您覺得：
　　□很有收穫　□有收穫　□收穫不多　□沒收穫

對我們的建議：＿＿＿＿＿＿＿＿＿＿＿＿＿＿＿＿＿＿＿＿＿＿＿＿＿

＿＿＿＿＿＿＿＿＿＿＿＿＿＿＿＿＿＿＿＿＿＿＿＿＿＿＿＿＿＿＿＿＿

＿＿＿＿＿＿＿＿＿＿＿＿＿＿＿＿＿＿＿＿＿＿＿＿＿＿＿＿＿＿＿＿＿

＿＿＿＿＿＿＿＿＿＿＿＿＿＿＿＿＿＿＿＿＿＿＿＿＿＿＿＿＿＿＿＿＿

11466
台北市內湖區瑞光路 76 巷 65 號 1 樓
獨立作家讀者服務部　　　　　收

....

（請沿線對折寄回，謝謝！）

姓　　名：＿＿＿＿＿＿＿＿＿　年齡：＿＿＿＿＿　性別：□女　□男

郵遞區號：□□□□□

地　　址：＿＿＿＿＿＿＿＿＿＿＿＿＿＿＿＿＿＿＿＿＿＿＿＿＿

聯絡電話：(日) ＿＿＿＿＿＿＿＿＿＿　(夜) ＿＿＿＿＿＿＿＿＿＿＿

E-mail：＿＿＿＿＿＿＿＿＿＿＿＿＿＿＿＿＿＿＿＿＿＿＿＿＿